国家社科基金
后期资助项目

俄罗斯软实力研究

The Research on Russia's Soft Power

许 华 著

中国社会科学出版社

图书在版编目(CIP)数据

俄罗斯软实力研究/许华著.—北京：中国社会科学出版社，2017.5
ISBN 978－7－5203－0148－0

Ⅰ.①俄… Ⅱ.①许… Ⅲ.①综合国力—研究—俄罗斯 Ⅳ.①D751.2

中国版本图书馆 CIP 数据核字（2017）第 070466 号

出 版 人	赵剑英
责任编辑	喻　苗
特约编辑	胡新芳
责任校对	韩天炜
责任印制	李寡寡

出　　版	中国社会科学出版社
社　　址	北京鼓楼西大街甲 158 号
邮　　编	100720
网　　址	http://www.csspw.cn
发 行 部	010－84083685
门 市 部	010－84029450
经　　销	新华书店及其他书店
印刷装订	北京君升印刷有限公司
版　　次	2017 年 5 月第 1 版
印　　次	2017 年 5 月第 1 次印刷
开　　本	710×1000　1/16
印　　张	21.5
插　　页	2
字　　数	385 千字
定　　价	86.00 元

凡购买中国社会科学出版社图书，如有质量问题请与本社营销中心联系调换
电话：010－84083683
版权所有　侵权必究

国家社科基金后期资助项目
出版说明

　　后期资助项目是国家社科基金设立的一类重要项目，旨在鼓励广大社科研究者潜心治学，支持基础研究多出优秀成果。它是经过严格评审，从接近完成的科研成果中遴选立项的。为扩大后期资助项目的影响，更好地推动学术发展，促进成果转化，全国哲学社会科学规划办公室按照"统一设计、统一标识、统一版式、形成系列"的总体要求，组织出版国家社科基金后期资助项目成果。

全国哲学社会科学规划办公室

前　　言

一

在国内外学术界，俄罗斯软实力是一个比较新的研究领域，也是近几年国际政治和国际传播领域的热点课题。跟踪分析和深入研究俄罗斯软实力的建设与运用，具有较强的学术价值和实践意义。

"俄罗斯软实力研究"是一项立足于国际政治学科，涉及国际关系、传播学、历史学、社会学等专业的研究课题。本书以涉及国家软实力研究的比较有代表性的软实力、国家形象、国际传播、公共外交、文明冲突论等理论为基础，运用文献研究法、比较研究法、案例分析法等跨学科的和多维视角的方法研究俄罗斯软实力的资源、构建、运用方式及实施效果等问题。

俄罗斯对软实力的认识经历了一个不断深化的过程。普京总统执掌政权以来，为化解俄罗斯在国际体系中的结构性压力，不得不改变传统的偏重使用硬实力捍卫国家利益的方式，逐渐重视软实力和国家形象建设问题。从苏联时期的"民间外交"，到普京第二任期提倡的"公共外交""国际形象工程"，直至2013年《俄罗斯对外政策构想》首次提出的"软实力"外交——术语的演变是时代背景和国际环境变化的要求，也是俄罗斯治国理念逐渐成熟的反映。梳理俄罗斯对软实力的认知历程，我们可以发现，俄政治精英眼中的"软实力"具有十分浓厚的俄国特色。在俄罗斯语境中，关于软实力战略的指导思想和理念、软实力的组成及其来源的问题上，俄与西方的看法存在不少差异，主要表现在：俄推动软实力建设主要依靠政府部门而非西方倚重的非政府组织；俄认为强大的执政能力是增强软实力的前提条件而非西方学者所谓的"潜在资源";俄"软实力"战略绝不会为了"示好"而"示弱",而是强调其在国际关系中的"进攻"和"反击"作用;等等。

二

随着俄罗斯关于软实力认识的加深,其对软实力资源进行运用的方式和手段也不断得到丰富和创新。俄一方面积极向西方国家学习,力图通过"国际人文合作署""俄罗斯世界""瓦尔代论坛"等公共外交机构,以及圣彼得堡八国集团峰会、金砖国家峰会、索契冬奥会等议程设置活动来博取国家的美誉度;另一方面,俄充分利用独具特色的文化、语言和领袖魅力等软实力资源,拓宽国际传播渠道,争取国际舆论场的话语权,积极开展对外宣传和文化渗透活动。近年来发生的斯诺登事件、叙利亚危机、索契冬奥会等活动将俄罗斯推到了国际舞台的中心,令世界见识了俄罗斯运用软实力的技巧。

但是,2013年年底爆发的乌克兰危机不仅打乱了俄罗斯复兴的节奏,也暴露出其软实力发展的短板。乌克兰对俄罗斯政治文化和发展模式的拒绝、俄罗斯使用武力合并克里米亚、西方与俄罗斯之间制裁与反制裁的持续深化……种种因素使俄软实力的发展前景变得扑朔迷离。按照约瑟夫·奈的观点,国家软实力表现为一国的文化、意识形态以及制度的吸引力。如果以此标准来衡量,俄在软实力方面与西方存在着不小的差距。在俄软实力资源中,虽然其文学、音乐、绘画广受赞誉,但仅处于生成吸引力的表层阶段,而不能使其他国家归化、附庸,发挥"使人随我欲"的作用。在意识形态方面,俄"主权民主"思想不仅被西方质疑,甚至未能在后苏联空间得到传播。东正教虽然在团结社会、稳定政局、增强民族凝聚力方面起到了重要作用,但在软实力战略中尚未充分担当起文化内核的重任。在制度吸引力方面,俄罗斯在国际舞台上未能扮演模范和引领的角色,最直接的表现就是乌克兰民众用示威,甚至是颠覆政府的方式表达了对俄罗斯模式的排斥。

目前,俄罗斯的软实力战略无疑面临着严峻的挑战,既面临来自国际体系的强大压力,也要应对国内经济社会转型带来的问题。俄罗斯发展模式缺乏吸引力、行为方式缺乏亲和力的特点，以及俄罗斯政府未能从"重硬轻软"的模式中调整过来的基本心态一直是制约国家软实力发展的重要因素。乌克兰危机显示，目前俄软实力只是一种带有"突围"、"应激"性质的防御手段，缺乏一个长期有效的发展战略。正是由于软实力手段不力，俄罗斯在应对乌克兰危机时一度无计可施、进退失据，只能采用硬实力手段维护国家利益。

三

必须承认，俄罗斯的软实力在当前国际政治格局中尚不能与西方抗衡，但是，作为传统强国，俄罗斯拥有独特的软实力资源，其软实力建设并非一无是处。在西方学者界定的文化、政治价值观、制度吸引力等传统的软实力测量标准之外，我们还应该多维度、多层次考察一国的软实力。

国家的软实力首先来自于本国内部，没有对内的软实力，就无法产生对外辐射的软实力，因此，民众对国家形象的认同，社会内部的凝聚力、向心力，国家领袖的号召力等源自一国内部的要素也是软实力的重要组成部分。另外，在信息全球化的背景下，一个国家的影响力既取决于其文化和政治价值观所具有的吸引力，也取决于传播手段和传播能力。为应对信息时代已成常态化的"软打击""软轰炸"，加强国际传播能力已上升到国家战略层面。在上述几个领域，俄罗斯近年来确实取得了一定的成绩和突破，乌克兰危机中的软实力攻防尤其体现了其对各种实力资源进行有机整合的能力。

乌克兰危机期间，俄罗斯民众的爱国热情普遍高涨，社会内部保持了高度的凝聚力和向心力，这不仅使俄罗斯避免重蹈苏联末期、车臣战争和颜色革命期间社会动荡、分裂的覆辙，还有效抵御了西方的经济制裁和宣传战，也为未来的发展提供了良好的社会心理条件。同时，在围绕乌克兰危机进行的宣传战中，俄罗斯的国际传播能力较前有所突破，其传播工具、宣传技巧、传播渠道得到极大改善，一定程度上影响了乌克兰事件中的媒体议程设定。此外，俄语也是俄罗斯掌握的一种重要的软实力工具，俄利用语言纽带维系与俄语居民和俄裔的感情，影响相关国家的社会舆论，着力在后苏联空间构建统一的文化信息平台。乌克兰危机中，俄罗斯正是借乌克兰欲废除俄语"官方语言"地位之机，以"保护俄罗斯族裔正当权利"为名进行干涉，不仅合并了克里米亚，还在乌克兰东部地区制造了乱局，为进一步的干涉行动提供了条件。普京的领袖形象更是俄罗斯独特的软实力资源，普京的政治成就、执政风格、人格力量和精神气质不仅受到俄罗斯民众的拥戴，也得到国际上的广泛关注，俄罗斯的政治诉求和主张常常借由领袖形象得到传播和放大。

乌克兰危机后的俄罗斯软实力战略将走向何方？俄罗斯是否会坚持与西方强硬对抗？本书认为，当今国际地缘政治错综复杂，单纯依靠武力和强权不仅无法有效确保国家的安全，还可能使国家更不安全，像乌克兰危机中那种激烈的对抗并不是俄罗斯的终极目标，只是在压力之下的被迫应对。乌克兰事件平息后，软实力仍是俄罗斯对自身战略发展路径的选择之一，是实现国家复兴的必要手段。尤其当在遏制与对抗已成为西方与俄罗斯关系的主要内容，双方存在根深蒂固的"战略互疑"的情况下，俄罗斯要顺利实现持续发展，要在世界上发挥与自身地位相适应的大国作用，就不能不重视软实力的建设与运用，这也是经济全球化和社会信息化的大势所趋。

四

"软实力"是一个尚处于探索之中的理论框架，这一概念拓展了以往有关国家权力的理论思想，会在今后的国际政治实践中得到进一步发展，而俄罗斯在这一领域进行的理论和实践的探索，将对此产生重要的实证作用。

在软实力建设的问题上，中国和俄罗斯之间的比较与借鉴十分有益。中国和俄罗斯都是历史源远流长、文化博大精深、疆域辽阔、民族众多的国家，并代表着与主导现行国际经济和国际政治秩序的西方文化不同的一种文化形式。此外，中俄同为迅速崛起的大国，在重新确定自己在国际社会的地位的过程中，其政治制度和发展道路一直被西方质疑并承受着根深蒂固的偏见，面临着西方主导的国际舆论的怀疑、污蔑甚至大规模的妖魔化宣传，塑造良好的对外形象是两国在发展中都共同面临的战略任务。因此，分析俄罗斯软实力战略的各种得失，对于中国有着很强的借鉴意义。

本书一方面可以起到充实学科研究、为俄罗斯问题研究提供新鲜资料的作用，另一方面对我国实施具有中国特色的软实力战略也具有理论价值和现实意义。

目前软实力和国家形象问题在我国学界受到了广泛关注，有大量的译著、专著问世，但以俄罗斯软实力作为专题的工作却鲜有人涉足，只是不时散见于一些研究者的论文和报告中，而且此前的研究大都单纯从国际传播或国际关系的角度进行解读，关注重点集中在俄政府采取的具体措施、国际传媒对俄罗斯形象的反映等方面，且大部分研究成果还处于描述性研究阶段，较少借助国际化的评价工具，运用量化的指标对俄罗斯进行比较和分析。随着学科发展，我们认为，关于俄罗斯软实力研究还有许多方面需要进一步深化。本书选取独特的角度，运用中、英、俄文资料，采取定性分析、定量研究和案例分析相结合的方法，从边缘层、中间层和核心层三个角度解析了俄罗斯的国际传播力、国际动员力、文化吸引力、领袖形象、俄语推广战略等因素，剖析了俄罗斯软实力的历史文化基因、形象之困、战略互疑等结构性制约因素，并把俄罗斯放在国际评价体系中进行横向比较，以期全面和深入地解析其软实力的来源、构建、运用方式和实施效果等问题。

目　　录

第一篇　软实力：理论梳理与俄罗斯的认知

第一章　软实力的理论溯源与梳理 …………………………（3）
　　一　软实力概念的界定及内涵 ………………………………（3）
　　二　从国家形象角度考察软实力 ……………………………（6）
　　三　软实力与国家形象的相互作用 …………………………（9）

第二章　俄罗斯对"软实力"的认知演变 …………………（12）
　　一　从苏联的"民间外交"到俄罗斯的"软实力" ………（12）
　　二　"软实力"的俄罗斯解读 ………………………………（15）
　　三　俄罗斯软实力建设的新思路 ……………………………（20）

第二篇　俄罗斯软实力的边缘层：传播与感知

第三章　国际传播力与大众传媒 ……………………………（25）
　　一　国际较量中的话语权之争 ………………………………（25）
　　二　俄罗斯大众媒体与国际传播发展 ………………………（27）
　　三　俄罗斯的国际传播布局 …………………………………（42）
　　四　俄语媒体与传播力 ………………………………………（54）

第四章　国际舆论战与传播博弈 ……………………………（62）
　　一　"战外之战"的失败 ……………………………………（62）
　　二　乌克兰危机中的话语权之争 ……………………………（66）

三　突破西方主导的国际舆论场…………………………（71）
　　四　国际传播能否出现新格局……………………………（73）

第五章　政治领袖与俄罗斯的国际影响力……………………（77）
　　一　俄罗斯国家形象的人格化……………………………（78）
　　二　强人领袖的历史文化溯源……………………………（80）
　　三　普京形象的塑造和传播………………………………（83）
　　四　力聚一身：是喜是忧？………………………………（88）

第六章　影响有影响力的人：智库的作用……………………（92）
　　一　苏联的情报机构和智库………………………………（93）
　　二　当代俄罗斯智库………………………………………（94）
　　三　俄罗斯智库的运作特点………………………………（103）

第三篇　俄罗斯软实力的中间层：规范与动员

第七章　国际动员力：俄罗斯的外交软实力…………………（109）
　　一　全球格局中的俄罗斯国家威望………………………（110）
　　二　俄罗斯与国际多边合作………………………………（119）
　　三　巧实力：俄罗斯的外交运筹…………………………（127）

第八章　文化吸引力：俄罗斯的文化资源与文化传播………（130）
　　一　俄罗斯对外文化传播的历程…………………………（130）
　　二　俄罗斯对外文化传播的机制化建设…………………（135）
　　三　俄罗斯对外文化传播的载体…………………………（140）
　　四　俄罗斯文化战略………………………………………（148）

第九章　发展动力：教育和科技创新…………………………（155）
　　一　科技和教育对软实力的促进作用……………………（155）
　　二　俄罗斯的科教实力及其在国际上的地位……………（157）
　　三　俄罗斯科技和教育的国际影响力……………………（161）
　　四　增强科教软实力的举措与前景………………………（168）

第十章　俄罗斯软实力中的经济因素 (177)
一　重塑经济大国形象 (178)
二　改善投资环境、实施赶超战略 (181)
三　独联体强化在近邻地区的经济影响力 (183)
四　俄罗斯经济发展的制约因素 (187)

第十一章　软实力的文化路径：语言战略 (191)
一　俄语是俄罗斯软实力的重要资源 (191)
二　俄语的影响力变迁 (194)
三　俄语与文化信息传播 (214)
四　俄语传播的阻碍因素 (218)
五　俄罗斯借助俄语拓展文化空间 (220)

第四篇　俄罗斯软实力的核心层：张力与压力

第十二章　软实力战略的历史文化基因 (233)
一　历史积淀 (234)
二　世界观与国家定位 (234)
三　东正教——软实力的重要支撑 (238)
四　俄国泛斯拉夫主义——俄国的软实力实践之道 (243)
五　历史文化基因的当代折射 (249)

第十三章　政治价值观：互疑与对抗 (253)
一　国际关系背景下的结构性矛盾 (254)
二　政治价值观分野和战略互疑 (255)
三　俄罗斯的政治理念与道路探索 (257)

第十四章　俄罗斯国家形象之困 (262)
一　西方重围中的俄罗斯 (262)
二　历史文化渊源和形象落差 (264)
三　俄式民族主义和帝国形象 (267)

四　"新冷战"——西方对俄的疑虑与恐惧 …………………（269）
　　五　反苏、仇俄——西方镜像中的"俄罗斯熊" ……………（272）

第五篇　国际比较中的俄罗斯国家形象和软实力

第十五章　俄罗斯的软实力实践 ……………………………（279）
　　一　国际人文合作署——软实力外交机构的旗舰 ……………（279）
　　二　RT的崛起——俄罗斯在国际传播领域争夺话语权 ……（281）
　　三　瓦尔代国际俱乐部——影响有影响力的人 ………………（283）
　　四　"凯旋"的策划——以子之矛攻子之盾 …………………（285）

第十六章　俄罗斯软实力的内在映像 ………………………（288）
　　一　国家形象：光荣啊，伟大的俄罗斯！ ……………………（289）
　　二　社会形象：谁在俄罗斯能过好日子？ ……………………（293）
　　三　政府形象：普京的俄罗斯梦想 ……………………………（297）

第十七章　俄罗斯软实力的国际比较与评估 ………………（300）
　　一　"国家品牌"（NBI和CBI）排行榜中的俄罗斯 ………（301）
　　二　俄罗斯的旅行观光竞争力 …………………………………（302）
　　三　俄罗斯的企业品牌 …………………………………………（304）
　　四　俄罗斯软实力的重点辐射地区 ……………………………（307）

余论　软实力：俄罗斯之路 …………………………………（311）
　　一　文化形象：能否承载振兴俄罗斯软实力之重？ …………（312）
　　二　意识形态：能否成为俄罗斯软实力之魂？ ………………（313）
　　三　国家凝聚力和国际传播力：能否为俄罗斯
　　　　软实力插上双翼？ …………………………………………（315）
　　四　俄罗斯软实力：能否突破西方之围？ ……………………（316）

主要参考文献 …………………………………………………（318）

后记 ……………………………………………………………（329）

第一篇

软实力：理论梳理与俄罗斯的认知

第一章 软实力的理论溯源与梳理

一 软实力概念的界定及内涵

Power——实力、权力、力量，是国际政治和国际关系研究中一个应用广泛的概念。作为衡量一个国家基本国情的综合性指标，"实力"构成了大多数政治分析的基础。汉斯·摩根索认为，实力指人对其他人头脑和行为进行控制的力量①，美国学者约瑟夫·奈在此基础上提出了软实力（Soft Power）的概念，把国家实力分为"硬实力"和"软实力"两种基本形态。"Soft Power"又译为"软权力""软力量"，指一国通过吸引而非强迫或收买的方式来达到自己目的的能力。"这种左右他人意愿的能力，同文化、意识形态以及社会制度等这些无形力量资源关系紧密。这一方面可以认为是软力量，它与军事和经济实力这类有形力量资源相关的硬性命令式力量形成对照。"②"一个国家构筑一种情势的能力，借助这种情势，这个国家使其他国家以与其倾向和利益相一致的方式来发展本国的倾向，界定本国的利益。"③ 奈于1990年出版的《美国注定领导世界？——美国权力性质的变迁》（*Bound to Lead: The Changing Nature of American Power*）一书，同年在《外交政策》杂志上发表的题为《软实力》的文章，以及后来出版的《软力量——世界政坛成功之道》（*Soft Power: The Means To Success In*

---

① 〔美〕汉斯·摩根索：《国家间政治——寻求权力与和平的斗争》，李晖等译，海南出版社2008年版，第36页。
② 〔美〕约瑟夫·奈：《美国定能领导世界吗?》，军事谊文出版社1992年版，第25页。
③ 〔美〕约瑟夫·奈：《硬权力与软权力》，门洪华译，北京大学出版社2005年版，第97、107页。

World Politics）一书成为软实力研究的经典，几乎所有关于软实力的研究都要从他的系列著作中汲取营养。

约瑟夫·奈最初提出软实力的概念，是为了反驳当时的美国衰落论。他认为，美国拥有其他国家难以企及的软实力，如果将软实力和军事实力、经济实力等综合在一起，美国依然是世界第一并将持续保持这种优势。奈提出软实力概念不久，就发生了苏联解体这一重大历史事件。苏联在美苏争霸战中从势均力敌到彻底失败的事实显示，世界不同国家之间的竞争已经由军事、经济等硬实力竞争的时代，进入到文化、政治价值观、国民凝聚力等综合国力竞争的时代，软实力的地位因此受到关注。21 世纪初，美国的国家形象因伊拉克战争大受损害，约瑟夫·奈认为美国政策的最大失误就是忽视了软实力的使用。奈从软实力角度对一系列全球热点问题的解读，在学术界和政界引起争议，激发了学者对软实力理论和政策的研究，由此"软实力"这个原本属于国际政治领域的术语迅速扩展到诸多领域。

约瑟夫·奈强调软实力是一种在国际关系中对别国施加影响的能力，或者说是一种外交谋略和国际斗争的手段，主要是指某国在国际上吸引别国、争取别国支持与合作的能力，也就是说，一国的软实力是有方向性的，主要作用是吸引和影响其他国家。从理论渊源的角度来看，奈的软实力思想的提出也是对经典现实主义思想的回归。摩根索指出，在当代世界，"权力的争夺已不仅仅局限于对传统的政治压力和军事力量的使用，而很大程度更成为争夺人们思想的斗争"。[1] 可以从这里能看出，奈的观点与摩根索一脉相承。约瑟夫·奈提出软实力概念的初衷即是为美国在新形势下的国际竞争中谋得先机，影响别国做出改变以服从美国，继续维持世界霸权。"在国际政治中，一个国家达到了它想要达到的目的，可能是因为别的国家想追随它，崇尚它的价值观，学习它的榜样。在这个意义上，在国际政治中制订纲领计划和吸引其他国家，与通过威胁使用军事和经济手段迫使它们改变立场一样重要。这种力量——能让其他人做你想让他们做的事，我称之为软实力。"[2]

软实力要发挥作用，必须具备可供运用的资源。对于一个国家来说，软实力的资源多种多样，不同的学者由于分析的视角不一，见解也不尽相

---

[1] 〔美〕汉斯·摩根索：《国家间政治——寻求权力与和平的斗争》，李晖等译，海南出版社 2008 年版，第 106 页。

[2] 〔美〕约瑟夫·奈：《美国霸权的困惑——为什么美国不能独断专行》，郑志国等译，世界知识出版社 2002 年版，第 9 页。

同。奈认为软实力的主要来源是文化和意识形态吸引力、外交政策的有效性、对国际机制的规则、制度的利用能力等。[1] 奈虽然是提出"软实力"概念的第一人，但他的定义并未得到各国学者的完全认同，"软实力"被中外学者从各种角度进行了诠释。有的从构成软实力的要素上进行定义，如摩根索认为国家的实力来自国家的地理、自然资源、工业能力、军事资源、人口、民族性格、国民士气、外交和政府九个方面，其中，前五项是有形的实力，后四项属于无形的实力，可以认为是国家的软实力[2]。持相似观点的还有美国学者克莱茵等人。[3]

有学者从力量的形态的角度来加以说明，认为软实力是一国的内外政治动员能力，即对国内外硬实力的调动和使用的能力。任何国家的综合实力都是由硬实力和软实力构成的，当一国软实力全部丧失时，无论一国的硬实力有多大，其综合实力都等于零。[4] 类似观点可见于美国兰德公司出版的《评估国家实力》报告及阮宗泽、黄硕风等人的文章中。[5] 中国学者阎学通把软实力资源分为政治实力和文化实力两个方面，"软实力的核心是政治实力"，"文化实力包括了全民教育、文学艺术、新闻媒体、电视电影、服装饮食等很多方面。……政治实力包括了领导人意志、社会制度、政治原则、国家战略、决策程序等多方面"。[6]

还有的学者从硬资源的软应用[7]，或者从软实力与外部世界互动的角度界定软实力的内涵[8]，有的则认为除了军事实力之外的实力都是软实力[9]。上述关于软实力的看法，应该说是各有所长，都是从各自的角度对

---

[1] 〔美〕约瑟夫·奈：《软力量——世界政坛成功之道》，吴晓辉、钱程译，东方出版社2005年版，第11页。
[2] 〔美〕汉斯·摩根索：《国家间政治——寻求权力与和平的斗争》，李晖等译，海南出版社2008年版，第139页。
[3] 黄硕风：《综合国力新论》，中国社会科学出版社2001年版，第63—64页。
[4] 阎学通：《从和谐世界看中国软实力》，《环球时报》2005年12月16日。
[5] 《新华每日电讯》2005年9月18日第7版。阮宗泽：《软实力与硬实力》，《人民日报》2004年2月13日，第7版。硕风：《综合国力新论》，中国社会科学出版社2001年版，第164—165页。
[6] 阎学通：《软实力的核心是政治实力》，《环球时报》2007年5月29日。
[7] 〔美〕詹姆斯·特劳布：《新的硬软实力》，美国《纽约时报杂志》周刊2005年1月30日。
[8] 郭树勇：《大国成长的逻辑：西方大国崛起的国际政治社会学分析》，北京大学出版社2006年版，第250页。
[9] Joshua Kurlantzick, China Buys The Soft Sell//The Washington Post, 13 Oct. 2006. http://www.washingtonpost.com/wp-dyn/content/article/2006/10/13/AR2006101301401.html.

软实力进行了合理的分析。有的中国学者对软实力的内涵和功能进行了更宽泛的界定，甚至视其为社会主义精神文明建设和文化建设的重要内容①，发展出了"区域软实力""企业软实力"等术语，中国共产党十七大和十八大报告中还使用了"文化软实力"的概念。

从这些具有代表性的观点中我们可以看出，构成软实力的因素很复杂，一个国家的文化和政治价值观的吸引力、国家声誉、政府形象、国家品牌、国际动员力等都可以形成软实力。其中，"国家形象"作为一种综合性的符号系统，不仅把国家威望、国家声誉、国际吸引力、国家品牌等概念有机地结合起来，涵盖了人们对一国的政治、经济、文化和社会发展状况的知觉，还传达出一种情感和评价，这种评价和情感就决定着一国是否能通过吸引而非强迫获得预期目标的能力，即软实力，因此，国家形象是一种无形的力量资源，也是最重要的软实力来源。对于一个国家来说，良好的国家形象是一种极为珍贵的资源，不仅是一个富强、文明的国家应具备的基本特征，也是国家实力的体现。

二 从国家形象角度考察软实力

"国家形象"是研究软实力时经常出现的概念，这一概念既属于国际关系范畴，也可归于传播学领域。在以往的国际关系研究中，国家的形象很少作为一个单独的方向来研究。在权力政治的时代，国家实力、军事联盟以及外交手段是研究的中心，国家形象研究只是略有提及；在经济相互依赖的时代，国际关系学关注的是支撑国际政治的经济基础，以及促进国际合作的各种国际制度，只有在国际社会深入发展，经济全球化成为发展趋势的今天，国家软实力增长成为综合国力新的基本增长点的时代，国家形象研究才成了独立的研究领域。②

按照《辞海》和《现代汉语词典》的定义，形象是"能引起人们思想或感情活动的具体形状或姿态"③。可以看出，形象包含"具体形状、姿

---

① 张国祚：《软实力研究中的若干重大问题》，《中国社会科学报》2010年3月12日。
② 郭树勇：《论大国成长中的国家形象》，《国际论坛》2005年第11期。
③ 《现代汉语词典》第5版，商务印书馆2006年版，第1526页。

态"和"思想感情"两方面的内容。我们谈到某一事物的形象时，会自然对其做出评价：好或坏、美或丑、坚强或赢弱，等等。由此可见，形象并不只是一种外在的、表象的、形式化的东西，它是客观表象和主观感受的系统结合，"通过人的感觉发挥作用"，因此，有学者把形象定义为"一种客观具体事物的主观印象，是客观刺激物经主体思维活动加工或建构的产物，是直接或间接引起主体思想情感等意识活动的迹象或印象"①。这意味着，形象的作用在于其影响力。形象首先影响人的思想感情，进而影响人的行为。形象看似无形，其影响产生的效果却是实际存在的。

我们每个人的形象是个人内在素质和外在表现的综合反映，是个人内在素质和外在表现给人们形成的整体印象。当今世界，各国不同的政治体制、社会经济发展状况、外交政策、历史文化传统、国民风尚等因素塑造出了形形色色的国家形象。正如个人形象对人际关系至关重要，是个体适应社会的必要条件，国家形象在国际关系中也非常重要。20世纪以来，各个国家和地区的联系日益紧密，任何一个国家都无法脱离国际社会独立发展，人们对国家形象的关注不断增加。它不仅能够影响到各国政府、组织和人民如何交往，影响到国家的行为是否能得到国际舆论的同情和支持，甚至能决定国家利益的实现程度。良好的国家形象会对国家的外交产生积极的影响，片面消极、扭曲的国家形象则会引起国家间误解和国际冲突，影响世界和平与发展。

在国际政治的理论与实践中，国外学者经常用形象（image）、声誉（reputation）、威望（prestige）、品牌（brand）等意义相近的词汇来表达同一个概念。

"国家形象"（National Image）是美国政治心理学家肯尼斯·博尔丁提出的一个概念，他将其定义为"行为体关于对象国家的认识、感知和评价的总和"，其来源是"人们头脑中业已形成的印象和经验体系"，一个国家对另一个国家的观念和形象往往会影响其对该国的政策和行为，进而影响国家间的关系。② 摩根索认为，威望（prestige）是别人心目中关于自己社会地位所形成的印象。国家实施威望政策的目的，是"彰显国家的或真实

---

① 管文虎主编：《国家形象论》，电子科技大学出版社1999年版，第22页。
② K. E. Bouding, "National Images and International Systems," Source: The Journal of Conflict Resolution, Vol. 3, No. 2 (Jun., 1959), pp. 120 – 131, http://www.docin.com/p – 205299099.html.

或自诩的实力的政策，抑或求得他国对自身实力的信服"①。罗伯特·杰维斯认为，良好的国家形象不仅能补充其他力量形式，而且是达到目标的不可或缺的手段，所带来的收益大大超出支出，一个理想的国家形象通常比军事和经济实力的大幅增长还有用。②西蒙·安霍尔特则从国家品牌（National Brand）和国家声誉（National Reputation）的角度进行研究。他以美国为例说明，美国不仅仅只是一个国家，还是一个品牌：一个国家树立并传播鲜明的品牌形象能够吸引外国投资者和旅游者，从而加速经济发展；反过来，经济的发展又能帮助增强一个国家的政治影响力并且促进该国企业的发展。一个正面而强大的国家形象在全球化时代意味着强大的竞争力，负面的国家形象则会严重阻碍政府的行为能力。③

与国外研究相比，直到20世纪90年代，中国学界对国家形象的研究才逐渐深化，并积累了一系列的研究成果。近年来我国学者刘继南、管文虎、李希光、张昆等人从国家形象与对外宣传、国家形象与国际关系的角度，结合我国的实际案例，充分论述了国家形象的重要性，受到学术界的广泛关注。中国学者在定义"国家形象"时，由于选取的研究角度不同，因此在概念界定上众说纷纭。有的学者从传播学角度出发，认为"国家形象是一个国家在国际新闻流动中所形成的形象，或者说是一国在他国新闻媒介的新闻报道中所呈现的形象"④；有的学者把国家形象放在国际关系领域内考虑，认为"一个主权国家和民族在世界舞台上所展示的形状相貌及国际环境中的舆论反映"⑤。这两种看法都强调了外部力量，尤其是国际舆论和大众传媒对构成国家形象的决定性影响，然而不足的是，他们显然都忽视了内部因素对国家形象形成的能动作用，因为新闻媒体中的国家形象并不完全等同于国家的真实形象，而且舆论的走向常常具有不确定性，只

---

① 〔美〕汉斯·摩根索：《国家间政治——寻求权力与和平的斗争》，李晖等译，海南出版社2008年版，第96、101页。
② 〔美〕罗伯特·杰维斯，《国际政治中的知觉与错觉》，秦亚青译，世界知识出版社2003年版。
③ Simon Anholt, Competitive Identity: The Brand Management for Nations, Cities and Regions, New York: Palgrave Macmilan, 2007, pp. 2, 14, http://www.doc88.com/p-80192252725.html.
④ 刘继南主编：《国际传播——现代传播论文集》，北京广播学院出版社2000年版，第27页。
⑤ 李寿源：《国际关系与中国外交——大众传媒的独特风景线》，北京广播学院出版社1999年版，第305页。

有国家实力才是构成一国形象的稳定的持续的力量来源。

本书比较赞同张昆和管文虎的观点:"国家形象是国家综合能力在国内外公众中获得的认知和评价。这种认知和评价具体反映政府在国内外公众中的美誉度"①;"国家形象是一个综合体,它是国家的外部公众和内部公众对国家本身、国家行为、国家的各项活动及其成果所给予的总的评价和认定。国家形象具有极大的影响力、凝聚力,是一个国家整体实力的体现"②。这种看法明确提出了国家形象包括国内形象和国际形象,比较符合国家形象形成的实际,而且也指明了国家形象是国家在参与国际事务的过程中,实际上是在内外互动的过程中形成,具有可建构性。

目前,关于"国家形象"的评估系统已经颇具规模,出现了一系列得到广泛承认的国际排行标准,因此认识国家形象的形成及变化,以及比较其在国际视野中的地位,有助于我们正确评估一国软实力的强弱。一个良好的国家形象,有利于争取世界人民的认同,争取国际舆论的同情与支持;反之,不理想的国家形象则会招致国际社会普遍的反感,疏离与其他国家人民的合作关系。没有良好的国家形象,不仅难以吸引外资,对外进行经济、技术、文化交流,也难以得到世界舆论的同情和理解,甚至连国家安全都可能受到威胁。良好的国家形象可以将负面摩擦产生的成本降低到很小,而负面的国家形象则能使小冲突的成本放大好几倍。负面的国家形象不仅难以让其他国家相信你的意图,反而会更进一步加深它们对你的误解,原本值得赞赏的国家利益也会因为可怕的偏见而变得阴暗。③

三 软实力与国家形象的相互作用

(一)国家形象是软实力的重要组成部分

软实力要发挥作用,国家本身需要具备相对强大和丰富的资源,具有吸引别国、赢得别国认同和支持的基础。国家资源越丰富,拥有的软实力

---

① 张昆:《国家形象传播》,复旦大学出版社2005年版。
② 管文虎:《国家形象论》,电子科技大学出版社1999年版,第23页。
③ 〔美〕乔舒亚·库珀·雷默等:《中国形象——外国学者眼里的中国》,沈晓雷等译,社会科学文献出版社2008年版,第30页。

才有可能越强大,国家形象就是重要的资源之一。对于一个国家来说,国家形象是国家实力的综合反映,它反映的是国内和国际社会对一个国家的领土、政权、制度、文化、价值、利益、身份和权力等的认同和信任程度。信任度越高,国家可能获得的支持就越大,国家的吸引力、动员力——即软实力就越强,国家的政策、意志就越容易实现,并有利于国家利益的维护,反之则不利于国家意志和政策的实现及国家利益的维护。

国家形象是衡量一国软实力大小的重要指标,表现为一个国家的国际信誉、国际威望、国际吸引力和动员力等,因而是软实力的重要体现,所以发展软实力的关键是塑造良好的国家形象。如果一个国家的形象没有被受众国认知和喜爱,那它产生吸引力的可能性就会大大降低。国家形象一旦相对稳定,国家就获得了一种信誉资源或声望资本,在媒体渠道推广国家的正面形象,国家的国际吸引力和动员力也会增强,是软实力的重要实现手段。

(二)国家形象需要借助软实力进行传播

运用软实力可以改善国家形象,为国家发展创造有利环境。国家形象体现的是一种国际声誉和国际认同,是一个国家与国际社会互动的结果,而不是一种仅仅发自于国家主观的塑造。一个国家自我认知的国家形象与国际社会所认知的国家形象有时存在较大差异,这时就需要运用软实力,在国际社会的交往和互动过程中通过沟通、交流、对话、劝说、引导等方式,了解和认清相互间在对方眼中的形象与身份,及时调整对本国和其他国家的评价、看法,纠正错误的认识和判断,缩小与国际社会间的认知差异。摩根索指出,"一个国家的威望很像是银行的信用。一间银行拥有大量可靠资本及许多成功的记录,就能承受小的和屡屡失败的银行所不能承受的东西。它的为人所知的实力令其在失利时依然保持它的地位。"[①] 运用软实力的目的,就是要通过对各种资源的软运用来传播国家形象、展开魅力攻势,提高本国的国际威望,树立符合本国利益的国家形象,制定出切实可行的政策和措施,防止出现决策失误,使国家利益免遭重大损失。

软实力资源包括文化、政治、体育、旅游等诸多因素,这些方面彼此

---

① 〔美〕汉斯·摩根索:《国家间政治——寻求权力与和平的斗争》,李晖等译,海南出版社 2008 年版,第 106 页。

联系，相互作用，都不同程度地对一国的国家形象产生影响。政治和文化对国家形象的影响尤其明显。"权力的内容和对权力的运用方式取决于政治和文化环境"①，一国的政治制度和政治价值观从根本上决定着国家的政治形象和软实力的导向，而文化则是一国形象能否产生吸引力的首要因素。各种资源在软实力的框架下充分整合，国家形象才能在此基础上得到有效的塑造和广泛的传播。

（三）软实力的广度超过了国家形象

软实力那种"能让其他人做你想让他们做的事"的能力，并不仅仅来自良好的国家形象所产生的吸引力，在全球化和信息化的世界里，软实力需要频繁密切的交流沟通、理解信任、互利合作等才能加强，可以说，软实力的广度超过了国家形象。国家形象良好，只是表明其具备了能否形成软实力的必要条件，并不代表必然形成软实力。国家形象是吸引力的静态展现，而软实力是争取控制权的主动的方式。如果主体本身并不积极追求那种"让其他人做你想让他们做的事"的能力，那么良好的形象就不能发展为一种国家实力。例如瑞士、丹麦、瑞典等国，虽然它们的国家形象美誉度位居世界前列，但对地区和世界其他国家的发展影响不大，因此在世界上的软实力相对较小，而美国、法国、英国等大国则在国际事务中具有相对较大的影响力和发言权。

按照约瑟夫·奈的观点，软实力还可以通过国家形象推广以外的方式得到加强，最直接的层面是日常沟通，包括解释内政外交决策的背景情况以及危机处理，这一层面的实施者主要是国家的政府官员，其内容涉及一些日常的、具体的事件。第二层面是战略沟通，这一层面突出的是主题活动，在一段时间内规划具有象征意义的活动，以强化中心主题或者推行政府的特定政策。第三层面是通过奖学金、交流、培训、研讨会、会议和媒体渠道来与关键人物发展多年持久的关系。

---

① 〔美〕汉斯·摩根索：《国家间政治——寻求权力与和平的斗争》，李晖等译，海南出版社2008年版，第13页。

第二章 俄罗斯对"软实力"的认知演变

"软实力"概念于1990年由美国学者小约瑟夫·奈提出后，很快就在中国引起回应，成为国际关系、国际政治研究中的热点并逐渐成为国家施政的重要方针。中共十七大和十八大报告都视"软实力"为社会主义强国建设的重要内容，并明确提出发展"文化软实力"的问题。相形之下，俄罗斯对"软实力"这一概念并未表现出与中国一样的热情，二十年来，不仅俄罗斯政府官员较少提及，学术界对"软实力"问题的关注也不多。[①] 直到2012年，普京在总统竞选文章及外交使节会议的讲话中明确提及"软实力"，该词才由此进入俄罗斯政治领域，成为倍受关注的热词，俄罗斯学者开始对这一概念的含义、研究路径、现状评估及其政策实践进行研究和探索，"软实力"也逐渐上升到国家战略思考的高度，在2013年版的《俄罗斯对外政策构想》中被确定为俄外交的优先方向之一。

一 从苏联的"民间外交"到俄罗斯的"软实力"

事实上，俄罗斯此前并非不重视软实力建设，虽然没有正式使用"软实力"一词，但俄政府对与此一脉相通的"国家形象""民间外交""公

---

① 根据俄罗斯国家图书馆电子查询系统的资料，第一篇关于软实力的论文是尤·达维多夫在《国际进程》（Международные процессы）杂志2004年第1期上发表的《国际关系中的"硬实力"和"软实力"概念》（Понятие "жесткой" и "мягкой" силы в теории международных отношений）。该文在学术界的反响并不大，在其之后的2005年至2009年间，摘要中带有"мягкая сила"或"мягкая мощь"一词的文章也不多见。2010年以后关于软实力的研究开始升温，论文和著述逐渐增多。俄罗斯国家图书馆所藏的最早的关于"软实力"的专著——格·菲利莫诺夫的《美国文化外交的"软实力"》（"Мягкая сила" культурной дипломатии США）即在此年出版。

共外交"等概念的关注由来已久,在具体的实施工作中积累了一定的经验,这为"软实力"的研究和实践打下深厚的基础。"塑造国家形象""民间外交"等活动加强了国家之间的信任和理解,有助于增强国家的吸引力和影响力,都属于"软实力"建设的重要内容。

"民间外交"(народная дипломатия)是前苏联大力提倡的软实力实践形式,在苏联应对"思想战""形象战"的过程中发挥了重要作用。苏联对亚非拉地区实施了许多援助与合作项目,培养出大量亲苏的军事、政治和科技人才。这些人后来成为苏联开展民间外交的宝贵资源。通过"民间外交",一个经济发达、科技进步和社会福利优越的苏联形象在中东欧、亚洲和非洲得到广泛传播,强化了苏联模式的吸引力,苏联因此成功地突破西方国家的舆论包围,树立了一个与美国分庭抗礼的超级大国的形象。

苏联解体后,俄罗斯的国力大幅下降,国际地位一落千丈,内外交困的形势使俄罗斯不仅失去了大国地位,还丧失了很多软实力资源,苏联时期开展民间外交的各种机构几近瘫痪,与许多国家在文化和科技领域的合作也被终止。此时的俄罗斯既无心也无力在国际上开展"民间外交"或"公共外交"活动,政治精英在意识形态方面完全投向西方,甚至不惜牺牲国家利益,在政治和外交领域做出种种让步,把塑造国家形象的权力完全交到西方舆论手中,幻想用这种方式努力消解西方对俄固有的敌意。但俄罗斯非但未能如愿成为西方大家庭中的平等成员,反而变为一个被排挤和藐视的衰落国家,其战略空间和国际地位不断受到挤压和矮化。布热津斯基对彼时俄罗斯的形象进行了尖刻的评价:"他们很容易自欺欺人地把自己也看作是一个超级大国的领导人","对美国来说,俄国实在太虚弱了,不配成为伙伴"。[1]

2003年至2005年期间爆发的颜色革命迫使俄罗斯重视国家软实力的建设问题。格鲁吉亚、乌克兰的总统选战和未来走向之争,被视为俄罗斯发展模式、俄罗斯文化与西方模式和文化的角力。西方世界是"民主、自由、市场、文明"的象征,而俄罗斯则意味着"落后"和"专制"。最终,格鲁吉亚、乌克兰抛弃俄罗斯,倒向西方。当时甚至还有这样的预

---

[1] 〔美〕兹比格纽·布热津斯基:《大棋局》,中国国际问题研究所译,上海人民出版社1998年版,第131、154页。

测：在西方的软实力攻势面前，俄罗斯可能自身难保，也暗含爆发"白桦革命"的危险。传统势力范围的丧失和面临的颠覆危险使俄罗斯大受震动，开始反思国家形象失败的教训，并采取了打造国际化媒体、设置国际议程、开展"精英政治"活动、外聘国外公关公司进行策划和包装等一系列措施进行补救。

在普京的第二任期和梅德韦杰夫主政期间，俄罗斯恢复经济发展和维持国内政治稳定的措施颇有成效，国家实力不断增强。2007年6月和2008年9月，俄罗斯分别成立了旨在推广俄语和俄罗斯文化的"俄罗斯世界基金会"（Фонд "Русский мир"）和作为俄罗斯外宣领导机构的"独联体和境外同胞事务及国际人文合作署（简称国际人文合作署 Россотрудничество）"。2009年5月，俄罗斯把国家形象建设工作提升到一个新的高度，成立了"国际形象委员会"（Комиссия по формированию международного имиджа），委员会直属总统，由总统办公厅和外交部负责具体工作。2010年2月，俄罗斯成立戈尔恰科夫公共外交基金会（Фонд поддержки публичной дипломатии имени А. М. Горчакова），进一步加强俄罗斯的对外公关和软实力建设。但是，俄罗斯的复兴和崛起并未改善国际形象，普京展现出来的高调的外交风格和强硬态度反而引起西方的猜疑和恐慌。在此期间发生的俄格战争、俄乌天然气冲突以及俄白牛奶进出口风波严重损害了俄罗斯形象，使俄罗斯与西方及某些近邻国家的关系变得紧张，影响了俄罗斯的国际舆论环境，而席卷全球的金融风暴和暴跌的国际石油价格重创了俄罗斯经济，危及俄罗斯"世界能源大国"的地位，使俄罗斯惯用的"能源外交"手段不能充分发挥作用。

普京三度出任总统后，为缓解内外压力，进一步看重软实力的作用。2012年2月，他在竞选纲领性文章《俄罗斯与不断变化的世界》中明确提出软实力的作用，认为软实力对实现国家利益有着重要的战略意义。[1] 2012年7月，普京在驻外使节会议上要求外交官们改进工作方式和方法，尤其要注重打造"软实力"。[2] 2013年，《俄罗斯对外政策构想》正式提出

---

[1] Путин В. В. Россия и меняющийся мир//Московские новости, 27 февраля, 2012 г. //http://www.mn.ru/politics/20120227/312306749.html.

[2] Совещание послов и постоянных представителей России, 9 июля 2012 г. http://www.kremlin.ru/news/15902

"软实力外交"的思想。①

综上所述，我们可以看出，俄罗斯执政精英对软实力的认识经历了一个不断深化的过程。从民间外交、公共外交、国家形象塑造到软实力建设，术语的变化是时代背景和国际环境变化的要求，也是俄罗斯治国理念逐渐成熟的结果。

二 "软实力"的俄罗斯解读

梳理俄罗斯对软实力的认知演变，我们可以发现，虽然都使用"软实力"这个术语，但是俄罗斯和西方语境中的"软实力"所蕴含的意义和实践的路径却不尽相同。俄罗斯政治精英眼中的"软实力"具有十分浓厚的俄国特色，在关于软实力战略的指导思想和理念、软实力的构建及其来源的问题上，俄罗斯与西方的看法存在着差异。

（一）属性不同：意识形态工具 VS 外交手段

美国把软实力上升到意识形态的高度，认为软实力是推广政治价值观和进行思想战的重要武器。俄罗斯把软实力视为一种外交工作中的实际操作手段，希冀以此弥补其"传统外交手段"的缺陷，因此，俄式软实力一直缺乏一个具有强大吸引力和说服力的思想内核。

2012年，普京在驻外使节会议上严厉抨击美国及西方国家的侵略性政策，认为俄罗斯正面临形象困境："俄罗斯在境外的形象不由自己确定，因此经常被歪曲，既没有反映俄罗斯国内的真实情况，也没有反映俄罗斯对世界文明、科学、文化的贡献，俄罗斯在国际事务中的立场也经常被片面报道。"对于如何解决这一问题，普京希望外交官们依靠俄罗斯在文化和知识领域的成果，通过说服、吸引、驯化的方式，即使用"软实力"的方式来实现国家利益。同时，普京还批评俄罗斯外交界"在处理国际事务工作方面擅长使用传统手段，但在运用新的方式方法，比如'软实力'方

---

① Концепция внешней политики Российской Федерации, утверждена Президентом Российской Федерации В. В. Путиным 12 февраля 2013 г., МИД РФ, 18 февраля 2013 г. http://www.mid.ru/bdomp/ns-osndoc.nsf

面，还存在不足"。2013 年版《对外政策构想》中，软实力被解读包括公民社会资源、信息传播技术、文化交流及其他几种传统外交方式的综合性工具，但如何构建其软实力的精神内核，俄政府一直未能提出得到国际上广泛认同的主张。

（二）软实力战略的主要实施者不同

俄罗斯把软实力定位为"国家的"，而不是"民众"或者"社会"的软实力，这也是俄罗斯与美国人的"软实力"认知的差别之一。在俄罗斯的认知中，外交工作是软实力的重要内容，而发展软实力的目的则在于解决外交问题。从阐述外交政策的竞选纲领《俄罗斯与不断变化的世界》，到驻外使节会议讲话，再到 2013 年版《对外政策构想》，软实力的提出总是与俄罗斯外交密切相关，被视为一种新型的外交手段。表面上看来，俄罗斯的认知与奈的说法基本一致，即外交是与文化、政治价值观并重的软实力三大来源之一。[①] 俄罗斯的外交设施越多，活动能力越强，外交人员的素质越高，提高软实力，有利于促进该国在国际交往中宣传自己、塑造自己，扩大国际影响，提高软实力，但是俄罗斯这种单纯强调外交部门来发展软实力的方式却明显有异于美国。

美国的软实力之所以能够较长时间保持着全球性的影响，有赖其所有的政府机构，而不仅仅是负责外交的部门，它们参与对外交往、积极传播和介绍美国，除了文化交流政策和对外经济政策，国家安全政策及技术、交通、移民、环境等领域也都是美国综合对外政策的组成部分。美国不仅发展政府间的交往，也非常重视通过各种民间机构或非政府组织，加强与各国反对派、民主人士及新生代政治精英的联系，通过民间渠道向世界推广西方的民主和价值观念，提升其国际吸引力。美国和西方国家的一些国际性、地区性的非政府组织及其信息媒体，包括自由之家、和平会、美国民主体制中心、欧亚基金会、国际人权组织、开放社会研究所等，大都在独联体国家建有分部，它们在提升美国的影响力、动员力方面发挥着非常重要的作用。美国之所以能在"颜色革命"中不战而胜，这些机构做出了极大贡献。

而俄罗斯负责发展软实力的机构，如俄罗斯世界基金会、国际人文合

[①] 〔美〕约瑟夫·奈:《软力量——世界政坛成功之道》，吴晓辉、钱程翻译，东方出版社 2005 年版，第 11 页。

作署、公共外交基金会、国际事务委员会等都是隶属于外交部或与外交部关系密切的组织，即使是"瓦尔代国际俱乐部""雅罗斯拉夫国际安全论坛""民主与合作研究所"这样的号称独立、公正的专业交流平台，也都带有浓厚的官方色彩，影响力辐射范围受到限制。英国情报部门高官约翰·索厄斯曾揶揄俄罗斯外交官："他们很优秀，但有时候不得不为自己形象不佳的国家编造谎言。"① 约瑟夫·奈曾批评俄罗斯的做法："中国和俄罗斯都错误地认为政府是创造软实力的主要工具。在当今的世界，信息并不匮乏，所缺少的是关注，而关注则取决于可信度。政府宣传的可信度是极低的。"②

（三）对政府执政能力的看法不同

约瑟夫·奈把政治治理视为软实力的来源之一，但他并没有把政府执政能力放到一个崇高的地位，他认为，政府执政能力只是软实力的一种"潜在"来源。③ 他的观点的现实依据是，在美国，软实力资源并不像军事力量、能源矿产等硬实力资源那样在同等程度上附属于政府，许多软实力资源独立于美国政府，因此政治并非影响美国软实力发展最重要的因素。但是，俄罗斯是一个偏重于使用政治资源来塑造国家形象的国家，政治治理是该国软实力的核心，可以说，没有政治治理能力，俄罗斯其他资源性的实力都不能发挥作用。在俄罗斯，政府的执政能力、调控能力是决定国家形象和软实力发展的重要因素。

同一个国家，在不同的政府统治时期，国家的发展状况会完全不同，如果政府的政治治理能力弱，对政策的执行和落实能力差，就可能引发各种矛盾和冲突，甚至导致政局动荡和政权更迭。苏联解体后的近10年间，俄罗斯举步维艰，政府的权力受到各种制约，难以调和各种利益集团之间的矛盾，导致出现政府更迭、社会动荡、国家分裂等各种危险情况。俄罗

---

① Lionel Barber, Lunch with the FT: Sir John Sawers, Financial Times, Sep. 14, 2014, http://www.ft.com/intl/cms/s/0/b3c4f63e-3db1-11e4-b782-00144feabdc0.html#axzz3HF6y5Hmh.

② Joseph S. Nye, What China and Russia Don't Get About Soft Power, FP, April 29, 2013, http://www.foreignpolicy.com/articles/2013/04/29/what_china_and_russia_don_t_get_about_soft_power?page=0,1

③〔美〕约瑟夫·奈：《软力量——世界政坛成功之道》，吴晓辉、钱程译，东方出版社2005年版，第14页。

斯的国家形象从超级大国沦为一个地区性大国，国家软实力更是不值一提。普京执政后，逐步加强中央政治权力，调整外交方向，抑制金融寡头、控制媒体，政府执政能力显著加强。作为国家领袖的普京更是展现了坚强、果敢的个人形象，控制着国内和国际形势的发展，大大增强了国家实力，国家形象也因此改观。

当俄罗斯政府执政能力高的时候，其社会发展水平相应也比较高，解决各种社会问题的绩效和社会的满意度也相对较好，国民对政府的向心力、凝聚力就强，这意味着政府的软实力较强。反之，政府的执政能力弱，必然导致对各种资源的政治动员力的减弱，软实力水平也随之下降。但是，西方对这种"强政府"充满戒心，对这种加强国家执政能力的模式也感到不安。西方认为，普京实行的加强总统权力、构建垂直权力体系的举措，以及近年来俄罗斯在国际事务中频频通过"强力出击"来解决问题的方式说明普京统治下的俄罗斯出现了民主倒退，从90年代叶利钦式的民主回到了前苏联的集权体制。普京执政期间，尤其从第二任期开始，"俄罗斯威胁"的舆论日益高涨。俄政府的强势特征在获得国内舆论支持的同时，却加剧了与西方之间的紧张气氛，形成了"俄罗斯威胁"的国际形象。这也正是俄罗斯软实力战略的悖论之一：如果没有强大的政府执政能力，国家将难以形成凝聚力和吸引力，而政府的治理能力强，又会被西方视为帝国野心的复活。两者之间如何取得平衡，是俄罗斯进行软实力建设的关键问题之一。

（四）俄罗斯把自身置于道德高地，批评西方"非法使用软实力"

俄罗斯对软实力的认知中，对于软实力的运用方式提出了颇具特色的"合法"和"非法"的问题，代表性观点来自2012年普京的《俄罗斯与不断变化的世界》："'软实力'的概念最近大行其道，软实力指实现外交目标的各种非军事手段，这些手段包括信息战以及其他的一些方式。令人遗憾的是，这些手段经常会被用于培植和挑动极端主义、分离主义、极端民族主义情绪，操纵社会心理，对主权国家的内政实施直接干预。""什么算言论自由和正常的政治意愿表达，什么是在违反国际法的条件下滥用'软实力'，对此应当明确判断。对于非政府的人道主义组织和慈善团体的工作，我们当然欢迎。然而，一些被外部势力控制的打着'非政府组织'旗号的某些机构，以在某些国家制造局势动荡为目的，其行为当然是绝对不能容忍的。"①

可以看出，俄罗斯非但未能像中国那样迅速地接受"软实力"，反而一直用批判和警惕的眼光来看待这一概念，更试图否认其正当性。普京的话锋显然直指西方，认为"软实力"的潜台词就是操纵、策反和颠覆，而催生"颜色革命""阿拉伯之春"，致使地区局势混乱的根本原因在于西方的软实力攻势。普京的言论显示出俄罗斯政治精英近年来常见的一种思维定式，即俄罗斯处于国际关系中的道德制高点，而西方违背了国际法和国际准则，类似的观点在2007年普京在慕尼黑安全会议上宣称要"打破单极世界幻想"的讲话，2013年《纽约时报》上发表的《俄罗斯恳请谨慎》一文，以及2014年3月关于乌克兰局势和克里米亚入俄问题的讲话都可以看到。

关于"软实力"的定义，目前虽然众说纷纭，但普遍认为，软实力是一种在国际关系中对别国施加影响的能力，也就是一种外交谋略和国际斗争的手段。这种斗争的手段，可以是通过国家间的交流、沟通、磋商来化解疑虑、消除误会，降低安全威胁；也可以是通过各种传播媒介，把本国的价值观念、发展模式和利益诉求以一种非强力逼迫的方式进行推广和渗透，争取对象国民众的理解、支持与合作。② 从这个意义上来看，惯于使用强力来解决国际事务和国际冲突的俄罗斯运用软实力的水平，显然跟西方不能匹敌。俄罗斯著名学者谢·卡拉加诺夫在评论俄格冲突时曾说，"俄罗斯不得不使用武装干涉这种硬实力方式的原因，在于俄罗斯的软实力不足，俄罗斯缺少社会、文化、政治和经济方面的魅力。"③ 不仅"俄格战争"，十年前的"颜色革命"及2013年的"乌克兰危机"，都显示出俄罗斯运用软实力手段的不利处境。在被动挨打的状况中，俄罗斯片面夸大软实力的攻击性，对西方的软实力攻势表示愤怒和保持警惕，可以理解为一种自然反应。

事实上，随着全球化和社会信息化的发展，各国间联系的紧密程度已

---

① Путии В. В. Россия и меняющийся мир//Московские новости, 27 февраля, 2012 г., http://www.mn.ru/politics/20120227/312306749.html.
② 孟亮：《通向大国之路的软实力》，人民日报出版社2008年版，第170页。
③ Joseph S. Nye, What China and Russia Don't Get About Soft Power, FP, April 29, 2013, http://www.foreignpolicy.com/articles/2013/04/29/what_china_and_russia_don_t_get_about_soft_power?page=0, 1.

经超越了以前的各个历史阶段,国与国之间的渗透与反渗透、策动与反策动成为一种常态。普京的文章发表一年后,俄罗斯已经调整了对"软实力"的敌视态度,在2013年版《对外政策构想》中明确提出,俄罗斯也要充分使用"软实力"武器来巩固、发展和捍卫国家利益。

令人玩味的是,2012年,普京在批评西方向某些国家的非政府组织提供资金和保护伞,实施一种特殊的"院外政治"活动的同时,表示:"俄罗斯也有类似机构,如国际人文合作署、俄罗斯世界基金会等等,但俄罗斯不会利用其他国家的非政府组织,不会向这样的机构注入资金,也不会借助境外政治机构来推动本国利益的实现。我们认为,对其他国家内政和社会舆论的影响应当绝对公开化。"时隔两年,在乌克兰危机中,得到俄罗斯资助的非政府组织"俄罗斯文化中心"显示出了强大的力量。中心主任尤莉娅毫不掩饰地说:"有美国与欧洲民间机构及非政府组织的地方,一定会见到俄罗斯文化代表处工作人员的身影。"① 克里米亚脱乌入俄固然是多种因素综合作用的结果,但该组织多年来对当地民意代表重点施加影响的行动也发挥了重要作用。由此可见,在与西方的软实力争斗中,俄罗斯其实在以一种被自己批评过的方式,"以其人之道还治其人之身"。

三 俄罗斯软实力建设的新思路

2013年2月,《俄罗斯对外政策构想》明确提出:"软实力"已成为现代国际政治不可分割的组成部分,俄罗斯外交的任务之一,就是加强软实力建设,"根据本国特点,借鉴国际经验,完善运用软实力机制,寻求在这方面积极活动的方式"②。这是俄罗斯第一次在正式文件中使用"软实力"一词,此举反映出俄罗斯政府不仅要依靠传统的"硬实力",还力图通过"软实力"手段赢得全球竞争的决心。《构想》推出后,接踵而至的斯诺登事件、叙利亚危机和索契冬奥会,将俄罗斯推到了国际舞台的中

---

① 邱永峥:《美俄NGO缠斗克里米亚20年》,《环球时报》2014年4月1日。
② Концепция внешней политики Российской Федерации, утверждена Президентом Российской Федерации В. В. Путиным 12 февраля 2013 г., МИД РФ, 18 февраля 2013 г.//http://www.mid.ru/.

心，俄通过妥善处理上述事件而成功展现了大国风范。但是，2013年年底爆发的乌克兰危机，却使俄罗斯十年来塑造良好国家形象的计划几近失败，新版《构想》所提出的软实力战略面临着严峻的挑战。

在西方与俄罗斯对抗不断加剧的政治背景下，未来究竟该如何确定俄罗斯在国际上的地位，是应该被尊重、喜爱，还是令人畏惧？在轰炸和军事演习之外，俄还有哪些软实力手段和资源可以应对纷繁复杂的挑战？在此背景下，俄罗斯学术界展开了一场关于"软实力"在国家对外政策中的作用和地位的讨论，专家们的观点主要集中在以下问题：

1. 俄罗斯需要什么样的软实力？

以俄著名政治学家费·卢基扬诺夫为代表的学者认为，俄罗斯需要提出一个具有说服力的发展理念和具有吸引力的发展模式，一个缺乏公平、公正和效率的"资源依赖者"形象无论如何粉饰，也难以产生吸引力。俄罗斯不能放弃思想之战，缺乏理念的俄罗斯软实力建设只能停留在战术层面。[①]"软实力"必须建立在一定的经济基础之上，单纯依靠文化输出无法塑造良好的国家形象。[②]

2. 软实力应指向何方？

俄罗斯科学院国际安全研究所专家阿·费年科认为，俄"软实力"战略之所以失败是因为力量的辐射方向出现错误。俄罗斯把软实力辐射重点放在抱有"仇俄"情绪的西方国家，在现阶段无疑是不合适的。软实力只能在那些愿意接受影响的国家才能发挥作用，如果不存在这样的条件，再精巧的宣传都会无效。在西方，俄政府的"软实力"目标不是培育出"亲俄"情绪，而是形成一种针对俄罗斯的"怀疑"心理，这种心理更符合俄罗斯目前所面临的真实处境。俄罗斯软实力针对的人群不是西方的主流社会，激进的右派或者左派其实也是一种选择，这或许更有助于遏制"鹰派"的极端反俄情绪，并迫使西方政治家在国际关系中作出对俄罗斯有利的决策。

3. 如何完善软实力机制？

俄罗斯重要公共外交机构"国际事务委员会"的主任安·科尔图诺夫

---

① Лукьянов Ф. Парадоксы российской "мягкой силы", http://obsfr.ru/fileadmin/Projets_obs/RIS_ru_Loukianov.pdf.

② Наркевский Д. Так ли ограничена "мягкая сила"? //РСМД, 24 февраля 2016, http://russiancouncil.ru/inner/?id_4=7300#top-content.

认为，俄罗斯目前的"软实力"机制应该改革。第一，俄不能再指望通过类似索契冬奥会的大型议程设置活动来提振影响力，尤其是在目前这种对外宣传、公共外交和教育输出的经费削减的情况下，需要构建一种费用较低的"软实力"机制。第二，近年来俄辐射软实力的做法带有苏联遗风，导致了一些国家的反感。第三，俄罗斯的各种公共外交机构缺的不是经费，而是相互协调，所以未来应该有一个更高层面的规划和管理部门来统筹外交部、教育部、安全部门等各方面的行动。

4. 软实力如何助推"混合战"？

除了学术界和外交部门的工作人员，俄军事理论家从"混合战"的角度提出了独特的俄式软实力认知。俄罗斯武装力量总参谋长瓦列里·格拉西莫夫表示，俄罗斯将采取混合手段对抗"混合战争"，并准备研究和使用"软实力"。格拉西莫夫以俄空天军在叙利亚的行动为例称，对抗恐怖组织的综合措施就包括了外交和其他与别国的非军事合作手段。在俄罗斯军事科学院2016年3月的一次会议上，与会专家一致认为，应扩宽使用"软实力"的范围，仅仅在外交领域使用软实力的观念已经落后。"俄对外政策概念中已经包括了'软实力'概念的个别组成部分，但它们只是被粗略勾勒，并在很大程度上照搬国外在该领域的成果。"在西方国家看来，俄罗斯在2014年乌克兰军事冲突之所以能够轻松取胜，原因便在于发动了一场结合了不同种类战争手段的"混合战争"，这种手段不仅"包括实体战争、也包括概念战争的全面战争：实体战争是对抗地方军队的战争，概念战争则是一场更宏观的战争，争夺的是对战区民众的控制以及他们的支持、来自干预国后方的支持以及国际社会的支持"。①

可见，随着俄罗斯在国际舞台上的角色愈发耀眼，对软实力建设和自身定位的争论还会进一步深入，这将有助于深化对软实力等问题的认知，也会推动国际上对软实力、国际形象、国际话语权等问题的争论，对此我们将予以密切的跟踪和深入的分析。

---

① Нагорных И. "Цветным революциям" ответят по законам гибридных войн—Военные теоретики готовы разработать концепцию "мягкой силы" // Коммерсантъ №34 от 01.03.2016, http://www.kommersant.ru/doc/2927168.

第二篇

俄罗斯软实力的边缘层：传播与感知

第三章 国际传播力与大众传媒

国际传播反映的是国家与国家之间的一种信息交流方式，是当今国际关系的重要内容。每一种文化或意识形态都不能自动生成"软实力"，它们必须通过某种形式的传播才能被国内外公众认知和接受，进而发挥引导舆论、争取国际社会支持和影响对外决策的作用。因此，传播媒介的发达程度、传播效果的优劣和传播速度的快慢，成为衡量一国软实力强弱的指标之一。通过信息的跨国界流通，世界各国的政治、经济、文化发展状况得以传播，各民族及不同文化之间的了解得以加深。与此同时，利用媒体进行有目的、有针对性的宣传活动以执行国家的外交政策，也是各国权力机构日益重视的战略手段。国际传播力是一国传播能力在国际领域里的总体体现，这种对信息传播进行有意识的运用和控制的能力，是与文化力、政治力并重的一种软实力，在维护、发展和实现国家利益的过程中发挥着特殊作用。因此，增强国际传播能力成为各国争夺国际话语权和提升软实力水平的重要手段。

一 国际较量中的话语权之争

"传播"和"宣传"是两个联系紧密的概念。宣传活动在中华文化中早已有之，自古以来，"宣德化而柔远人""传播声教"就是重要的治国之道；现代生活中，"政治宣传""宗教宣传""军事宣传""商业宣传"和"科技宣传"等说法也很常见。宣传是一种重要的传播方式，但"传播"涵盖的范围更广。① 在各种传播方式中，大众传媒因具有强大的信息传播能力而成为各国政府密切关注和积极争取的资源。1922年，传播学奠基人沃尔特·李普曼在《公众舆论》一书中写道："新闻报道是接触看不见的环境的主要手段"，"新闻报道为我们描绘一幅我们所感兴趣的整个外部世界的真实画面"，"大众阅读的是对他们进行暗示的新闻，这些暗示在告诉他们一种行为方式"。② 时隔近一个世纪，当今社会的公众对媒体宣传更加依赖，通过媒体上的各种专题报道和专家评论来对发生的事件进行了解、分析和判断，已经成为现代人的习惯。在这个信息化和全球化迅猛发展的时代，大众媒体作为一种最重要的舆论工具，在资讯传播、教化民众、政治宣传等方面发挥着越来越重要的作用，成为社会生活的重要组成部分。

"传媒影响了关于政策决策进程的政治议程和舆论，它们成了人们用以观察世界和给世界下定义的视角。"③ 国际传播的目的不仅仅是传递信息，更重要的是在国际社会上争取支持、认同和创造合作，以维护国家利益。李普曼关于"现代政治的最重要的问题是如何控制公众舆论"的论断在当下仍然具有意义，新闻能影响舆论，舆论能引导民众，强大的国际传播（International Communication）能力体现着一个国家的政治和社会影响力。当前的国际关系中，传媒与国家安全和国家利益之间的联系日益紧密，媒体已发展成为一种重要的战略武器。通过有效的国际传播，一国的方针政策议程转化为国际社会议程，在国际上形成对本国有利的舆论态势，其国家利益就能得到更有效的保障。

---

① 需要指明的是，在本书中，所用的"宣传"指一种具有单向性，强调责任和使命的传播活动，理解为英文中的"communication"，而不是"propaganda"。中文里的"宣传"一词与英文"propaganda"的含义大不相同。"宣传"在中文里传达出的是一种中性色彩，而"propaganda"在西方语境中完全被妖魔化，具有"灌输""鼓动"或"意识植入"等负面意义，一般在攻击敌对方时才会使用。笔者认为，因为中文和外文语境有别，如要避免国外受众望文生义，翻译时应该把"宣传"译为英文中表示中性意义的"commnucation"，把带有贬义的"propaganda"译为"灌输""鼓动"或"意识植入"更合适。如在关于乌克兰危机的宣传战中，欧美指责俄罗斯时，就会用到"propaganda"："Russian propaganda over Crimea and the Ukraine"，"Vladimir Putin has been winning the propaganda war"，"Putin：Russia's great propagandist"，等等。
② 〔美〕沃尔特·李普曼：《公共舆论》，阎克文、江红译，上海世纪出版社2006年版，第179、231页。
③ 〔美〕杰里尔·A·罗赛蒂：《美国对外政策的政治学》，周启鹏等译，世界知识出版社1997年版，第508页。

在传媒迅猛发展,争取国际舆论日益重要的背景下,国与国之间软实力的竞争,很大程度上就是国际传播能力的较量。这种国际传播能力来自何处?有的学者把国际传播分为"国际间的大众传播""国际间的人际传播"和"国际间的组织传播"三种形式[1];有的学者强调国际传播是"特定的国家或社会集团通过大众传播媒介面向其他国家或地区受众所进行的跨国传播或全球范围传播"[2],或者可理解为"通过大众传播媒体并以民族国家和国际组织为主体的跨越民族国家界限的国际信息传播及过程。这里的国际信息包括新闻性信息和非新闻性信息,但以新闻性信息为主"[3];还有学者指出"国际传播奉行国家主权至上原则,把跨国界的信息传播行为更多地当作穿越政治意识形态的传播行为,因而带有强烈的政治色彩"[4]。

本书对国际传播的研究主要定位于探讨国际关系和大众传播之间的关系,拟以大众传媒为主要研究对象,把国际传播视为一种主体是国家或国际性组织,具有权威性、主动性、高度政治性的特征和浓厚的意识形态色彩的信息交流方式。当然,广义的国际传播还包含以教育进修、观光旅游、会展等形式进行的跨国界、跨民族、跨文化的信息交流与分享活动,但本章的讨论重点不在于此,而是侧重于研究政府主导下的,发生在大众传播领域的国际传播能力。[5]

二 俄罗斯大众媒体与国际传播发展

俄罗斯的国际传播历史悠久,是历史上各种舆论战、宣传战的重要参与方。经历了苏联时期的辉煌,以及叶利钦时期的低谷,如今的俄罗斯国际传播仍处在重构和转型之中。

---

[1] 关世杰:《跨文化交流学》,北京大学出版社1995年版,第391页。
[2] 刘继南、周积华、段鹏等:《国际传播与国家形象——国际关系的新视角》,北京广播学院出版社2002年版,第2页。
[3] 郭可:《国际传播学导论》,复旦大学出版社2004年版,第6页。
[4] 李智:《全球传播学引论》,新华出版社2010年版,第5页。
[5] 这种政府主导的国际传播在中国有个颇具特色的名称——"对外宣传"。中国最重要的对外宣传机构"中共中央对外宣传办公室"既是中共中央直属机构,也是国务院下属的"国务院新闻办公室",同一机构,两块招牌,充分体现了中国的国际传播以"国家"为传播主体的特性和意识形态色彩。

（一）俄罗斯国际传播发展历程

1. 冷战时期的宣传武器——国家主导的对外传播体系

在国际传播格局中，苏联曾经是举足轻重的国家，拥有庞大和完善的传媒系统，其图书出版量、报刊发行量、广播电视覆盖率都曾位居世界前列。苏联媒体擅长进行高效、集中的宣传活动，这种体制在特定的年代，尤其在争夺政权的过程中和战争时期发挥过很大的作用。在第二次世界大战中，苏联媒体与敌方斗智伐谋、攻心夺志，既激发了本国人民的抵抗意志和必胜信心，也瓦解了纳粹德国的军心士气。

冷战中，两大阵营利用媒体进行了目标明确和坚持不懈的宣传活动，其激烈程度毫不逊色于"热战"。西方国家建立起一批专门针对社会主义国家的新闻媒体，如美国之音广播电台、自由欧洲广播电台、自由广播电台、德意志广播电台等。这些媒体是进行文化冷战的重要武器，"承担着铁幕后的心理战的全部责任"。[1] 这些电台电视网都由政府提供巨额经费，设备先进，用数十种语言文字，长期持续对社会主义国家进行反动宣传。其中，美国之音以深受苏东国家人民欢迎的广播内容成为宣扬美国生活方式和美国政府政策主张的"最为人所熟知的、最直接和最熟悉的方式"，美国政府也因此成功"穿越铁幕"，和苏联人民进行直接交流。[2]

冷战期间，面对西方国家的宣传，苏联凭借塔斯社和莫斯科广播电台等传播工具，树立了一个能与美国分庭抗礼的超级大国形象。苏联进行对外传播的主要工具是广播电台和通讯社。苏联广播体系分为对内和对外两大部分，负责对内宣传的是"全苏广播电台"，负责对外业务的则是"灯塔广播电台"（Радио Маяк）和"莫斯科广播电台"（Московское радио）[3]。莫斯科广播电台曾经是世界上最大的国际广播电台。1972 年，莫斯科广播电台对外播出的语种为 84 种，超过美国，播出时间为每周 1950 小时，相当于美国之音、自由电台和自由欧洲电台的播出时间的总和。

---

[1] 于群主编：《新冷战史研究——美国的心理宣传战和情报战》，上海三联书店 2009 年版，第 79 页。
[2] 同上书，第 59 页。
[3] 1993 年更名为"俄罗斯之声"（Голос России）广播电台，从 2014 年起，名为"卫星"（Sputnik）电台。

苏联最重要的通讯社是塔斯社（Телеграфное агентство Советского Союза，简称ТАСС），它是苏联的国家通讯社，也是当年的国际五大通讯社之一。塔斯社在100多个国家设有分社，向苏联各加盟共和国的3700多家报纸、50家电台和80家电视台以及115个国家和地区的新闻机构或商务代表处播发消息，用俄、英、法、西、葡、德、意、阿拉伯等8种文字发稿。塔斯社与路透社、美联社等国际同行最大的区别在于，它是完全由苏联政府控制的国有媒体，在对外传播中完全贯彻国家意志。苏联的另一大通讯社是"新闻通讯社"（Информационное агентство "Новости"），即俄新社（РИА）的前身。相比塔斯社，新闻通讯社的对外传播功能更为突出，宣传内容以传播正面信息、向苏联人民介绍国外人民生活和促进国际间的相互理解、信任和友谊发展为主，是苏联在国际舆论中塑造良好形象的工具。

随着传播方式的改变和传播技术的提高，简单化、教条化和公式化的宣传方式严重阻碍了苏联媒体的国际传播能力。与苏联对西方媒体严防死守形成鲜明对比的是，西方国家并没有干扰苏联的对外广播，原因在于苏联在西方受众中的宣传效果较差，西方国家的听众对苏联的国际广播并无兴趣。20世纪80年代，"公开性""民主化"和"新思维"战略引发了媒体的转型与重新定位，开启了苏联政治体制和传媒体制急速变化的进程。1987年，苏联开放门户，停止干扰美国之音、英国广播公司、自由电台等西方电台的广播，并通过官方途径进口大量西方报刊。对境外媒体宣传的限制的取消，使得境外势力长驱直入，西方媒体在苏联国内的受众大幅增加，其在苏联媒体空间的作用也从"渗透""侵蚀"上升为"舆论操控""话语垄断"甚至"现场指挥"。"8·19"事件中，西方媒体的报道成为许多苏联人了解事件进程的重要渠道。西方媒体的渗透与和平演变虽然不是导致苏联解体的最主要原因，但由此产生的社会动荡助推了联盟的解体，苏联也因此成为"软实力"失败的典型事例。

2. 国际传播的低谷——金融寡头和利益集团操控的媒体帝国

苏联解体后，新的传媒体制呈现多党化、多元化和私有化的发展特征。在所有制方面，国家不再居于垄断地位，地方政府、编辑部以及私人成为各类媒体的所有者；媒体管理体制则从苏共的垂直管理过渡到平行管理方式。媒体一度发展为能够监督政府，甚至有能力助推政权更迭的"第四权力"，但是在私有化的过程中，媒体逐步被金融寡头通过投资、融资的方式所控制并飞速扩张，出现了一种新的、能够操纵舆论的媒体集团，形成了新的垄断。

这一时期最具影响的是以鲍·别列佐夫斯基和弗·古辛斯基为代表的媒体大亨。古辛斯基的"桥媒体"旗下有《今日报》《总结》周刊、独立电视台和"莫斯科回声"广播电台，而别列佐夫斯基掌握的媒体有《独立报》《消息报》《生意人报》《新报》、"第六频道"电视台（部分持股，掌握管理权）、俄罗斯公共电视台（部分持股，掌握管理权）。国家（俄联邦政府和议会）掌控的媒体包括俄通社—塔斯社、俄罗斯新闻社、俄罗斯广播电视台（PTP）、《俄罗斯报》等。这类媒体的定位是国家"喉舌"，主要工作是传达政府令、发布政府公告和提供新闻信息。国有媒体的传播影响力与寡头的媒体工具相比并不占有优势。

从国际传播的角度看，这一时期的俄罗斯无论在传播导向，还是在传播体系方面，都呈现出不同于苏联时期的特点。

首先是对外宣传导向的变化，伴随着"一边倒"的外交政策，俄罗斯完全放弃了与西方在意识形态、价值观念和文化领域的舆论战和思想战，表现出对西方舆论的迎合与追随。

其次，对外传播能力减弱，不复有"宣传大国"的雄风。相关外宣媒体机构或因失去政策支持，被更名和缩减规模——如塔斯社于1992年更名为"俄通社—塔斯社"，人员裁减四分之一，记者站也大幅收缩；或者被私人资本收购，改变其外宣属性而成为新的"自由"媒体，如"莫斯科回声"广播电台，该台从国家外宣机器逐步演变为政府反对派的媒体工具。

最后，俄语媒体的覆盖区域和传播范围急剧缩减，受众规模下降，不仅丧失了在国际上的影响力，在独联体国家的影响也今非昔比。俄罗斯电视台的播出时间受到限制，频道资源被挤占，甚至被政府下令关停。俄语居民缺乏足够的渠道获取有关俄罗斯的资讯，而俄罗斯媒体退出后留下的信息空间也被西方媒体占据。

在俄罗斯传媒业衰落的同时，西方新闻媒体发生了深刻变革，大型跨国传媒公司迅速发展，其运用先进的传播技术，综合电视、广播、互联网等传播媒介，实现了全方位、深层次的对外传播。外国资本向俄传媒业渗透的力度增强，电台、电视台、报纸和杂志均积极与西方媒体联合运作。

冷战虽然结束，但以美国为首的西方国家并未放弃冷战思维，西方媒体有关俄罗斯的报道，无论标题、关键词、图片和议程设置基本都以负面为主，对其国际形象产生严重的消极影响，有些问题甚至被大加炒作，成为国外势力对俄罗斯事务进行干预的借口。由于寡头对媒体拥有强大的控制权，而中央政府乏主导性或引导性的新闻媒体，作为寡头政治斗争工具的媒体在在一些关乎国家利益的重大问题上，很难形成一致的舆论。在第一次车臣战争、"库尔斯克"号沉没、莫斯科地铁爆炸等事件中，俄罗斯由于政治、资源、技术等原因，不但不能对西方的"妖魔化"宣传给予有效回击，而且也无力掌控国内的宣传导向，导致社会思想分裂，国家凝聚力弱化。

3. 重构国际传播——国家控制下的传媒秩序

进入21世纪，尽管俄罗斯国力有所恢复，但在国际传播格局中的发言权却没有相应增加。在"西强东弱""美欧统治"的国际传播格局中，世界范围内70%的国际新闻依然由发达国家的国际一流媒体提供，没有一家俄罗斯媒体能像当年的塔斯社一样跻身世界五大通讯社之列，对世界舆论发挥重要作用，俄罗斯在国际话语权的争夺中处于不利地位。[①] 在此背景下，俄罗斯对媒体建设工作日益重视。世纪之交，普京接替叶利钦接管俄罗斯大权。他一方面以铁腕作风遏制金融寡头对媒体的影响，整合传媒机构，逐步恢复国家对传媒的控制和管理；另一方面，加强对外传播，启动俄媒体的全球化进程，限制境外媒体在俄活动，向西方展开宣传反攻。

（1）媒体领域的"去寡头化"，国有传媒的主导地位逐渐巩固

把大众传媒视为政权机关或者执政者的工具，是从苏联延续到俄罗斯的传统观念。俄罗斯的传媒体系在经历了改革模式、工具模式、第四权力模式、公司控制传媒和自由传媒混合的模式之后，普京时期又出现了"国有化"和"集中化"的特征。[②] 普京在政治上强化国家垂直权力体系的同时，在传播领域也增强中央政府的话语权，改变平行管理模式，强化国有媒体的作用。

从2000年开始，随着别列佐夫斯基和古辛斯基分别被司法机关起诉，被迫流亡国外，寡头的媒体王国开始瓦解。2001年，"公共电视台"和"独立电视台"的领导班子进行了改组。2002年，俄罗斯国有企业"天然气工业股份公司"控制的"俄气传媒"（Газпром‐Медиа）接管"桥—媒

[①] 李舒东等：《国际一流媒体研究》，世界知识出版社2013年版，第111页。
[②] 亚·尼·扎苏尔斯基认为，俄罗斯大众传媒是高度政治化的模式，可以将其分为改革模式、工具模式、第四权力模式、公司集权模式、公司传媒和自由传媒混合的模式、国家和地方政府模式。

体"的 26 家公司，包括独立电视台、独立电视台加密电视、THT 电视台和"莫斯科回声"广播电台等媒体。同年，"公共电视台"更名为"第一频道"，标志着"别列佐夫斯基时代"的结束。经历数次复杂的股权买卖和公司并购交易，很多媒体从被政府或国有企业控制，出现一种新的垄断和集中化的趋势。

1998 年"全俄国家电视广播公司"成立，1999 年俄罗斯印刷、广播电视和大众媒体部成立，在此基础上，俄政府从组织体系和财政制度上进一步推动了国有传媒的垄断进程，重建了统一的国有电视广播体系。2004—2005 年，全俄国家电视广播公司（ВГТРК）进行改组，把"俄罗斯电视台""俄罗斯广播电台""文化频道""灯塔"广播电台、"俄罗斯之声"电台，以及 89 个地区级的国家电视广播公司和 110 个广播电视转播中心等媒体收入旗下，俄罗斯各地区主要的电视和广播频道变成了全俄国家电视广播公司的分支机构，其实力大大增强，成为欧洲最大的媒体集团。① 全俄舆情研究中心近十年来所做的调查数据显示，俄罗斯人对国内媒体，尤其是中央级媒体的信任度逐年上升，而对外国媒体的信任度却持续下降。例如，2007 年，完全信任外国媒体的受访者比例为 15%，2015 年这一数据下降为 6%。② （见图 3-1）

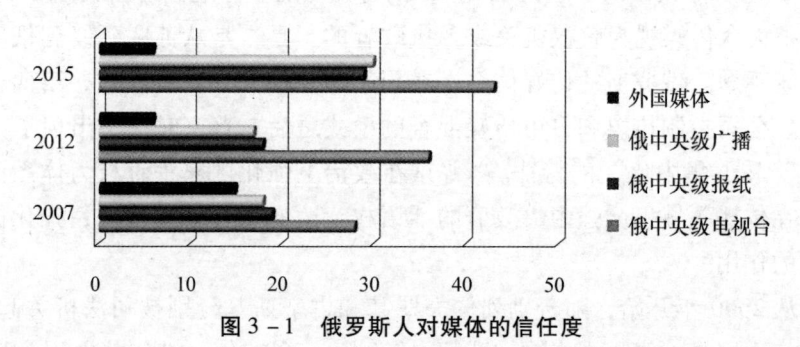

图 3-1 俄罗斯人对媒体的信任度

资料来源：Какие СМИ по-прежнему сохраняют внимание и доверие россиян, ВЦИОМ (2007, 2012, 2015).

---

① 〔俄〕亚·尼·扎苏尔斯基：《俄罗斯大众传媒》，张俊翔、贾乐蓉译，南京大学出版社 2016 年版，第 290—291 页。
② СМИ в России: потребление и доверие, ВЦИОМ, Пресс-выпуск №2829, 7 мая 2015 г. http://wciom.ru/index.php?id=236&uid=115248.

(2) 国际传播的强化

2000 年，俄罗斯颁布《俄罗斯联邦信息安全学说》。该学说由总统安全委员会起草，是俄联邦国家安全保障领域的战略规划性文件，是指导俄联邦国家安全体系发展的基础。文件认为，对俄罗斯信息安全造成威胁的因素之一，是外国势力"企图将俄罗斯的信息通讯社、大众媒体排挤出国内信息市场，增强俄罗斯的精神生活、社会政治、经济领域对国外信息机构的依赖程度"，因此，要"预防由于传播俄罗斯内政方面的负面信息造成的消极后果"。为完成这一任务，俄政府一方面加强对外国媒体的限制，另一方面打造本国的国际传播媒体。[①] 2001 年 7 月，就在俄罗斯天然气工业股份公司接管独立电视台之后，俄国家杜马以 343 票对 37 票通过一项法案，禁止外国人在国家电台拥有控股权。该法案规定，凡播送区域超过俄一半领土或播送信号抵达俄半数人口以上的电视台，外国人自然人或法人一律不能拥有控股权。该限制同样适用于由外国人或有双重国籍的俄罗斯人控制的俄实体。

2002 年 7 月，俄罗斯首个面向全球的俄语频道"俄罗斯台全球频道"开播。该频道的卫星传输信号实现了全球覆盖，卫星直播信号的重点地区为欧洲和中东。欧洲大陆的观众还可通过有线电视网络收看。2005 年 3 月，俄罗斯外宣的主力军"Russian Today"（今日俄罗斯）英语频道开播，其主要任务是加强克里姆林宫内外政策的对外宣传，使俄罗斯能够在国外，特别是在西方塑造良好的国家形象。在建立自己的国际频道的同时，俄罗斯政府也努力对国外媒体施加影响，试图通过与国外媒体的交流和合作，有意识地影响国际知名媒体的报道倾向和报道重点。

（二）俄罗斯的对外传播资源

媒体是国际传播的工具，媒体资源的丰富程度决定着一国的国际传播水平。从报纸到通讯社的出现，再到广播电台和电视的应用，直至今天网络媒体和大型传媒集团的激烈竞争，媒体的传播力越强，一国的国际影响力也就越大。在俄罗斯的国家战略发展计划中，媒体建设是很重要的一部分，因此今日俄罗斯通讯社、第一频道等传媒公司被列入了俄罗斯国家战略企业名单。俄罗斯的新闻社、电视台、报纸等媒体的国际影响力，随着

---

① 姜振军：《俄罗斯国家安全问题研究》，社会科学文献出版社 2009 年版，第 340、354 页。

俄罗斯"强国"地位的恢复而得到发展，电视覆盖更加广泛，新媒体与互联网受众日益增加。俄罗斯电视台、共青团真理报、俄罗斯商务咨询通讯社等媒体的运营能力和影响力不断增强，尤其是作为后起之秀的今日俄罗斯通讯社和 RT 电视台，其规模和业务持续壮大，依靠多元化、全方位的新闻服务，已经跻身世界一流媒体之列。

根据传播技术的不同，我们可以把参与国际传播的俄罗斯媒体分为国际通讯社、国际电视台、国际性印刷媒体、网络媒体和国际广播五种。

1. 国际通讯社

"今日俄罗斯"（Россия сегодня）国际新闻通讯社

"今日俄罗斯"国际新闻通讯社于 2013 年成立，是俄罗斯政府在俄罗斯新闻社、俄罗斯之声广播电台等老牌外宣媒体的基础上打造的"外宣旗舰"。通讯社对俄国内继续使用"俄新社"名称，但在对外宣传中使用新的"卫星"品牌，下属的"卫星网""卫星"广播电台使用 45 种语言对全球新闻进行无时差报道并推出信息文化产品。该社在全球范围内设立 80 多个记者站和 28 个海外地区采编中心，拥有全俄最大的图片库，被列入俄罗斯国家战略企业名单。

塔斯社（ТАСС）

塔斯社成立于 1904 年，是俄罗斯历史最悠久的新闻通讯社，曾与美联社、路透社、法新社、合众社并列为世界五大通讯社，苏联解体后其影响力逐步减弱。1992 年更名为"俄通社—塔斯社"，2014 年恢复"塔斯社"的名称。塔斯社是俄罗斯两大国家通讯社之一，不仅为新闻媒体提供信息，也是俄总统办公厅、俄政府等国家核心机构的新闻信息提供商。塔斯社在 63 个国家设有代表处、区域中心和记者站。塔斯社在苏联时期曾经垄断了关于苏联国内外新闻的采集工作，如今依然是俄新闻行业的领袖，拥有最大的记者网。1999 年，俄通社—塔斯社发起成立了"世界俄语媒体大会"（Всемирый конгресс русскоязычной прессы）。塔斯社曾以俄、英、西、法、德、阿拉伯语 6 种语言对外发稿，但其德语、法语、阿语等外语产品分别于 2014 年和 2015 年停止发布，如今仅以俄语和英语传送信息，在俄罗斯的国际传播中逊色于"今日俄罗斯通讯社"。

国际文传电讯社（ИНТЕРФАКС）

国际文传电讯社成立于 1989 年，是整个独联体地区最大的私人媒体集团，也是俄国内最具影响力的政经类媒体之一。国际文传电讯社在全球设立了近 40 个分支机构和代表处，旗下有近 20 个分支传媒公司，如"国际文传电讯社——欧亚站""国际文传电讯社——乌克兰站""国际文传电讯社——美洲站""国际文传电讯社——欧洲站""财经信息社""石油信息社"等，以及 100 多份出版物。国际文传电讯社使用 7 种语言发稿，主要产品为政治信息和财经新闻，在世界财经信息市场占有一席之地。国际文传电讯社在俄罗斯新闻的引用排行榜上位居前列，在俄罗斯新闻市场的占有率达到三分之一。

2. 国际电视台

"俄罗斯"（Россия）电视台

俄罗斯电视台是俄罗斯国有电视频道，隶属于全俄国家电视广播公司，前身是苏联的"第二频道"，1991 年更名为"俄罗斯电视台"，早期的政治影响不大，被视为政府的传声筒。1999 年，为加强宣传，普京下令对该台进行改组。第二次车臣战争中，"俄罗斯"台积极营造军事爱国主义氛围，播放的军事新闻和军营生活的报道有效提振了士气，成功塑造了"伟大俄罗斯"和"强人"普京的形象，该台的影响力由此大增，逐渐成为主流媒体。在对外宣传方面，俄罗斯电视台旗下的"俄罗斯—全球"频道（РТР - Планета，Planeta RTR）和"俄罗斯 24"（Россия 24）新闻频道发挥着重要作用，但因政治因素，该台的节目在其他国家屡次被限制。2014 年，"俄罗斯—全球"频道在拉脱维亚被禁，3 个月后复播。2015 年，该台被乌克兰政府列入制裁名单。

"俄罗斯 24"（Россия 24）新闻频道

"俄罗斯 24"新闻频道隶属于全俄国家电视广播公司，2006 年开播，原名"消息台"（Вести），是俄罗斯最重要的以播报新闻为特色的电视频道。该台由普京直接下令设立，开播之初颇受争议，被怀疑为 2007 年议会选举和 2008 年总统选举的舆论操纵工具。经过数年经营，"俄罗斯 24"已经成为俄罗斯国内最权威和最有影响力的资讯频道，历获"年度最佳电视公司""俄罗斯电视学院奖""俄罗斯媒体管理国家奖"等奖项。同时，该频道也跻身世界一流媒体之列，在主流社交媒体平台上拥有大量粉丝。由于在乌克兰危机中发挥了重要的俄罗斯政府喉舌的作用，该台于 2014 年被乌克兰政府禁止播出，2015 年被列入经营活动制裁名单。

"今日俄罗斯"（RT）电视台

RT 电视台于 2005 年 12 月开播，原名"Russia Today"，是俄罗斯政府设立的重要外宣媒体，主要针对欧洲、北非、东亚、中东和北美等地区的观众，其目的在于提升俄罗斯电视媒体的传播能力，与欧美国家争夺国际话语权。2009年，Russia Today更名为RT，一方面是为了简洁醒目，另一方面是为了淡化其作为俄罗斯政府宣传工具的色彩。RT在新闻报道中坚持自采，很少转播其他西方媒体的画面，以独特的视角和反美立场在国际媒体市场异军突起，影响力不断提高，在欧洲、北美和亚洲地区取得优异的收视率，成为国际传播格局中的重要参与者。RT注重在网络、社交媒体等新媒体平台上的舆论宣传，其新媒体策略颇为完善。除了可以通过电脑、手机、平板电脑等登录网站和移动客户端观看在线直播外，"今日俄罗斯"在推特、脸书、优图等社交媒体平台上也建有频道主页。

"第一频道"（Первый канал）电视台

第一频道电视台历史悠久，前身是"奥斯坦津诺第一频道"和"俄罗斯公共电视台"，2002年，更名改为"第一频道"。该台的规模和影响力在俄罗斯位列第一，长期保持俄罗斯电视市场的收视冠军地位。在满足大众娱乐需求的同时，"第一频道"也成为俄政府影响舆论的重要工具，被列入战略性企业名单。第一频道的国际频道于1999年开播，"第一频道·世界网络"（Первый канал. Всемирная Сеть）覆盖全球，是世界上最大的俄语电视频道。该台为全天候播出，信号覆盖范围包括欧洲、北美、澳大利亚、非洲和中东。为了方便欧洲和北美受众，"全球网络台"开设了两个时区的版本。在各国落地时，"第一频道"的台标有所不同，例如，在哈萨克斯坦是"欧亚第一频道"，在亚美尼亚为"TV1"，在白俄罗斯为"ОНТ"。

独立电视台（НТВ）

独立电视台由寡头古辛斯基所创，于1993年开播，是一家大型的全国性私营电视台。独立电视台的节目风格犀利、独特，敢于发出与政府相左的声音，敢于报道负面新闻，是俄罗斯收视率最高的电视台之一。2001年，"独立电视台·国际台"（НТВ Мир）开播，全天候播出，是专为国外观众设立的电视台，覆盖范围包括欧洲、北美及澳大利亚、新西兰、以色列等国。在美国落地的频道名为"独立电视台—美国台"，在加拿大为"独立电视台—加拿大台"，在白俄罗斯为"独立电视台—白俄罗斯台"。第一次车臣战争中，独立电视台播出大量抨击政府、展示战争惨烈场面的节目，其报道理念引起政府不满，但得到西方赞同。2001年，"俄罗斯天然气工业公司传媒集团"获得对该电视台的控股权和管理权。2013—2014年的乌克兰危机中，独立电视台与"俄罗斯24"新闻频道、"俄罗斯电视广播·全球台"等被乌克兰政府以"违反电视广播法"为由禁止播出。

3. 国际性印刷媒体

《论据与事实》（Аргументы и факты）

《论据与事实》周报成立于1978年，是俄罗斯报刊中的翘楚，也是在境外最受欢迎的俄罗斯媒体之一。周报的议程设置贴近民生，采取通俗社会学报道的立场，写作笔调轻松通俗，是了解俄罗斯社会问题的最佳读物。该报读者群广泛，在美国、英国、德国等数十个国家可订阅或购买。报纸的网页版和手机版同样受到欢迎，在 Yandex 的网络媒体资源排行榜上位居前列。该报采编网络庞大，拥有《论据与事实健康报》《论据与事实明星报》《论据与事实欧洲报》等子刊。

《俄罗斯报》（Российская газета）

《俄罗斯报》是俄罗斯政府的机关报，也是传达官方政策的重要媒体。该报主要刊登法律、总统令、政府令、俄罗斯政府各部门的报告以及代表官方立场的评论文章，同时也报道各种政治、经济、社会、体育、文化新闻。由于拥有丰富的行政资源，《俄罗斯报》的发行渠道畅通，是俄权威媒体之一。《俄罗斯报》下属的特刊《透视俄罗斯》是近年来发展迅速的国际传播媒体，俄罗斯外宣的拳头产品之一。《透视俄罗斯》采用与本土媒体合作，随刊附赠的方式，用14种语言在世界21国发行，成为连接国外读者与俄罗斯的纽带。其合作伙伴都是具有国际影响力的报纸，在中国是《环球时报》，在美国则是《纽约时报》《华盛顿邮报》和《华尔街日报》等。

《共青团真理报》（Комсомольская правда）

《共青团真理报》于1925年创刊，是俄罗斯最大的印刷媒体，报业市场上读者最多、影响力最大的报纸之一，拥有同名网站、电台和电视台。该报立场与政府接近，是俄重要的外宣媒体之一，在独联体国家、中东欧和西欧拥有大量读者。

《生意人报》（Коммерсантъ）

《生意人报》创刊于1989年，被称为当代俄罗斯商业传媒的奠基者，是目前俄罗斯最具影响力的商业性报纸之一，也是高质量出版物的代表。《生意人报》以传统报业起家，如今已经发展成为拥有报纸、网站、广播频率、杂志等多种形态的媒体集团，旗下有《权力》《金钱》杂志。《生意人报》不仅吸引商业人士，也吸引许多对财经问题感兴趣的普通读者，兼具"精英化"和"大众化"的特点。

4. 国际广播

冷战期间，全球无线广播扮演了极其重要的角色，是东西方宣传战的重要平台。苏联将共产主义宣传作为外交宣传的重要组成部分，但其影响力主要局限于东欧集团和第三世界，西方国家是薄弱环节。苏联的莫斯科广播电台虽然播出时间超过其对手英国广播公司、美国之音、德国之声，但传播效果大为逊色。由于西方国家的听众对苏联的国际广播并无兴趣，西方甚至没有干扰苏联的对外广播。①

冷战结束后，从20世纪90年代至今，短波听众越来越少，广播电台在国际传播中的作用不断下降，以"俄罗斯"广播为例，其用于国际传播的中、短波节目早已停播。俄罗斯的国际广播与苏联类似，影响力仍局限在邻近国家，尤其是中亚、高加索等传播技术较弱的国家之中。目前"俄罗斯广播"在阿塞拜疆、乌兹别克斯坦和土库曼斯坦已经停止播出。互联网取代传统广播成为新的国际信息传播平台，"俄罗斯之声"被"今日俄罗斯"通讯社整合后，以网络版的"卫星"广播重新面世，"灯塔"（Маяк）广播电台、"莫斯科回声"（Эхо Москвы）广播电台也推出了在线版和客户端。灯塔、俄语电台（Русское радио）、俄罗斯广播（Радио России）、欧洲加密电台（Европа+）等是收听率最高的一批电台。

（三）新形势下俄罗斯国际传播的突破

随着互联网和通信技术的发展，国际传播的渠道、技术、策略都出现了变革。新形势下的网络媒体、社交媒体轻松突破地域障碍和传播信号落地的限制，天然地具有国际传播的特性和优势，以其传播的快速、便捷及广泛的参与和互动的特性而成为国际传播的重要手段，并在政治、外交和军事领域展现出传统媒体所不及的惊人力量。随着互联网运用的普及和深化，各国民众通过网络进行政治参与的热情持续上升。网络与国家安全、国家利益和意识形态之间的联系日益紧密，已发展为重要的战略空间，网络渗透也成为当代国际政治斗争的有力工具。

---

① 刘笑盈、何兰：《国际传播史》，中国传媒大学出版社2011年版，第40页。

美国凭借互联网技术的先发优势,从战略和政策层面将网络,尤其是新媒体应用纳入各种政治进程,向世界宣传美国的文化、政治思想和价值观念,为其软实力提供了新的来源。如果说"颜色革命"中起重要作用的是传统大众媒体,那么在近年来的国际传播攻防中,新媒体则起到了关键作用。网络成为美欧等国支持俄反对派、动员民众的重要工具,一系列反对现政权的示威活动正是借助脸书、推特、优图等平台得以从线上转入线下。2011 年俄罗斯国家杜马选举后,媒体上立即出现了美俄政要的"口水战",与此同时,民众被网络媒体及时组织起来,爆发了针对选举和普京的大规模游行示威活动。2012 年俄罗斯总统选举前后,由于俄政府加强了对纸媒、电台、电视台的控制,反对派把互联网变成攻击普京的"重要阵地",与国外媒体质疑选举的宣传遥相呼应。

有鉴于此,俄罗斯积极打造由政府主导、社会各界广泛参与的网络安全防护体系。俄联邦安全委员会科学技术理事会下设信息安全分会,统一领导国家信息安全建设与规划。联邦安全总局设有信息安全中心,监控互联网上的不良信息。媒体与文化管理局网络监控中心主要负责对新闻媒体进行监控。内务部网络监控中心主要负责监控"维特""脸谱"等新兴媒体。必要时,监控中心以"网站受到攻击""网络超载"为由,在一定时间和一定区域内关闭脸书、推特等社交网站。俄联邦政府还组织人力对网络媒体舆情进行引导,为俄罗斯网络信息资源和舆论安全提供有效保障。

在对外传播方面,近年来随着网络媒体、社交媒体的兴起,俄罗斯也开始积极运用这些新的媒体工具,尤其在印刷媒体的影响持续下滑、电视节目受到严格审查,甚至被禁播的情况下,俄通过网络媒体渠道进行突围并在传播格局中占据了优势地位。在后苏联空间,互联网已成为俄罗斯媒体发挥主导作用的重要阵地,其互联网规模远超其他国家。例如,在以 Kg、Uz 为域名的网区中,俄语是主导性的语言,绝大多数网民用俄语提问和搜索。俄语网站上最主要的信息来源地是俄罗斯,其次为乌克兰和白俄罗斯。最活跃的城市是莫斯科、叶卡捷琳堡和圣彼得堡。世界俄文媒体联合会主席伊格纳坚科宣称,俄语是互联网上的第二大语言。[1]

俄罗斯的网络媒体可分为两类:一类是在传统大众传媒的基础上运作的,如 izvestia.ru、mn.ru、aif.ru 等网站是《消息报》《莫斯科新闻报》

---

[1] XVII Всемирный конгресс русской прессы,http://warp.pro/c13.html.

《论据与事实》等知名纸媒的网页版。另一类则是直接创立于网络技术，并且只在互联网上运作，例如报纸网（gazeta.ru）、纽带网（lenta.ru）、俄罗斯商务咨询网（rbc.ru）等。

Yandex

Yandex 创建于 1997 年，是俄罗斯互联网访问量最高的网站，也是俄语世界的第一大搜索引擎。在网页搜索之外，Yandex 还提供新闻、社交网络、网络支付等服务。Yandex 是欧洲最具影响力的互联网公司之一，在乌克兰、白俄罗斯、哈萨克斯坦与土耳其拥有很高的市场占有率。

Mail. Ru

Mail. Ru 集团原名数码天空科技（DST），是俄互联网领域综合资产管理巨头，目前拥有 VK、"同学会""我的世界"等多家社交网站，以及俄最大的邮箱门户网站 Mail. Ru、视频通话软件 Mail. Ru Agent、即时通讯软件 ICQ 等。除俄本土互联网公司外，该集团还拥有乌克兰、以色列的互联网公司及第三方支付工具 QIWI 的部分股份。

卫星网（Sputnik）

俄罗斯卫星网是外宣旗舰"今日俄罗斯通讯社"的门户网站，核心内容为俄新社的新闻产品。该网传播方式多样，既是新闻内容供应商，也是一家广播公司。网站采编力量雄厚，在世界各地拥有多个现代化媒体中心，可以在世界数十个国家以多种语言制作多媒体内容和进行新闻报道。其英语、西班牙语、阿拉伯语和中文版的 24 小时滚动"信息专线"是各国媒体重要的信息来源之一。卫星网拥有一个遍布全世界的摄影记者网络。在 Yandex 统计的俄语媒体网站访问量排行榜上，近年来卫星网的访问量在中国、美国、德国、法国、土耳其等国一直居于前列。[1]

俄罗斯商务咨询网（РБК）

"俄罗斯商务咨询"既是新兴的网络媒体佼佼者，也是俄罗斯经济类媒体代表。该网站创办于 1993 年，是一家多元发展的媒体集团。其拥有一家同名电视台，以及报纸、杂志等多种形态的子媒体，是信息技术、金融、证券领域新闻报道的权威媒体。其自主研发的商务数据交互处理系统不仅是用户整理信息的工具，还是用户举办行业会议、商务洽谈的平台。

---

[1] Рейтинг топ – 10 самых популярных ресурсов в категории «Новости и СМИ» по данным «Liveinternet», http：//www.liveinternet.ru/rating/ru/media.

该网站无论在网络媒体市场上，还是在商业金融信息市场上均占据领先地位。

报纸网（Газета. Ru）

报纸网成立于1999年，目前与路透社、塔斯社、国际文传电讯社等众多大型新闻通讯社建立了合作关系，是一家综合性电子新闻报刊，广受俄罗斯受众好评。

新闻俄罗斯网（Newsru）

新闻俄罗斯网创建于2000年，最初为俄罗斯独立电视台的官方网站，随后，网站与电视台脱离，域名也随之更改。该网站的优势在于对新闻的全面整合，在经过多次编辑、整理之后，读者能够全面了解到某个新闻事件的背景、各方反应等详细信息与评论。

"纽带"（Lenta. Ru）新闻网

纽带新闻网是俄罗斯最受欢迎的网络媒体之一，由"高效政治基金会"创建于1999年，以刊发俄罗斯国内和世界新闻为主。在2013年俄罗斯网络媒体原创内容转载率排名榜中，该网站位列第一位。

网络媒体为俄语媒体的传播提供了新的机遇。随着技术的升级和传播方式的改变，一些印刷出版物通过在线版本重新吸引了读者，而《报纸报》《纽带网》等新兴的媒体巨头，访问量更是超过任何一家传统纸媒。在哈萨克斯坦、吉尔吉斯斯坦和塔吉克斯坦，由于俄语拥有官方承认的地位，俄文版"Windows"成为最普及的系统，上网者也习惯浏览俄语网站。乌兹别克斯坦自2005年推行的"拉丁化"政策并未完全削弱基里尔字母和俄语的影响，采用基里尔字母出版的报刊和书籍在市场上仍占有一席之地，俄语依然是精英们普遍掌握的语言。相比主体民族语言网站，俄语网站在技术资源和内容资源方面更具优势，因此俄语网站成为当地民众重要的信息来源。很多乌语网站也使用基里尔字母，以适应人们的阅读习惯。

俄裔移民使对俄语媒体的需要出现在世界各地。俄罗斯政府所设立的网站成为保存境外侨民文化认同，加强其与祖国的精神联系的工具。思乡之情、想用俄语进行交流，都是访问俄语网站的理由。各国针对俄侨、俄裔所设的门户网站，削减了移民归属国对俄语媒体的限制，使俄侨、俄裔得以继续在原来的文化轨道上运行。大量带有亲俄色彩的俄侨网站有助于境外俄裔、俄侨巩固彼此之间，以及与俄罗斯的联系。网络凝聚了俄侨、俄裔，克服了地理空间的限制，实现了在网络空间里的融合。

这一问题已经被"近邻"国家所认识，许多国家开始屏蔽来自俄罗斯的网络媒体，同时也为本国居民设立俄文网站，引导他们关注所在国的形势发展，淡化俄语网站的"俄罗斯"色彩。相形之下，欧洲和北美地区的俄侨群体对来自俄罗斯的网络媒体的依赖程度一直较低。这是因为，俄罗斯外流至发达国家的人员多为程序员、工程师等熟悉电脑技术的专家，例如谷歌创始人谢尔盖·布林就是代表人物之一。他们在新居住地迅速创立起各种网站，传播反映俄裔居民生活现状、社区文化、母国动态等信息。在德国、法国、美国和以色列等国，活跃着大量本土俄语网站，满足新移民不同的文化诉求。

三 俄罗斯的国际传播布局

传媒在现代民族国家的形成过程中起到了重要的作用，正如本尼迪克特所言："这些被印刷品所联结的'读者同胞'，在'可见之不可见'当中形成了'民族'这一'想象的共同体'。"[①] 苏联时期，各种促进民族同化的信息、观念和意识，通过媒体植入民众的心理，有效地配合了苏联时期的民族政策。"苏联人民是一个统一的民族共同体"的观念，在中亚、波罗的海、外高加索地区的民众中深入人心。苏联解体后，各加盟共和国之间统一的信息空间被打破，独立各国开始探索本国的媒体发展道路。压缩俄罗斯的文化空间成为前苏联成员国基本的政策取向，各国均在不同程度上采取措施限制俄语和俄语媒体的传播。俄语媒体的覆盖区域和传播范围急剧缩减，受众规模下降，俄语媒体发展面临种种阻碍。俄罗斯电视台的播出时间受到限制，频道资源被挤占，甚至被政府下令关停。"颜色革命"和"俄格战争"之后，俄罗斯开始设立相应的机构来实施针对性较强的宣传战略，以遏制当地的"去俄罗斯化"进程。

在俄罗斯的国际传播布局中，后苏联空间国家由于与俄罗斯有着历史和文化渊源，且讲俄语居民较多，是俄罗斯对外传播的传统优势领域，媒体成为传播俄罗斯文化和构造"欧亚文化空间"的手段之一。俄罗斯增强

---

① 〔美〕本尼迪克特·安德森：《想象的共同体——民族主义的起源与散布》，上海人民出版社 2003 年版，第 52 页。

软实力的措施包括利用俄语媒体积极推介俄罗斯的政策、主张，增强当地民众对俄语、俄罗斯文化乃至俄罗斯的认同感，培养亲俄意见领袖在公众舆论中施加影响等。

在曾经属于社会主义阵营的波兰、保加利亚、捷克、斯洛伐克、匈牙利等中东欧国家，以及中国、老挝、越南、柬埔寨和蒙古等亚洲国家，俄语曾经是精英们普遍使用的外语，俄语媒体至今仍有生存空间。在西欧、北美和西亚的以色列，由于俄语移民的大量涌入，俄语媒体应运而生，现已具有一定规模。南美、非洲和大洋洲等地区，俄语媒体的市场需求疲弱，对社会舆论的影响力不值一提。

（一）后苏联空间的俄语媒体

1. 独联体国家

白俄罗斯

俄语与白俄罗斯语并列为该国的国家语言，熟练掌握俄语的人数达到总人口的80%，俄语媒体拥有大量受众。大部分的报纸和杂志用俄语发行，俄语出版物的销量占据优势地位。例如，最受大众欢迎的报纸《苏维埃白俄罗斯报》，其俄文版的销量远大于白俄罗斯语版。在每年新发行的出版物中，俄语刊物达到82%。现存的18座白俄罗斯剧院中，有14座以俄语作为节目表演语言。在电视、广播、网络、商业生产、科学教育领域以及政府机关活动中，俄语的使用频率极高。

哈萨克斯坦

苏联时期，哈萨克斯坦是中亚地区普及俄语的先锋。85%的哈萨克斯坦居民能够流利地使用俄语，哈萨克族、俄罗斯族、乌克兰族、白俄罗斯族、德意志族、朝鲜族等都使用俄语作为重要的交流工具。俄语在媒体领域一度占据垄断地位，政府为此采取措施进行了限制。1997年哈萨克斯坦颁布法令，规定哈语节目在电子媒体中不能低于50%。2005年，"第一频道·欧亚台"就因为哈语节目数量不足而被起诉，罚款1千万坚戈。尽管如此，俄语媒体在哈萨克斯坦依旧很强势，其在印刷媒体和电子媒体中所占的份额达到70%和80%。

乌兹别克斯坦

乌兹别克斯坦的俄罗斯族裔较多，俄语报纸占其总发行量的1/6，杂志为1/5。近年来俄语在互联网上的普及程度大大提高，大部分网站都提供乌语和俄语两种版本。在乌兹别克斯坦可以订阅《劳动报》《论据与事实》《医学报》以及一些科学性、娱乐性的出版物，但《消息报》《真理报》《独立报》《共青团真理报》等不能订阅。当地出版的俄语报刊，有政府部门的机关报，如《人民言论报》（议会机关报）、《东方真理报》（政府机关报），也有市属报纸，如《塔什干真理报》《塔什干晚报》，以及一些政治倾向较弱、纯商业性质的报刊。

塔吉克斯坦

俄语媒体在塔吉克斯坦的信息空间中发挥着重要作用。当地民众习惯从俄语媒体上获取信息，尽管出现了俄罗斯族裔大量外迁的现象，但俄语媒体依然在不同族群之中保持着影响力。"俄罗斯台全球频道""灯塔"广播、"俄罗斯之声"电台等电子媒体，以及包括塔吉克斯坦政府机关报《人民报》在内的俄语印刷媒体都拥有广泛的受众。塔吉克斯坦出版12种俄语刊物：《人民报》（政府机关报）、《晚间信使》（杜尚别市政府报）、《塔吉克之声》（共产党机关报）、《塔吉克斯坦信使报》《生意与政治》《亚洲周刊》等。读者大多来自当地精英阶层。

吉尔吉斯斯坦

在吉尔吉斯斯坦，俄语电子媒体和印刷媒体占到当地传媒市场70%的份额。不仅俄罗斯族裔、斯拉夫族裔，本土族群也使用"第一频道""俄罗斯台全球频道""俄罗斯广播""灯塔""欧洲加密""莫斯科回声"等俄语媒体。《共青团真理报》《论据与事实》《吉尔吉斯的莫斯科共青团报》《俄罗斯报》是当地的畅销报纸。吉尔吉斯斯坦政府机关报《吉尔吉斯斯坦言论》也用俄语出版。在吉尔吉斯斯坦，俄罗斯"第一频道"的覆盖面积超过吉全国电视广播公司，几乎覆盖该国所有地区，成为当地民众最喜欢的电视频道。

摩尔多瓦

摩尔多瓦印刷媒体中的半壁江山由俄语出版物占据，这其中既包括来自俄罗斯的报刊，也有用俄语出版的摩尔多瓦媒体。俄罗斯的《消息报》《劳动报》《共青团真理报》《真理报》《论据与事实报》等可以通过订阅和零买的方式获得。摩尔多瓦很多纸媒，如《独立摩尔多瓦报》《公正报》《摩尔多瓦青年报》等用俄语和摩语同时出版。还有一些媒体只用俄语出版，如《实业报》《基希纳乌回声报》《电传信息报》《基希纳乌新闻》等。俄裔团体拥有专门的出版物：《俄罗斯方论报》《斯拉夫报》等。

"俄通社—塔斯社""国际文传电讯社"和"俄罗斯新闻社"在摩尔多瓦首都基希纳乌设有通讯站。摩尔多瓦的电视台和广播电台制作和播出摩语、俄语、乌克兰语和保加利亚语节目，摩语和俄语是其中最重要的节目语言。

亚美尼亚

俄罗斯报刊在亚美尼亚的发行不受限制，但高昂的价格影响了其传播范围。"俄罗斯"电视台、"第一频道""文化台""独立电视台"《论据与事实》《共青团真理报》等在亚美尼亚民众中比较受欢迎。

阿塞拜疆

俄语印刷媒体在阿塞拜疆所占的份额约为10%，《镜报》《回声报》《巴库工人报》《阿塞拜疆消息报》等刊物的受欢迎程度较高，但来自俄罗斯的电视和广播节目受到限制。由于俄罗斯在纳卡冲突的倾向不利于阿塞拜疆，2007年，阿国家电视广播委员会下令禁止俄罗斯电视台的播出。2008年，俄罗斯广播节目也被禁播。

2. 非独联体国家[①]

乌克兰

俄语媒体一度在乌克兰信息空间占据主导地位。在乌克兰较有影响的报刊——议会机关报《乌克兰之声》《每日报》《工人报》《今日报》等都以乌、俄双语发行，但俄语版报纸的发行量是乌克兰语报纸发行量的两倍。[②] 乌克兰的主要通讯社，如乌克兰通讯社、乌克兰国际文传电讯社的新闻产品都有俄语版。为遏制俄语和俄语媒体的传播，乌政府在宣传领域采取了系列措施，例如，2001年乌克兰广播电视委员会规定，各电台、电视台节目使用国家语言（乌克兰语）的播出时间不能低于播放总量的50%，不遵守规定的广播和电视公司，可能会被处以吊销许可证的惩罚。在政府的控制下，俄语媒体的普及度逐渐降低，但俄语在乌克兰的互联网中依然占有优势。2010年乌克兰的网民有11.3百万人，其中超过80%的用户用俄语提问，用乌克兰语提问的约占14%。

[①] 2005年8月，土库曼斯坦退出独联体。2008年8月14日，格鲁吉亚因俄格战争宣布退出独联体，第二年8月正式退出。2014年3月，因为克里米亚入俄问题，乌克兰也正式启动退出独联体的程序。

[②] Семенченко М. Языковая борьба за первенство//Главред. 14.06.2011，http：//www.glavred.info.

格鲁吉亚

来自俄罗斯的"俄罗斯"电视台、"第一频道""文化台""独立电视台"、《论据与事实》《共青团真理报》等媒体在格鲁吉亚一直保持较高的普及度。萨卡什维利时期,"反俄"宣传政策极大限制了俄语媒体的发展,俄语报纸纷纷关停,只剩寥寥两三种,与政府方针不合的电视台被出售,只有作为政府喉舌的媒体能够生存。2012年10月,伊万尼什维利领导的在野党联盟"格鲁吉亚之梦"在议会选举中胜出,出任总理并重新组阁。2013年10月,"格鲁吉亚之梦"执政联盟候选人马尔格韦拉什维利赢得总统选举。在格俄关系问题上,格总统和总理改变了前任的"仇俄""反俄"态度,表示将寻求改善两国关系,与俄罗斯展开建设性对话,在经贸、文化等领域进行积极合作。与外交政策的调整相呼应的是,俄语媒体在政治上的限制减少。2012年,"格鲁吉亚之梦"党派联盟执政后,一些政府高官以"应该给那些格鲁吉亚语水平较低的人民提供一个获取资讯的渠道"为由,提议开设新的俄语电视台。①

土库曼斯坦

土库曼斯坦前总统萨·尼亚佐夫采取了反"俄罗斯化"的政策,该国是后苏联空间对俄媒体的限制比较严厉的国家之一。1992年,禁止公开销售俄罗斯期刊。1997年,限制机构和个人订阅俄罗斯期刊。2002年,全面禁止俄罗斯出版物的发行,只有官方的《中立的土库曼斯坦报》和文艺杂志《复兴》被允许使用俄语。电视节目中的俄语播报时间不能超过15分钟。2004年,俄语广播"灯塔"电台停止播出。库·别尔德穆哈梅多夫执政以来,媒体领域的控制开始松动,俄语出版物有所增加,出现了《土库曼斯坦石油、天然气和矿产资源》《土库曼档案》《黄金时代的经济》等俄语期刊。

3. 波罗的海国家

拉脱维亚

1999年拉脱维亚颁布《国家语言法》之后,俄语媒体的受众规模不断缩小。2010年,俄语报纸的市场占有率约为24%。《今日消息》《商业&拉脱维亚》《时刻》《消息周刊》《星期六周刊》《体育快讯》等是比较

---

① В Грузии вновь может появится телевидение на русском языке//Sputnik, 12 февраля, 2016. http://sputnik-georgia.ru/society/20160212/230142718.html.

受欢迎的报纸。杂志仅有不到十种，最有名的俄语文学杂志《道加瓦河》于 2009 年停刊。俄语广播节目和电视节目占比分别为 30% 和 25%。在互联网空间，俄语的使用率高于拉脱维亚语。

立陶宛

立陶宛没有制定旨在限制或禁止俄语媒体的法令，因此，本地俄语媒体和俄罗斯媒体拥有一定的影响力。本土俄语报纸中，主打政治新闻的有《立陶宛晨报》《共和国报》《立陶宛信使报》《综述报》等，长于报道娱乐家居信息的有《千家万户》《家庭医生》等。来自俄罗斯的《论据与事实报》《消息报》《共青团真理报》等可以自由购买。根据立陶宛有线电视协会与俄罗斯相关电视频道的合作协议，REN 电视、第一频道国际台、TNT 等电视台的节目被引进。当地人可以收听俄罗斯之声、俄罗斯广播电台等俄媒体的节目。不过，俄语媒体的影响力一直在下降，立陶宛国家电视台和广播电台大大压缩了俄语节目时间。

爱沙尼亚

爱沙尼亚的国家语言法把俄语定义为少数民族语言，因此，除了国际关系爆发严重冲突的时期，俄语媒体并未受到严厉的打压。国家级的《邮报》，以及《实业信息报》《日以继日报》《爱沙尼亚"莫斯科共青团报"》等印刷媒体保持着一定的市场。该国的 TV3 是俄语频道，ETV2 每日播出俄语新闻、脱口秀和其他节目。俄罗斯的第一频道、俄罗斯电视台、独立电视台和圣彼得堡电视台等受到该国观众的欢迎。

（二）中东欧地区俄语媒体

由于历史上的政治结盟关系，以及渊源深厚的文化和语言因素，东欧和巴尔干国家成为俄罗斯媒体在境外传播的重要地区。今天在这一地区仍然能买到俄罗斯报纸，最畅销的是《论据和事实报·欧洲版》《共青团真理报》和《莫斯科共青团报》等。俄罗斯报纸和杂志的订购不受政府限制，但它们的价格比本土俄语刊物高出不少，因此受众群并不大。当地媒体的融合版，如《捷克"共青团真理报"》的市场欢迎度更高。总的来说，俄语媒体在东欧和巴尔干国家的传播能力一直呈下降态势，种类减少，发行量大幅萎缩。该地区的俄语报刊详见表 3-1。

表 3-1　　　　　东欧和巴尔干国家的代表性俄语期刊

国家	期刊名
保加利亚	《俄语报》
匈牙利	《俄罗斯信使》《事实通讯社》
波兰	《华沙的俄罗斯信使》《同胞》
罗马尼亚	《曙光》
斯洛伐克	《在一起》
芬兰	《光谱》《赫尔辛基新闻》《新边界》《文学》
捷克	《今日捷克》《布拉格快递》《布拉格消息》
黑山	《俄语报》《亚得里亚海》

电视方面,当地媒体不制作本土俄语节目,俄语受众可以借助卫星天线或有线电视系统收看来自俄罗斯电视台、独立电视台的节目。一些国家的对外宣传电台会播出俄语节目,如斯洛伐克国家广播电台的《斯洛伐克之声》。但俄语的重要性不如德语和英语,《斯洛伐克之声》的俄语节目播放时长为每年550小时,英语和德语广播均为731小时。黑山的《俄语广播》(FM)覆盖全境,目标受众是当地的俄语移民。

(三) 西欧俄语媒体

由于语言障碍和文化隔阂,西欧国家传统上对俄语媒体的兴趣极低。但近年来,由于讲俄语的移民越来越多,当地政府、企业也注意到这一群体的需求,开始设立针对俄语移民的媒体(见表3-2)。

表 3-2　　　　　西欧国家的代表性俄语期刊

国家	俄语期刊名称
奥地利	《新维也纳杂志》《俄罗斯信使》《巴伐利亚晚报》
比利时	《比荷卢新闻》《我们的报纸》
英国	《伦敦信使》《伦敦情报》《成就》《伦敦俄语》《英国脉搏》《流浪艺人》《俄语第一时间》
德国	《欧洲快讯》《俄语德国》系列
希腊	《俄语公报》《卫城报》《协和广场》《莫斯科—雅典信使》

续表

国家	俄语期刊名称
丹麦	《新岸》
西班牙	《西班牙》《西班牙公报》
意大利	《论坛》《词语》《我们的杂志》
塞浦路斯	《塞浦路斯公报》
荷兰	《比荷卢新闻》《俄罗斯》《东正教对话人》
挪威	《同胞》
芬兰	《芬兰俄语报》《光谱》《新边界》
法国	《俄罗斯思想》《基督教运动公报》
瑞士	《我们的报纸》《加加林时报》《瑞士俄语》《商业世界》
瑞典	《北方钟鸣》

西欧的本土俄语电台和电视节目相对较少。代表性的节目有：芬兰的Yleisradio电视广播集团在YLE TV1电视频道播放的《俄语新闻》，希腊国家电视台ET-1每周播出的《大事记》（30分钟），塞浦路斯广播电台的《俄语频道》（FM），丹麦TB电视频道每周播放2次新闻节目，瑞典的电视节目《茶炊旁》，英国的《第一俄语频道》电台和芬兰的《卫星广播》。此外，自由欧洲电台、英国广播公司、德国之声的俄语节目也一直保持播出。

来自俄罗斯的报纸在各国的首都和大城市都可以买到，最畅销的是《论据与事实报·欧洲版》《共青团真理报·北欧版》《共青团真理报·西班牙版》《共青团真理报·英国和爱尔兰版》《莫斯科共青团员报》等。许多地方的观众可以通过落地的卫星信号收看俄罗斯第一频道、俄罗斯电视台和独立电视台、圣彼得堡电视台的节目。

欧洲最大的俄语社团在德国，由于历史渊源和地缘因素的作用，俄罗斯人与德国人之间存在着特殊的联系纽带，历史上多次出现"移民潮"现象。在彼得一世和叶卡特琳娜二世统治时期，俄罗斯施行了一系列旨在吸引德意志地区的工匠、医生、科学家等专业人士的政策，到20世纪初，已有上百万人移民到俄罗斯。经历数代人的繁衍生息之后，尤其在苏联时期的强制归化政策下，这些来自德意志地区的移民融入俄罗斯（苏联）社会，其语言、生活方式，甚至文化理念都被打下了深刻的俄罗斯文化的烙印。十月革命和苏联解体之后，大量德国人开始回迁至德国。来自前苏联的回归移民潮，使俄语使用者成为德国最大的外语群体。德国最大的俄语报业集团的领导人尼古拉·维尔纳认为，从前苏联迁至德国的移民约有四百五十万人。① 这些主要来自俄罗斯、哈萨克斯坦等前苏联国家的德意志族裔移民被称为"俄罗斯德意志人"（российские немцы）。针对这部分受众，德国媒体市场上出现了大量的俄语报纸、杂志、广播和电视媒体，这其中既有德国本地的俄语媒体，也有俄罗斯的媒体。

1. 德国本土俄语媒体

维尔纳传媒集团（Werner Media Group）在德国是种类最全、销量最大，同时也是最具影响力的俄语传媒集团。② 该集团旗下的《欧洲快讯》（Европа экспресс）杂志不仅是当今德国销量最大的俄语周报，也是"整个西欧俄语出版市场的领头人"。此外，《柏林报》《欧洲报》《全欧报》和《电视舞台》电视都是维尔纳集团的代表媒体机构。

另一大重要俄语媒体是"俄语德国"（Русская Германия）报系。该报系的品牌产品是在德国全境发行的《俄语德国》周报③，不同地区还另有体现各地特色的子报——柏林的《俄语柏林》，鲁尔区和莱茵河地区的《莱茵日报》，以及《俄语德国·巴伐利亚特刊》《俄语德国·汉堡特刊》《俄语德国·汉诺威特刊》等。

《俄语德国》的宣传口号是"我们的祖国是俄语"，目标人群以"俄罗斯德意志人"为主。受众大都在苏联生活过，拥有相似的生活经历、文化背景和价值观念，在新祖国德国又有着类似的利益诉求。《俄语德国》及其系列地区出版物上的"六分之一"栏目（又称"曾经的苏联"）④，是其历史渊源的重要体现，该栏目的内容来源于塔斯社、《消息报》《共青团真理报》《莫斯科新闻报》《新报》等俄罗斯媒体。在信息源、印刷效果和广告量方面，《俄语德国》逊色于他们的直接对手《欧洲快讯》。

此外，比较有影响力的俄语出版物有《同乡人》《故园》《外交信

---

① Куренной В., Александрович В. К. Структурный анализ русскоязычных печатных СМИ в Германии. http://geum.ru/next/art-308206
② "维尔纳"集团的董事长尼古拉·维尔纳，是1998年从俄罗斯的克拉斯诺亚尔斯克市迁居德国的移民。
③ 《俄语德国》周报从1996年开始发行。
④ 前苏联是世界上领土面积最大的国家，地跨欧亚两大洲，东西两端距离约一万公里，南北两端相距约五千公里，总面积超过两千万平方公里，约占世界陆地面积的六分之一。

使—俄罗斯德意志公报》等。

2. 俄罗斯媒体

报纸方面，来自俄罗斯的《消息报》《共青团真理报》《文学报》《莫斯科共青团员报·德国版》《莫斯科消息报》《保密材料》《快讯》等在读者中影响力比较大。俄语杂志大都关注时尚、健康、消遣性话题，鲜有涉足社会政治领域的刊物，如《魅力》《时尚》《花花公子》《故事集》《国家地理·俄语版》等。德国市场上还有一些体现苏联时期文化和精神特质的杂志，如《科学与生活》《环游世界》《农妇》等。

在德国的俄语媒体系统中，电视节目占据着重要的地位，其超过纸媒成为俄语受众中普及度最高的媒体。德国的俄语电视主要来自卫星系统转播的俄罗斯电视台和乌克兰电视台的节目，如"第一频道""俄罗斯台全球频道""俄罗斯国际电视台""独立电视台国际频道""第五频道""文化台"等。对于前苏联地区的移民来说，电视可以有效帮助他们与俄罗斯流行文化进行联结。

德国俄语媒体的特点。德国本土的俄语报刊、广播和电视媒体大都是商业企业，为满足俄语移民的需求而设，并非俄罗斯的"代理"机构，其宣传导向强调文化的"同化"和"融合"。引进的俄语媒体以时尚、娱乐媒体为主，缺乏权威性的社会政治类媒体。但是这并不意味着俄语媒体毫无政治影响力。在消息来源方面，俄语媒体从俄罗斯媒体、前苏联国家的媒体、德国的德语和其他语言的新闻机构获取资讯，其中来自俄罗斯媒体的信息源发挥着重要作用。所以，在乌克兰危机中，德国民众比其他欧洲国家表现出了更多的对俄罗斯的理解和接受的态度。①

（四）北美地区的俄语媒体

北美地区的俄语居民主要集中在美国和加拿大。美国"现代语言协会"（Modern Language Association）的调查显示，俄语是美国第四大语言，包括非法移民在内共有将近七百万使用俄语的居民生活在美国。② 在加拿

---

① Почему немцы иначе оценивают действия России на Украине, чем политики и СМИ ФРГ（"Deutsche Welle"，Германия），http://inosmi.ru/world/20140417/219638613.html#ixzz33vh03Vdb.

② MLA Language Map, Modern Language Association (MLA), http://arcmap.mla.org/mla/default.aspx.

大，视俄语为母语的居民约 10 万人，人数不仅远逊中文（百万），也不如波兰语（21 万）和乌克兰语（13 万）。

在美国历史上，来自俄罗斯的移民潮主要有四次。第一次移民潮发生于 1870 年至 1910 年，从沙俄帝国迁至美国的移民约 225 万人。第二次发生在十月革命之后，约 17 万人（不包括从第三国转入的移民）。第三次发生于第二次世界大战之后。第四次开始于 20 世纪 90 年代初，即苏联解体前后，数百万俄语移民迁入美国，平均每年约 5 万人，其中俄罗斯移民超过 1 万人。① 伴随最近这股来自前苏联的移民潮，一系列以俄语为发行语言的报纸、广播、电视及门户网站等媒体应运而生。《芝加哥的俄罗斯人报》（RussianChicago）、《美国版共青团真理报》（Комсомольская правда в Америке）、《新大陆周报》（В Новом Свете）、《纽约晚报》（Вечерний Нью－Йорк）、《记者报》（Репортер）、Golubchik 网络电视台、bomond.com 门户网站、你们的广播（Ваше Радио）电台、戴维森电台（Davidzon Radio）等本土媒体拥有较高的市场欢迎度。

美国本土俄语媒体的所有者、主创人员大都是前苏联地区的移民，如《芝加哥的俄罗斯人报》、"GolubchikTV"、bomond.com 网站和《你们的广播》的老板伊戈尔·格鲁波奇克是乌克兰裔，《新大陆周报》的主编奥列克·苏尔金毕业于莫斯科大学。本土俄语媒体多为"大众化报刊"，内容以地区新闻、社群新闻为主，以及对俄罗斯媒体报道的转载和摘编。传播导向以娱乐为主，在俄语社群中发挥社交媒体的作用。著名媒体人格鲁波奇克认为俄语媒体的作用在于："尽管已经与美国的环境融合，来自前苏联的移民依然希望知道他们可以在哪里结婚、哪里认识，去哪里可以遇见自己的同胞。"

随着传媒的全球化进程的发展，受众获取信息的渠道拓宽，俄裔可以通过莫斯科回声广播、雨电视台、"Медуза"网络新闻台等数十家独联体和以色列媒体来获取母国和移民群体中的新闻事件，而不必依靠本土媒体的二手资料。此外，年老的受众群数量不断减少，中年和青年移民的英语水平不断提高，尤其是年青一代，已经可以自如地从英语媒体上获取资讯。近年来，由于资讯渠道的多元化、受众习用语言的改变，使得俄语媒体的影响力和普及率不断下滑。例如，历史悠久的《新俄罗斯言论报》

---

① Yearbook of Immigration Statistics, Washington, D. C., 2011, p. 8.

（Новое Русское Слово）曾经是美国俄语居民中最流行的报纸，布宁、索尔仁尼琴都曾为该报工作，现已停刊。美国的传媒俄语外宣媒体，如美国之声、"自由"广播也都削减了在俄语媒体上的预算。

与此同时，俄罗斯媒体的受众规模在上升。《莫斯科共青团员报》、俄罗斯国际电视台（RTVi）、俄罗斯电视台—全球频道、俄罗斯世界、独立电视台·美洲台等媒体改变了国家宣传机器的呆板作风。例如，俄罗斯国际电视台的节目中，会出现俄罗斯电视台通常不会播放的内容：关于反对派鲍里斯·涅姆佐夫的电影，俄政府关闭克里米亚—鞑靼斯坦媒体，以及尤里·舍夫丘克、安德烈·马卡列维奇等在俄罗斯"被禁"人物的报道。电视台会在美国录制节目，并利用网络进行传播。

美国的俄语媒体并不具有"亲俄"色彩，因此也就不能对俄罗斯的软实力有实质性的推动作用。例如，在美籍俄裔群体中活跃的社交网络账号"俄罗斯脑库"（РосМозг）和"俄罗斯内幕"（The Russian Insider）上，经常发布有反对派参加的活动的预告。

（五）亚洲俄语媒体

中国、印度、越南、朝鲜、蒙古等亚洲国家与俄罗斯在政治、经济、文化、军事领域保持着合作关系，有的国家还长期处于苏联势力范围中，但是俄语和俄罗斯媒体在这一地区的传播并不具有明显的优势。

蒙古是俄罗斯媒体和俄语媒体最为普及的亚洲国家，第一频道、俄罗斯台和独立电视台及其他私立电视台的节目在乌兰巴托和其他大城市里都可收看。蒙古国家广播台有专门的俄语频道，蒙古通讯社出版俄文《蒙古新闻》。在越南、朝鲜、日本、韩国，受众可通过印刷、广播、电视等渠道获取官方媒体提供的俄语信息。

在中国，俄罗斯大众传媒的影响力极低，俄语媒体主要是政府控制的新闻机构，如《人民日报》（俄文版）、《中国》画报、中央电视台俄语频道、新华社俄文电讯稿、中国国际广播电台的俄语广播等国家级媒体，以及地区发行的《伙伴》《商业桥》等杂志，《你好，俄罗斯》广播节目。

在西亚，虽然阿拉伯世界是苏联传统的盟友，但俄语媒体在该地区的传播并不广泛，唯一的例外是以色列。以色列出版发行30多种俄语报刊杂志，如《和平报》《信使报》《一周新闻》《世界犹太人报》等，开设有6个俄语频道及数家俄语广播电台。另外，在以色列还可收看俄罗斯电视台的节目。

总的来说,俄罗斯媒体在亚洲的普及率不高,而本土俄语媒体多为政府控制的、旨在宣传本国形象的外宣媒体。

(六)大洋洲、非洲和南美洲的俄语媒体

整体来论,除了埃及、新西兰、澳大利亚等国有几种纸媒和电子媒体外,非洲、大洋洲地区和南美洲从处于俄语媒体空间的边缘地带。

四 俄语媒体与传播力

(一)俄语媒体和俄罗斯媒体

在研究俄罗斯国际传播的过程中,"俄语媒体"(русскоязычные прессы)和"俄罗斯媒体"(СМИ России)是必须加以区分的概念。俄罗斯媒体是俄语媒体中最大的信息源,除此之外,世界范围内还存在大量以俄语作为传播语言,但并非源自俄罗斯的信息媒介,它们可分为三种:(1)各国的独立俄语媒体(местные независимые русские СМИ);(2)各国政府掌控的,用于对内宣传的俄语媒体;(3)各国政府掌控的,用于对外宣传的俄语媒体(见图3-2)。

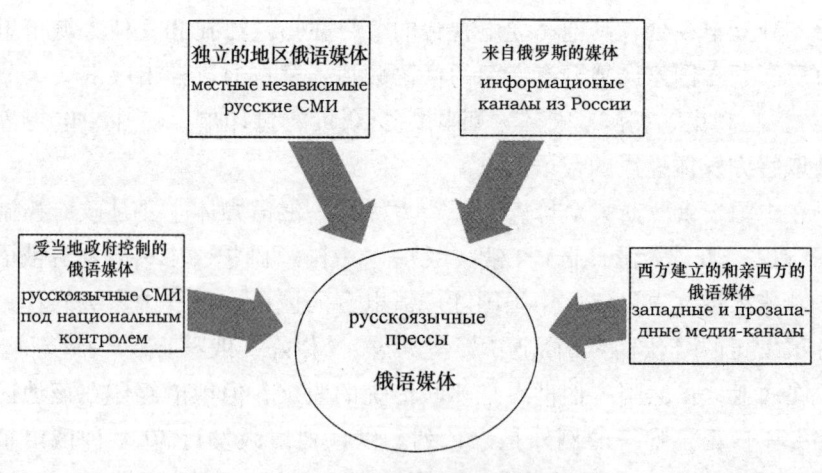

图3-2 俄语媒体的类型

1. 独立媒体

苏联解体后,各加盟共和国普遍接受了新闻自由的思想,并通过宪法确认了新闻自由原则,各独立媒体如雨后春笋发展起来。由于后苏联空间各国仍居住着人数相当的俄裔和讲俄语的民众,为满足他们的需要,很多媒体公司推出了俄语出版物和俄语节目,如格鲁吉亚的《自由格鲁吉亚报》、塔吉克斯坦的《生意与政治报》、摩尔多瓦的《俄罗斯言论报》《斯拉夫报》等。除了后苏联空间,在中东欧、西欧和北美地区,伴随着俄语移民的迁徙浪潮,也出现了针对俄侨和俄裔群体的俄语媒体,如捷克的《今日捷克报》,德国"维尔纳传媒集团"旗下的各种报刊,美国的《芝加哥的俄罗斯人报》,以色列的"2000 广播"、《信使报》等。这些独立媒体绝大多数为私营媒体,以追求商业利益为运营方针,偏重履行社会服务功能,内容以生活、旅游、文学、娱乐为主,信息来源主要是编辑综合性内容。

解体初期,俄罗斯在后苏联空间实施了战略收缩政策,遗留下的国际传播空间被西方媒体及其扶持的俄语媒体占据。一些倾向偏重报道政治问题的独立媒体,在美国国际开发署、索罗斯基金会、美国民主基金会等西方非政府组织的资助下得到长足发展。它们的影响力迅速超过官方媒体,对公众舆论产生着重要的影响,甚至可以影响政治进程。这些媒体往往具有"亲西方"和"仇俄"的色彩,例如格鲁吉亚的"鲁斯塔维电视 2 台"、乌克兰的"第五频道"、吉尔吉斯斯坦的《我的首都新闻报》等媒体,就在"颜色革命"中起到了关键性的发动作用。乌克兰危机后,美国加大了针对后苏联空间俄语受众的宣传力度,利用俄罗斯的政治活跃分子、持不同政见者和媒体人打造新的俄语媒体。例如,在立陶宛、拉脱维亚出现了"美杜莎"(Медуза)、"德尔菲"(Делфи)等专门针对俄语受众的媒体。"美杜莎"媒体于 2014 年 10 月由俄罗斯反对派媒体"纽带网"的原主编佳·季姆琴科创办,其新闻网站"美杜莎"在运行三个月后,网站的读者每月平均约 130 万人。①"美杜莎"因为持有与俄政府不同的立场,在欧美国家较受欢迎。

2. 各国政府掌控的、用于对内宣传的俄语媒体

这类媒体主要是由于各国政府出于舆论控制和政治宣传的需要,同

---

① Российская аудитория сайта Meduza.io достигла 1,3 млн человек в месяц//РБК, 28 января 2015.

时也为争取讲俄语居民的支持而开设的。报道内容以政经新闻为主，其宣传职能大于信息传播功能，是政府的"喉舌"媒体。如乌克兰的议会机关报《乌克兰之声》，乌兹别克斯坦的议会机关报《人民言论报》和政府机关报《东方真理报》，塔吉克斯坦的政府机关报《人民报》和杜尚别市政府报《晚间信使》，等等。这些媒体通常站在本国立场上对各种时事进行报道和评述，利用俄语媒体的影响力来宣传本国的纲领、路线和政策。

3. 各国政府掌控的、用于对外宣传的俄语媒体

超级大国苏联虽然已经消亡，但俄罗斯仍然在国际竞争格局中占有重要一席，因此以俄罗斯为传播对象的外宣媒体，如在冷战中扮演重要角色的"美国之音"（VOA）、"自由欧洲电台"（Radio Free Europe）、"自由电台"（Radio Liberty）、德国的"德国之声"（Deutsche Welle）等依然保留。这些俄语媒体主要依靠本国政府经费资助，是国际宣传战的重要武器之一，其重要任务是输出政治价值观和进行意识形态进攻。近年来通过与本地媒体合作，上述媒体的宣传渠道进一步拓宽。如自由欧洲电台选择乌克兰的"信任"广播电台作为合作伙伴，英国广播公司也资助乌克兰私营电台进行节目制作，并为其培训媒体从业人士。

在亚洲，中国政府开办的"中国国际广播电台俄语频道"、《中国》杂志、"中央电视台俄语频道"等俄语媒体一直保持着一定的影响力，其主要目的是使俄罗斯人了解现代中国的社会生活以及中国的传统文化和历史。

4. 俄罗斯媒体

来自俄罗斯的信息渠道包括电视台、广播电台和门户网站，它们中的一部分履行着俄罗斯政府喉舌的功能。进行政治公关和收集民意，为俄罗斯的政治利益服务。俄罗斯的主流媒体，如俄罗斯电视台、第一频道、独立电视台、俄罗斯电台、"俄罗斯回声"电台、"灯塔"电台、《俄罗斯报》《共青团真理报》《论据与事实》等在后苏联空间，尤其是中亚和高加索地区等国拥有比较广泛的受众群。这些国家由于技术水平和经济实力落后，本土媒体的节目数量少，质量也不如俄罗斯，受众更倾向于接收来自俄罗斯媒体的信息。在俄罗斯商务咨询通讯社所做的媒体市场调查中，俄罗斯媒体的实力在后苏联空间有着压倒性优势（见表3-3）。

表 3-3 后苏联空间最有影响的媒体公司及其代表媒体

	国家	媒体公司	电视	平面媒体	广播电台
1	俄罗斯	俄气传媒	独立电视台、独立电视加密台、THT电视台	《总结》《七天》《历史之船》《论坛》	莫斯科回声、城市调频、轻松调频、儿童电台、喜剧广播
2	俄罗斯	全俄电视广播公司	俄罗斯-1、俄罗斯-2、俄罗斯24、俄罗斯—文化频道、俄罗斯—全球频道、欧洲加密台		灯塔广播电台、俄罗斯广播电台、文化广播电台、新闻调频
3	俄罗斯	第一频道	第一频道		
4	俄罗斯	Yandex			
5	俄罗斯	CTC传媒	CTC、家庭频道、胡椒频道		
6	俄罗斯	国家传媒集团	"第五频道"电视台（72.4%）、"REN-TV"电视台（68%）、CTC传媒（25.2%）、第一频道（25%）	《消息报》	俄罗斯新闻服务广播电台
7	俄罗斯	Mail Group			
8	俄罗斯	U-TV	U-TV、迪士尼、音乐电视		
9	俄罗斯	专业传媒	第三电视台、2x2电视台、俄罗斯MTV	《广告》《世界广告》《美食广告》	汽车电台、能量电台、幽默电台、浪漫电台
10	俄罗斯	共青团真理报业集团	共青团真理电视台	《共青团真理报》《苏维埃体育》《白俄罗斯报》《苏维埃国家》	共青团真理广播电台

数据来源：RBC"后苏联空间最有影响力的媒体"排行榜。①

（二）公共外交中的俄语媒体

俄语媒体不会天然"亲俄"，有的对俄罗斯政府友好，有的基本中立，有的则对俄罗斯政府持反对态度。决定媒体的立场和态度的重要因素，在于各国政府的对俄态度，各国与俄罗斯的外交、政治和经济交流状况以及媒体本身的政治倾向。俄罗斯媒体在俄语媒体中自然扮演着最重要的信息

---

① 25 крупнейших медиакомпаний постсоветского пространства，http://rating.rbc.ru/article.shtml? 2013/04/11/33924845.

提供者的角色，是俄语信息的收集、加工、制作、传播的重要力量。俄罗斯媒体在对内传播时可能会秉持相对独立的观点，但是对外传播时由于民族情绪、政府管制等因素的影响，常常采取与政府立场相近的宣传口径。由于俄罗斯是俄语媒体所关注的各种信息的原生地，是各种信息生成、制作和发送的源头，因此俄罗斯媒体在俄语媒体中居于特殊地位。这一点在后苏联空间的一些国家中表现得尤其突出，吉尔吉斯斯坦学者就认为："使用俄语的媒体常常以俄罗斯作为参照中心，使用俄语的记者在很多情况下对于吉尔吉斯斯坦发生的事件作出带有俄罗斯色彩的评价。"[1]

一些在境外影响力很大的俄罗斯媒体，还积极与当地俄语媒体和非政府组织合作，相互借力，发挥着公共外交的作用。爱沙尼亚的俄语媒体人建立的"周末信息"（Impressum，Импрессум）俱乐部，就是俄罗斯进行软实力建设的重要工具。2007年4月27日，位于塔林（爱沙尼亚首都）的一座"苏军解放塔林"青铜纪念碑被政府下令拆除，数千名群众进行了抗议，示威活动引发严重骚乱，上千人遭到逮捕。俄罗斯对此作出了强烈反应，两国国家层面的交流活动全面终止。在这种情况下，周末信息俱乐部借助俄语版《共青团真理报》在爱沙尼亚的影响力，成功地邀请到当地著名作家、画家、诗人、政治活动家和经济学家在报纸上发表文章，借助这些活动开展民间外交，缓和爱沙尼亚族人和俄罗斯族人之间的矛盾。周末信息俱乐部的活动在社会上引起了良好的反响，但也因此引起爱沙尼亚政府的关注，被定性为"危险的宣传组织"，受到被警察部门警告。

对俄罗斯而言，凭借俄罗斯媒体在世界俄语媒体中的先天优势，与各国俄语媒体开展丰富多样的合作，能更好地增进民间交往，一方面保持俄裔、俄侨的文化认同和民族自信，另一方面也有利于俄罗斯辐射软实力。1999年，俄通社—塔斯社发起成立了"世界俄语媒体联合会"（Всемирная ассоциация русской прессы），并举行了"第一届世界俄语媒体大会"。有来自80多个国家的媒体参与这一活动，涵盖数千种出版物，受众人群达到3亿人。2014年和2015年，第16届和第17届世界俄语媒体大会相继在上海和莫斯科举行。普京高度评价世界俄语媒体大会的作用："多年以

---

[1] Ибраева К. Журналистика и языки: восприятие и функции русско - кыргызскоязычных СМИ в Кыргызстане, материалы исследований 2/2002, Бишкек, CIMERA.

来，俄文媒体大会的每一次召开都为扩大俄语信息空间作出了卓越贡献"，"与会者将思考开展诚实、公正报道以及坚决抵制个别国家出于地缘政治目的而歪曲事实的必要性"。① 俄杜马主席纳雷什金强调，"在当前军事冲突不断，欧洲对俄罗斯的不信任感剧增的形势下，俄语媒体的作用亟待加强"，他希望各国俄语媒体能"客观报道和评价当前的局势。"梅德韦杰夫承认，各国俄语媒体的受众对俄罗斯发生的事件存在分歧，但是，"俄语是大家共同的文化密码"，他表示，俄罗斯将对各国俄语媒体给予支持，为它们创造更为舒适和有效的工作环境，希望俄语媒体通过获得的第一手资料对俄罗斯进行报道。

（三）俄罗斯国际传播的阻碍因素

俄语媒体在后苏联空间各国的发展状况各不相同。在中亚，俄语媒体在当地知识精英中依然保持影响力，虽然该地区的俄裔居民近年来缩减了一半，俄语仍是生产、教育、科学和文化领域的主要语言。在波罗的海国家，虽然不少人接受俄语教育长大，俄罗斯族人在总人口中占比并不低，例如爱沙尼亚的俄罗斯族人近30%，但长期的"去俄罗斯化"政策已经影响到社会心理，当地的俄罗斯族人使用俄语的需求降低，对俄罗斯媒体和俄语媒体的关注也越来越弱。俄罗斯媒体，乃至俄语媒体常常被波罗的海国家的政府视为"第五纵队"的喉舌和刺探情报的手段。在乌克兰，由于政治因素，受到排斥的不仅仅是俄语、俄语媒体，与俄罗斯有关的历史和文化传播也受到抵制。

在爱沙尼亚，转播"俄罗斯之声"节目的"欧洲FM"电台，虽然拥有大批听众，但许可证到期后未能再次获得批准；《共青团真理报》因为印有第二次卫国战争的勋章，被诉以"传播苏联标识"，而渠道商出于政治原因拒绝销售。在立陶宛，"独立电视台世界频道""俄罗斯台全球频道""Ren波罗的海频道"被禁。2014年，"波罗的海第一频道"因为在乌克兰事件的报道中持有不客观的立场而两度被罚。"波罗的海媒体联盟"是由俄罗斯"第一频道"参与创办的媒体集团，旗下的"波罗的海第一频道"电视台制作的"立陶宛时间"是本地深受欢迎的俄语时政类节目，

---

① 普京致16届世界俄语媒体大会的贺信。

2016年1月，该节目因为"政治局势"问题停播。① 在拉脱维亚，"俄罗斯电视台 Россия – РТР"的节目在2015年、2016接连受到被禁播三个月和半年的处罚，政府认为该台对拉脱维亚社会有害，影响了国家安全。"今日俄罗斯"通讯社设立办事处的请求被拉脱维亚政府拒绝②。

当然，市场因素也是导致俄语媒体衰落的原因之一。在白俄罗斯、亚美尼亚、吉尔吉斯斯坦和塔吉克斯坦等国，俄罗斯媒体虽然没有遭到来自官方的严格限制，但当地落后的经济水平影响了居民对俄罗斯报刊的订阅。在爱沙尼亚，《爱沙尼亚青年报》《电传报》因为经营不善退出市场。

回溯过去近30年的历史，俄罗斯的媒体在其发展史上先后经历了国有、商业化、再度回归国有的历程。虽然仍然需要政府的支持，但经历了高度商业化和市场竞争洗礼的媒体集团，基本上完成了从单一媒体向综合性多媒体大平台的过渡，集广播、电视、网络等多种媒体于一身，兼营并举。但与那些经历了长久发展，积累了雄厚实力和丰富经验的媒体巨头相比，俄罗斯媒体在国际传播格局的竞争优势并不明显，只是在独联体这一传统市场上占据优势。俄罗斯的一流媒体与路透社、美联社、BBC、CNN等媒体尚有差距，严重缺乏类似《经济学人》《时代》《财富》在国际政治、新闻、经济领域的权威报刊，俄罗斯电视台、第一频道因语言限制难以形成辐射全球的影响力。但是我们看到，当传统的报纸、广播、电视遇到前所未有的冲击，新的媒体形式不断涌现之时，以 RT、Yandex、Mail. Ru 为代表的俄罗斯媒体积极顺应技术潮流，弯道超车，形成一股不容小觑的、正在影响全球的舆论力量。

俄罗斯媒体的发展与政治进程和对外政策密切相关，种种因素造就了今日俄罗斯媒体资源的现状。当然，在新技术条件不断发展的背景下，有关俄罗斯媒体的分类还存在着局限，关于俄罗斯国际传播空间的描述也不尽完整，但我们仍可以窥见俄罗斯的国际传播未来的趋势，即随着文化和语言惯性的减弱，俄语和俄罗斯媒体的发展前景并不乐观。媒体是凝聚俄

---

① РБК сообщает о приостановке производства программы «Литовское Время», 12. января, 2015 г., http：//lt. 1bma. lv/ru/news/2015/12/01/pirmasis - baltijos - kanalas - pranesa - stabdantis - laidos - lietuvos - laikas - kurima - bei - transliacijas/.

② В Латвии на полгода запрещена ретрансляция телеканала "Россия – РТР", Delfi, 7 апреля 2016 г., http：//rus. delfi. lv/news/daily/latvia/v - latvii - na - polgoda - zapreschena - retransly - aciya - telekanala - rossiya - rtr. d？id = 47285633.

罗斯族群的重要工具,俄语媒体的衰落势必会影响俄罗斯族群的内部团结,使他们丧失对未来的信心。俄语媒体的缺失导致俄语媒体从业人员的减少,加剧俄语媒体衰落的趋势。亲俄媒体的关停,为政府控制的和他国支持的俄语媒体提供了发展空间。虽然俄罗斯在其《对外政策构想》中表示了将"利用独特、高效的信息传播手段来影响世界舆论"的决心①,并表示政府将"给予必要支持""采取必要措施防范国家信息安全的威胁",但如何应对新媒体的冲击,如何经受市场化的锻炼,如何面对政府对媒体越来越严厉的控制,同时提高俄罗斯媒体在国际传播中的公信力、权威性和影响力,向世界更全面、更集中、更有效地传播俄罗斯形象,成为俄罗斯媒体在未来发展中需要解决的一大难题。

---

① Концепция внешней политики Российской Федерации.

第四章 国际舆论战与传播博弈

当代国际竞争不再局限于政治、经济和常规战争的范围，跨国界的信息传播同样可以对国家主权完整和国家安全产生影响。国际传播为国际政治乃至整个国际关系提供了一个新的舞台和战场，宣传与外交、军事手段紧密结合，已经成为维护和拓展国家利益的一种武器。使用宣传武器进行心理打击，利用国际传播的"软"攻击能力和渗透能力"不战而胜"，日益显得重要。在国际舞台上，谁拥有更强大的媒体，谁的宣传方式更有效，谁就有更强的能力主导局势朝有利于自己的方向发展，美国正是通过直接或间接控制国际大众传媒导向的方法，为实现和维护全球霸权提供了重要的软实力保障。近年来围绕俄罗斯发生的一系列大事件，如车臣战争、颜色革命、俄格战争以及乌克兰危机，无不体现着美俄在这一地区的国际传播攻防和战略博弈。双方争夺的战场突破了传统的政治、经济和军事，而聚焦于软实力领域，媒体更是在其中发挥了极大作用。在这些"革命"、冲突和战争中，俄罗斯有得有失，虽然前期多次不敌对手的"软打击""软轰炸"，在宣传战中处于下风，但通过调整战略、开发新的传播资源和提升技术水平，俄罗斯在近期的乌克兰危机中抵住西方的舆论攻势，打出了一场防守反击，显示了其国际传播发展的新高度。

一 "战外之战"的失败

（一）车臣战争

车臣战争，是指 20 世纪 90 年代中后期俄罗斯政府与车臣分离分子之间爆发的两次战争。1994—1996 年，叶利钦政府在第一次车臣战争中无功而返，其失败由多种因素造成，除军事准备不充分、指挥僵化、装备落后等外，错误的舆论导向导致社会动员不力也是原因之一。

第一次车臣战争被西方媒体和俄国内媒体宣传为一场"人道主义危机"。在西方媒体的报道中，俄军使用飞机、大炮轰炸平民，屠杀车臣百姓的画面频频出现，这在国际舆论中掀起反俄浪潮，更在穆斯林群体中激起支持车臣的运动。俄国内媒体与西方的"反俄"宣传也遥相呼应：《莫斯科共青团员报》《消息报》《新报》等着力渲染车臣叛军的"英勇"和"战斗精神"；"独立电视台""俄罗斯电视台"对支持车臣的集会大加报道，即使有的集会只有区区数十人；"独立电视台"在节目中宣传"被俘的俄罗斯军人得到杜达耶夫武装分子善意接待"，并呼吁母亲们到车臣去，把儿子带回家。① 而一直宣传爱国主义精神，支持政府出兵，号召粉碎杜达耶夫的叛军的《俄罗斯报》遭到攻击，被认为是撒谎，是为法西斯主义唱赞歌，与全民族为敌。② 在这样的舆论导向中，政府军师出无名，分离行动却被美化为"圣战"。叛乱分子频频接受西方媒体和俄罗斯媒体的采访，得到了周边穆斯林国家的同情和支持，大批志愿者、雇佣军和武器弹药、物资涌入车臣，而俄国内反战声浪不断，俄军士气极度低落，使俄军血战得来的军事优势大打折扣，最后在军事战场和舆论战场均铩羽而归。

第二次车臣战争爆发后，普京政府汲取教训，在改进战术和指挥技巧、升级装备的同时，也加强了对内和对外的宣传工作。车臣叛军被称为"恐怖分子"，俄军的行动被定义为"反恐战争"，在这样的道义高度上，俄政府展开了一系列鼓舞士气、争取国际支持的宣传活动。新上任的代总统普京首次展示了其坚毅、果敢的硬汉形象。他在前线视察和坐苏－27战斗机飞过车臣战区的活动被媒体广为宣传，有效地塑造了政府和军队的正面形象。在宣传战中，政府确保对信息源的掌控，对国内媒体进行管理，遏制住古辛斯基等媒体大亨掀起的"反战浪潮"，并对西方媒体在车臣地区的采访活动加以引导和限制，成功把握住社会舆论导向，激发人民的爱国热情和仇敌情绪。

两次车臣战争的不同结果显示了宣传在现代战争中的重要作用，媒体能够激励斗志、组织军队、动员群众、保障社会内部的稳定性，是确保战

---

① Грабельников А. А. Русская журналистика на рубеже тысячелетий. Итоги и перспективы: Монография. М.，2000. С. 176.
② 同上，第164页。

争胜利的决定性因素之一。

（二）白桦革命

2003年到2005年，前苏联一些地区先后发生了"颜色革命"。格鲁吉亚、乌克兰和吉尔吉斯斯坦作为前苏联加盟共和国，是俄罗斯的传统势力范围。这些国家虽然独立，但俄罗斯的政治、经济、军事和文化影响力依然保持，在许多事务上发挥着领导作用，各国采取了较为平衡的外交政策。颜色革命的爆发和在独联体地区的扩散使形势发生逆转，格、乌、吉等国纷纷发生政权更迭，开始背离与俄罗斯的传统关系而倒向西方。"颜色革命"是反对派以媒体手段结合街头政治推翻政府的过程，西方媒体，尤其是美国的各种宣传机器在其中发挥了极大的作用。为了助推当地的政治发展进程，美国采取了循序渐进的媒体策略。第一，扶植各种反对派媒体和所谓的"独立"媒体，向当地媒体进行渗透，积极输出价值观和制度模式。第二，对不符合美国意愿的政府进行抨击，批评其经济建设、民主建设和人权状况，动摇其执政基础。第三，煽动民众推翻政府的情绪，发动宣传攻势，创造"革命时机"，最终成就"颜色革命"，把亲美、亲西方的领导人推举上台。

"颜色革命"是西方国家与俄罗斯的一场软实力较量。俄政治文化和经济模式对相关国家的吸引力弱化，兼之传播资源和媒体技术上的劣势，导致其在"颜色革命"中丧失了话语权和影响力。2004年乌克兰的大选和未来走向之争，被舆论比喻为西方文化与俄罗斯文化的相互撞击。最终乌克兰抛弃俄罗斯倒向了西方，充分显示了俄软实力的薄弱。甚至有观点认为，在当代西方文化和传媒的挤压下，俄罗斯可能自身难保，也暗含爆发"白桦革命"的危险。[①]

（三）俄格战争

为了更好地应对"颜色革命"，俄罗斯政府加强对外宣传，以改善国家形象，提高对周边国家的吸引力。2005年4月，俄罗斯成立了对外地区和文化合作局，该部门旨在发展与独联体国家的文化与媒体合作，举措之

[①] 许华：《"颜色革命"背景下媒体之争与俄罗斯形象问题》，《俄罗斯中亚东欧研究》2005年第6期。

一就是资助俄罗斯电视台与各国地方有线电视服务商合作，以培育亲俄倾向，培植亲俄势力，维持俄罗斯在这一地区的影响。

但是，加强国际传播不是一朝一夕之功，俄罗斯的努力并未立竿见影，在2008年的俄格战争舆论战中，俄罗斯再次遭受了失败。格鲁吉亚不仅首先出兵，在宣传战中也抢先行动，把俄罗斯作为"侵略者"的形象定格于国际舆论中。由于俄罗斯的宣传机器未能像战争机器一样迅速反应，在事件爆发的初期处于失声状况，错失了在宣传战场为自己辩护的黄金时机，只能坐视格鲁吉亚在西方媒体的协助下获得舆论控制权，以"视听现实"取代了"真实现实"。直至今日，在网络上仍然可以搜索到大量关于"俄罗斯侵略格鲁吉亚"的信息。时任俄罗斯驻北约代表罗戈津在总结教训时认为，俄罗斯军事胜利、宣传失利的重要原因就是缺少一个在关键时刻能为俄罗斯发声的强有力"喉舌"。[1] 此后，俄政府加速媒体国际化的进程，着力打造一批针对国际受众的现代化媒体。在2013—2014年的乌克兰危机中，这些媒体机器开始显示出能够与西方宣传相抗衡的力量。

（四）吉尔吉斯斯坦骚乱

2010年，吉尔吉斯斯坦爆发严重骚乱，总统巴基耶夫被推翻。在这场骚乱中，媒体成为各派政治力量抢夺的对象。媒体之争不仅存在于政府与反对派之间，境外势力的角力也暗流涌动，骚乱背后实际上隐藏着美俄这对"老冤家"的新较量。自美国在吉尔吉斯斯坦设立"玛纳斯"空军基地后，俄罗斯一直对吉进行游说和经济劝诱。2009年，吉政府初步同意关闭该基地，但四个月后便改变主意。俄罗斯方面对吉方的"出尔反尔"极为不满，双边关系急转直下。2010年，首都比什凯克的反政府情绪不断上升。吉前总理乌谢诺夫指责俄罗斯政府授意媒体对吉政府进行了宣传攻击，他指出，骚乱之前的一段时间里，俄多家国有媒体有计划地攻击了吉政府和吉总统巴基耶夫，从而引爆了民众的示威游行。[2] 俄在此次倒巴事件中"格外活跃"，俄媒体对整个事件的过程和细节都进行了高强度密集

---

[1] Габуев А., Тарасенко П. Пиарова победа//Коммерсантъ, 9апреля 2012, http://www.kommersant.ru/doc/1907006? isSearch = True.

[2] 柳洪杰：《吉尔吉斯骚乱背后美俄的较量》，《中国日报网》2010年4月9日//http://www.chinadaily.com.cn/hqgj/2010-04/09.

报道，甚至多次传播助推事件升级的虚假新闻。①虽然普京否认俄政府介入此事，但是反对派的诉求之一就是美国撤出在玛纳斯的军事基地，确实与俄方利益高度吻合。②俄罗斯传媒对巴基耶夫政府的攻击，与美国在"颜色革命"中通过揭露时任总统阿利耶夫的丑闻，掀起和激发骚乱的做法确实存在诸多类似之处。

二 乌克兰危机中的话语权之争

2014年，乌克兰危机备受瞩目。在这场以地缘政治为背景的对抗中，伴随着俄罗斯与西方矛盾的不断深化，经济、金融、军事、宣传领域发生的各种冲突和较量日趋激烈。在广受关注的经济战和金融战中，俄罗斯的发展短板暴露无遗，但在另一个隐蔽、无形，且贯穿于各种对抗之中的舆论战场上，俄罗斯的表现可圈可点。

危机期间，尽管俄罗斯没有在宣传战中抢得先机，但后期亮点频出，传统媒体、新媒体交互作用；公开媒体宣传、秘密情报手段结合使用，成功发动了一场立体的宣传对抗战。西方媒体虽然优势仍在，但已经不再具有压倒性的影响力，尤其在"克里米亚入俄"问题上，俄罗斯媒体打破了美国 CNN、英国 BBC 等媒体对全球新闻议程的垄断，带有 RT（今日俄罗斯电视台）标志的视频被世界各国媒体大量转载，很大程度上消解了西方国家关于乌克兰危机的话语优势，为俄罗斯争取到不少国际受众的理解和认同，取得了令西方政要和媒体同行不能小觑的成绩。

乌克兰危机前期，局势的发展几乎是颜色革命的翻版，面对西方的舆论攻势，俄罗斯为了维持冬奥会的友好氛围，表现得比较克制，基本上处于守势。但是，2月底，随着索契冬奥会的结束，尤其是乌克兰街头政治势力抢夺大权，表现出与俄罗斯彻底"决裂"的架势之后，俄罗斯舆论出现大的转向。而克里米亚归属问题的出现，更导致俄罗斯与西方进行了一场自冷战结束以来最为激烈的宣传战。

---

① Шустер С. Россия возвращает свою сферу влияния//Centrasia, 23 апеля 2010 г. http://www.centrasia.ru/news.php? st = 1272011760.
② 沙达提:《吉尔吉斯斯坦何以发生大规模骚乱》,《人民网》2010年4月8日, http://world.people.com.cn/GB/11319111.html.

（一）争夺传播渠道

（1）积极发挥电视的传统影响力。俄罗斯在后苏联空间拥有天然的语言、文化和地缘优势，技术上又能保证极高的电视信号覆盖率，所以俄罗斯电视台的俄语节目在这一地区深具影响。冬奥会结束后，俄罗斯一面进行军事准备，一面展开舆论攻势，通过宣传，尤其是电视宣传为武装干预克里米亚打掩护，争取俄罗斯和独联体地区民众对俄政府的支持。俄罗斯电视台围绕"俄裔受到威胁""乌克兰存在人道主义危机""乌克兰临时政府不合法""俄方行动符合国际法""基辅被法西斯分子控制""克里米亚入俄的好处"等内容进行了声势浩大的宣传。新闻报道中，来自乌克兰东部城市顿涅茨克和哈尔科夫的人群高呼"俄罗斯、俄罗斯"口号，挥舞俄罗斯国旗的画面给电视观众留下了深刻印象。①乌克兰当局不得不紧急下令停止转播俄罗斯台、第一频道和独立电视台的节目。②

俄语节目对独联体地区的影响只是俄罗斯国际传播实力的部分体现，在这次乌克兰危机中，RT 电视台的英语节目发挥了更重要的媒体武器的作用。如果说 1998 年的伊拉克战争让半岛电视台异军突起，那么 2013 年的乌克兰危机则成为 RT 在国际上大显身手的最佳舞台。凭借在北美和欧洲地区极高的收视率，RT 拥有足够的能力在全球范围内传播有利于俄罗

---

① Москва готова выступить посредником между оппозицией и правительством Украины 2014.1.21，http：//www.ntv.ru/video/721282；На Украине революционеры бьют и унижают бойцов «Беркута» 2014.2.25，http：//www.ntv.ru/video/733783；Янукович назвал события на Украине государственным переворотом 2014.2.22；Глава парламента：Крым может отделиться от Украины 2014.2.20，http：//www.ntv.ru/video/731730；Владимир Жириновский：большая часть Украины – это русские люди 2014.3.31，http：//www.vesti.ru/videos? vid = 588601；Политика двойных стандартов привела к всплеску неофашизма в Европе 2014.3.30，http：//www.vesti.ru/videos? vid = 588357；Запад не смог "приручить" украинскую оппозицию печеньем и перчатками 2014.2.23，http：//russian.rt.com/article/22829 # ixzz363k9FDXg；Дмитрий Медведев：Легитимность ряда органов власти на Украине вызывает большие сомнения 2014.2.24，http：//russian.rt.com/article/22970 # ixzz363igY1g4；Правый сектор запугивает мирных жителей 2014.2.28，http：//russian.rt.com/articl/23309；Эксперт：Очевидно, что большинство жителей Крыма хотят быть частью РФ 2014.3.24，http：//russian.rt.com/article/25201 # ixzz362qikhcX；Эксперт：СМИ замалчивают информацию о подъёме фашизма на Украине 2014.3.24，http：//russian.rt.com/article/25244#ixzz362q6HXUn.

② Сколько Кремль тратит на PR в западных СМИ？Finance.ua，3 марта，2014，http：//news.finance.ua/ru/~/1/0/all/2014/03/04/320495.

斯的信息。相比五年前的俄格战争,俄罗斯这次终于拥有了能够为本国发声的国际媒体。

俄乌争夺克里米亚期间,RT 推出了一系列关于克里米亚的节目:"你需要了解的关于克里米亚的事实""克里米亚不会与'非法'的基辅政府共事""'克里米亚在枪口下公投'的说法是臆想""克里米亚公投符合国际准则""任何具有正义感的人都应该接受克里米亚人的选择""西方应该接受克里米亚现在是俄罗斯的一部分的事实",等等。① 节目的内容以一个与大多数西方媒体不同的视角来解读克里米亚问题,宣扬克里米亚并入俄罗斯的历史根据、合法性及给当地民众带来的种种益处,呼吁西方国家对此予以理解和承认。RT 对乌克兰极端分子的行为的曝光和对克里米亚历史文化根源的报道一直是西方媒体回避的内容,一经播出,立刻吸引了观众,有力地维护了俄罗斯政府的立场。

(2)借力新媒体,实现非传统形式的全球传播。随着信息技术的不断升级,传播渠道、方式和向度都发生了重大变革,人们获取资讯的方式不再局限于电视、广播、纸媒等传统媒体,而是分流到受众深度参与、共享体验的互联网。信息传播渠道的变革为俄罗斯媒体提供了超越传统权威媒体的良机。正是在新技术条件下,RT 才得以绕开传统的信号"落地"谈判,实现了不受卫星信号覆盖范围限制的新型全球传播。2013 年,RT 超越美国最大的新闻电视网福克斯、半岛电视台、英国天空卫视,一跃成为 YouTube 上第一个拥有 10 亿点击率的新闻频道。同时,RT 成功实现从"电视节目制作者"到"视频内容提供商"的转型。包括美国广播公司(ABC)和福克斯电视网在内的来自 155 个国家的两千多家媒体成了 RT 免费视频网站的客户,转载其视频内容。由此可以指出,克里米亚入俄事件

---

① Facts you need to know about Crimea and why it is in turmoil 2014. 2. 27,http://rt.com/news/crimea-facts-protests-politics-945/Crimea won't work with "illegitimate" Kiev govt - PM Aksyonov 2014. 3. 7,http://rt.com/news/crimea-prime-minister-interview-390/Crimean "referendum at gunpoint" is a myth - intl observers 2014. 3. 17,http://rt.com/news/international-observers-crimea-referendum-190/Crimea referendum professional,up to international standards - head of intl observers 2014. 3. 17,http://rt.com/op-edge/crimea-referendum-professional-observers-234/Anyone with sense of fairness should accept the choice of the Crimeans' 2014. 3. 17,http://rt.com/op-edge/referendum-in-crimea-ukraine-russia-354/"Crimea is now part of Russia,the West has to come to terms with that" 2014. 3. 20,http://rt.com/op-edge/crimea-to-be-recognized-081/.

中，俄罗斯之所以能在欧美民众中获得较高的支持率，网络传播功不可没。

（二）传播内容为王

宣传战中，各种信息铺天盖地，用常规方式进行的报道和节目制作已经不足以赢得关注，往往需要利用一些具有冲突性、视觉冲击力甚至大众娱乐性质的内容才能实现信息的快速传播。在俄罗斯与西方的传播力量还不对等的情况下，俄媒体利用普京那独具特色的犀利言辞、欧美政要被窃听的电话录音、克里米亚检察官"致命的美貌和智慧"等非常规性质的信息，避实就虚，出奇制胜，在吸引全球观众的同时给对手的心理施加压力，在一定程度上消减了西方针对克里米亚入俄问题的宣传攻势。

（1）以领袖形象吸引媒体关注。俄罗斯总统普京的执政风格和领袖形象一直是俄罗斯国家形象中引人注目的焦点，他不仅受到俄罗斯民众的拥戴，也是国际传媒追逐的焦点。在对外传播中，普京常常利用其"领袖魅力"，结合现代媒体工具与传播手段，放大俄罗斯的政治传播和影响力。在乌克兰危机中，普京几次就克里米亚问题发表的言论都引起了国际上的强烈关注，有利于俄罗斯政府宣传其观点和立场。

2014 年 3 月 4 日，普京首次就乌克兰局势发表公开谈话，嘲笑西方的双重标准，回击欧美的制裁威胁。[①] 3 月 18 日，普京在克里姆林宫向议会上下两院发表演讲，就克里米亚问题阐述俄方立场。普京的讲演言辞诚恳，充满理性又不失强势，而现场听众数次起立鼓掌，表现出一种强烈的民族自信心和社会凝聚力。[②] 最具戏剧性的是 2015 年 4 月，普京在全球视野中消失 10 天，引发各国媒体的报道热潮，有效消减了国际舆论对俄罗斯反对派涅姆佐夫被暗杀、克里米亚入俄合法性等问题的关注。随后普京的强势复出被各国传媒集中报道，成功传达出俄罗斯在军事上欲与西方对抗和经济上谋求深化欧亚经济联盟的决心。

（2）利用特殊情报信息反击对手、引发舆论震动。2014 年 2 月，一段记录美国助理国务卿维多利亚·纽兰和美国驻乌克兰大使派亚特的谈话录

[①] Владимир Путин ответил на вопросы журналистов о ситуации на Украине, 4 марта 2014 г. http：//www.kremlin.ru/news/20366.

[②] Обращение Президента Российской Федерации, 18 марта 2014 г. http：//www.kremlin.ru/video/1733.

音在互联网上引发广泛关注。录音的标题是《广场木偶》，暗讽在基辅各大广场牵头示威的乌克兰反对派领导人像被美国操纵的木偶。录音中，纽兰对欧盟出言不逊，甚至用到了"F"一词。从2月6日到10日，短短5天，在YouTube上纽兰大爆粗口的视频已经出现了10多个版本，累计点击观看次数超过50万。这样大范围的传播，让美国和欧盟颇为尴尬。

类似的报道此后仍在继续。爱沙尼亚外长派特告诉欧盟外交事务高级代表阿什顿："现在有一种越来越强的理解是，狙击手背后不是亚努科维奇，而是新联盟政府中的某个人"，德国高级外交官黑尔加·施密德抱怨"美国对欧洲外交政策的指责不公平"，以及季莫申科建议对于在乌克兰的800万俄罗斯人，应该"直接都用核武器弄死算了"的电话录音均掀起了轩然大波。①

上述内容已经不是普通意义上的信息，因为只有通过专业的监听、收集、窃密和分析等手段才能获得，媒体缺乏足够的能力去掌握这些材料，显然这是一种由某些政府部门特意泄露出来的情报。取得情报优势，是军事斗争胜利的重要保证，它通过获取敌人的情报，掌握敌人的作战能力、意图和行动。在宣传战中，情报同样重要。有目的地搜集甚至是窃取对方的有关信息，在关键时刻通过媒体渠道曝光，使得丑化对手的信息最大限度扩散，陷对手于被动状态，这种手法在信息社会具有极大的杀伤力。美国在"颜色革命"中经常使用此类手法，例如通过突然公布某些政要的财产和敏感隐私的信息，鼓动民众的反对情绪，支持采取暴力行动，最终达到推翻现政权的目的。乌克兰危机中，俄罗斯也显示了出色的情报工作能力和对信息的综合使用能力，上述电话录音在关键时刻经由大众传媒曝光，既挑拨了美国与盟友的关系，抹黑对手，又为俄罗斯的行为进行了辩解。英国驻北约代表亚当·汤姆森表示，俄罗斯对克里米亚半岛的吞并及随后在乌克兰东部的一系列活动，都伴随着有组织的互联网宣传活动，这令北约深受震动。"俄罗斯的信息网络活动已经成为与其军事、政治及经济活动密切配合的精密宣传机器。"②

---

① Roman Olearchyk in Kiev, Jan Cienski in Kharkiv, and Neil Buckley, Russia wages propaganda war over Ukraine, Financial Times, March 3, 2014, http://www.ft.com/intl/cms/s/0/0b88656a-a2fb-11e3-9685-00144feab7de.html#axzz30pPNjy9S.

② Sam Jones, Nato leaders plot cyber fightback, Financial Timens, July 13, 2014, http://www.ft.com/intl/cms/s/0/0208cd24-0aa0-11e4-be06-00144feabdc0.html#axzz37RgFfYTj.

（3）用娱乐性信息转移媒体焦点。在信息社会，媒体不能屏蔽掉事件，但可以通过议程设置，决定受众的关注点，甚至通过迎合受众的某些趣味来吸引和争取受众。克里米亚危机中，俄罗斯一直是西方媒体大力抨击的目标，但3月11日之后，全球媒体却出现了戏剧性的转向。克里米亚总检察长纳塔莉娅·波克洛恩斯卡娅凭借其"致命的美貌和智慧"被全球网民热捧，成了克里米亚的标志性人物。这位美女检察长对媒体，尤其是网民的吸引力超过了各国政要。她对2014年2月上台的乌克兰政府的尖锐批评，对克里米亚回归俄罗斯的强烈认同，以及她在俄罗斯胜利日阅兵前夕，身着新式俄罗斯制服，宣誓效忠俄罗斯宪法的形象轻松登上各大媒体的头条，成为俄罗斯宣传战中的亮点。

俄罗斯出资组建"网络水军"并非新闻，在借助网络攻击反对派和美国、宣扬俄政府立场等事件中，"网络水军"显示出强大的策划能力。例如，俄罗斯曾侵入乌克兰"右区"领导人雅罗什的社交网络账号，揭发其与车臣恐怖分子头目乌马罗夫进行联络的情况。在对于纳塔莉娅形象的宣传中，网络推手的力量也显而易见。俄罗斯官方通过暗中引导网上舆论，吸引传媒跟风报道，把纳塔莉娅从一个地区检察官塑造为克里米亚的标志性人物，成功转移了媒体的关注焦点，为剑拔弩张的国际政局缓和了气氛，改善了克里米亚入俄公投给俄罗斯带来的强硬、蛮横的负面形象。西方媒体在报道纳塔莉娅的生平时，不可避免地会提到其家人与前苏联和俄罗斯的紧密联系，以及打击具有纳粹色彩和暴力倾向的极端组织的工作成绩。这对于俄罗斯而言是一种成功，因为关于俄罗斯与克里米亚的紧密联系，乌克兰反政府组织存在极端右倾力量等内容一直被西方媒体有意忽略，纳塔莉娅的出现迫使西方媒体在一定程度上改变了叙述乌克兰事件的视角。

三　突破西方主导的国际舆论场

虽然西方主流媒体一直以"反俄"为基调，但社会调查显示，2014年上半年（MH17事故之前），欧美等国的民意并未紧跟媒体的导向，这与伊拉克战争、利比亚战争和叙利亚危机时大不相同。在德国，民意在俄罗斯问题上一度出现了与主流媒体导向背道而驰的现象，多数德国民众发出了同情和理解俄罗斯的声音。"德国之声"曾发出了这样的疑问："针对俄罗斯在乌克兰的行动，德国民众与政治人物和媒体宣传的看法为何不同？"①《柏林镜报》所做的在线民意调查显示，12000 名读者中有 80% 的人认为德国政府对莫斯科的批评很"虚伪"，只有 4% 的人赞成"北约对此进行干预"和"把俄罗斯开除出 G8"。根据德国影响力最大的媒体集团"德国公共广播联盟"（ARD）的调查结果，82% 的受访者反对与俄罗斯进行军事对抗，三分之二的受访者拒绝对俄罗斯进行经济制裁。②

类似的情况在英国也有发生，英国网络电视频道"市民电视"（Citizen. TV）于 2014 年 4 月在伦敦进行的调查显示：大部分受访者认为英国媒体的报道具有明显的倾向性，认为政客们口头宣扬自由和民主，实际上又和靠非民主手段上台的乌克兰反对派进行对话的行为很虚伪；最令人意外的是，没有受访者指责"侵略了乌克兰"的普京，反而认为媒体对普京进行妖魔化报道有失公正，克里米亚人的要求值得理解，等等。③ 在法国进行的一份民意调查显示，只有 30% 的受访者赞同西方对俄乌冲突进行干涉，66.4% 的受访者认为法国应该向俄罗斯交付"西北风"级航母。④

克里米亚入俄，有军事威慑的因素，更有俄罗斯在该地区长期进行"亲俄"宣传的功劳。以 RT 为代表的俄罗斯媒体初步打破了西方媒体对国际话语权的垄断，展现出令媒体同行和西方政要震动的实力。乌克兰媒体形容他们在俄罗斯的宣传攻势面前就像"一个水滴对抗俄罗斯在全球掀起的反乌宣传洪流"。⑤ 有评论认为，RT 电视台已经成为继能源出口和武器贸易之后，俄罗斯又一个强有力的外交工具，美国国务卿克里因此在国务

---

① Почему немцы иначе оценивают действия России на Украине, чем политики и СМИ ФРГ (《Deutsche Welle》, Германия), http://inosmi.ru/world/20140417/219638613.html#ixzz2vh03Vdb.

② Anna Rombach, Popular Discontent Grows with German Media Lies in Ukraine Crisis, Global Research, April 4, 2014, http://www.globalresearch.ca/popular-discontent-grows-with-german-media-lies-in-ukraine-crisis-2/5376623.

③ Западные СМИ незаслуженно демонизируют РФ из-за Украины, //РИА Новости, 16 апреля, 2014, http://ria.ru/world/20140416/1004076587.html.

④ William Jordan, Russia sanctions: public support weaker in France and Germany, April 1, 2014, YouGov, https://yougov.co.uk/news/2014/04/01/russia-sanctions-public-support-france-and-germany/.

⑤ Сколько Кремль тратит на PR в западных СМИ? Finance.ua, 3 марта, 2014, http://news.finance.ua/ru/~/1/0/all/2014/03/04/320595.

院记者招待会上特别批评 RT，认为它扮演了俄罗斯政府传声筒的角色，是"为在将来的侵略制造借口"。① 其实，早在 2011 年 RT 就引起克里前任希拉里的重视，她认为这个"俄罗斯人的英语频道"对美国的国际传播工作确实具有"警示意义"。②

当然，发挥宣传作用的并非只有 RT，乌克兰危机舆论战显示，俄罗斯政府主导的国家宣传体制联动运作，其对外宣传在争取国际支持、消解西方民众的敌意方面发挥了很大作用。《卫报》有文章评论，莫斯科一手推动的宣传活动不仅对西方媒体产生了影响，还按照俄罗斯的好恶重新定义了克里米亚入俄事件。③ 类似的观点也出现在《纽约时报》，纽约大学研究全球事务的教授马克·加莱奥蒂认为："俄罗斯的宣传在克里米亚极其有效，西方被打乱了阵脚，而俄罗斯部队则赢得了足够的时间来巩固对该半岛的控制。"④

四　国际传播能否出现新格局

全球化背景下，大国之间的较量集中在综合实力的竞争，往往表现为：以经济实力为基础，军事力量为后盾，政治外交为主战场，思想舆论为先锋。2013 年年底至 2015 年，围绕乌克兰危机，上演了一场自冷战结束以来俄罗斯与西方大国的全面较量和对抗。至今，这场大规模的较量和对抗仍在持续，影响之深还有待观察和总结。

在这场较量中，政治情势跌宕起伏，且与传播转换密切相关。笔者认为，自 2013 年年底乌克兰政局突变至今，对立阵营的国际传播经历了多

---

① Керри назвал Russia Today рупором российской пропаганды http://lenta.ru/news/2014/04/25/rt/.
② Ishaan Tharoor, Clinton Applauds Al Jazeera, Rolls Eyes at U.S. Media, Time, March 03, 2011, http://world.time.com/2011/03/03/clinton-applauds-al-jazeera-rolls-eyes-at-u-s-media/.
③ Russian propaganda over Crimea and the Ukraine: how does it work? theguardian.com, Monday 17 March 2014 18.21, http://www.theguardian.com/world/2014/mar/17/crimea-crisis-russia-propaganda-media.
④ David M. Herszenhorn, Russia Is Quick to Bend Truth About Ukraine, http://www.nytimes.com/2014/04/16/world/europe/r.

个回合，相应的国际舆情的演变可以分为如下几个节点：乌克兰政治动荡与索契冬奥会，广场暴动与政权更迭，克里米亚入俄，东部冲突与MH17失事，《新明斯克协议》签署等。前期俄罗斯与西方的博弈主要表现为借助媒体攻势，利用舆论来展开的外交和政治较量。俄罗斯通过冬奥会这一议程设置获得了良好声誉，然后在克里米亚问题上积极出击，占据道义高地，迅速反败为胜，最终兵不血刃攫取克里米亚。

2014年7月，MH17航班失事，俄罗斯被贴上"肇事者"标签，西方重获道义优势，国际舆情出现转折。借助舆情之变，美欧趁势扩大经济战和金融战，全面制裁和打压俄罗斯。此后，双方的传播和舆论较量渐退后台，经济搏击和代理人的武装对抗成为主角。2015年伊始，《新明斯克协议》签署之后，武力冲突虽被暂时遏制，但在大战阴云日益浓厚的形势下，宣传战波澜再起，西方利用涅姆佐夫被谋杀、普京隐身等事件丑化俄国家形象，分化俄民众，而俄罗斯政要频频发声，指责西方要发动"颜色革命"攻势。[1]

可见，乌克兰危机是一场全方位的大国博弈，我们除了关注各种硬实力的比拼，也应该看到其中以"国际传播"为代表的软实力竞争。在国际关系中，一个强大有效的国际传播体系是一国软实力的重要体现。借媒体之力设置国际议程，从符合本国利益的角度阐述和解释事件，为本国的政治行为披上"正义""合法"的外衣，赢取国内外舆论的理解和支持，正是国际传播作为一种软实力的影响之所在。

什么样的国际传播算是成功的？我们可能无法对其进行简单的道德伦理判断。国际传播与国际政治一样，国家利益至上是其核心原则。在一国的政治框架内，虽然新闻界一直把客观和公正作为一种职业准则，但事实证明这终究只是一种职业理想，尤其在国际新闻报道中，当面对国家利益冲突的问题时，各国的国际传播内容会有意识地迎合本国主流意识形态的要求，为追求"政治正确"而不得不放弃对客观和公正的追求。

所有的宣传战、舆论战，最重要的目的在于占据道义制高点，为本国的行为寻求合法性和合理性的证明。在美国进行的历次干涉中，"人权""人道主义干涉""国际法准则"一直扮演美化战争行为的作用，而在这

---

[1] В России нет почвы для «цветной революции»//Аргументы и факты, 21/03/2015, http://www.aif.ru/politics/russia/1472200.

次的乌克兰危机中，以子之矛攻子之盾，轮到俄罗斯鼓吹"人权"和"国际法"，并在此掩盖下谋攫取克里米亚之实。

在全球竞争中，胜利不仅需要雄厚的经济实力作为基础，也需要强大的舆论力量作保证。增强国际传播力、争夺话语权，不仅仅是危机处理时的权宜之计，也是从战略层面提升国家软实力的一种方式。在围绕乌克兰危机进行的宣传战中，我们看到，俄罗斯的国际传播能力的确有了提升，传播技术、传播工具得到极大改善，一定程度上影响了乌克兰危机的媒体议程设定，但其宣传攻势仍带有防御性的、而非更高水平的进攻性的特点，且其效果停留在解释政策和丑化对手的层次，只能算是一种阶段性的、战术上的成功。西方民众对乌克兰危机的判断和责任归因，虽然在俄罗斯前期的宣传攻势中倾向了俄一方，但随着宣传战的持续发展，尤其是MH17事件后发生了不利于俄罗斯的转变。由此可见，真正有效的国际传播不是一时的舆论攻势，而是国家软实力和硬实力综合运用能力的体现。

鉴于俄罗斯与美欧博弈呈现出的结构性和长期性特点，双方的国际传播较量不断加码，双方阵营的投入也在递增。2014年7月，美国众议院一致通过关于改革美国广播理事会（The Broadcasting Board of Governors，简称BBG），建立国际传播署（The United States International Communications Agency）的法案，以加强美国的"对外宣传"。众议院外交事务委员会主席罗伊斯称，最近发生的乌克兰危机表明，对抗俄罗斯"无休止的宣传战"是何等重要，"在这场宣传战中，我们最好的武器是美国广播理事会，但是它无用了"，"当政治强人、暴君和恐怖分子加班加点发动虚假信息战时，掌控美国对外宣传工作的广播理事会却每月才开一次会"。[1] 与此相对应的是，2014年年底，俄罗斯大幅提高了对外宣传机构的资助力度。在2015—2017年度预算中，RT电视台2015年的拨款为153.8亿卢布，比2014年增加29.5%，而"今日俄罗斯"国际通讯社2015年的拨款为64.8

---

[1] Chairman Royce Statement on Letter to President Obama Urging Support for Legislation to Reform U. S. International Broadcasting, JUL 28, 2014, http：//foreignaffairs. house. gov/press－release/chairman－royce－statement－letter－president－obama－urging－support－legislation－reform－ushttp：//foreignaffairs. house. gov/sites/republicans. foreignaffairs. house. gov/files/HR4490A%20－%20Suspension%20Text%20%28FINAL%29. pdf.

亿卢布，比 2014 年增加 142.3%。①

　　乌克兰危机可能是大国关系的一个重要转折点，对今后的国际政治、经济和地缘格局会产生重大影响。同样，乌克兰危机也为国际政治博弈过程中的传播和国际舆情分析提供了独具特色的研究案例。我们认为，俄罗斯在此次宣传战中的最大胜利不在于是否驳倒了对手，而是勇于挑战甚至一度成功突破了以西方主导的国际舆论格局和话语霸权。在当今世界，尽管美国目前仍是唯一的掌握着军事、经济、金融和舆论信息强权的政治主体，但乌克兰危机显示，美国进行地区性军事干预的可能性和能力在下降，其曾经无比强大的舆论宣传能力也面临着来自俄罗斯的挑战。

---

① Нина Куриленко, Роман Баданин, Дарья Луганская, Россия создаст новый интернет - проект для пропаганды за границей, //РБК, 5 ноября 2014г., http：//daily.rbc.ru/ins/technology_and_media/05/11/2014/54592396cbb20f2381c3e089.

第五章 政治领袖与俄罗斯的国际影响力

美国政治哲学家沃尔泽曾言："国家是无形的，只有把它人格化方可见，赋予它象征意义才会令人爱，通过想象才能被感知。"[1] 人们常常借助一些具体的符号，如英雄人物、名胜古迹、典礼仪式来解释抽象的国家形象。每个国家都有自己独特的形象符号，领导人固然是任何一个国家外在可见的象征，却不是每个国家的元首都能被视为国家形象的符号。对于当今俄罗斯而言，领袖人物在政治象征符号中最具渗透力和感染力，其领袖形象已成为国家形象不可或缺的组成部分。普京使俄罗斯的国家形象以人格化的形式表达出来：作为个体，普京已然是国家尊严和民族团结的代表，是俄罗斯当前社会发展的核心人物，在国内和国际舞台上起着极为重要的象征作用。

总统普京收放自如的执政风格和领袖形象一直是当代俄罗斯国家形象中引人注目的焦点。在《福布斯》杂志发布的"全球权势人物"榜单中，普京一直名列前茅，2013年更是超越奥巴马位列第一。《福布斯》认为，作为长期维持权力的人物，普京凭借掌握的巨大资源，在统领的人数、发挥影响力的范围以及使用其权势的活跃程度等方面远远超越其他普通领导人。[2] 从2007年慕尼黑安全会议上宣称要"打破单极世界幻想"的讲话，到2013年《纽约时报》上发表的名为"恳请"，实为警告的《俄罗斯恳请谨慎》一文，再至2014年3月关于乌克兰局势和克里米亚入俄问题的讲话，俄罗斯在普京的言行中重现一个世界政治强国的姿态。普京在几次危机中态度坚决、手段强悍地维护国家战略利益，其高超的外交手腕大大

---

[1] Michael Walzer, "On the Role of Symbolism in Political Thought", *Political Science Quarterly*, Vol. 82, No. 2 (June, 1967), p.194, http://www.uni-potsdam.de/fileadmin/projects/rkraemer/Ruggie_Territoriality.pdf.

[2] The world's most powerful people, http://www.forbes.com/profile/vladimir-putin/.

提升了俄罗斯的国际影响力，冲击了西方世界的道德神坛与话语权，提高了俄罗斯在国际上尤其是在非西方世界的威望。

一 俄罗斯国家形象的人格化

千年之交，当普京接替叶利钦登上总统宝座时，俄罗斯正处于一个十字路口，超级大国的荣光早已消散，社会失序、市场野蛮发展，严重的社会危机引发了政治危机，俄罗斯出现权威真空，9年之间总理职位的人事更迭高达7次。当时很少有人看好普京的政治前景，普遍认为他也将成为政治斗争的牺牲品和经济、政治改革失败的替罪羊。然而普京却令人刮目相看，他上台后整合各种政治力量，迅速掌握权力，形成了与前任不同的强硬、果断、干练的执政风格。普京曾借用斯托雷平的名言向民众承诺："给我20年，还你一个强大的俄罗斯。"如今14年过去，尽管俄罗斯社会发展仍存在很多问题，但普京的豪言壮志在某种程度上确实实现了。他成功提振俄罗斯经济，对外强力维护俄罗斯的主权与利益，给国民带来信心和荣耀，重塑了俄罗斯的强国形象。

"普京将处于混乱中的俄罗斯重新带回世界强国之列，取得了非凡的领导成就。普京代表的是稳定，比自由重要的稳定，比选择更重要的稳定，是俄罗斯百年来不多见的稳定"——这是《时代》周刊主编施滕格尔对普京的评语，正因为此，普京被美国《时代》周刊评为2007年度人物。国际社会对普京形象的肯定，是对普京在带领俄罗斯走出苏联解体困境的过程中发挥重要作用的承认，也是对俄罗斯发展状况的肯定。

在俄罗斯国内，普京的形象获得巨大成功。俄罗斯列瓦达中心在普京执政期间（包括总理任内）进行的持续14年的调查数据显示，普京的支持率一直在60%以上，2008年更是达到巅峰，有83%的受访者给出了满分（10分）[1]（见表5—1）。

---

[1] Августовские рейтинги одобрения и доверия//Левада-центр, 29 августа 2013 г. http://www.levada.ru/29-08-2013/avgustovskie-reitingi-odobreniya-i-doveriya.

表 5—1　　　　　　　俄罗斯民众对普京的支持率（%）

时间	赞成	不赞成	时间	赞成	不赞成
2013年6月	63	36	2006年6月	77	21
2012年6月	64	34	2005年6月	66	32
2011年6月	69	30	2004年6月	72	25
2010年6月	78	20	2003年6月	77	22
2009年6月	79	19	2002年6月	75	20
2008年6月	83	13	2001年6月	72	22
2007年6月	81	18			

资料来源：Левада – центр Августовские рейтинги одобрения и доверия.

普京带领俄罗斯从危机中走出来的功绩为其赢得了巨大的声望，带来了尊崇的地位。正如韦伯所言，"在经济、政治的危难之时出现的领导者，已经超越了被任命的官员的范畴，而是特殊的、被设想为天赋的体现者"。[1] 普京作为领袖的权威正是在此基础上形成的。被普京鲜明的个人性格和杰出的政治功绩所吸引，俄罗斯人不仅服从于普京的总统职位带来的强制性的影响力，也服从于其个人魅力。法国学者迪韦尔热认为，真正的领袖就是"由于威望和个人影响而被人服从的人"，如果说普通的掌权者拥有的是其职位带来的权力，那么领袖在这种合法的权力之外，还具有独特的风度和吸引力，即领导魅力。[2]

在普京身上我们可以看到，个人威望正是其力量的源泉，来自其个人感召力的影响和其职务带来的权力融合在一起，使其成了"法理型权威"和"超凡魅力型权威"[3] 的结合。2008 年卸任总统是对普京魅力的最大考

---

[1] 〔德〕马克斯·韦伯：《经济与社会》（下卷），林荣远译，商务印书馆1997年版，第445页。
[2] 〔法〕莫里斯·迪韦尔热：《政治社会学——政治学要素》，杨祖功等译，华夏出版社1987年版，第121页。
[3] 马克斯·韦伯对领导者权威的合法性来源的问题作过深入的考察和专门的研究，他把权威归纳为三种类型，即传统型权威、超凡魅力型权威和法理型权威。(1) 传统型权威是指由于古人的承认和人们的习于遵从而被神圣化了习俗的权威，其代表为家族家长制和世袭君主。(2) 超凡魅力型权威，是指某个个人凭借超人的才能、杰出的品格、英雄主义及其创立的典范、信仰而拥有的权威。(3) 法理型权威是指建立在对理性、法律及官僚体制和法定授权的信任、服从之上的权威。这种权威的产生不是基于对个人的忠诚，而是依赖非人格的组织机构和制度规范。以上论述参见韦伯的《以政治为业》的演讲（马克斯·韦伯：《学术与政治》，冯克利译，生活·读书·新知三联书店1998年版）及其论著《经济与社会》（马克斯·韦伯：《经济与社会》，林荣远译，商务印书馆1997年版）。

验,事实证明,在离开正式的权威职位后,普京依然能控制政治局面,保持在民众中的高支持率,并在挑选继承人的问题上拥有巨大的影响力,梅德韦杰夫正因为是"普京指定的继承人"才获得了民众的支持。即便是2011年年底俄国杜马选举后,俄罗斯国内开始了一波反对"统一俄罗斯党"及其领导人普京的浪潮,反普京的抗议集会频繁出现在莫斯科的街头时,普京在俄罗斯的影响力仍然不容置喙,总统选举前,全俄社会舆论调查中心的民调显示,普京的支持率达到58.7%至66%,远远领先于其他竞争对手,最终普京以63.75%的得票率赢得总统选举。

"超凡魅力"(Charisma)[①]一词在当今社会已经很少具有其最初的神秘色彩,更多时候指个人的魅力吸引、情感感召、说服力等,"这种能力一部分取决于天生的个人特性,一部分取决于后天习得的技巧,还有一部分则取决于社会和政治环境"。[②] 那么,普京的魅力来自何处?他的哪些个人特质为俄罗斯人所爱戴?为了维持这种魅力,普京采取了哪些举措?俄罗斯的社会和政治环境又对普京现象产生何种影响?要分析普京的形象,只局限在形象塑造策略方面是不够的,在各种精心设计的形象宣传的背后,我们还应该思考,俄罗斯的这种"国家形象人格化"现象,以及普京长期保持"超凡领导地位"会不会导致"个人崇拜"的产生?这对俄罗斯的政治文明发展又会发挥什么样的作用?

二 强人领袖的历史文化溯源

领导魅力不仅来自个人素质、特性,还植根于社会文化心理,不同的文化创造出不同类型的领袖,一个国家的文化价值观决定着该国的最受欢迎的领导风格。"遗传赋予每个种族中的每个人以某些共同特征,这些特征加在一起,便构成了这个种族的气质。"[③] 政治家必须对所属国家传统的气质、性格有着正确的了解并与之相适应,才能确立自己的领导地位。有学者认为,普京能在各国领导人的民众支持率排名中长期名列前茅,并非

[①] 超凡魅力(charisma)一词来自希腊语,原意为"神圣的天赋",指得到神帮助的超常人物,引申为具有非凡魅力和能力的领袖。也有人根据音译,把这种权威类型称为"卡里斯马型权威"。

[②] 〔美〕约瑟夫·奈:《灵巧领导力》,李达飞译,中信出版社2009年版,第59页。

[③] 〔法〕古斯塔夫·勒庞:《乌合之众》,冯克利译,中央编译出版社2004年版,第6页。

仅仅依靠控制媒体，更多的是因为符合了民众的心理需求。①

在俄罗斯的历史文化传统中，崇拜权威和强力是重要特征。俄罗斯的专制制度来源于拜占庭的君主专制主义和鞑靼蒙古东方专制制度，由此产生了一系列俄罗斯文化特有现象，如国家至上、领袖崇拜、父权主义、奴役文化等。领袖崇拜是俄罗斯村社意识的重要表现，认为领袖代表国家和崇拜"好沙皇"是俄罗斯民族固有的政治文化特性。在俄罗斯恶劣的自然环境中，俄罗斯人总希望出现一位优秀的领导人，带领他们走向光明和天国。在早期的神话传说中，俄罗斯人不仅把至善的道德理想寄托于超自然的神灵，而且赋予在民族的英雄人物身上。

俄罗斯传统的政治文化与社会土壤，一直是催生强人领袖的温床。成就了俄国霸业的帝王，如彼得大帝、叶卡捷琳娜二世、亚历山大一世等人，获得了后世的无限景仰。无论在历史上还是当今时代，俄罗斯人永远需要领袖、需要偶像，追求"好沙皇"成为一种普遍的历史现象。一旦出现这样的人物，俄罗斯人会向他致以极度的信仰和崇拜。每当俄罗斯的发展处于低潮期，民众会更加强烈地希望出现优秀的领袖。"人们把一些人看成是领袖，只因为他们反映了追随者的需要与看法。"② 正是由于这样的民族心理，俄罗斯成为一块滋养强人的沃土，在俄国历史的转折关头，强人政治一再出现。苏联解体后出现的混乱和衰败使俄罗斯民众产生了改变现状的愿望和对大国地位的渴求，促使他们把领袖的个人魅力作为问题的解决之道，强烈希望出现一位"沙皇"式的人物。

普京在制定政策时，善于把存在于俄罗斯人民意识深层的价值观体现出来，其加强国家集权、巩固中央权力、制止分离倾向的措施塑造出与前任叶利钦不同的坚强和果敢的形象，因此受到了人民的强烈欢迎。正因为"权力合法性的唯一基础和来源，在于它符合本集体的价值和标准体系所规定的合法性设想"③，所以民众的需求变成了投射到政治人物身上的光晕，普京形象的建立与其说是因为个人能力，不如说是一种向俄国历史传

---

① Почему россиянам нужен Путин? //Экспертная оценка, 15. 10. 2011, Информационно-аналитический центр. http: //www. ia-centr. ru/expert/11789/

② 〔美〕伯恩斯（Burns J. M.）：《领袖论》，刘李胜等译，中国社会科学出版社1996年版，第320页。

③ 〔法〕莫里斯·迪韦尔热：《政治社会学——政治学要素》，杨祖功等译，华夏出版社1987年版，第117页。

统的回归,符合了俄罗斯大众心理中关于民族领袖的想象。普京还应该向前任总统致谢,因为叶利钦的羸弱正反衬了普京的强势,有助于其在英雄主义基础上实施魅力统治。

在俄罗斯的崇拜强权的文化环境中,要想成为一位成功的政治领导人,其言行必须符合俄罗斯共同的价值观和行为准则,而社会舆论对俄罗斯政治家进行评判时,能否体现俄罗斯民族特性是影响最大的因素,因此俄罗斯近年频现持强硬立场的政治人物。[1] 俄罗斯外长拉夫罗夫由于在叙利亚问题上的表现强硬,被西方媒体称为继苏联外长葛罗米科之后的新一代"不先生"(Mister No),但他却在俄罗斯国内赢得了喝彩。俄常驻联合国代表丘尔金一度被传言曾威胁"要卡塔尔消失",尽管丘尔金此后否认使用过这样的语言,但俄媒体普遍认为,针对西方对俄罗斯实施的咄咄逼人的政策,这样针锋相对的话并没出格。可以看出,在俄国政坛,"强力"传达出的是一种正面形象,在这种氛围中,即使被认为最"温和"的俄总理梅德韦杰夫在南千岛群岛(日本称北方四岛)问题上也做出了"强硬"的举措,登上日俄之间尚存争议的国后岛宣示主权。[2]

俄罗斯人浓厚的领袖崇拜情结导致了一个有意思的现象:好沙皇,坏贵族老爷(Хороший царь, плохие бояре)。普京把自己塑造成了民众需要的形象,民众也给予了极大的支持,把"好沙皇"崇拜赋予到"新沙皇"普京身上。俄罗斯曾进行一项民意调查:"工资提高归功于谁?""谁为物价上涨负责?"大多数被调查者认为,功绩归于普京(好沙皇),而失误归于政府(坏贵族老爷)(见表5—2、表5—3)。[3]

表5—2　　　　对政府部门和领导人的满意度(满意/不满意)　　　　单位:%

	2005年6月	2005年7月	2005年8月
普京总统	66/32	67/31	70/27
政府部门	26/71	32/64	29/66

资料来源:Левада - центр "Социально - политическая ситуация в России в августе 2005 г"。

---

[1] Галумов Э. А. Международный имидж России, М.:《Известия》, 2003. C. 68.
[2] 《强硬政客"放大"俄罗斯能量》,《环球时报》2012年8月14日, http://world.huanqiu.com/depth_ report/2012 - 08/3023101. html。
[3] Социально - политическая ситуация в России в августе 2005 г., Пресс - выпуски, http://www.levada.ru/press/2005083102.html.

表 5—3　　　　　　　你认为谁应该为此负责　　　　　　　单位:%

年份	工资提高			价格上涨		
	2001	2004	2005	2001	2004	2005
总统	56	55	62	22	24	22
政府	30	28	29	39	46	48
其他	13	11	13	44	50	46

资料来源：Левада－центр "Социально－политическая ситуация в России в августе 2005 г"。

正如"全俄社会舆论研究中心"总裁费德罗夫所言："我们的总统身上有种突出的'化学效应'，总有另外的人为失误和动乱负责。"[1] 类似的例子还有 2013 年夏发生的俄罗斯科学院（PAH）改革之争，在这场风波中，愤怒的科学家们的斗争矛头始终指向教育部部长德·利万诺夫、副总理奥·戈罗杰茨，乃至总理梅德韦杰夫，而把希望寄托在普京身上。当得到普京的接见后，一贯持重的资深院士们被他温和的表态所鼓舞，认为"他（普京）是被蒙蔽了，现在他准备改变局面"，冀望普京能做出有利于他们的仲裁。[2] 其实，在俄罗斯目前的权力结构下，没有普京的首肯或者默许，梅德韦杰夫和几个部长又怎么敢做出类似"废除国家科学院"和"三院合一"的决定？

三　普京形象的塑造和传播

在信息传播高度发达的社会里，大众传播媒介是人们获得信息的主要渠道，媒体对公众产生着强大的影响，传统的利用"时空隔离"产生神秘感的方法无助于加强领导人的权威，领导者的魅力不能局限在一个小团体和亲信圈子里，必须通过一定的媒介传播出去。政治包装是现代政治生活中一种重要的技巧，魅力型领导人的产生，不仅取决于个人的人格、政绩和职位，也非常需要采取一些技术性手段和操作策略。作为政治性公众人

---

[1] http://wciom.ru/ratings-state-institutions/.
[2] Усов И. Вы, госпожа Голодец, ни за что не будете отвечать, //Газета, 7 марта 2013, http://www.gazeta.ru/science/2013/07/03_a_5410253.shtml.

物，现代国家领导人都很关注自己在媒体上的形象且有意识地塑造所需要的形象，魅力型领袖尤其需要不断证明自己的力量来保持权威。

在当今世界政治舞台上，普京无疑是大国领袖中少数具有超凡魅力的领导人之一。自1999年接管俄罗斯大权以来，普京以其鲜明的性格和独具魅力的领导风格征服了俄罗斯，也成为世界舆论的聚焦点。俄罗斯当局一方面精心设计和塑造着普京的领袖形象，同时也巧妙地利用普京作为领袖形象所释放出来的"超凡魅力"来突出俄罗斯的国家形象，放大俄罗斯的政治传播能力，扩大俄罗斯的政治和外交影响力。

（一）议程设置

议程设置是传媒影响社会的一种方式，它潜移默化地影响着受众对事件和人物的评判，常常被公众人物用来捕捉注意力和操纵大众议程。像所有大国领导人一样，普京的亮相大都是精心策划的产物，普京的议程设置不仅仅为了制造新闻，吸引媒体报道，更重要的是主动设定报道的主题和基调，及时抢夺舆论先机，引导社会舆论倾向于自己有利的方面。

普京和他的宣传团队进行议程设置的能力是一个不断提高的过程。在普京的第一任期，我们看到的往往是他被动地卷入舆论风暴的情景。这一时期普京面临的危机不断：第二次车臣战争（1999）、"库尔斯克号"事故（2000）、莫斯科剧院人质事件（2002）、别斯兰人质事件（2004）等，但是，危机中蕴含着机遇，普京正是在处理这些事件的过程中充分展示了自己，他的价值理念、气质、品德和能力因此得到了民众的好评。例如，普京凭借在处理车臣恐怖分子事件中的强硬态度，一举博得了俄罗斯国家上下的好感，为日后登上总统之位打下了民意基础。

在第二任期，随着执政地位稳固，普京进入了有意识迎合民众的期望而进行议程设置的阶段。他能够自如地面对媒体，主动影响公众舆论，向俄罗斯民众展示他们所希望的柔情硬汉的领导人形象。那些能衬托普京的优秀品质的事件，如普京驾驶战略轰炸机（2005）、在西伯利亚展现肌肉（2006）、射虎（2008），以及在担任总理期间乘深水潜艇科考（2009）、拜访牧民家庭（2009）、骑哈雷摩托亮相（2011）等事件都带有明显的策划痕迹，但并不影响它们成为各国争相报道的热点。普京的权势和威望在这些事件的传播过程中点滴积累，与日俱增。

2012年，普京最大的议程设置活动当属年初为配合总统选举而展开的一系列宣传攻势。普京署名的文章分别发表在《消息报》《独立报》《新闻报》《生意人报》等媒体上，内容涉及竞选纲领、民族问题和经济问题、民主与国家素质、军队改革和外交等领域。由于这些媒体代表着不同的政治派别，普京的文章迅速占领舆论制高点产生了深远的社会反响，起到广泛的宣传作用，扭转了杜马选举后的不利局面。同时，普京还放低姿态，利用"政治性休假"开展拉票活动。在媒体宣传上，普京一改不苟言笑的"酷"样，开始微笑，在雪中漫步，穿着随意地坐在支持者中间。最戏剧性的是，大选前传出的真真假假"谋杀普京"的消息更让老百姓觉得，只有普京才是稳定的保证，俄罗斯不能没有普京。

普京在第三任期显示出更为高超的议程设置技巧，即使面对"离婚"这种可能影响其形象的事件，他也能通过"两人在观看一场演出后，面带微笑地宣布离婚"的场景传达出文明而平和的分手气氛，尽量降低对民众的冲击力。民意调查显示，65%的受访者认为离婚事件不影响其对总统的支持，甚至还有3%的受访者因此改善了对普京的评价。当然，这首先是因为普京对俄罗斯人的吸引力主要表现在执政能力和行事风格上，而不是对家庭、配偶的从一而终的态度上，所以离婚并不易改变对普京的积极评价。其次，必须承认的是，普京和夫人的分手方式确实也对民众产生了正面影响，在民调中，许多人表示因这一得当的分手方式而理解了他们的选择。①

2013年还发生了一件在普京的形象宣传史上堪称典范的事件。9月12日，普京在《纽约时报》上发表《俄罗斯恳请谨慎》一文，警告军事打击叙利亚只会带来混乱和伤亡，指出很多国家已不把美国视为民主典范，而是视为只懂得耍蛮动粗的国家，并批评了美国的"例外主义"。普京这种利用美国的权威媒体加倍放大了议程设置的效力，用最直接的方式在西方树立形象的策略在国际上引起了"飓风般的反响"。普京在美国《纽约时报》及时发文，真正发挥了"四两拨千斤"之功效。就连美英媒体也不得不承认，俄罗斯在国际舆论中抢得了道德制高点。② 英国《每日电讯报》9月10日称，"奥巴马将世界交给了普京"。报道说，"唯一赢家就是普京"，

---

① http：//www.levada.ru/11-07-2013/otnoshenie-k-razvodu-putina.
② Vladimir Putin's comments on American exceptionalism, Syria cause a fuss, By Jethro Mullen, CNN, September 13, 2013, http：//edition.cnn.com/2013/09/12/politics/putin-syria-editorial-reaction/index.html? iref = allsearch.

"俄罗斯荒诞地成为世界的救世主,而这场危机还是它帮着制造的,普京将获得最壮观的公共关系胜利"。① 美联社评论说,"几天的外交惊人之举,普京复活了许多人以为早就过去的关于超级大国的记忆"。② 《洛杉矶时报》则对普京主动出击的方式表示了惊异:"以前的俄罗斯国家元首从未说过这样的话。"③

(二) 话语影响力

普京的语言风格之所以打动众多受众,重要的还是与普京的行事风格相统一。10年来,普京的所作所为顺应了俄罗斯民意,赢得了俄罗斯人的信任与拥戴。率直、犀利的言辞是"普式语言"的特色风格。有些语句比外交文件更有效地传播了俄罗斯的政治态度和立场。一言之微,却带来巨大的振动,正如"音叉效应",利用事物之间的脉动联系,以微小的扰动带来巨大声响。

普京独具特色的言论,不仅放大了领袖的政治影响力,也增强了国家的软实力,为俄罗斯在世界政治舞台上赢得更多的话语权。在与西方大国的话语权较量中,俄罗斯找准时机与切入点,普京一马当先,政要跟进,意见领袖唱和,公众响应,经由媒体造势,提高了俄罗斯民族整体的凝聚力和向心力,扩大了俄罗斯政治传播的影响力。

率直、犀利的言辞是普京最具特色的风格,其中不乏令人印象深刻的名句。普京放言"要把恐怖分子溺死在马桶里",抨击对利比亚采取军事行动就像是"欧洲中世纪十字军东征"。"如果要解决科索沃问题,那我们就谈科索沃;如果要谈伊朗核问题,那就谈伊朗,但是不要扯到俄罗斯的民主问题上。这于事无补。如果真的想关心俄罗斯目前的局势,那就直截了当。不要闪烁其辞,别有用心……有人企图借民主之名来影响我们的对

---

① Syria: Barack Obama hands the world to Vladimir Putin, By Janet Daley, World Last updated: September 10th, 2013, http://blogs.telegraph.co.uk/news/janetdaley/100235199/obama - hands - the - world - to - putin/.
② AP ANALYSIS: Putin's Syria gambit makes Russia a key player again in Middle East, By Associated Press, September 11, 2013, http://articles.washingtonpost.com/2013 - 09 - 11/national/41963936_ 1_ chemical - weapons - kremlin - leader - leon - aron.
③ Mitchell Landsberg, Putin appeals directly to U.S. public with stinging op - ed on Syria, los Ageles Times, September 11, 2013, 9:29p. m, http://www.latimes.com/world/worldnow/la - fg - wn - putin - oped - syria - 20130911, 0, 5970764. story.

内和对外政策。顺便说一下，我认为这是有害的，也是错误的。这反而会损害对民主制度及其原则的信任。"① "伊拉克就要进行选举了，欧洲安全与合作组织将从约旦监督这次选举。这简直就是一场闹剧！但当我们提议监督车臣共和国的选举时，得到的回答是——不行，不可以，因为那里条件不允许！尽管那里军事冲突早已结束，且组建了政府机构。而在伊拉克全境百分之百被占领的情况下就可以进行选举！"②

2007年2月10日，普京在慕尼黑安全会议上一针见血地反驳了西方霸权思想，回击了对俄罗斯民主和外交的指责。在这篇名为《打破单极世界幻想，构建全球国际安全新结构》的讲话中，普京把美国比喻为森林里为所欲为的"狼"，提出某些国家在破坏世界秩序，企图主宰整个世界。普京谈道："今天我们看到的几乎全是，在国际事务中毫无节制地肆意使用武力，世界因此陷入了冲突不断的深渊，最终无力解决任何一个冲突，反而使政治解决问题变得无望。"③ 普京指出："当然，这与民主没有任何共同之处。众所周知，民主是顾及少数人利益和意见的大多数人的政权。顺便说一句，经常有人给我们俄罗斯上民主课。但是，那些给我们上课的人，不知出于什么原因，自己却不愿学习。"④

在当今国际舞台上，俄罗斯借普京的个人魅力充分展示了国家威望。在西方话语和传媒占优势的格局下，普京以其独具魅力的大国领袖形象参与并深刻地影响着国际议程。普京的行为不仅仅是为自己的声望和政治资本加分，更重要的是重振了俄罗斯的大国雄风。经过10多年的磨炼，现在的普京已经不再是在美国前克林顿等国际大腕面前拘谨的"新手"，而是敢于直面美国总统小布什，回击西方批评俄罗斯"不民主"的"柔道高手"。俄罗斯著名学者谢·马尔科夫认为："俄罗斯在国际社会树立了当之无愧的反对美国霸权的领导形象，这为普京赢得了对其个人及对俄罗斯国家的尊重。"普京在叙利亚冲突中态度坚决、手段强悍地维护国家战略利益，扮演了一个力挽狂澜的角色，发挥了"世界领袖"的作用，令美国不

---

① 〔俄〕普京：《与"瓦尔代"国际俱乐部代表的见面会》，载《普京文集（2002—2008）》，中国社会科学出版社2008年版，第534页。
② http://www.kremlin.ru/appears/2004/12/23/1414_type63380type82634_81691.shtml.
③ 〔俄〕普京：《打破单极世界幻想，构建全球国际安全新结构——在慕尼黑安全问题会议上的讲话》，载《普京文集（2002—2008）》，中国社会科学出版社2008年版，第372页。
④ 同上。

得不和着莫斯科的节奏起舞。俄罗斯《观点报》认为，无论未来美国是否对叙动武，俄罗斯在这场地缘政治游戏中都已取得巨大胜利。①

俄罗斯在领袖形象塑造过程中巧妙地将普京的个人才华和气质与形象包装、现实政治相结合，找准时机与切入点，适时造势和借题发挥，积极利用国际和多边舞台，争取主要角色并积极发声，充分利用现代媒体工具与传播手段，扩大政治传播和影响力，这些都是近些年俄罗斯领袖形象塑造和国家形象传播的亮点和经验。

四 力聚一身：是喜是忧？

1993年通过的俄罗斯宪法明确了总统—总理权力二元结构的执行权力体制，事实上俄罗斯建立起的是一种"强总统，弱议会，小政府"的超级总统制，总统位居立法、行政、司法三权之上，是最重要的权力机构，任何重大的政策方针和行动都必须由总统决定。俄总统拥有相对于议会的绝对优势地位，议会无法对总统的权力形成有效的制约。议会获胜政党没有组阁权，总理由总统提名，总统还有权解散议会。

俄罗斯的"超级总统制"反映了俄罗斯权威主义的政治构架和权力运作的集权特征。由于政治体制的集权性和控制性，领袖可以在整个政治决策中充分贯彻自己的思想。在俄罗斯的权威主义政治体系中，国家和民族的命运系于某一权威人物，国家的政治管理形式因此带有鲜明的个人色彩，形成了俄罗斯的国家形象人格化特征。普京的政治理念与举措操纵着俄罗斯的政治发展，使外界形成了"普京=俄罗斯"的印象，因此，俄罗斯国家领袖的治国理念构成了国外对俄罗斯国家形象进行判定的重要依据，并因此成为境外传媒观察和预测俄罗斯国内政局走向的风向标。

2005年别斯兰事件之后，普京以立法与行政分权的原则改组了联邦委员会的组成，建立了设立总统代表制的联邦区制度，构建以总统为中心的垂直权力体系。这一系列举措加上普京提出的"主权民主"思想，逐渐形

---

① Акопов П. Пат и трепет Барака Обамы—Владимир Путин серьезно усилил свое геополитическое влияние, //Взгляд, 12 сентября 2013, http://www.vz.ru/world/2013/9/12/649922.html.

成了普京特色的政治治理模式。以"主权民主"思想为核心的普京主义符合俄罗斯的历史传统与现实需要。在形成普京模式的过程中，普京利用宪法和宪法性联邦法律赋予总统的权力，充分发挥总统权力，成功地把个人色彩注入到国家形象中。

但是，"国家形象人格化"对于正努力朝"现代化"方向发展的俄罗斯而言是幸运的，还是一件值得警惕的事情？2007年10月，俄国家杜马主席、统一俄罗斯党主席鲍里斯·格雷兹洛夫在《俄罗斯报》上发表题为《普京仍将是俄罗斯的领袖》的文章。格雷兹洛夫表示，"我们在议会和各地的所有行动，都是为了支持我们的'国家领袖'"。① 随后，统俄党官网刊出了该党民族政策和宗教团体协调人阿布杜尔·苏尔特格夫的文章《关于俄罗斯国家领袖》。苏尔特格夫高度评价了普京个人在历史上的作用，宣称普京就是俄罗斯的"国家领袖"。按照苏尔特格夫的构想，先把"俄罗斯民族统一"打造成为国家意识形态的核心，作为"国家领袖"的普京在权力布局中自然就拥有了无上的权威，然后设立"公民会议"，使普京通过这一机构行使行政和立法权力，其治国理念将持续得到贯彻。②

格雷兹洛夫和苏尔特格夫提出的关于建立"超国家的权威"的言论在社会上引起了巨大反响，对俄罗斯民众的心理产生了强烈的暗示，随后，关于"国家领袖"的话题迅速成为热点。2007年和2008年，在俄罗斯影响最大的搜索引擎 Yandex 上，以"国家领袖普京"为主题词可搜索到5百万条网页信息。格雷兹洛夫和苏尔特格夫的举动应该不是简单的个人行为，而且两人的官方身份也让人对他们发表此番言论的动机不能不做联想。苏尔特格夫的文章中，对普京歌功颂德，赤裸裸"造神"的话语极易让人回想起历史上对苏联领导人的个人崇拜风气。虽然苏尔特格夫的文章很快就从统一俄罗斯党官网上撤走，但这种力图使普京的魅力合法化、制度化的举动在俄罗斯比比皆是，不得不令人警惕。鞑靼斯坦共和国总统明尼汉诺夫说："俄罗斯总统不是公司经理，国家需要一位英勇的沙皇，最合适的人选就是弗拉基米尔·普京"③，甚至有宗教界人士说："普京不是

---

① Грызлов Б. Путин остается лидером России//Российская газета, 17 окт. 2007 г. http://www.rg.ru/2007/10/17/grizlov.html.

② Коньков Н. "Нацлидер"：феномен или казус? Действующего российского президента кто－то "разводит"，http：//www.apn.ru/publications/article18332.html.

③ http：//www.mr7.ru/articles/50250/.

沙皇，他比沙皇更高，他是至高无上的神"。①

把权力集中于具有个人魅力的领袖，是俄罗斯的传统，但是魅力统治往往不是建立在规则，而是建立在追随者的信仰之上，这正是俄罗斯现代化道路上的阻碍因素之一。俄罗斯学者弗·伊诺泽姆采夫因此视普京为"俄罗斯现代化道路上的阻碍"，"普京代表着特权制度，整个国家都因此缺乏现代化的意愿"。②"在我们的政治体制中，在权力的任何一个层次，在任何一个组织中，都在产生崇拜和崇拜者。领导人被看成是天生具有独特天赋的预见力，能作出唯一正确决定、能表达人民群众的内心夙愿和期望的人。而群众被教育出对待各级领导的近乎宗教似的诚惶诚恐和忘我的爱戴和忠诚"。俄罗斯著名政治学家米格拉尼扬指出，这一传统导致的后果，就是"造就实际上没有任何制衡的集中垄断的权力"③。

与传统政治信任建立在领导人的人格魅力和意识形态热情上不同，现代政治信任要依靠制度来规范和约束政府的行为，使政府的运行具有确定性和可信性。作为俄罗斯的领导人，普京及其继任者能否正确地使用权威、权力，防止权力、权威的滥用和腐败，进而推动政治生活的现代化，关系到俄罗斯的发展和命运。如果政权过分依赖个人权威，其继任者如何保持政治秩序？普京的光环越耀眼，风险越大，因为整个社会、民族和国家的命运仅系于一人之身而不是依赖制度，蕴含的脆弱和不稳定因素就越多。

没有英雄的民族是不幸的，只能把希望寄托在英雄身上的民族也是悲哀的。如果说世纪之初，俄罗斯动荡衰败的局势客观上需要一位英雄来推动变革，而当社会政治文化条件有所变化，一个在后苏联时期成长起来的新社会精英阶层正在积聚力量时，普京及其追随者都应该变化，以适应新的形势。根据2013年的一项调查，22%的受访者已对普京感到失望，而2007年这一比例只有9%，5%表示2018年会把票投给普京之外的候选人，而2007年没有一位受访者表露这种想法。由此可见，普京支持率的下降

---

① http://www.slavyanskaya-kultura.ru/news/politics/putin-ne-car-putin-vyshe-carja-putin-vsevyshnii.html.

② Иноземцев В. О невозможности модернизации России, Статья в сборнике Института Кеннана «Российская модернизация: размышляя о самобытности», http://postindustrial.net/books/o-nevozmozhnosti-modernizacii-rossii/.

③〔俄〕安德兰尼克·米格拉尼扬：《俄罗斯现代化之路——为何如此曲折》，徐葵、张达楠等译，新华出版社2002年版，第112、114页。

意义重大。普京在俄罗斯普通民众中享有广泛支持,这种支持一直是他维持权威的基础,他能够将各路精英——寡头、安全部门、高级官僚——集合起来,也得益于此。如果普京的支持率进一步下降,就会出现布热津斯基期盼的场景:"迟早有一天,俄罗斯社会精英会清楚地看出,普京的铁腕努力成功希望非常渺茫。迟早有一天,普京会不再担任总统。"[1]

列瓦达中心副主任阿·格拉日旦津认为,国家在变化,但新版本的"普京 2.0"却没有出现,是普京吸引力不如以前的原因。[2] 民众的不满并不集中在经济方面,目前俄罗斯的人均名义生产总值已经突破 1.3 万美元,带领国家发展到这样的程度,无疑是普京的成就,但是,今天的环境已经与普京执政之初大为不同:俄罗斯不再是需要从经济崩溃中复苏的国家,现在的俄罗斯拥有更多训练有素的经理人和官员,熟悉互联网和社交媒体的年轻人、新一代企业家、知识分子和媒体人。在这些城市中产阶级的作用下,俄罗斯的政治文化正在发生改变,"普京 2.0"必须开启一个新时期。普京的"祛魅"进程是否由此开始,目前还不得而知。显然,俄罗斯的现代化不仅意味着经济改革,更意味着以法治代替官僚机构专制、腐败的统治,并辅以现代民主的制衡措施。从俄罗斯的长远发展来看,合理的制度比魅力领袖更重要,国家领导人需要从超凡魅力型转换为法理型权威。

---

[1] 〔俄〕兹比格涅夫·布热津斯基:《乌克兰抗议改变了什么?》,英国《金融时报》中文版 2013 年 12 月 18 日,http://www.ftchinese.com/story/001053991。

[2] Все менее обоятельный лидер,//Ведомости,9 августа 2013,http://www.levada.ru/09-08-2013/vse-menee-obayatelnyi-lider.

第六章 影响有影响力的人：智库的作用

智库是当今世界影响政府决策、推动社会发展的重要力量，也是国家"软实力"的重要组成部分。在西方，各种类型的智库，如美国的布鲁金斯学会、兰德公司、传统基金会，英国的皇家国际事务研究所、伦敦国家战略研究所、德国的应用政治研究中心、科学与政治基金会等机构，在本国政治、经济、文化、军事等领域发挥着越来越重要的作用，成为现代国家决策链条上不可或缺的重要一环。[①]

智库不是普通的科研机构，而是实力强大、研究能力突出、在政策制定方面有较大影响力、为决策者提供外交、经济、安全、社会、科技和军事问题咨询的机构。俄罗斯的智库结构复杂，从运作背景来说，可分为政府拨款的官方智库，兼得官方和民间资助的新型"分析机构"，以及接受境外资金的国际知名智库的分支机构等；从研究专长而言，既有综合性智库，也有偏重政治、外交、经济、社会和民意调查等领域的专业研究机构。智库在西方的定义中，是指一种非官方的、独立的咨询体系和专家系统，但研究俄罗斯智库时，却不能拘泥于这一定义，尽管俄近年来涌现出大量公共咨询机构，但处于体制内的各种研究机构依然是智库的中坚力量，在各种号称"独立"的分析机构中，也只有少数几家具有深厚政府背景、与政界核心人物关系密切的机构才能在国家决策中发挥重要影响，真正能够发挥"智库"的作用。

---

① 北京太平洋国际战略研究所课题组编：《领袖的外脑》，中国社会科学出版社2000年版，第4页。

一 苏联的情报机构和智库

俄罗斯的智库发展历史悠久，可以上溯到苏联时期。苏联是最早建立国家情报系统的国家之一。作为20世纪深刻影响了人类历史进程的大国，苏联十分注重对外战略的制定和国民经济的发展，其国家智库系统经历了一个从分散到集中，逐步发展的过程。20世纪中期，全苏科技情报研究所（1952）、世界经济和国际关系研究所（1956）、非洲研究所（1959）、世界社会主义经济研究所（1960）、拉美研究所（1961）、远东研究所（1966）、美国研究所（1967）等具有现代意义的智库特点的研究机构接连创立，标志着以政府机构为主导的苏联式决策咨询管理体制的形成。

上述智库出现的背景，一方面是冷战的原因，另一方面则是现代决策机制的新要求。现代社会系统性特征的明显，使得决策机制越来越复杂化，专家系统的作用提到了一个历史性的高度。当时，由于苏联谋求建立世界霸权，而其高层对外部世界尤其是西方国家的认知不足，客观上要求对各国的经济和政治状况进行全面和深入的了解，一系列关于国际问题研究的智库应运而生。由于政策的保证，苏联在智库体制、系统建设和组织管理方面相当完善、严密，智库在促进科技进步、国家安全和经济建设等方面发挥了重要作用。[1]

从体制上来看，苏联的智库机构隶属于国家各行政部门，经费几乎全部由政府拨款，咨询任务是行政命令方式。除了科学院体系内的智库，苏联共产党、国家安全委员会等相关部门也成立了一些研究机构。苏共中央直属的社会科学院、苏共中央内部的社会科学研究所和苏共中央马列研究院是当时最有影响力的党内智库。国家安全委员会不仅在其内部设立分析研究部门，还控制着部分学术机构下设的专门研究处。

20世纪七八十年代，苏联智库规模不断扩大，结构更为复杂，研究领域分类也更加精细。有的机构致力于情报信息收集，例如全苏科技情报研究所、社会科学学术情报研究所等。有的机构长于跟踪局势和分析研究，例如世界经济和国际关系研究所、美国加拿大研究所、世界社会主义经济

---

[1] 李建军、崔树义著：《世界各国智库研究》，人民出版社2010年版，第6页。

研究所等。有的机构偏重于对外传播和宣传，如苏联新闻社、苏联保卫和平委员会、苏联亚非国家团结委员会等。苏联领导人处理重大战略性的问题时常常参考这些机构的报告以进行决策参考，并利用这些研究机构来维护意识形态安全和国家安全。戈尔巴乔夫时期，由于苏联政治体制面临向市场经济和民主机制转型的问题，智库对政府决策的影响更为突出，学界和政界之间的"旋转门"现象频繁出现。例如，苏联科学院经济和科技进步预测研究所的沙塔林出任国家经济改革委员会委员，全苏社会舆论研究中心总裁扎斯拉夫斯卡娅成为最高苏维埃委员，苏联科学院西伯利亚分部的阿甘别基扬出任苏共中央总书记经济问题顾问，苏联科学院世界经济和国际关系研究所普里马科夫任苏共中央政治局委员，苏联科学院经济研究所阿巴尔金出任苏联部长会议副主席，等等。[①]

二 当代俄罗斯智库

苏联解体对旧有智库体系造成了极大冲击，俄罗斯的国家机构开始实施大规模改革，以苏联科学院为主体的国家级研究机构的地位急剧下降。随着意识形态多元化趋势的加强，以及俄罗斯社会选举制、多党制的确立，相应的专题分析和研究需求日益增长，出现一批新型智库机构。这些智库可以有不同的政治立场，向各种政治理念的政治精英提供服务，并承接商业订单。本书拟从研究范围和运作背景两种角度对俄罗斯的智库进行解析。

（一）综合性智库

依据智库的研究范围，俄罗斯的智库可分为综合性智库和专业性智库。综合性智库的研究领域涉及内政、外交的各个方面。专业性智库又可具体分为政治和国际关系取向、经济和商业取向、社会调查、科技取向等不同领域的专长机构。

综合性智库所研究的课题不仅涉及内政、外交，还涵盖国防、安全和科技创新等领域的问题。综合性智库通常拥有雄厚的财力、强大的综合实

[①] 李铁军：《俄罗斯智库的发展历程》，《学习时报》2013年2月25日。

力和庞大的专家队伍，最典型的代表当属俄罗斯科学院。在国际关系发生巨大变化和社会发生剧烈转轨的背景下，新型智库在俄罗斯纷纷涌现，其中比较重要的代表有俄罗斯外交与国防政策委员会和国际事务委员会。三个机构在人员组成方面存在很大交集，后两者的功能更有众多相似之处。上述两个委员会虽是非政府机构，但它们与权力机关以及各种政治组织保持着紧密的联系，许多成员还在政府部门任要职，委员会实际上更像一个半官方性质的智囊机构，在俄罗斯学术界和政界拥有很高的威信。

俄罗斯科学院

俄罗斯科学院（Российская академия наук）是一个拥有近300年历史，世界知名的大型科学机构。俄科学院于1724年由彼得大帝下旨建立，最初名为彼得堡科学院，1917年更名为俄罗斯科学院，1925年起改为苏联科学院，1991年苏联解体后恢复为俄罗斯科学院。作为国家最高学术机构，科学院是俄自然科学和社会科学的基础研究中心，是俄国内最具影响的科研组织。凭借深厚的历史底蕴、完备的科研体系和雄厚的研究实力，俄罗斯科学院在自然科学、技术科学、社会人文科学的基础研究中取得了大量居于世界前列的科研成果。共计有18位俄罗斯科学院研究人员获得诺贝尔奖，其中自然科学领域有11位获奖者。该院目前拥有9个学部，3个分院（西伯利亚、乌拉尔和远东），14个地区性科学中心，下辖科研机构达436个。[①]

在长期的经营中，俄罗斯科学院各研究机构积累了丰富的经验，培育了大量人才，并在国内外建立了合作交流机制，为开展情报搜集和政策咨询活动提供了良好条件。俄罗斯科学院专家的观点和见识经常得到国家领导人的重视，享有相当高的社会声誉。许多专家有机会出任国家权力机构官员或议会代表，直接将思想作用于国家决策，曾任苏共中央宣传部部长和俄罗斯政府总理的亚·雅科夫列夫、叶·普里马科夫就来自科学院系统。但是，苏联解体后，国家对科学院的拨款锐减，科研的物质基础水平迅速下降，研究人员的社会地位和经济收入大幅下滑，科研工作受到极大的影响。在1998年的经济危机期间，科研经费更减少了30%，科学院系统的科研活动进入艰难的境地。在此条件下，出现了人才大量流失的情况。现在留美国的前苏联科学院的院士、高级研究员，相当于目前俄罗斯

---

① http://www.ras.ru/.

科学院的规模。2013年，科学院进行了新的组织改革，国家对科学院院务管理工作的控制逐步加强，但保留了科研活动的自主性和独立性，此举会对科学院产生何种影响还有待观察。

俄罗斯国际事务委员会①

俄罗斯国际事务委员会（Российский Совет по международным делам）于2010年2月根据俄罗斯总统令成立。其成员包括俄罗斯总统办公厅、政府、议会、外交部门的负责人，以及俄罗斯政治、经济、学术和新闻界的领袖人物。委员会的领导机构是主席团，另设专家委员会和顾问委员会。

俄罗斯前外交部长伊·伊万诺夫担任会长，主席团成员包括阿尔法银行行长彼·阿文、"新欧亚"基金会总裁安·科尔图诺夫、外交与国防政策委员会主席费·卢基扬诺夫、外交部副部长阿·梅什科夫、总统办公厅副主任兼新闻秘书德·佩什科夫、俄罗斯科学院世界经济与外交研究所所长阿·邓京等在任高官。

专家委员会主席为俄罗斯科学院世界经济与国际关系研究所所长阿·邓京，成员为科学院非洲研究所所长阿·瓦西里耶夫，美国与加拿大研究所所长谢·罗戈夫，东方研究所所长维·纳乌姆京、世界经济与国际关系研究所副所长弗·巴拉诺夫斯基，后工业社会研究中心主任和《自由思想》杂志主编弗·伊诺泽姆采夫，俄总统下属国民经济和国家机关学院院长弗·马乌。

顾问委员会成员有俄罗斯储蓄银行董事长格·格列弗，戈尔恰科夫支持公共外交基金会理事长列·特拉切夫斯基，俄罗斯国际人文合作署署长康·科萨切夫，俄罗斯外交部长谢·拉夫罗夫，俄罗斯科学院前院长尤·奥西波夫，俄罗斯政府副总理谢·普里霍季科，总统助理安·弗尔先科等。国际事务委员会成员几乎涵盖所有重要智库的代表，如同精简版的联邦安全会议的科学委员会。

俄罗斯外交与国防政策委员会②

俄罗斯外交与国防政策委员会（Совет по внешней и оборонной политике）于1992年2月25日在莫斯科成立，其宗旨在于促进制定和实施俄罗斯的发展战略构想、外交和国防政策，促进俄罗斯国家公民社会的

---

① http://russiancouncil.ru/.
② http://www.svop.ru/.

形成。

　　该委员会的主要任务是：（1）制定和评估针对俄罗斯国内和国际问题的前瞻性的方案，以保护俄罗斯在外交、国防及其他方面的国家战略利益；（2）促进俄罗斯在外交政策、国防政策、军事改革等领域形成专业和客观的决策机制；（3）针对俄罗斯与世界，尤其是与独联体国家的合作提出实际的方案；（4）在外交和国防政策问题上进行有价值的研究，鼓励创新思想，研究和宣传有关军转民、军事和安全机构的建设和改革以及对强力部门进行监督等问题的国际经验；（5）拓宽信息渠道，使社会广泛了解国家的外交和国防政策；（6）促进和发展俄罗斯外交与国防政策委员会成员与国内国外有关机构的学术和商务联系；（7）在政界、军界、实业界、学术界和媒体的知名人士之间发展各种形式的合作。

　　俄罗斯外交与国防政策委员会由来自俄罗斯政界、金融界、实业界、军工企业、强力部门、科研系统和媒体行业的精英人物组成。这些人都是本行业的知名人士，在俄罗斯国家和社会生活中拥有很大的影响力。委员会现有成员166人，领导机构为主席团，设有执行管理机构处理委员会的日常工作。作为一个独立的机构，委员会在俄罗斯学术界和政界享有很高的威信的原因在于各成员拥有广泛的社会影响力和学术修养。正如委员会章程所规定的，成员们积极参与"促进俄罗斯公民社会形成"的活动，在很多领域进行着国家机构无法完成的工作。委员会利用自身的组织优势，融洽实业界领袖、国务社会活动家以及强力部门官员之间的社会关系、政治关系甚至私人关系，撰写重要报告，为国家发展注入稳定因素，促进俄罗斯的民主进程。

　　俄罗斯外交与国防政策委员会最重要的活动形式包括：定期举行非正式的成员见面会，举办国际会议、研讨会和辩论会，组织课题项目，传播信息等。该委员会虽然是一个非政府机构，但它与俄联邦国家杜马国际事务委员会、俄联邦国家杜马国防委员会、总统办公厅、国防部及其他强力部门、原子能部等俄罗斯国家议会和政府机关，以及各种政治组织保持着紧密的联系，许多成员还在政府部门任职，委员会实际上更像一个半官方性质的智囊机构。委员会的主要活动形式之一就是进行院外游说活动，向国家权力机关施加影响，以期在政府和学术界之间实现良好的互动关系，促进委员会制定的各种方案的顺利实施，在俄罗斯外交决策中发挥重要作用。

　　俄罗斯外交与国防政策委员会主持的"俄罗斯战略"项目奠定了它在

俄罗斯政界和学术界的地位。委员会在"俄罗斯战略"项目范围内组织起草并发表了一系列有关俄罗斯国家利益、国家安全和国家发展战略的重要研究报告，其中《俄罗斯战略：总统的议事日程》的中文版已由新华出版社出版。该书是在委员会成员、俄罗斯政坛元老普里马科夫倡议下，由40名专家历时一年半撰写而成。委员会的多位成员也为该书贡献了力量。《俄罗斯战略：总统的议事日程》反映了俄罗斯精英层对国家内外政策及对未来命运的思考，为俄罗斯内政外交提供超党派分析，并为普京总统提供完备的政策建议，被视为精当的"治国方略"。此书对研究普京治国之道、判断俄罗斯未来政策的调整与发展有重要参考意义。

该委员会在俄罗斯学术界拥有广泛的联系，特别是俄罗斯科学院的欧洲所和世界经济外交大学。在委员会的一些重要报告，如《俄美对话》《俄罗斯与北约》的撰写人名单上，常常可以看到来自这些机构的学者的名字。

莫斯科卡内基中心[①]

莫斯科卡内基中心（Moscow Carnegie Centre）是一个大规模研究俄罗斯内政、经济和国际关系问题的研究机构，其最大亮点在于外资背景和卡内基基金会的国际影响力。该基金会在俄罗斯转型之初发挥过极大的作用，其研究成果受到俄罗斯最高决策层关注，成为俄制定相关政治、经济和外交政策的重要参考资料。卡内基中心的研究领域涉及俄罗斯国内政治、对外政策和安全问题、俄美关系、俄与邻国以及欧洲国家关系、俄与中国及亚洲其他国家关系、俄罗斯转轨时期的经济和社会政策、大规模杀伤性武器不扩散问题、民族问题、宗教问题、其他社会文化因素在苏联解体后俄罗斯新型国家发展过程中所起的作用等问题。

（二）专业型智库

专业型智库所研究的范围比较集中，重点关注政治、军事、外交、商业或科技中的某一方面，以下根据不同研究领域对俄罗斯专业智库进行细分。

1. 政治和外交研究方向

（1）俄罗斯战略研究所[②]

战略研究所是隶属于俄罗斯国家安全系统的智库，同时也是公开的情

---

① http://www.carmegie.ru/
② http://www.riss.ru/

报分析研究机构，为俄罗斯联邦安全会议下属国际安全跨部门委员会成员单位。作为政府体制的智囊机构，战略所的主要工作是为总统、联邦委员会、国家杜马、安全理事会等部门起草信息分析材料，提供建议和意见，作出评定，了解和分析政治界、学术界有关国家安全和战略利益的信息，组织举办学术会议和研讨会。

战略所的研究重点是独联体地区，以及美国、西方国家、中国、日本、中东在后苏联空间实行的政策，俄罗斯与独联体、波罗的海国家和格鲁吉亚的双方关系，俄罗斯族裔的地位和权力保护，新移民融入俄罗斯文化，以及国际恐怖主义与影响全球和地区稳定的危机事件等。同时，战略所也关注欧洲安全、俄与北约关系、中东欧国家发展道路、俄美关系、亚太地区形势、俄与中国的关系等。

（2）俄罗斯世界经济和国际关系研究所[①]

俄罗斯科学院世界经济和国际关系研究所成立于1956年，其前身是苏联科学院世界经济政治研究所（1925—1948）。世界经济和国际关系研究所是从事社会经济、政治和战略方面的综合性研究机构，其基础研究和应用研究的实力很强，对国际形势发展能做出独到的分析和预测，在俄罗斯国内学术界和政界以及国际上都具有相当的影响力。

世界经济和国际关系研究所机构庞大，人员众多，研究力量雄厚。历史上，有许多政界要人和著名学者曾担任该所所长：安·阿尔祖马尼扬、尼·伊诺泽姆采夫、亚·雅科夫列夫、叶·普里马科夫、弗·马丁诺夫、尼·西蒙尼亚等。

世界经济和国际关系研究所建立伊始，就与苏联以及俄罗斯的政治生活结下了紧密联系。第一任所长阿尔祖马尼扬多次参与苏共和国际共产主义运动的纲领文件的起草工作。在他的领导下，该研究所成为了当时苏联领导的智囊机构。第二任所长伊诺泽姆采夫院士是前苏联重要的研究国际关系问题的专家。20世纪80年代，世界经济和国际关系研究所进入其发展的鼎盛时期。在这一时期出任第三任所长的是雅科夫列夫，他曾任苏共中央宣传部长和主管意识形态的书记处书记。雅科夫列夫任职届满后，在他的大力推荐下，经戈尔巴乔夫同意，中东问题专家普里马科夫成为研究所第四任所长。此后，普里马科夫曾担任苏联中央情报局局长，苏联解体

---

① http://www.imemo.ru/.

后又历任俄罗斯对外情报局局长、外交部长和俄罗斯政府总理。第五任所长马丁诺夫主要研究西方国家的社会经济问题,曾任俄罗斯总统专家评审委员会委员和俄罗斯政府专家委员会委员。

(3) 美国与加拿大研究所[①]

俄罗斯科学院美国与加拿大研究所原属苏联科学院,于1967年在莫斯科成立。初期为专门研究美国的机构,1974年以后,加入了对加拿大的研究并改名为美国与加拿大研究所。20世纪60年代,苏联在经历了与美国持续15年的对抗后,逐渐意识到了解最大竞争对手的重要性。1962年的古巴导弹危机更使赫鲁晓夫等苏联领导人认识到,正是因为苏联对美国政治制度的运行规则缺乏了解,致使莫斯科不能对美国总统肯尼迪、美国国会和美国社会在危机中采取的应对方式做出准确的预测,从而导致了苏联的失利。因此,苏联决定建立一个机构来专门研究分析美国当代的政治、经济、战略和社会生活问题,对苏联的美国政策进行预测并提出具有实际意义的建议,协助苏联高层做出相应的决策。1967年,格·阿尔巴托夫建立美加所。凭借阿尔巴托夫本人的威信,美加所的研究工作能够排除意识形态的影响,以客观的态度分析美国的政治经济状况,成为克里姆林宫倚重的智囊机构,在前苏联为数众多的科学研究机构中最受重视和享有特权。

从1995年开始,俄罗斯著名军事政治问题专家、俄罗斯科学院通讯院士谢尔盖·米哈伊洛维奇·罗戈夫成为研究所所长。与俄罗斯科学院其他研究所一样,美国与加拿大研究所的学术活动分为基础研究和实用研究两个部分。研究所负责向俄罗斯政府提交关于美国等国家的政治、经济方面的报告,同时也开展基础性的学术研究并发行自己的刊物和出版学术著作。该所研究领域主要是美国和加拿大两国的政治、经济和军事战略及其国内的社会文化问题,美国对外政策的理论和实践等问题。近年来,随着国际格局的变化,美加所也开始进行国际关系,尤其是大国关系的分析研究。美国的对华政策、俄美中三国关系等问题逐渐被该所关注。

作为俄罗斯著名的"智囊"机构,美国与加拿大研究所集中了一大批优秀的美国问题专家,在独联体国家的美国研究工作中占有极其重要的地位,被视为独联体美国学研究工作的总协调人,该所也是俄罗斯在

[①] http://www.iskran.ru/.

国际上影响最大的美国学研究机构。美加所的学者经常在俄罗斯媒体上发表意见，对俄罗斯的社会舆论有一定影响。该所学者经常直接参与俄罗斯政府和联邦会议等部门的各种政策制定活动，并以有偿服务的形式为有关部门提供研究报告。这些报告包括俄罗斯的对外军事技术合作政策、俄罗斯与北约的关系、俄美关系现实问题、俄罗斯国家安全中的经济因素等问题。

由于美国与加拿大研究所的重要地位和敏感的研究内容，研究所一直是一些国际基金会和学术机构关注的对象，研究所因此得到许多国际合作机会，并引入了境外研究资金。在美加所的各研究室中，内部经济研究室的实用研究尤其受人关注，该研究室近年来逐渐成为重要的科研咨询机构。内部经济研究室与世界经济领域的大型国际机构，如世界银行、联合国工业发展组织、欧洲复兴开发银行以及美国和欧洲的大公司之间进行国际合作，完成了许多课题研究工作。该室研究方向主要是分析美加两国的经济和社会发展趋势，两国的经济调节机制，美国在俄罗斯的投资，俄罗斯和独联体各国与美国的区域经济发展状况等问题。研究室与俄罗斯联邦会议和俄罗斯经济贸易发展部、能源部、劳动部等政府机关以及俄罗斯总统经济顾问团保持非常密切和稳定的联系。值得一提的是，内部经济研究室学者起草了俄罗斯关于引进外资、劳动就业、资源分配和自由经济区等问题的新法规。研究室还为许多商业项目做评估，为俄罗斯地方政府机构以及独联体许多国家提供咨询服务。美国与加拿大研究所经常举办各种论坛和研讨会，该所学者也应邀参加各种国际学术交流活动，扩大了该所在国际上的影响。

（4）远东研究所[①]

俄罗斯科学院远东研究所于 1966 年根据苏联科学院主席团的命令成立，至今已有近 40 年历史。远东研究所是俄罗斯科学院的重点研究所之一，其研究范围包括前苏联和俄罗斯与中国、日本、朝鲜半岛的关系及上述地区的社会经济发展状况、历史、哲学、文化、民族等问题，该所的中国学、日本学研究实力雄厚，在俄罗斯国内和国际上都具有重要影响。

俄中关系在远东研究所的学术传统中占有特殊地位。20 世纪 80 年代，随着苏中关系的变化和中国的发展，远东所的研究范围逐渐扩大到中国的

[①] http://www.ifes-ras.ru

社会经济发展经验、中国与世界的关系，以及如何消除苏联与中国的对抗并在两国间建立正常关系等问题。

远东所的谢·齐赫文斯基、米·季塔连科、弗·米亚斯尼科夫、鲍·库利克等人是研究俄中关系的著名专家。齐赫文斯基院士和米亚斯尼科夫院士主编的《17世纪以来的俄中关系文件汇编》，米·斯拉德科夫斯基主编的《俄罗斯与中国》系列文集等是这一领域的重要文献。曾任远东研究所所长的季塔连科院士长期从事对中国的研究工作，是知名汉学家和亚太地区国际关系问题专家。远东所拥有一支由高素质的中国学、日本学、朝鲜学专家组成的科研人员队伍，很多学者曾经在中国的北京大学、复旦大学、中国人民大学等高等学府和研究机构学习和进修，对中国态度友好。他们的研究工作对俄罗斯的中国政策有一定影响，为发展中俄两国友好关系做出了贡献。

远东所出版发行中、英文版学术期刊有：《远东问题》（双月刊）、俄文版期刊《中华人民共和国：政治、经济、文化年鉴》（年刊）、与科学院世界经济与国际关系研究所、东方学研究所共同主办俄文年刊《日本年鉴》等等。《远东问题》杂志于1972年创刊，是俄罗斯国内惟一一本反映俄罗斯远东和亚太地区问题的研究状况，集采各家观点的杂志。担任杂志编辑的是来自远东所和俄罗斯其他学术机构的经验丰富的著名学者。在《远东问题》上发表文章的既有俄罗斯著名学者，也有俄罗斯政府官员，以及其他国家常驻俄罗斯的外交官和学者。

2. 新型"分析机构"

从80年代末开始，俄罗斯出现了一批目标客户为"新精英"群体和商业机构的新型研究机构和商业分析中心。全俄舆论研究中心是俄罗斯第一家社会学研究与民意调查中心，成立于1987年，2003年改组为国有开放型股份公司。侧重于社会、经济、地方政治和选举研究，以对经济发展、劳动力市场、移民和消除贫困的研究项目著称，同时在商标专利、工程、房地产和体育领域开展多项市场调研。[①] 信息社会研究所是成立于1998年的非政府研究和服务机构。致力于信息社会和知识经济的发展研究；草拟法例，进行发展信息社会和知识经济的专家分析；促成在发展信

---

① http://www.wciom.ru/.

息社会和知识经济等方面的国际合作等。①

转型经济研究所是成立于1990年的民间智库，从事公共财政、货币和汇率政策、私有化政策、机构调整和体制改革等研究，为转型经济体的经济增长提供咨询。与世界银行、国际货币基金组织和经合组织密切合作，并为俄罗斯大型公司提供咨询服务。俄罗斯前代总理、著名经济学家叶·盖达尔是该所创建人，并于2009年12月前一直担任该所所长。经济专家小组成立于1994年，是一个民间研究中心，重点对宏观经济问题和政府财政工作进行分析，并将结论提供给俄罗斯联邦财政部。该智库还与总统联系密切，与中央银行和国家杜马保持联络。主要研究俄罗斯经济发展中短期运行和预算政策、宏观经济政策、结构改革、政府的财政政策、俄罗斯经济现状、俄罗斯的经济伙伴、与主要国际经济和金融组织的关系等问题。中软研究所主要从事社会经济和区域发展战略问题的研究。工业政策、财政政策、货币政策是该所的强项，也研究垄断监管和俄罗斯加入世贸组织等问题。全俄罗斯市场研究所对俄罗斯市场和国外市场进行基础研究和对策研究。主要客户是俄罗斯和外国公司，以及区域和市政当局。有自己的报纸，也出版其他经济和财务报告。②

三 俄罗斯智库的运作特点

（一）对政府决策的影响

按照西方的定义，智库是独立于政府机构的民间组织，但是俄罗斯的智库情况有所不同。隶属于政府部门的、甚至直接在总统领导下的研究机构恰恰是俄罗斯思想库中一支不可忽视的力量。俄罗斯的决策咨询系统与欧美存在着较大区别，对政府决策产生更大的影响力的是情报系统、由政府直接筹办和由最高领导人组建的智库。正因为这个原因，俄智库不同于西方同行通过媒体宣传和引导舆论来影响政府决策的运作机制，而是常常利用内部上报的方式或者特殊渠道上报相关信息，以实现决策服务。

根据与政府，确切地说与总统的关系远近，智库也可以划分为核心智

---

① http://www.iis.ru/.
② 欧阳向英：《俄罗斯主要智库及其发展情况》，《对外传播》2010年第5期。

库、内圈智库、外圈智库和一般智库。重大问题往往先在核心智库中酝酿成熟并形成总统决策所需要的文字，再约请内圈智库的有关人物进一步商讨，将其具体化、法制化和行动化。外圈智库负责向社会有关方面就这些决策进行解释和推进，而一般智库起着顾问和协调的作用。在执行过程中，核心智库是影响总统决策的关键力量。[①] 1999年普京被任命为总理后即组建了新的智囊机构——战略研究中心。参与创建该中心的机构有高等经济学院、俄科学院国民经济预测研究所、俄政府直属的立法与比较法学研究所、经济改革工作中心、经济分析研究所。该中心协助相关部门制定一系列社会经济政策，对维持叶利钦与普京权力交接时期的社会稳定发挥了作用。2008年，时任总统梅德韦杰夫组建了自己的智库"当代发展研究所"，梅氏亲任研究所监事会主席，经济发展部部长纳比乌琳娜、总统助理德沃尔科维奇、伊尔库茨克州州长梅津采夫等高官以及俄科学院的一些学者担任研究所监事会成员。当代研究所推出的报告被视为把脉梅德韦杰夫政策取向的重要参考资料。

（二）国际影响力

在宾夕法尼亚大学历年发布的《全球智库报告》中，俄罗斯智库的表现和综合影响力与欧美智库存在差距，与其所期待的"世界力量中心"的地位并不匹配。在该报告2013年和2014年的数据中，美国的智库数量处于绝对领先地位，中国位居其次，俄罗斯的排名则在第一梯队之外。在具有世界影响的前100家智库中，中国有5家，俄罗斯仅有3家入围。

表6-1　　　　　　　　《全球智库报告（2014）》中的俄罗斯

国家	智库数量	数量排名	入围前100名的智库及排名
中国	429	2	中国社会科学院（27）、中国国际问题研究院（36）、中国现代国际关系研究院（40）、国务院发展研究中心（48）
俄罗斯	122	8	莫斯科卡耐基中心（26）、世界经济与国际关系研究所（32）、外交与国防政策委员会（98）

资料来源：Countries with the Largest Number of Think Tanks 2014

《全球智库报告》的评选标准不仅考量各机构在学界核心期刊的影响

---

① 欧阳向英：《俄罗斯主要智库及其发展情况》，《对外传播》2010年第5期。

力，还加入国际传播、媒体影响和社会信任度等因素，突出了智库行业面向社会、面向现实的功能特性。俄罗斯智库的国际影响力较弱的原因，一方面是因为其服务目标主要为本国的政治决策，较少为其他国家政府服务，另一方面也与俄罗斯在国际舞台上的地位下降相关。

在人员构成方面，美欧智库的研究人员并不局限于本国，而是具有国际特色。如英国的国际战略研究所所长、副所长，就曾由瑞士籍的弗朗索瓦·迪歇纳、德国的克里斯托弗·贝尔特拉姆、美国的理查德·伯特等人担任。该所的研究人员中，除了经常聘请的澳大利亚人、美国人、印度人、伊朗人之外，还有日本、中国等国的短期研究员和实习研究员。这些研究人员中，不少曾任政府高官，具备丰富的决策经验。这些知名度很高的军事、政治专家和技术权威人士，使其供职的机构具有了更多的影响力。相比之下，俄罗斯智库中显得更为保守，不仅极少有外籍学者参与其中，也很少在国外设分支机构，这对其在国际舆论场、学界和政界的作用产生负面影响。

智库是国家软实力的重要组成部分，是衡量一国国际影响力的重要因素。俄罗斯的智库建设拥有丰厚的历史积淀，在本国政治发展和国际关系中发挥过重要作用，其发展与该国的历史传统、决策机制、内政外交取向，以及政治领袖的个人好恶都存在着密切联系。当今俄罗斯智库的影响主要作用于国内事务，在全球范围内的话语权和号召力与欧美强国存在较大差距。为了适应政治民主化、决策透明化甚至决策媒体化的变化与挑战，俄智库需要秉持全球视野，对俄罗斯在世界格局中的地位和角色进行准确定位并提供科学的战略思维和政策建议。

第三篇

俄罗斯软实力的中间层：规范与动员

第七章　国际动员力：俄罗斯的外交软实力

在约瑟夫·奈的软实力理论中，一个国家运用外交资源维护国家利益和实现国家战略目标的能力是软实力的主要来源之一。如果一个国家在外交平台上可以通过非强制的手段吸引和动员其他国家，使其接受本国的建议并遵循相应的规则，那么这种国际动员力就真正具有了"不战而屈人之兵"的能量。国际动员力一方面来自合理的外交政策、有威望的国家形象和高超的外交艺术，另一方面则来自一国在多边框架内利用国际制度和国际组织左右世界政治格局的能力。"一国拥有较多的战略友好关系，该国在国际事务中就容易争取到较多国家的支持；掌握较大国际规则制定权，则有较大机会促使他国接受本国在国际事务中的政策立场。"[1]

冷战结束后的俄罗斯积极改善与西方的关系，努力跻身于世界顶级大国的俱乐部，力图通过联合国、八国集团、世界贸易组织等机制对国际事务施加影响，同时也强化与中国、印度等新兴大国的关系，参与新的国际组织和国际制度的创设工作，成为近年来崛起的上海合作组织、欧亚经济联盟、金砖国家等组织或合作机制的关键力量。在推动国际格局多极化发展的过程中，俄罗斯逐步恢复在国际社会的大国地位与影响力。虽然俄罗斯目前并不具备像前苏联一样的在全球范围内广泛影响国际事务或他国政策的国际动员力，但其在国际安全事务中仍然举足轻重，在后苏联空间的政治和经济活动中也还保有关键性的游戏规则制定权。在国际关系竞技场上，俄罗斯继承了沙皇帝国和超级大国的外交传统，在经济实力相对不足的情况下借助外交谋略与军事攻击相结合的巧实力维护国家利益，甚至敢于挑战国际机制，让西方接受与俄罗斯打交道的新游戏规则，使自己的价值理念在国际制度中得到体现。

---

[1] 阎学通、徐进：《中美软实力比较》，《现代国际关系》2008年第1期。

一　全球格局中的俄罗斯国家威望

国家威望和国家形象反映一国在国际社会中的政治影响，是一种重要的软实力。"一个国家的威望不是由一时一事的成败而决定。它反映出一个国家所有内在和行为的总和，所有的成功和失败，所有的历史记忆和抱负。"[1] 俄罗斯在历史上曾是国际秩序的主导者，兼之继承了超级大国苏联的遗产，在传统的大国意识影响下一直在追求成为世界重要的力量中心。但是，俄罗斯重振雄风、恢复世界强国形象之路在这二十余年间跌宕起伏，经历了种种曲折。

苏联解体后的俄罗斯出现了严重的衰败。1999 年，普京在《千年之交的俄罗斯》一文中承认："第一，我国不属于代表着当代世界最高经济和社会发展水平的国家；第二，我国现在面临着十分复杂的经济和社会问题。90 年代俄罗斯国内生产总值几乎下降了 50%，仅相当于美国的十分之一，中国的五分之一"，"俄罗斯正处于其数百年来最困难的一个历史时期。大概这是俄罗斯近 200—300 年来首次真正面临沦为世界二流国家，抑或三流国家的危险"。[2] 国内经济的不景气，频发的国内政治危机以及摇摆的对外政策构建出一个"冷战失败者"的国家形象。进入 21 世纪后，随着经济的恢复和国力的增强，俄罗斯开展独立自主的大国外交，却引起西方对"超级大国复活"的警惕和防范，西方因此不断进行带有敌意的政治和军事布局，挤压俄罗斯的战略空间。在压力和张力的反复对抗中，俄罗斯寻求"平等的伙伴"身份未果，转而成为以西方为中心的国际秩序的修正者和挑战者。为实施这一对外战略，调整亚太政策和联合中国制衡美国成为俄罗斯的选择之一。稳定、友好和持续深化的中俄战略协作关系成为俄罗斯应对外部压力、维护本国利益的重要支撑，也是其国际动员力的重要组成部分。中国和俄罗斯在国际事务中开展战略协作，在涉及对方国家主权、领土完整等核心利益问题上相互支持与配合，战略互信的层级不断提升。

---

[1] 〔美〕汉斯·摩根索：《国家间政治——寻求权力与和平的斗争》，李晖等译，海南出版社 2008 年版，第 107 页。

[2] Путин В. В. Россия на пороге нового тысячелетия//Независимая, 30 декабря 1999г.

（一）俄罗斯与以美国为首的西方：从迎合到对抗

美国与欧洲一直是俄罗斯外交活动的优先地区，也是促使俄对外战略的演变和外交政策调整的关键因素。立国之初，为融入世界经济体系和获取西方的援助，俄罗斯推行的是向西方一边倒的外交政策，试图通过单方面让步和地缘政治收缩来消除对抗因素，实现与西方结成伙伴关系并结盟的目标。但是，对于俄罗斯加入"世界文明大家庭"的愿望，西方以北约东扩、对俄进行地缘政治"挤压"的战略作为回应，使俄罗斯倍感利益受损带来的屈辱，俄罗斯外交一度被贴上"乞丐外交"的标签。

1996年，普里马科夫出任外交部部长，他把俄罗斯定位为国际舞台上的"主要角色"，力图与西方建立"平等的伙伴关系"。为此开展了一系列积极的外交活动：谋求与法国、德国建立特殊伙伴关系，重返中东、支持南斯拉夫、活跃亚太外交、加强对中东欧国家的工作、开展拉美外交。这一时期俄罗斯外交的特点是：全方位开展工作，展示积极参与国际事务的大国外交；坚持独立自主外交；在国际热点问题上采取与西方特别是与美国不同的立场；修复与中东、越南、蒙古、朝鲜、拉美的关系。但是，俄罗斯外交更多地停留在意向和道义层面，缺乏实质性内容和关键性的进展。普里马科夫曾认为："没有俄罗斯的参与，世界上任何一个重大事件都解决不了。"①其实事实并非如此，在内乱不止、经济深陷危机的情况下，俄罗斯并无左右国际事务的能力，例如在科索沃与南联盟这一与俄罗斯利益攸关的问题上，北约无视俄罗斯的反对悍然行事，而俄罗斯却无力还击。②

2000年，随着俄罗斯的经济和政治局势渐趋稳定，俄罗斯的对外战略进入调整和重新定位的时期。普京担任总统后出台了新的《对外政策构想》，该文件把确立大国地位和"当今世界的一个力量中心"作为政策的基本取向，不再以融入西方和加入"文明世界"作为政策的最终目标。③在普京的第一任期，俄美关系既有因"9·11"事件而升温，也有因伊拉克战争陷入僵局的时期。俄罗斯努力发展与英、德、意等欧洲主要大国的关系，以此为突破口改善与西方国家关系的氛围。在俄罗斯外交的优先地

---

① 俄通社—塔斯社1997年12月23日电。
② 李静杰主编：《十年巨变》，中共党史出版社2004年版，第193页。
③ Концепция внешней политики РФ. http://www.scrf.gov.ru/documents/25.html.

区中，欧洲超过美国位居第二。2005年，在第15次欧盟—俄罗斯高峰会晤上，关于建立欧俄在内部安全空间、外部安全空间、人文空间和电信、交通、能源、太空和环境等领域的四个统一空间"路线图"的系列文件得到通过，为双边合作奠定了基础。

在这一时期的国际关系中，俄罗斯的国内问题被"国际化"的趋势明显，国内政治情况成为影响其与西方关系的重要因素，在出兵车臣、控制传媒、打击寡头、强化总统权力等问题上，欧美对俄罗斯进行了猛烈抨击。2003年、2004年在格鲁吉亚和乌克兰爆发的"颜色革命"，显示了俄罗斯对外政策的失败和软实力的严重缺乏，无论是发展模式、政治文化、经济体制，还是生活方式，俄罗斯在这些国家都不具备与西方抗衡的实力，俄罗斯的国家威望因此大为受损。

在普京的第二任期和梅德韦杰夫执政时期，俄罗斯经济持续增长，2007年跃升至全球第七位，2011年升至第六位，重回世界经济大国之列。国力的增强使俄罗斯对自身定位再次调整，一方面力图挑战现有国际秩序，从追随者转变为修正者，甚至挑战者；另一方面又大力展开公共外交和软实力攻势，谋求在全球议事日程中不仅仅做一个"参与者"，更要成为"制定者"。① 2007年，普京在慕尼黑安全会议上批评美国的"单极政策"，表示"世界新的发展中心的经济潜力将不可避免地转变为政治影响力，并将加强多极化"。② 2012年，普京在其竞选纲领《俄罗斯和变化中的世界》一文中，强烈抨击"美国和北约以人道主义做幌子接连引爆武装冲突"的行为，表示俄"将致力于打造建立在地缘政治现实基础上的国际新秩序"。③ 与此同时，俄罗斯汲取在"颜色革命"和俄格战争宣传战中失利的教训，实施一系列旨在改善国家形象和增强软实力的举措。"国际人文合作署""国际形象委员会""戈尔恰科夫公共外交基金会""俄罗斯世界基金会""今日俄罗斯电视台"等机构相继成立，显示出俄罗斯在硬实力和软实力领域发展综合实力，谋求大国复兴的雄心。

奥巴马执政后宣布"重启"对俄政策，俄罗斯的对外政策也相应调整。2010年，时任总统梅德韦杰夫在国情咨文中宣称，"俄罗斯将与美国

---

① 冯玉军：《国际战略观的误区与俄罗斯的未来》，《世界知识》2015年第20期。
② Выступление и дискуссия на Мюнхенской конференции по вопросам политики безопасности. 10 февраля 2007 года. , http://archive.kremlin.ru/appears/2007/02/10/1737
③ Путин В. В Россия и меняющийся мир//Московские новости. 27 февраля 2012.

等发达国家建立现代化伙伴关系"①,但双方关系实质上转入了新一轮对抗。2012 年以来,俄美关系不仅没有延续"重启"的势头,反而随着普京重返克里姆林宫而再次"趋冷",两国在政治、安全以及地缘政治领域的角力仍在持续。乌克兰危机以来,俄罗斯与西方的关系已跌至冷战结束以来的谷底,双边对话合作机制基本停摆,制裁和对抗成为双方关系的基调。奥巴马在联合国大会上将"俄对欧洲的侵略"与埃博拉病毒、"伊斯兰国"等安全威胁相提并论,普京则在瓦尔代国际辩论俱乐部年会上对美发表措辞强硬的讲话。乌克兰危机再次暴露了俄罗斯与美国之间深层次的结构性矛盾,叙利亚危机、伊朗核问题也是俄美在中东博弈的反映。②

(二)俄中关系:务实与相互借力

俄罗斯对西方的政策波折辗转,但对华政策却一直保持着连续性和稳定性。在俄罗斯的外交活动中,与中国的关系取得了重大发展,这是其重要成就之一。在相互尊重、平等、互不干涉内政的基础上,中俄关系在各领域健康发展并且连上台阶,从一般关系发展为"友好关系""建设性伙伴关系""战略协作伙伴关系",直至"全面战略协作伙伴关系"。不断加深的政治互信、良好的外交沟通和政治协作使两国互为依托,共同应对挑战和威胁,为俄罗斯增强国际动员力提供了空间和条件。

叶利钦时期,中俄关系摒弃冷战思维,不再把对方视为现实和潜在的军事对手,相互间不使用武力和以武力相威胁,以睦邻友好为宗旨。1992 年 12 月,叶利钦总统访问中国,中俄签署《关于两国相互关系基础的联合声明》。自此两国关系日益密切,两国经贸关系蓬勃发展,政治、军事、科技、文化合作和交往迅速增多。伴随俄罗斯调整"依附西方"的外交方针,中国在俄外交政策中的地位不断提升。1994 年,叶利钦提出建立俄中"面向 21 世纪的建设性伙伴关系"的建议,得到中方积极响应。1996 年,《中俄联合声明》首次提出双方将建立"平等与信任的、面向 21 世纪的战略协作伙伴关系",再一次把中俄关系推向新高度。随着中俄战略协作伙伴关系的建立,两国在各个领域的交流日益频繁。两国元首和总理互访机

---

① Послание Президента России Федеральному Собранию, 30 ноября 2010 года.
② 季志业、冯玉军主编:《俄罗斯发展前景与中俄关系走向》,时事出版社 2016 年版,第 196 页。

制、政府层级的委员会合作机制的建立，在解决边界问题的基础上达成安全领域的诸多共识，经济贸易和军工技术合作增强等因素为两国关系的进一步发展提供了良好的条件。

普京继承了中俄之间业已形成的合作机制，两国在其执政的前两个任期和"梅普组合"期间全面开展对话，增进战略互信。2001年7月，两国签署了具有重大历史意义的《中俄睦邻友好合作条约》，中国的地位从"面向21世纪的战略协作伙伴"提升为"全面战略协作伙伴"。2008年，中俄签署《中国和俄罗斯关于重大国际问题的联合声明》。2010年，在《中俄关于全面深化战略协作伙伴关系的联合声明》中，中国公开支持俄罗斯在欧洲区域安全问题上的立场："中方积极评价俄方为应对新安全威胁和挑战……推动制定《欧洲安全条约》，反对扩张军事联盟"。

乌克兰危机后，中俄关系出现了前所未有的全面平衡发展的局面，两国在全球问题和地区问题上的协作提升到新的高度，政热经冷的现象发生变化。中俄在叙利亚问题上紧密合作，多次在安理会联手否决有关叙利亚问题的决议草案。2014年，中俄全面战略协作伙伴关系进入新阶段。目前，中俄关系处于历史最好时期。两国高层交往频繁，形成了元首年度互访的惯例，建立了总理定期会晤、议会合作委员会以及能源、投资、人文、经贸、执法安全、战略安全等完备的各级别交往与合作机制。双方政治互信不断深化，在涉及国家主权、安全、领土完整、发展等核心利益问题上相互坚定支持。积极开展两国发展战略对接和"一带一路"同欧亚经济联盟建设对接合作，务实合作取得新的重要成果。两国人文交流蓬勃发展，世代友好的理念深入人心，人民的了解与友谊不断加深。中俄在国际和地区事务中保持密切战略协作，有力维护了地区及世界的和平稳定。[1]

从苏联解体至今，国际形势风云变幻，俄罗斯国内政治发展亦非风平浪静，但中俄关系的发展不但没有受到阻碍，反而顺利向前推进。俄罗斯与中国关系的发展，极大地改善了它在远东乃至亚太地区的战略态势，不仅使它在困难时期有了一个稳定的东方，而且为它扩大经济联系，发展与亚太国家多方面合作提供了巨大可能。[2] 中国与俄罗斯之间虽然不是一种

---

[1] 中国外交部网站 http://wcm.fmprc.gov.cn/pub/chn/pds/gjhdq/gj/oz/1206_13/sbgx/t6786.htm。

[2] 李静杰主编：《十年巨变》，中共党史出版社2004年版，第286页。

联盟或同盟关系，但各领域进行的协商、协作和合作水平不断提升，两国在对方外交布局中的分量不断增加，这反映了两国之间共同利益的扩展，以及双边关系的提高和成熟。

在中、俄、美三角关系的博弈中，任何两方关系的强化都会对另外的双边关系产生微妙的影响，这种三角关系的变化以及在国际领域不断出现的新问题、新考验和新挑战，势必对中俄关系的发展产生影响。但是中俄关系已经超出了当初为开展平衡外交而寻找"第三者"的狭窄范围，"反西方"更非双方的战略目标。如今两国在政治、经济、安全和国际领域的共同利益愈加广泛和牢固，在政治和安全高度互信的基调中，官方和民间的互动不断加强，两国之间的合作拥有了越来越合理的和牢固的结构支撑。

（三）俄罗斯国际威望的量化反映

2013年版《俄联邦对外政策构想》指出，"要保障俄联邦作为当今世界具有影响力和竞争力的中心之一，巩固在国际社会中的权威地位"[①]。近年来俄罗斯在发展经济、增强军事实力的同时，也实施了一系列旨在改善国家形象的措施，并效仿西方进行软实力运作。但在西方主导的世界体系中，俄罗斯已经不复有当年超级大国的国际动员力，在一些关键问题上没有得到其希望的声援和支持。2008年8月，俄罗斯与格鲁吉亚爆发大规模武装冲突。南奥塞梯和阿布哈兹在俄军取得胜利后宣布脱离格鲁吉亚，俄罗斯迅速承认其独立国家的地位。对阿布哈兹和南奥赛梯的独立地位的承认是对俄罗斯国际动员力的一次重要检验。世界各国中，在这一问题上站在俄方立场的只有尼加拉瓜和委内瑞拉，而在美国和欧盟支持下宣布独立的科索沃，目前已经得到超过100个国家的承认。

2014年3月，第68届联合国大会进行有关乌克兰问题的讨论，就乌克兰等国起草的关于"乌克兰领土完整"的草案进行投票表决。超过100个国家对此投票赞成，中国、巴西、印度、南非、乌兹别克斯坦等58个国家弃权，仅有古巴、朝鲜、委内瑞拉等11个国家支持俄罗斯的立场。反对俄罗斯的，除了美国和绝大部分欧洲，还有美国在中东、非洲和亚太地区的盟友，如沙特阿拉伯、澳大利亚、卡塔尔、尼日利亚、日本等。依

---

① Концепция внешней политики Российской Федерации（12 февраля 2013г.）

照投票结果，克里米亚脱离乌克兰并入俄罗斯在国际上属于"不合法"的行为。由于乌克兰危机和克里米亚问题，俄罗斯与西方关系急剧恶化，西方国家集体抵制在索契举办的G8峰会并对俄罗斯接连展开了日益严厉的制裁措施，甚至普京在出席一些国际活动时也遭到"孤立"的待遇。[①]

参考国际著名调查公司的调查数据，我们可以看到，俄罗斯的国家形象和国际影响力在各个地区的映射各有不同：美、英、法、德等欧美传统大国，东欧的波兰、亚洲的日本、金砖国家中的巴西等国对俄罗斯国家形象的认同度较低，对其国际影响力也不持正面评价；而中国则是对俄罗斯的认同度最高的国家之一，甚至高于与俄保持密切军事合作关系的印度和独联体国家（见表7—1、表7—2）。

表7—1　英国广播公司针对俄罗斯影响力所做的调查（2014）

受访国家	正面	负面	中性	正负差
以色列	5%	68%	27	-63
德国	21%	67%	12	-46
法国	23%	69%	8	-46
美国	23%	64%	13	-41
德国	18%	58%	24	-40
加拿大	26%	62%	13	-36
英国	28%	64%	8	-36
澳大利亚	30%	59%	11	-29
印度尼西亚	29%	49%	22	-20
韩国	32%	46%	22	-14
巴西	35%	43%	22	-8
日本	17%	23%	60	-6
土耳其	36%	33%	31	3
印度	38%	30%	32	8
中国	55%	17%	28	38
俄罗斯	77%	6%	17	71

资料来源：Negative Views of Russia on the Rise: Global Poll, "BBC World Service poll" 2014.

[①] 2014年普京出席在布里斯班举行的G20峰会时，在酒店安排、拍照位次、人际交流方面遭受到主办方和西方国家首脑的冷遇，中途提前离场回国。

表 7—2　皮尤咨询公司针对俄罗斯形象所做的调查（2015）

受访国	赞成	反对	中性	变化幅度
波兰	15%	80%	5	▲12
日本	21%	73%	6	▼23
乌克兰	21%	72%	7	▼22
以色列	25%	74%	1	▼30
土耳其	15%	64%	21	▼16
英国	18%	66%	16	▼25
美国	22%	67%	11	▲19
德国	27%	70%	3	▲19
意大利	27%	69%	4	▲20
西班牙	25%	66%	9	▲18
法国	30%	70%	0	▲26
澳大利亚	24%	62%	14	—
巴西	26%	61%	13	▲24
加拿大	26%	59%	16	—
俄罗斯	93%	5%	1	▲92
韩国	46%	46%	11	▲43
中国	51%	37%	12	▼66
塔吉克斯坦	38%	24%	38	▼49
印度	43%	17%	40	▲39

资料来源：Pew Reseach Center 2015, "Opinion of Russia Largely Unfavorable"。

与在西方接连碰壁不同，经过中俄关系多年的稳定发展，俄罗斯在中国成功保持着良好的国家形象。在很多重大的国际和地区问题上，俄罗斯把中国视为可以相互理解和相互倚重的国际伙伴，政要在公开场合所持的立场往往与中国相同或是相近。两国之间形成了一定的社会认知，具备相应的舆论基础。虽然俄罗斯的一些媒体、学者和政治家不时以边界、领土、移民等为题渲染"中国威胁"，但中国民众对俄罗斯持有比较稳定的好感，中俄政治安全互信的水平一直对中国舆情产生着影响。

中国社会科学院俄罗斯东欧中亚研究所于 2007 年和 2008 年就中国民

众对俄罗斯的亲近度,中国民众心目中的俄罗斯形象及对俄罗斯的评价等问题对中国部分地区的民众进行了舆论调查。调查结果表明,中国民众对俄罗斯有着较高程度的了解和认知,对俄罗斯及俄罗斯人民保持着很高的亲近度,认同俄罗斯是军事大国和政治大国的形象并积极乐观评价中俄关系的发展,对两国关系的发展前景充满期待。关于对俄罗斯抱有亲近感的理由,受访者对"中俄友好交流历史悠久""俄罗斯在外交上是中国的战略伙伴"等因素表现出明显的倾向。在两国关系将顺利发展("乐观")还是曲折发展("比较乐观")的选择中,持乐观态度的受访者占据压倒性优势[①](见图7—1、图7—2)。

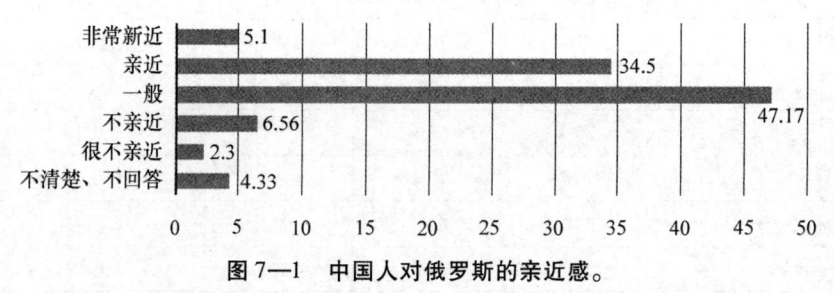

选项	百分比
非常亲近	5.1
亲近	34.5
一般	47.17
不亲近	6.56
很不亲近	2.3
不清楚、不回答	4.33

图7—1 中国人对俄罗斯的亲近感。

资料来源:"中国民众的国际观"课题组2008年调查结果。

选项	百分比
军事大国的作用	36.99
政治大国的作用	33.48
(经济大国的作用)	14.31
文化大国的作用	8.45
不清楚、不回答	6.39

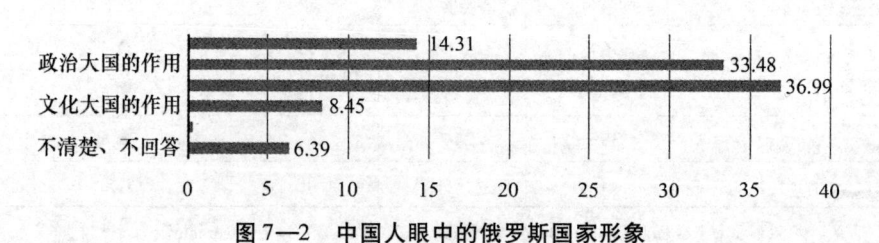

图7—2 中国人眼中的俄罗斯国家形象

资料来源:"中国民众的国际观"课题组2008年调查结果。

俄罗斯在叙利亚危机中力挽狂澜、索契冬季奥运会的成功举办和乌克兰局势的反转,使俄罗斯公众和中国公众对普京的支持率达到了新高。克里米亚入俄事件在中国民众中的评价也与西方大不相同。普京关于克里米亚入俄的演讲在中国网络和社交媒体上广泛传播,一方面是因为普京在演讲中公开向中国致谢,另一方面也是中国民众"亲俄"情绪的驱动。

---

① 李慎明主编:《中国民众的国际观》,社会科学文献出版社2012年版,第20—44页。

2014—2015年,在"中俄青年友好交流年"中所作的一项社会调查显示,中国和俄罗斯的年轻人均认为,中俄关系未来在双边贸易和国际事务中的协作方面发展潜力最大(见图7—3)。①

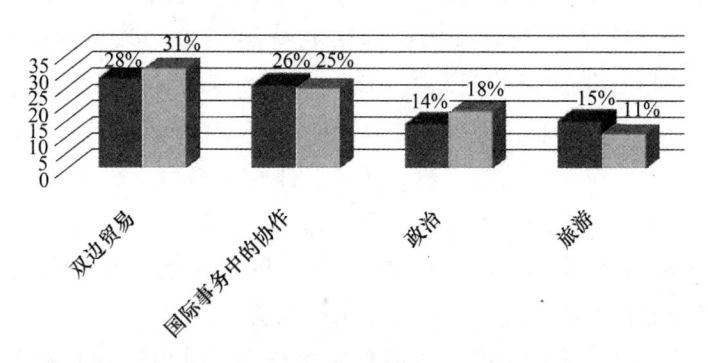

图7—3 未来十年中俄关系哪个领域发展潜力最大

资料来源:中国教育部、中国国际广播电台和《俄罗斯报》共同进行的"中俄百万青年网上交流"调查结果。

二 俄罗斯与国际多边合作

对国际机制、国际组织的参与程度和融合程度,在国际政治中的议题设置能力、政治话语权的强弱与国际动员力水平有着密切关系。在汉斯·摩根索的现实主义理论框架中,国际组织受制于国家权力和军事力量的重要性而作用有限,但在罗伯特·基欧汉和约瑟夫·奈提出的"复合相互依赖"条件下,国际组织和跨国行为体的管理成为政府实施政策的主要手段,国际组织被定义为一种世界政治结构,包含多层次的联系、规范和制度。② 第二次世界大战后,美国拥有了最强大的创立国际机制的力量,主导建立了联合国(UN)、国际货币基金组织(IMF)、世界银行(WB)、

---

① "中俄百万青年网上交流项目组"主编:《大数据图说中俄百万青年网上交流》,世界知识出版社2015年版,第108—109页。
② 〔美〕罗伯特·基欧汉、约瑟夫·奈:《权力与相互依赖》,门洪华译,北京大学出版社2012年版,第35、52页。

关税及贸易总协定（GATT）等国际组织，以及在其他治理领域的国际制度与机制。这些规则和组织奠定了国际关系的全球框架，美国利用强大的国际动员力和军事同盟体系，维护和强化了全球支配能力。

冷战时代，苏联利用国际多边平台结成社会主义阵营，向美国为首的西方资本主义阵营展开对抗。在苏联的主导下，经济互助委员会组织（1949—1991）、华沙条约组织（1955—1991）等国际组织相继成立。苏联通过经济援助、军事援助和文化输出等方式来强化对成员国的控制，以巩固势力范围。位于东欧的东德、波兰、捷克斯洛伐克、匈牙利、罗马尼亚、保加利亚，亚洲的蒙古、北朝鲜、越南、老挝，南美洲的古巴，中东的埃及、叙利亚、南也门，北非的利比亚、阿尔及利亚等国分别成为莫斯科不同时期的对外战略支点，保障了国家利益的实现。

继承了苏联大部分政治、经济和文化遗产的俄罗斯一直在谋求复兴，成为世界重要的力量中心和拥有国际领导者的地位。2013年《俄联邦对外政策构想》明确提出，"要保障俄联邦作为当今世界具有影响力和竞争力的中心之一，巩固国际社会中的权威地位"[1]。在全球化时代，成为世界力量中心的重要条件之一就是要在国际组织中发挥主导性作用，利用国际多边合作推进对外战略，因此俄罗斯强调，"俄罗斯作为联合国安理会常任理事国、一系列有影响力的国际组织、区域组织和国际对话与合作机制的参与者，拥有在积极参与各领域国际事务的巨大资源。按照多元化的对外政策方针，俄罗斯努力发展同世界大国和国际组织的关系，并且作为国际社会负责任的、建设性的成员，一以贯之地推动世界经济与政治的一体化，促成平衡统一、立场鲜明的国际日程，促进全球和区域性问题的解决。"[2]

多边合作成为俄罗斯一种战略布局手段，近年来俄罗斯在联合国、欧亚地区的上海合作组织、集体安全条约组织、欧亚经济联盟、亚洲合作对话、亚洲相互协作与信任措施会议、亚太地区的亚欧会议、亚太经济合作组织、东盟地区论坛、东亚峰会、东亚—拉美合作论坛、西欧的欧洲安全与合作组织，非洲的中非合作论坛，以及八国集团、二十国集团、国际货币基金组织、世界贸易组织、世界银行等国际组织和区域组织的框架内积

---

[1] Концепция внешей политики Российской Федерации（12 февраля 2013 г.）．
[2] Концепция внешей политики Российской Федерации（12 февраля 2013 г.）．

极拓展与各国合作的空间，以提高国际影响力，实现世界性和区域性的战略目标。囿于自身实力，俄罗斯在大多数组织中并非主导力量，仅仅拥有有限的话语权，因此本节重点选择俄罗斯在联合国、八国集团、独联体、欧亚经济联盟和上海合作组织中发挥的作用进行研究，以管窥俄罗斯在多边关系中的国际动员力。

（一）俄罗斯在联合国

作为联合国的创始国和常任理事国，苏联在历史上充分利用这一组织争夺国际事务话语权，与美国进行针锋相对的外交博弈。当今俄罗斯继承了前苏联的政治遗产，保留着联合国成员国和安理会常任理事国的地位，虽然缺乏像前苏联一样庞大的联盟体系做支撑，但是在联合国事务中仍然维持着重要影响力。《俄罗斯对外政策构想》高度重视联合国的作用，"联合国应当是 21 世纪世界政治与国际关系的协调中心，其已证明在此方面独特的不可替代的法律地位。俄罗斯支持联合国巩固中心协调作用"。[①]

（1）联合国是俄罗斯展现领袖形象、进行外交交锋的重要舞台。自 2000 年在联合国千年首脑会议上成功亮相后，普京利用这个世界最大的政治舞台，不仅与各国领袖互动交流，显示其强大的公关能力，还与美国展开舆论道德高地的争夺战，吸引世界舆论的关注。2015 年 9 月举行国第 70 届联合国大会一般性辩论会，普京在解决叙利亚危机的问题上驳斥奥巴马的观点，认为在打击极端组织和铲除恐怖主义方面，除了和巴沙尔政权合作别无选择。普京抨击美国，"处在金字塔顶峰的国家，产生了幻觉，认为自己既然如此的强大和特别，那么肯定比所有人都更加明了该怎么做"。

（2）积极参加联合国框架内各种国际组织的活动，彰显俄罗斯的世界大国形象。俄罗斯在联合国总部设有常驻代表团，广泛参与联合国大会、安全理事会、经济及社会理事会事务、托管理事会以及国际法院和秘书处的工作，联合国框架内几乎所有重要的委员会都有俄罗斯的参与。近十年来俄罗斯的联合国年度会费分摊比额不断增加[②]：2007—2009 年度为 1.200%，2010—2012 年度为 1.602%，2013—2015 年度为 2.438%，

[①] Концепция внешей политики Российской Федерации（12 февраля 2013г.）.
[②] 根据联合国的规定，各成员国的年度缴费比额每三年调整一次。数据来源：联合国官方网站（http://www.un.org）。

2016年伊始其分摊比额已上升至3.088%，实际应付款额为75598847美元，位列会员国缴费榜第9位。俄语是联合国官方确认的六种工作语言之一，在联合国任何的正式文件和会议中，均配备相应的俄文版本翻译。此外，联合国还将每年的6月6日（普希金诞辰日）定为俄文日。

（3）积极使用否决权展开博弈，利用安理会的强制性权力打击对手，维护国家利益。安理会是联合国最主要的6个机构之一，根据《联合宪章》，安全理事会负有维护国际和平与安全的首要责任。安理会有15个理事国，其中5个是拥有否决权的常任理事国和10个由大会选举产生、任期两年的非常任理事国，每一个理事国有一个投票权。根据《宪章》，所有理事国都有义务履行安理会的决定。安全理事会率先断定对和平的威胁或侵略行为是否存在。安理会促请争端各方以和平手段解决争端，并建议调整办法或解决问题的条件。在有些情况下，安全理事会可以实行制裁，甚至授权使用武力，以维护或恢复国际和平与安全。安全理事会还建议大会任命秘书长和接纳新会员国加入联合国，与大会一起选举国际法院法官。安理会是唯一一个可以采取强制性行为的机构，而其他机构的决议只有政治和舆论意义，没有法律约束力，因此，一国在安理会的地位对其软实力的提升具有较大的正面意义。

作为联合国安理会常任理事国，俄罗斯在利用这一机制对国际重大事务施加影响方面拥有丰富的经验。根据《联合国宪章》的规定，安理会在表决非程序性事项时，常任理事国享有否决权，任何议案必须经过15个非常任理事国中9票赞成以上且5个常任理事国中无一反对票的情况下才能通过。1946年2月16日，苏联在一项关于叙利亚、黎巴嫩问题的决议中投了反对票，首次行使了常任理事国的否决权，苏联常驻联合国代表葛罗米柯因频繁行使否决权而被戏称为"不先生"（Mr. No）。冷战结束后，俄罗斯行使否决权的次数随之减少，主要集中在南斯拉夫、塞浦路斯以及叙利亚、乌克兰等问题上。自从2011年叙利亚危机爆发以来，俄罗斯曾4次否决了对叙利亚政府不利的决议，使西方国家师出无名，不能以联合国的名义对叙利亚使用武力。2014年3月，俄罗斯投票否决安理会有关乌克兰问题的决议草案，使该决议未获通过。

（二）俄罗斯与八国集团和二十国集团

苏联末期，为得到西方"主流国家"的认可，戈尔巴乔夫两度致信法国和美国，表达了与七国首脑会议建立紧密联系的愿望。1992年7月，苏联与七国首脑集团的"7＋1"会谈机制开启，苏联总统戈尔巴乔夫出席。从1992年开始，俄罗斯领导人参加了历年的"7＋1"会谈，且参与程度逐步提升。1997年叶利钦获得正式参会者的身份，"七国首脑会议"演化为"八国首脑会议"（G8）。1998年，俄罗斯终于成为八国集团的完全成员国，有资格参加八国集团的所有讨论。

2006年，俄罗斯成为八国集团轮值主席国，在圣彼得堡举办八国集团峰会。俄方高度重视此次会议，视其为展示形象的重要机会，把"履行好八国集团主席国的职责"作为当年外交领域的优先任务之一。俄利用主办国的议程设置权力，把能源安全列为峰会的核心议题，成功地将本国油气资源转化为强有力的政治武器和外交手段。利用八国集团成员的身份，俄罗斯有效地维系着与西方国家的关系，意图与西方国家建立更加紧密的合作关系，参与世界经济活动游戏规则的制定，积极恢复其在国际社会的大国地位与影响力。

但是，加入G8并未给俄罗斯带来更多的国际动员力，这一"富国俱乐部"中的"7＋1"格局持续数年。俄最初只能参与政治议题，长期被排除在金融领域的会议之外，并非与其他七国平等的成员。拥有完全成员国身份后，俄罗斯仍然被视为"异类"，将俄开除出八国集团的威胁之声挥之不去，俄国内的人权和民主问题频频成为西方国家施压的理由。2014年6月，G8中的其余七国因乌克兰危机联合对会议进行抵制，并在事实上终止了俄罗斯的G8会员资格，以此作为对俄罗斯的惩罚。但是与八年前高度重视G8峰会的态度不同，普京针对此事的回应是"爱来不来"，这一方面表明俄罗斯对G8成员身份的态度已出现转折；另一方面，也显示G8或者G7在国际社会的地位和影响力今不如昔。①

二十国集团（G20）最初为各国财政部部长和中央银行行长参加的会议机制，2008年国际金融危机后各国领袖开始参与会议，形成峰会机制。随着新兴大国的崛起，二十国集团的作用不断增加，在国际上的影响力逐渐超越G8而成为国际经济合作的主要论坛。G20成员涵盖面广，代表性强，构成兼顾了发达国家和发展中国家以及不同地域利益平衡，人口占全

---

① Путин В. В. Если лидеры G8 не хотят приезжать в Сочи – не надо//Взгляд, 4 марта 2014, http://vz.ru/news/2014/3/4/675486.html.

球的 2/3，国土面积占全球的 60%，国内生产总值占全球的 85%，贸易额占全球的 80%。①俄罗斯在 G20 中并不占据主导地位，一方面 G20 并非正式的联盟而只是俱乐部性质的组织，成员国之间虽然存在共同利益，但分歧也很显著；另一方面，G20 内部采用协商一致的原则运作，新兴市场国家同发达国家处于相对平等的地位，俄罗斯的话语权并不占有特别的份额。

（三）俄罗斯在区域组织的领导力

欧亚大陆是俄罗斯提升地区性领导力的重点地区，强化俄罗斯在独联体的主导地位是俄恢复大国地位的关键条件。俄罗斯的数版《对外政策构想》都强调了独联体国家的重要性，把独联体事务置于外交战略的首要优先方向。"俄罗斯对外政策的优先方向是发展同独联体国家的双边和多边合作。独联体国家不但具有共同的历史传承，而且拥有在各领域开展一体化的巨大潜力。"②俄罗斯一方面加强与相关国家的双边关系，"在积极参与构建多极化世界秩序的基础上强化战略稳定性和战略伙伴的平等性"③；另一方面则以多边合作拉动双边合作，通过建立集体安全条约组织、上海合作组织、欧亚经济联盟等地区军事、安全和经济组织，带动与独联体国家双边关系的发展。

1. 上海合作组织

上海合作组织源于 1989 年的"上海五国会晤机制"，是中、俄、哈、吉、塔五国为共同应对地区安全挑战而形成的机制。2001 年 6 月，上海合作组织正式成立。上合组织是以新型国际合作理念和模式组合起来的欧亚地区制度性安排，是冷战结束后探索新型安全合作模式及推动合作安全的重要地区性尝试。上合组织的运作机制不同于当年的华约或者北约组

---

① 中国外交部网站 http：//www. fmprc. gov. cn/web/gjhdq_ 676201/gjhdqzz_ 681964/ershiguo-jituan_ 682134。
② Концепция внешей политики Российской Федерации（12 февраля 2013г.）
③ О Стратегии национальной безопасности Российской Федерации до 2020 года（Указ Президента РФ от 12 мая 2009г. И537）.

织，其决策能力和执行能力尚未达到国际联盟的水平。各成员国领导层通过在上合组织高层平台上的沟通，达成应对全球性重大事件的基本共识。①

上合组织的最高决策机构为成员国元首理事会，该会议每年举行一次，确定工作的优先领域、基本方向等原则性问题，并就最为迫切的国际问题进行商讨。政府首脑（总理）理事会每年举行一次，讨论本组织框架下多边合作和优先领域的战略，决定经济及其他领域的原则性和重要问题及通过组织预算。除元首理事会会议和政府首脑理事会会议外，运行的机制还有议会领导人会议、安全会议秘书会议、外长会议、国防部部长会议等。上合组织成员国国家协调员理事会是上合组织框架下的协调机制。秘书处是上合组织的常设行政机构，秘书长由各成员国公民依序轮流担任。②

上合组织的决策方式遵循"协商一致"的原则。在该组织的内部权力机制中，俄罗斯与中国都居于主导地位，但影响力各不相同。中国的影响力主要作用于贸易和金融领域，而俄罗斯与哈、吉、塔、乌有着从历史继承而来的紧密的、全方位的联系。在上合组织的观察员国和对话伙伴国中，俄罗斯也拥有强大的影响力：与白俄罗斯、土库曼斯坦等后苏联空间国家，以及蒙古、印度等保持着传统的盟友或准盟友关系，与伊朗、土耳其等进行着以"反美"思想为主导的地缘政治合作。③ 随着西方国家对俄罗斯经济制裁的不断加码，俄对上合组织的态度更加积极，不仅表现在政治合作方面，而且也表现在对该组织的金融和经贸合作上。2014年3月举行的关于乌克兰问题的联合国大会上，作为上合组织成员的哈萨克斯坦和塔吉克斯坦未参加投票，中国、吉尔吉斯斯坦和乌兹别克斯坦投了弃权票。2014年9月的上合组织杜尚别峰会上，会议声明对俄罗斯表现出一定的同情和理解，既没有指责和批评，也没有对俄提出先决条件和最后通牒。可以说，上合组织是俄罗斯在乌克兰危机中赖以获得政治支持的少数几个国际组织和地区机构，对俄来说非常宝贵。俄罗斯希望上合组织可以

---

① 李进峰等主编：《上海合作组织发展报告》，社会科学文献出版社2015年版，第50页。
② 上海合作组织官方网站，http://chn.sectsco.org/。
③ 六个成员国：哈萨克斯坦共和国、中华人民共和国、吉尔吉斯共和国、俄罗斯联邦、塔吉克斯坦共和国、乌兹别克斯坦共和国；六个观察员国：阿富汗伊斯兰共和国、白俄罗斯共和国、印度共和国、伊朗伊斯兰共和国、蒙古国、巴基斯坦伊斯兰共和国；六个对话伙伴：阿塞拜疆共和国、亚美尼亚共和国、柬埔寨王国、尼泊尔联邦民主共和国、土耳其共和国和斯里兰卡民主社会主义共和国。

在平衡国际战略格局、营造新型国际秩序上发挥更大的国际影响。①

2. 独联体与欧亚经济联盟（ЕАЭС）

建设"欧亚经济联盟"以重新整合后苏联空间，是普京第三总统任期的重要战略任务。俄罗斯希望在一个实现商品、劳务和资本自由流动的共同市场的基础上，强化军事和政治的联系，建立"一个强大的超国家联盟，它能够成为当今世界的一极，并成为连接欧洲和蓬勃发展的亚太地区的纽带"。② 俄罗斯的倡议得到了白俄罗斯和哈萨克斯坦的支持。2012 年 1 月 1 日，俄、白、哈统一经济空间正式启动。2015 年 1 月 1 日，"欧亚经济联盟"正式运行，目前成员有俄罗斯、白俄罗斯、哈萨克斯坦、亚美尼亚、吉尔吉斯斯坦。越南与欧亚联盟签署自由贸易区协定。2025 年联盟将实现商品、服务、资金和劳动力的自由流动，终极目标是建立类似于欧盟的经济联盟，形成一个拥有 1.7 亿人口的统一市场。③

欧亚经济联盟的组织结构包括国家理事会、一体化委员会、议会大会、秘书处、欧亚发展银行、反危机基金会、联盟法庭等机构。国家理事会（Межгосударственный совет）是欧亚经济联盟的最高决策机构，由各国元首和政府总理组成。按照规定，每年至少召开国家元首级会议 1 次，政府总理级会议 2 次。国家理事会以协商一致的方式做出决议，通过的决议对成员国具有强制性。一体化委员会（Интеграционный комитет）是欧亚联盟的常设机构，由各国政府副总理组成，委员会负责协调各部门工作、为国家理事会设置会议议程并监督各项决议的落实，每年开会不少于 4 次。与上海合作组织的决策机制不同，欧亚联盟具有一定的等级秩序，依据各国实力赋予不同的表决权重。例如，一体化委员会事务决策采取票决制，每项决议须过三分之二票数。俄罗斯拥有 40 票，白俄罗斯和哈萨克斯坦各有 15 票，吉尔吉斯斯坦、亚美尼亚各有 7.5 票。议会大会（Межпарламентская ассамблея）是各国议会的合作平台，由各成员国议

---

① 李进峰等主编：《上海合作组织发展报告》，社会科学文献出版社 2015 年版，第 169 页。
② Путин В. В. Новый интеграционный проект для Евразия—будущее, которое рождается сегодня, //Известия, 3 октября 2011 г., http：//izvestia.ru/news/502761.
③ http：//www.eaeunion.org/#about-countries.

员组成，俄罗斯议员在其编制中占42席，白俄罗斯和哈萨克斯坦各占16席，吉尔吉斯斯坦和亚美尼亚各占8席。①

欧亚联盟是俄罗斯抵御北约和欧盟双"东扩"的对策之一，其发展态势反映了俄罗斯在后苏联空间的经济和政治文化影响力水平。俄、白、哈三国被称为推动关税同盟的"三驾马车"，在走向欧亚联盟的过程中，白俄罗斯和哈萨克斯坦是坚定的支持者；亚美尼亚停止与欧盟近四年的联系国谈判进程而决定加入这一组织；吉尔吉斯斯坦和塔吉克斯坦也表现出明确的追随态度。2013年11月，在俄罗斯的多方争取和协调下，乌克兰宣布暂停与欧盟的联系国关系谈判。但是俄罗斯暂时的胜利却引发乌内部的剧烈分化和冲突，并引发国际政治的连锁反应。乌克兰危机不仅仅撕裂了俄乌关系，俄罗斯借机合并克里米亚的行为更是引起前苏联各共和国的警惕，影响了欧亚联盟内部的互信和凝聚力，各成员国的"去俄化"倾向愈加明显。

俄罗斯在欧亚联盟的运作机制中拥有毋庸置疑的主导权，因此这一组织的建立引发了外界的一些猜想，认为这是要恢复过去的苏联。但是因乌克兰危机遭受西方制裁的俄罗斯，是否还有足够的经济实力继续推动联盟的发展？俄罗斯如何克服由于成员国的多元外交带来的组织离心力？俄罗斯与中国之间的"一带一盟"对接能否取得实质性的进展？事实上，欧亚联盟的发展经历着严峻考验，各国关系的不确定性因素明显增多。俄罗斯虽然在这一组织中拥有规程设置的主导权，但在这一地区的实际控制权却并未得到强化。

三 巧实力：俄罗斯的外交运筹

一国参与和处理国际事务的风格、立场、原则，外交人员的素养和工作能力，以及国家领导人的言行风范也是构成软实力的重要因素。在俄罗斯的外交历史上，戈尔恰科夫显示出卓越的外交才能，他在法、英、普、奥等国之间纵横捭阖、巧妙应对，不仅妥善收拾了克里米亚战争的残局，还在短期内恢复了俄国因军事失败在欧洲丧失的影响力。戈尔恰科夫担任

---

① http://www.eaeunion.org/#about-administration.

帝俄外交大臣和首相，成为亚历山大二世时期俄国外交政策的重要决策者，他的名言"俄国不生气，它在积聚力量"流传至今。为纪念戈氏在外交领域的功绩，俄罗斯于 2010 年成立"戈尔恰科夫支持公共外交基金会"，该组织为俄重要的软实力机构。

现今的俄罗斯继承了沙皇帝国和超级大国的外交传统。普京执政以来，俄改变了戈尔巴乔夫和叶利钦时期倒向甚至追随西方的外交政策，积极介入国际事务，开展战略运筹。在以西方为主导的国际秩序中，虽然俄罗斯的软实力和经济实力处于下风，但俄在面临危机时不乏挑战和回击的勇气，善于在国际舞台上采取以攻代守的手段应对西方的打压和遏制，多次绝地反击，运用外交、军事、宣传、情报等综合手段，通过多管齐下的巧实力出击来摆脱困境，这一点在其处理乌克兰危机、叙利亚和中东问题时得到了充分体现。

叙利亚问题是 2013 年俄美外交博弈的主战场。俄罗斯一直反对以武力方式推翻巴沙尔政权，使叙利亚沦为第二个利比亚。在奥巴马政府以叙政府军使用化学武器为由准备动武之际，俄提出"化武换和平"倡议，建议将叙利亚的化学武器置于国际管控之下，化解了叙利亚战争一触即发的紧张态势，赢得了国际社会的支持。同时，普京在《纽约时报》上发表署名文章，批评奥巴马对叙利亚的政策并驳斥"美国例外论"，使俄罗斯占领了道义高地。"通过提出解决叙利亚化武危机方案，莫斯科展现出对古典外交的娴熟掌握，并出人意料地表明自己是为数不多的一个建设性国家。"[1] 在俄罗斯的积极斡旋下，伊朗于 2013 年 11 月同"伊核"六国达成核问题临时协议，这不仅意味着"伊核"问题的解决出现了一线曙光，也预示着在"阿拉伯之春"之后，中东地区体系正在重构。在此轮中东地区影响力的争夺战中，俄罗斯凭借其对叙利亚政府的不离不弃赢得口碑，并借机重返中东政治舞台。而美国在叙利亚问题和伊核问题上的立场引起海湾阿拉伯国家的不满，美国和埃及过渡政府的关系也面临危机，其在中东地区的影响力有所下降。没有俄罗斯，就不能解决叙利亚等国际难题。在国际舞台上必须倾听俄罗斯的声音。在苏联解体 20 多年后，借助插手中东问题，出兵叙利亚，俄罗斯顺利实现了"外交华丽的转身"，重新赢得

---

[1] Ибрагимова Г., Одинец А. От Мали до Майдана: Внешнеполитические итоги года, Власть, 23 декабря 2013 г., http://www.kommersant.ru/doc/2370049.

了独一无二的国际影响力。①

2013年乌克兰危机爆发后，俄罗斯遭受美欧的多轮经济制裁，加之国际油价下跌和卢布贬值的因素，俄罗斯一度陷入内外交困的局面。为摆脱危机，俄罗斯的外交重点转向亚洲，对外经济政策出现"战略东移"，以对冲与西方关系恶化带来的损失。俄罗斯地跨欧亚的地缘特性使其具备外交周旋的充分条件。作为俄罗斯亚太外交重心的中俄关系得到加强，两国通过深化务实合作和利益交融，特别是推进两国发展战略对接和"一带一路"建设同欧亚经济联盟建设对接合作，共同应对世界经济发展中遇到的困难和挑战。与此同时，俄印战略合作、俄越全面战略伙伴关系也得到发展和深化。

俄罗斯对西方制裁进行回击与反制的行动在非西方国家和部分西方国家中获得了响应和支持。随着叙利亚局势出现有利于俄方的反转，俄罗斯外交赢得了更大的国际回旋空间。在这一系列外交成果的背后，西方的经济制裁和外交围堵已经松动。俄罗斯外交成功地化被动为主动，赢得了国际影响力，也成功地向世界表明了俄罗斯对重大国际问题的态度和立场，壮大了俄罗斯外交软实力。

俄罗斯是能够对世界文明进程产生深远影响的大国，具备可以调动和挖掘软实力资源的丰富的物质和文化基础，软实力外交已经普遍得到俄罗斯高层及民间的高度重视，在对外战略中的地位不断显现。普京执政时期，俄罗斯国力显著上升，为外交活动提供了有力的保障和支持。国际组织作为制定国际规则的主要场所，为俄罗斯实施对外政策提供了重要平台。俄罗斯继承和发扬了帝俄和苏联外交的全球视野和外交传统，利用国际组织塑造大国形象，积极参与全球秩序重建，提高了本国在国际事务中的动员能力，国家威望从解体之初的"二流国家"，甚至"三流国家"逐渐上升。虽然目前俄罗斯在相关国际组织的影响力、在世界各国中的动员力并不与其大国雄心相匹配，但是俄罗斯的外交活动对国际政治和世界格局一直产生着重要影响，在独联体范围内，俄罗斯仍然拥有得天独厚的影响力，在亚洲、中东及世界的其他地方，俄罗斯扮演着一个影响全球权力平衡的制衡角色。

---

① 冯玉军：《俄美关系：力量失衡下的相互角力》，《现代国际关系》2014年第2期。

第八章 文化吸引力：俄罗斯的文化资源与文化传播

文化，是一个国家保持民族特性、建立社会认同和提高凝聚力的重要基石，是国家兴旺发达的重要支撑。文化是一个复杂且多元的概念，虽然其定义至今尚无定论，但我们可以把它理解为一个民族或一个国家在社会发展过程中所创造的精神财富和物质财富，包括信仰、习惯、风俗、价值观、规范等意识形态内容，以及能够呈现其内涵的各种具体的文化符号和文化产品。

在国际关系中，文化软实力是以文化资源为基础，通过交流、互动而产生的一种影响力，这种软实力的强弱，直接影响到一国的国际竞争力和维护文化安全的能力。一个国家的文化发挥软实力功能，一方面要依靠文化本身所形成的吸引力和同化力，另一方面则取决于文化传播和文化输出的能力。一国的文化产品是否丰富，文化传播的路径和方式是否适当，决定一国的文化特征、文化理念和核心价值观向外辐射的效果。

一 俄罗斯对外文化传播的历程

（一）苏联时期的"民间外交"

文化与外交的互动在俄罗斯具有悠久的传统。苏联时期，对外文化交流与外交活动紧密配合，成为苏联外交政策的重要组成部分。在"民间外交"的框架下，教育、体育、剧院等文化机构，以及音乐家协会、图书管理员协会等非政府组织与世界各国的相关机构和组织开展了形式多样、内容丰富的文艺活动。文化发展与国家的兴盛紧密相关，苏联在历史上对世界文化发展曾经产生了重要影响。通过派遣大量文化代表团、艺术表演团出国访问和演出，筹办和参加各种展览会，参加体育竞赛，出口图书、音

第八章　文化吸引力：俄罗斯的文化资源与文化传播　131

乐和电影作品，以及组织旅游活动等举措，苏联改善了国家形象，增强了国际文化影响力。

20世纪50年代中后期，美苏争霸的格局逐渐形成，开展"文化攻势"成为苏联国际战略的重要方针。1956年，在苏共第二十次代表大会上，苏共总书记赫鲁晓夫提出了在第三世界国家进行"和平渗透"，与美国"和平共处""和平竞赛"的"三和"政策。在这一政策指导下，苏共中央委员会通过了一系列旨在扩大接触和开展交流的对外文化交流决议。1954年至1956年间，与意大利、法国和英国进行文化交流及恢复国外旅游活动的重要决议陆续出台。1958年，苏联与美国正式签订文化交流协议。苏联与西方国家在科学、教育、艺术、体育等领域的接触日益增多，促进了社会团体和非政府组织之间的交流，为缓和两大集团关系和维护世界和平做出了贡献。与此同时，苏联积极开展对社会主义国家和亚、非、拉国家的文化交流。数量丰富、形式多样的文化交流活动巩固和发展了社会主义阵营的友好合作，培养出大量在政治倾向上有利于苏联的政治精英和学术精英，作为政治和军事手段的重要补充形式确立了苏联在上述地区的领导地位。

1925年成立的全苏对外文化交流协会（ВОКС）是负责对外文化交流的重要组织，该组织后来更名为苏联对外友好和文化交流协会联合会（ССОД），与相关国家签署了大量文化合作协议。苏联友协不仅负责邀请、接待外国文艺团体和组织书展、艺术节、联欢会等活动，还负责综合调度外交、文化、宣传和旅游部门的对外文化交流工作。在友协的组织下，文化名人纪德、罗曼·罗兰、泰戈尔等人的访问、第六届世界青年大会等活动有效地改善了苏联冷冰冰的国际形象。

苏联的教育机构也是重要的对外交流渠道，除莫斯科大学、列宁格勒大学（现圣彼得堡大学）、莫斯科国际关系学院（Московский государственный институт международных отношений）等传统名校之外，苏联政府特设了专门用于招收留学生的卢蒙巴人民友谊大学（Университет дружбы народов имени Патриса Лумумбы，现俄罗斯人民友谊大学）、普希金俄语学院（Государственный институт русского языка имени А. С. Пушкина）等学校。上述机构成为第三世界国家学子向往的高等学府。①人民友谊大学被称为"第三世界政治家"的摇篮，为亚非拉国家培养大批

---

① 关于俄罗斯在教育领域的软实力，本书在第九章设有专题论述。

政治和学术精英，毕业生中产生了多位国家元首和数十位部长、大使等高官。普希金俄语学院是苏联时期对外俄语教学与科研的主要基地和中心，培养出大批优秀的俄语教师和研究人员。"俄语"出版社是专为推广俄语教学而设立的机构，该社推出了大量精美的俄语教材和国情读物，被广泛赠送于各国教育机构，至今仍然传播着曾经繁荣、昌盛的文化强国的形象。

虽然苏联的对外文化交流以"民间"外交为旗号，实际上这些活动都带着明显的官方色彩和政治目的，各种活动主要依靠政府部委、高校或者准官方性质的艺术团体而非真正的公民组织和民间社团来组织，推行共产主义思想和价值观念始终是核心任务。

（二）俄罗斯独立初期的停滞状态

苏联解体后，俄罗斯的社会经济遭到重创，文化发展也遭受着震荡和冲击。1992年，政府大幅降低对文化事业的拨款，俄罗斯联邦法规定全国预算的2%、地方预算的6%用于文艺事业，但实际拨款却低于预算的1%。在这一文化发展的"混乱时期"，西方的价值观念、文化理念和生活方式奔涌而来，迅速占据主导地位，文学创作和历史研究丧失了原来的社会教育功能，俄罗斯的社会思想体系面对外来文化的侵蚀和攻击濒临崩溃。[①] 国家缺乏明确的语言文化战略，社会文化机构纷纷被裁撤，文艺界人士的创作与生活状况迅速下滑，大批人才移居国外。

对外文化传播方面，俄罗斯政府的支持力度呈现断崖式的缩减，负责对外文化宣传的各种友好协会、政府机构和教育机构经历着艰难的转型，工作局面无法打开。"苏联"友协一直无所投靠，直至1994年才以新的"俄罗斯国际科学与文化合作中心"（Росзарубежцентр）名义开展工作。"俄语"出版社于1993年解体，友谊大学、普希金俄语学院等高等院校由于经费不足而裁撤大量奖学金项目。此外，赠送俄语书籍、巡回演出、展览等文化合作项目被取消，俄罗斯文学经典和现代文化作品的译介工作暂缓进行，国外推广俄语的基础设施严重不足。与此同时，在前苏联势力范围内的国家，如中东欧和波罗的海国家，纷纷采取弘扬新的国家认同及"去意识形态化""去苏联化"的政策，俄罗斯的对外文化传播陷于停顿

---

① 贝文力：《转型时期的俄罗斯文化艺术》，上海人民出版社2011年版，第26页。

状态，在世界文化市场中的规模和影响力远远落后于西方发达国家。虽然这一时期俄罗斯的外交不再以意识形态和社会制度为准绳，实行淡化意识形态的务实外交，甚至一度出现对西方"一边倒"的外交方针，但俄罗斯的国家形象在短暂改善后，在西方眼中仍然是一个负面的"衰弱的二流国家""冷战失败者"。

（三）普京时期的缓步复兴

21世纪初，在全球化的形势下，俄罗斯在国际关系领域面临着新的挑战和更广泛的任务。"颜色革命"的冲击使俄罗斯愈加认识到文化建设的重要性，文化交流和传播工作日益得到国家和社会的重视。俄罗斯外交部和文化部门开始制定一系列旨在复兴俄罗斯文化的文件，把改善国家形象和加强文化传播作为重点工作方向。

俄罗斯外交部的文件指出："文化在推行俄罗斯对外政策构想中起着特殊作用。俄罗斯国家在世界上的地位和威望，不仅取决于它的政治分量和经济资源，而且还取决于俄罗斯联邦各族人民的文化状况。俄罗斯文化在反映民族精神特性的同时，还是整个国际社会的巨大财富，是全球人类历史文化遗产的组成部分。"[①] 2000年出台的《俄罗斯对外政策构想》，把"塑造良好的国际形象，促进俄语和俄罗斯文化在境外的传播与普及"设定为对外政策的目标之一，并把"发展与独联体国家的双边和多边文化合作"视为实现这一目标的基石。自此之后，促进对外文化交流成为历次《俄罗斯对外政策构想》（2008年版、2013年版）的重要内容之一。

俄罗斯外交部于2001年出台的《俄罗斯外交部开展对外文化交流的基本工作方向》成为贯彻落实这一方针政策的重要指导文本。该文件指出，国际文化合作包括文化艺术、科学、教育、新闻媒体、青年交流、出版、博物馆、体育运动和旅游领域的联系，以及通过社会团体和组织、创作联合会和公民个人进行的交往。对外文化传播的具体措施包括：在国外全面展示俄罗斯文化的成就，包括各种形式和风格的音乐和剧院艺术，歌剧、芭蕾和话剧艺术，俄罗斯各民族人民创作的歌曲和舞蹈，马戏、广场演出和民间口头创作；鼓励在国外举办俄罗斯文化日和其他综合性活动，

---

① 〔俄〕伊·伊万诺夫：《俄罗斯新外交——对外政策十年》，陈凤翔等译，当代世界出版社2002年版，第257—258页。

组织文化生活各领域的代表互访,交流经验,举办报告和讲座,参加国际会议和其他类似活动;充分参加文学和艺术领域的国际节、展览会和比赛,以及其他多边性的文化、教育和学术活动。①

2011年,文化部牵头制定了有关文化建设的重要文件——《"俄罗斯文化"联邦目标规划》(2001—2005)。在该文件中,"扩大俄罗斯文化在境外的影响,把俄罗斯塑造为一个拥有伟大的文化传统的国家","融入全球文化进程"等理念被确定为文化建设的优先方向。② 在2006—2011,2012—2018版的《"俄罗斯文化"联邦目标规划》中,该项政策得到了延续并进一步细化。

2016年,《2030年前俄罗斯联邦国家文化战略》出台,该战略确定了文化战略实施的优先领域,"在世界范围内扩大俄罗斯文化的影响"即为战略重点之一。相比较2001年外交部制订的《俄罗斯外交部在俄罗斯开展与外国文化交流方面的基本工作方向》,《文化战略》对新形势下俄罗斯国际传播的方式有所调整,在保留文艺演出、展览、大型会议等传统文化项目的同时,强调了新媒体的作用,鼓励在境外设立文化中心和俄语学校,扩大电影出口,并突出了文化外交作为"形象之争"中的斗争武器的攻击性。

"在全球传播领域推广俄语,在国外的学校和文化中心打造有利于传播俄语和俄罗斯文化的环境;发展跨国境和跨区域的文化合作;反击西方歪曲俄罗斯历史、贬低俄罗斯在世界历史中的地位和作用的言论;利用俄罗斯丰富的民族文化资源开展多边国际合作;促进俄罗斯电影、电视剧等艺术作品在境外的传播;塑造俄罗斯作为一个具有丰富的文化传统和发展活力的现代文明国家的良好国际形象;在新媒体领域传播俄罗斯的文化艺术;促进俄罗斯文化机构与外国文化组织的合作与交流。"③

基于上述文件,俄加强对外文化传播的政策逐渐明晰。随着政治局势的稳定和经济实力的稳步增长,国家的支持力度不断加大。尤其是在普京

---

① 《俄罗斯外交部开展对外文化交流的基本工作方向》,俄罗斯联邦外交部部长 И. С. 伊万诺夫于2001年2月23日批准。转引自〔俄〕伊·伊万诺夫:《俄罗斯新外交——对外政策十年》,陈凤翔等译,当代世界出版社2002年版,第259—260页。
② Федеральная целевая программа "Культура России (2001 – 2005 годы)". Постановление правительства РФ от 14 декабря 2000 года N 955.
③ Стратегия государственной культурной политики на период до 2030 года, Минкультуры России 18.01.2016.

第二任期，各种文化规划的实施取得不同程度的进展，文化发展的下降趋势已经被控制。

二 俄罗斯对外文化传播的机制化建设

俄罗斯的对外文化交流工作，主要由外交部、文化部和教育与科学部等部门负责，各部委设有专门机构或准官方性质的组织来实施具体工作，外交部在其中发挥着最重要的作用。《俄罗斯外交部开展对外国文化交流的基本工作方向》明确指出，每一种文化交流形式都需要俄罗斯外交部及其驻外机构的支持和协助。外交部系统的机构和组织包括独联体和境外同胞事务及国际人文合作署（以下简称国际人文合作署）、外交部文化交流和联合国教科文组织事务司、各相关地区司、戈尔恰科夫公共外交基金会等。教育部和文化部系统的机构和组织包括文化部对外联络司、"俄罗斯世界"基金会①等。上述组织在传播关于俄罗斯的资讯、组织语言学习、举办"窗口性"文化宣传活动、把俄罗斯塑造为"世界文化"中心的工作中发挥着重要作用，其中最具代表性的机构当属国际人文合作署和"俄罗斯世界"基金会。

（一）独联体和境外同胞事务及国际人文合作署

为实现俄罗斯对外政策构想，俄罗斯外交部在俄罗斯联邦总统令（1996年3月12日第375号）的基础上，制订了外交部参与对外文化交流的基本工作方向。该文件对外交部在这一领域的职能、工作方式、交流渠道、工作责任做出了规定。

俄罗斯外交部的职能包括：确定俄罗斯联邦对外文化政策的优先方向并加以直接执行，协调联邦执行权力机构和联邦主体机构在该领域的活动。同有关部委协商制定政府间文化合作协议草案，参与实施已签署的协议，对跨部门和地区性协议草案进行鉴定，监督俄罗斯联邦在文化领域履行国际义务的情况，在自身权限和能力范围内，对联邦主管机构建立和保

---

① 俄罗斯外交部是"俄罗斯世界"基金会的创始者之一，但基金会的工作主要通过教育系统进行。

持国际文化交往提供领事和实际帮助。俄罗斯外交部还负责与非政府组织之间的协调工作。由俄罗斯和外国国家机构代表在均等基础上组成的混合委员会是外交部参与执行对外文化政策和协调国家间文化领域互动的一个重要渠道。混合委员会的职能是准备现有法律文件执行情况的概述，起草新的协议，研究已商定的文化领域交流的进展情况。[①]

俄罗斯外交部下属的国际人文合作署是俄罗斯最重要的文化外交机构之一，在执行俄罗斯对外文化政策的过程中起着引领者和总协调人的作用。国际人文合作署与全苏对外文化交流协会、苏联友协、俄罗斯国际科学与文化合作中心等机构一脉相承（见表8—1），因此该机构于2015年举办了成立90周年的庆祝活动，以彰显其作为苏联"民间外交"的正统继承者的悠久历史。

表8—1　　　　　苏俄对外文化交流管理机构发展脉络

2008年至今	独联体和境外同胞事务管理及国际人文合作署（Россотрудничество）
2002—2008年	俄罗斯外交部下属俄罗斯国际科学与文化合作中心（Росзарубежцентр при МИД）
1994—2002年	俄罗斯政府下属俄罗斯国际科学与文化合作中心（Росзарубежцентр при правительстве России）
1958—1994年	苏联对外友好和文化交流协会联合会（ССОД）
1925—1958年	全苏对外文化交流协会（ВОКС）

国际人文合作署下辖10个局，其中人文合作与青年工作局、独联体事务局、公共外交和同胞事务局、科技文化中心和国家局、国际发展和国际组织联络局、教育和科学合作局是直接负责对外文化事务的机构。截至到2015年，国际人文合作署拥有91个遍布全球79个国家的代表机构，包括61个俄罗斯科学和文化中心（РЦНК），7个分中心和23个联邦机构外交代办处，它们是俄罗斯开展对外文化交流的重要平台。国合署致力于全面促进俄罗斯与相关国家的友谊，推动人文合作和交流，向所在国家的各

---

① 《俄罗斯外交部开展对外文化交流的基本工作方向》，俄罗斯联邦外交部部长 И. С. 伊万诺夫于2001年2月23日批准。转引自〔俄〕伊·伊万诺夫：《俄罗斯新外交——对外政策十年》，陈凤翔等译，当代世界出版社2002年版，第266—267页。

社会阶层推介俄罗斯的文化发展成就、历史文化遗产、科学技术发展状况等，促进俄罗斯与各国在文化、教育、科技和商务等领域的交流。①

推广教育也是俄罗斯外交工作的内容之一，各国赴俄留学奖学金的额度分配和奖学金获得者名单由国合署确定。据相关官员介绍，2016年，针对叙利亚赴俄留学学生的资助额度调高了一倍。该官员认为："（叙利亚的）学生们来俄罗斯进行专业学习，将来会为复兴祖国出力。"② 此举与苏联政府利用"民间外交"为第三世界国家培养社会精英具有颇多相似之处。国际人文合作署推行使俄罗斯加入国际教育体系的工作，规范俄罗斯的学历和学位证书，以争取其他国家对俄罗斯教育证书文件的承认。国合署整理俄各大高校的信息，建立高校排行榜，开设"Russia. study"门户网站，以帮助外国学生更好地挑选俄罗斯院校。

2012年，国际人文合作署提出了扩展"科学和文化中心"网络的计划，成为被政府"优先资助的发展项目"。从2014年开始，在被西方整体制裁的背景下，国际人文合作署注重推动与外国大学、中学、图书馆和博物馆之间点对点的合作。此外，国合署注重在年青一代中培养对俄罗斯文化的兴趣，启动了"新生代"（Новое поколение）项目。2015年邀请95个国家的千余名青年议员、政治活动者、历史研究人员、医生、航空专家等各行各业的代表前往莫斯科、圣彼得堡、喀山等地参观访问，并精心安排对口机构活动。《俄罗斯报》及其副刊《透视俄罗斯》、"今日俄罗斯"通讯社、《共青团真理报》、环球旅游百科出版社等机构是该项目的合作伙伴。此外，针对境外同胞的下一代还开展了夏令营、就业辅导班等活动，以维持其对俄罗斯文化的亲近感。

2015年，新任主管官员柳·格列波娃调整了科学和文化中心的设置理念并实施了新的建设计划。她认为，要加大对自有场馆和设施建设的资助力度，未来各中心的选址、建筑外立面和内部的装潢工作必须符合高标准的要求，要集俄罗斯文化特色、舒适性和观赏性于一身。资金来源方面，格列波娃提出在政府拨款之外积极寻求与境外俄罗斯企业的合作，并与之举办相关活动。格列波娃强调，科学和文化中心推广俄语的工作并未达到

---

① http://rs.gov.ru/ru/pages/86.
② 陈宁人：《俄国际人文合作署为外国留学生发布俄高校排行榜》，2016年5月6日，中国网（http://www.china.com.cn/news/world/2016-05/06/content_38397552.htm）。

预期效果，必须改变工作方式，把单纯的语言教学与艺术兴趣班、经贸培训班结合起来。科学和文化中心要提供更多的文化产品，不仅仅开设语言和文化欣赏课程，积极与当地传媒合作，还要输出俄罗斯的教育、保健卫生和旅游产品，把"文化之家"打造成为发挥"软实力"的机构。①

（二）"俄罗斯世界"基金会

2007年6月，俄罗斯教育和科技部、外交部等部门联合创建了另一个负责传播俄罗斯文化的机构——"俄罗斯世界"基金会。该组织以推广俄语为核心任务，主要支持俄境内外的俄语学习和研究活动。"俄语是俄罗斯民族的宝贵财富和世界文化的重要组成部分"；"组成'俄罗斯世界'的不仅仅是俄罗斯人，还包括或在近邻、或在天涯的同胞和他们的后裔，以及那些讲俄语的外国公民——他们或许是在学习，又或许是教授俄语。总之，这个'世界'是由所有关心俄罗斯和俄罗斯未来发展的人组成"。②

"俄罗斯世界"基金会在相关国家的各级教育机构中利用设立"俄罗斯中心""俄语课堂"、俄语教研室、小型图书馆、文化信息咨询中心，以及捐献文学著作和教材，组织俄语竞赛等形式开展活动。"俄罗斯中心"的建设最受重视，基金会希望把这些中心打造成"通向'俄罗斯世界'的历史文化传统、俄语教学法和实践，以及现代创新思想的一条大道"。截至2014年，基金会在全球43个国家中开设98家俄罗斯中心，126所俄语课堂。在中国设有7家俄罗斯中心和6所俄语课堂。

"俄罗斯世界"基金会的主要任务包括：赞助政府、学界、教育机构及个人对"俄罗斯世界"相关问题的研究活动；支持俄罗斯和国外的俄语教育；促进形成对俄罗斯有利的社会舆论，传播俄罗斯的资讯；加强境内外的联系，促进各种族间的尊重与和平；协助俄罗斯移民返回到祖国；建立与俄罗斯对外政策相配合的人道主义救助系统；发展与国内外学术组织、政治组织之间的联系；发展俄罗斯的教育服务事业；促进俄罗斯各地区与世界的联系；促进科学和教育的交流；支持俄罗斯媒体和其他信息渠道在国外传播；在各项资助基金的设置上体现对俄罗斯媒体和其他信息渠

---

① Давыденко А. И. 90 лет народной дипломатии, //Международная жизнь, 12 мая 2015 г. https://interaffairs.ru/news/show/14285.

② http://www.russiymir.ru/russiymir/ru.

道的支持；支持俄罗斯和前苏联高等教育机构的毕业生联合会，组织外国毕业生和俄罗斯大学毕业生进行互动；支持俄罗斯在国外建立俄语语言网站；加强俄罗斯东正教和其他宗教的交流活动，以促进俄罗斯语言和文化的发展；等等。①

为完成上述任务，基金会与各国教育机构搭建了俄罗斯中心、俄语课堂等平台。俄罗斯丰富多彩的文化、多元发展的民族和宗教特性在这一平台上得到展示，而世界文化的交流和民众之间的相互理解也在这一过程中得到加深。俄罗斯中心为俄罗斯人、境外同胞、在俄罗斯的移民和对俄语感兴趣的外国人提供了交流和学习的空间。大部分俄罗斯中心采取了与外国高校和图书馆合作的模式，兼具资源中心、教学中心、创造和展示平台等多重功能。其活动内容包括组织学术会议、讨论会，开设不同层次的俄语培训课程，组织展会、文艺演出、节日活动，促进民间组织推广俄罗斯语言和文化，等等。

2007年开始举办的"俄罗斯世界基金大会"是该组织最重要的活动品牌。大会在莫斯科、圣彼得堡、索契等地轮流召开，历年的主题都以"俄语传播"和"俄罗斯文化影响力"为基本内容，包括"俄罗斯世界在行动""全球背景下的俄罗斯文化""俄语信息空间""当今世界中的俄语""俄罗斯世界的文化和教育""区域发展中的俄罗斯世界：侨民的互动"等国际和国内形势的热点问题。俄罗斯重视基金会在辐射文化影响力中的作用，用高规格接待大会的参会代表，普京、梅德韦杰夫及相关政府部门的高官每次都会莅临致辞，有效提高了会议的国际影响。

（三）相关机构的分工特点

在俄罗斯众多推广俄语和文化的组织和机构中，国际人文合作署及其下属的科学和文化中心、友谊大学、普希金俄语学院、国际俄罗斯语言与文学教师协会（МАПРЯЛ）等是对苏联"民间外交"优良传统的承续和发扬，"俄罗斯世界"则是俄对英国的"文化委员会"、德国的"歌德学院"、中国的"孔子学院"等机构辐射文化软实力的经验的借鉴和模仿。俄各种对外文化推广机构的分工并不泾渭分明，相互之间存在着交集和竞争，但国际人文合作署兼跨传统外交和公众外交领域，在俄罗斯的软实力

---

① http://www.russiymir.ru/russiymir/ru.

建设体系中居于最中心的位置,涵盖了上述各机构和组织从事的文化推广、教育输出、语言培训等多方面的任务。相比较而言,国际人文合作署作为官方机构,以更加制度化的方式推广文化和教育,承办大型的政府活动,在国际教育合作过程中提供学历证明和毕业证书,而作为非政府组织的"俄罗斯世界"则以更为柔性的方式进行文化传播,其活动以推广俄语为主,主要与语言教学类高校开展合作。

三 俄罗斯对外文化传播的载体

文化的载体包括文学、电影、音乐、舞蹈等各类艺术活动,这些活动如同国家的名片,是国际社会了解一个国家的重要途径之一,体现着国家形象和一国文化的国际竞争力。在这些文化载体中,文学和电影作品是构建和传播意识形态最重要的工具,是一国文化软实力的重要组成部分。优秀的文学和电影作品,对内能够提升国民素质,发挥凝聚人心、鼓舞前进和引导教育的作用,对外能够参与全球化的竞争,塑造国家文化形象,并且能够带来经济效益。

俄罗斯对外文化传播的宗旨是"在国外展示俄罗斯文化的最佳成就","实现国际文化空间的一体化,相互丰富而不应成为单行线"。政府不但组织文学和电影领域的传播活动,积极推介优秀的文学和影视作品,还鼓励举办大型体育赛事、艺术节、电影节、国际展览、俄罗斯文化日和其他综合性活动,以扩大俄罗斯在世界文化舞台上的影响。[①]

(一) 文学

俄罗斯作为一个文化大国,大师辈出,异彩纷呈,为世界文明的进步贡献了丰富的资源(见表8—2)。俄国文学曾是几代中国作家和读者心中的明灯,屠格涅夫、陀斯妥耶夫斯基、托尔斯泰、契诃夫等巨匠的作品深入人心,在今天依然被视为具有指导意义的经典。俄罗斯文学为美术、音

---

① 《俄罗斯外交部开展对外文化交流的基本工作方向》,俄罗斯联邦外交部长 И. С. 伊万诺夫于2001年2月23日批准。转引自〔俄〕伊·伊万诺夫:《俄罗斯新外交——对外政策十年》,陈凤翔等译,当代世界出版社2002年版,第265页。

乐、电影、舞台表演艺术、舞蹈等艺术创作提供了丰富的题材和素材。苏联时期，作为社会主义现实主义代表的肖洛霍夫、马雅可夫斯基、爱伦堡、邦达列夫和拉斯普京等人，以及独具特色的反乌托邦小说作家扎米亚金、象征派诗人和小说家帕斯捷尔纳克、剧作家和讽刺小说家布尔加科夫等人在世界范围内产生了广泛影响

表8—2　　　　　　　　获得诺贝尔文学奖的苏联作家

年份	作者	国籍	写作特色	作品
1933	伊·亚维奇·蒲宁	苏联	文风细腻严谨，在散文中传承和发扬了俄国的古典主义	《耶利哥的玫瑰》《米佳的爱》
1958	鲍·列·帕斯捷尔纳克	苏联	兼蓄并重当代抒情诗和俄国史诗传统	《日瓦戈医生》
1965	米·亚·肖洛霍夫	苏联	凭借创作活力与艺术激情，深刻揭示了顿河农村生活的一个历史层面	《静静的顿河》
1970	亚·索尔仁尼琴	苏联	继承了宝贵的俄国文学传统，其作品显示出强大的道德力量	《癌病房》《古拉格群岛》

　　解体之初，俄罗斯文学制度发生了深刻的变革，从国家的意识形态工具转变为大众传播的一种方式，俄罗斯的文化信息空间得到了扩展。但是，在社会动荡和市场经济转型的背景下，由于政府的财政资助大幅缩减，文学事业却经历了创作的滑坡，一些文学期刊、出版社面临生存危机。苏联时期的文学是官方的喉舌和意识形态宣传工具，在社会生活中起到了极其重要的作用，作家与政治关系紧密，享有极高的威望和待遇。解体之后的俄罗斯文学已经彻底告别了昔日的辉煌时代，作家不再被视为"先知、导师和思想的主宰"。俄罗斯文坛上以奇幻、推理、性爱和恐怖内容为主的娱乐化小说风靡一时，西方排行榜上的畅销书也大行其道。在市场经济全球化、资讯媒体化的语境下，读者兴趣的变化和获取资讯的方式发生着革命性的改变，传统的把文学作为"我们的一切"，是舞台、是哲学、是社会学、是心理学的文学中心主义的时代已经过去。文学评论家拉蒂宁娜用"文学的黄昏"来总结解体后的文学发展特征。俄罗斯著名作家

阿库宁认为，俄罗斯文学已丧失了它90%的社会影响力和政治影响力。[①]

普京总统执政以来，俄罗斯大力发扬本民族的文化事业，文学创作逐渐摆脱边缘化的局面。文学评奖制度促进了文学活动的蓬勃发展，俄罗斯布克奖、俄罗斯文学艺术国家奖、俄罗斯民族文学大书奖、国家畅销书奖、安德烈·别雷奖等奖项为推动文学事业的发展发挥了重要作用。每年的评奖过程会被各种媒体报道，获奖作品也会得到读者的广泛讨论。90年代中期之后，文学创作逐渐复苏。一些老作家辛勤耕耘，不断推出新的作品；锐意创新的中青年作家崭露头角，逐渐成长为文坛的主要力量，涌现出一批具有鲜明时代色彩和发人深省的文学作品，如列昂诺夫的《金字塔》、邦达列夫的《百慕大三角》、拉斯普京的《伊万的女儿，伊万的母亲》，以及佩列文的《夏伯阳与虚空》和《"百事"一代》、阿库宁的"方多林系列"、阿列克谢耶维奇的《锌皮娃娃兵》和《切尔诺贝利的回忆》等。

俄罗斯文学的对外传播在经历解体初期的混乱和停滞状态后有所恢复，与苏联时期不同的是，这一时期文学作品的输出不是依靠官方的筹划和资助，而是利用了国外资本、寡头赞助和社会组织的运作。1991年俄语布克奖设立时，其宗旨就是"奖励用俄语写作的当代作家，激发西方世界对当代俄罗斯小说的广泛兴趣，鼓励翻译和扩大图书交易"，如今这一非官方背景的奖项已成为俄罗斯最具权威性的文学奖项，获得了全球文化界的关注。

鲍里斯·阿库宁和阿列克谢耶维奇可算是近年来俄语文学作品传播的代表人物。阿库宁被称为俄罗斯文坛最受欢迎的通俗作家之一，历史类犯罪体裁的侦探小说为其特色，大量作品被翻译为多国语言，并被编辑为对外俄语教学的阅读材料。阿库宁的作品《堕天使暗杀组》曾入围英国推理小说最高荣耀的"匕首奖"。《堕天使暗杀组》《土耳其式开局》《火车谋杀案》被改编成影视作品并获得国际声誉。阿列克谢耶维奇[②]的风格与阿库宁迥异，擅长纪实性文学作品。其代表作《锌皮娃娃兵》和《切尔诺贝

[①] 夏忠宪主编：《俄罗斯学》（第一辑），广西师范大学出版社2014年版，第142页。
[②] 阿列克谢耶维奇为白俄罗斯籍，但她自认为是一个"苏联作家"，以俄语为创作语言。其作品大多以苏联为时代背景，反映的是苏联时期和解体前后的社会问题，学界普遍把她作为俄语文学的代表。俄罗斯媒体把阿列克谢耶维奇获奖列为"2015年俄罗斯文化界引起国际反响的八大重要事件"之一，认为这是整个"俄语世界"的光荣。

利的回忆》曾多次在国际获得文学领域的重要奖项，如瑞典笔会奖（1996）、德国莱比锡图书奖（1998）、法国"世界见证人"奖（1999）、美国国家书评人奖（2006）、德国出版商与书商协会和平奖（2013）等。2015年，阿列克谢耶维奇获得诺贝尔文学奖，其作品被称为"一座记录我们时代的苦难和勇气的纪念碑"。

尽管有布克奖、国家奖的支持和鼓励，也出现了阿库宁、佩列文、阿列克谢耶维奇等具有国际影响的作家，但是整体来说，俄国和苏联时期的文学曾经拥有的辐射世界的影响力已经不复存在，俄罗斯图书、报纸的对外出口额在国际比较中并不占有优势。联合国商品贸易统计数据显示：2000年到2010年，俄文化产品的对外出口额持续下降，2015年略有回升，但与美国的差距依然悬殊，也远不如中国文化产品的影响力（见表8—3）。

表8—3　　　　　　中俄美图书报纸出口额　　　　　　单位：美元

年份	2000	2005	2010	2015
中	435972545	1149126736	2704436903	3906625330
俄	343990035	321346736	281730454	535360302
美	4508066832	5169173222	5758555541	4863345169

资料来源：联合国商品贸易统计库，http://comtrade.un.org。

（二）电影

电影是一种艺术样式和娱乐休闲方式，也是重要的文化传播渠道。通过形象的画面、真实的声音和引人入胜的情节，国外观众得以了解一国的自然风光、人情世故和社会发展状况，有助于在潜移默化中形成对一国文化的认同感。在文化产业的引进和输出中，影视文化产业一直占有很大的比重。影视文化外宣的质量，直接影响到该国在国际文化产业中的份额。发达的影视文化不仅可以反映本国文化发展的繁荣景象，还可以抵御来自国外的文化渗透。

苏联电影在国际影坛占有重要的一席之地，经历了三四十年代的社会主义现实主义高潮和七八十年代的全面繁荣，爱森斯坦、库里肖夫、普多夫金、维尔托夫、斯坦尼斯拉夫斯基、塔可夫斯基等大师的名字在世界电影发展史上熠熠生辉。苏联解体后，俄罗斯电影与其他文化载体一样经历着体制和发展理念的转型。电影生产由于经济原因成本太高一度跌入谷底，制片厂纷纷分裂倒闭。鲜见具有思想内涵和艺术品质的优秀作品，荧幕上充斥着粗制滥造和模仿西方风格的影片。俄罗斯电影在国内观众中失去市场，在对外文化交流中更难有所作用，反而是西方影视作品强势登陆俄罗斯，其反映的西方生活方式和价值观念征服了俄罗斯观众，俄罗斯电影"好莱坞化"的趋势明显。

随着国家政治、社会的稳定和经济的发展，政府实行了鼓励电影发展的系列措施，再加上观众对美国式电影的审美疲劳，俄罗斯电影逐渐走出低谷。在摒弃了意识形态对抗和粉饰太平的制作理念后，俄罗斯电影接受世界电影的生产游戏规则，在拍摄技术、后期制作、运营方式等方面向西方国家学习，力图融入国际市场和重塑电影大国的形象。俄罗斯政府逐年增加对电影制作和发行的财政支持力度，例如，2011 年俄电影基金会获得 30 亿卢布的财政资助，2012 年该基金会获得 38 亿卢布的资金支持，以资助 20 部影片的拍摄和国内及海外发行。[①] 2002 年，俄罗斯设立国家级奖项"金鹰奖"，该奖旨在"保护俄罗斯电影的生存和发展，促进民族电影的制作与推广，鼓励优秀俄罗斯电影和国外电影的传播"，这对俄罗斯影业的复苏起到了很大的促进作用。

在当今世界，俄罗斯电影虽不能算是世界电影游戏规则的主要制定者，但是自有其特色。米哈尔科夫、丘赫莱依等知名导演在艺术和商业的考量中寻找平衡，发扬俄罗斯"诗化电影"和"散文电影"的传统，推动了俄罗斯电影理论的发展，使电影在更具观赏性的同时不乏社会哲理的深度。米哈尔科夫的《烈日灼人》《西伯利亚理发师》、兹维亚金采夫的《回归》、丘赫莱依的《窃贼》、索科洛夫的《莫洛赫》、康恰洛夫斯基的《愚人屋》，以及《布谷鸟》《土耳其式开局》《守夜人》《守日人》等优秀影片，在恢复国内市场的同时，也开始向境外传播等。2004 年，《守夜人》在海外的票房达到 1500 万美元，创下了俄罗斯电影在境外发行的记录。

国际获奖影片数量是衡量俄罗斯电影国际影响力最直观的指标，体现出该国的文化吸引力和国际竞争力。俄罗斯当代电影在柏林金熊奖、戛纳

---

① 关健斌：《俄罗斯力图重振国产电影》，《中国青年报》2012 年 2 月 13 日。

金棕榈奖、威尼斯金狮奖等世界顶级奖项及其他国际 A 类电影节中屡有斩获,有效提振了俄罗斯电影业的信心(见表8—4)。

表8—4　俄罗斯电影在国际知名电影节上的获奖情况(2004~2013)

电影节名称	2004	2005	2006	2007	2008	2009	2010	2011	2012	2013	总计
柏林电影节	1	2			1		3				7
威尼斯电影节			1	1	2		3	1	1		9
开罗国际电影节	1			1		1	1				4
戛纳电影节				1	5		1		2		9
卡罗维发利电影节		1		3	5	1	1	1		1	13
洛迦诺国际电影节	1		1		4	2	1				9
蒙特利尔电影节		1			1			1	1		4
东京国际电影节					2						2
马德普拉塔电影节				1			1				2
莫斯科国际电影节	3	1		1	1	4	3			1	14
上海国际电影节					1				1	3	5
华沙国际电影节			2		1			1			4
印度国际电影节											0

俄政府鼓励电影工作者参加国际电影节,利用合作拍片和其他的交流形式扩大俄罗斯在世界文化舞台上的影响。2007 年出品的电影《蒙古王》即为俄罗斯参与国际合作的代表作,该片获得奥斯卡金像奖奥斯卡奖、欧洲电影奖等多项大奖的提名,国际票房收入达到 2 千万美元。但是,俄罗斯电影重现辉煌之路依然漫长,根据俄罗斯"电影研究中心"的统计数据,2002 年至 2013 年在俄国内市场上占据主流的依然为欧美电影,俄电影业经受着国外作品的压力(见表8—5)。俄罗斯电影产品的出口情况也不容乐观,联合国商品贸易数据显示,俄罗斯电影在国际市场上的影响力较弱,国际市场对俄电影的需求并不旺盛,导致其产品出口额远逊于美国,与中国相比也存在较大的差距(见表8—6)。

表8—5　俄罗斯放映市场上的国产与国外影片数量（2002—2013）

年份	国产电影数量	国外电影数量	放映电影总量	年增长率（%）	国产电影所占比例（%）
2002	42	221	263	—	16.0
2003	40	231	271	-4.8	14.8
2004	50	233	283	25.0	17.7
2005	60	229	289	20.0	20.8
2006	69	241	310	15.0	22.3
2007	85	284	369	23.2	23.0
2008	81	297	378	-4.7	21.4
2009	82	269	351	1.2	23.4
2010	80	293	360	-2.4	21.5
2011	67	293	360	-16.3	18.6
2012	84	397	481	25.4	17.5
2013	110	424	534	31.0	20.6

资料来源：Movie Research "Киностатистика 2013"。

表8—6　　　　　　　中俄美摄影电影作品出口额　　　　　　单位：美元

	2000	2005	2010	2015
中	428779570	1073063902	1072933906	1184861853
俄	4492844	13237773	无数据	7779071
美	3451171090	2811849007	2832929568	2362574625

资料来源：联合国商品贸易统计库，https：//comtrade.un.org/data/。

（三）体育

体育是人类社会文化的重要组成部分，是各国人民之间进行交流的重要载体和内容。体育交流与文学、影视作品不同，无须翻译和转换，直观的力与美的展示即可成为一种通用的国际语言。规模盛大的体育赛事、热门比赛能超越国界，使社会制度、地理环境、种族、宗教迥异的人们突破文化障碍，欢聚一堂。在全球化背景下，各国之间的体育交流日趋广泛，体育成为展示国际形象的重要舞台，体现着一国的国际政治影响力和经济

第八章 文化吸引力：俄罗斯的文化资源与文化传播

实力。

体育在战斗民族俄罗斯人心中一直占有崇高的地位，作为传统的体育强国，俄政府将体育视为软实力建设的重要内容，力图通过组织大型比赛、展现运动员的优异成绩、参与国际体育事务等活动传播一个复兴的大国形象。近年来，俄罗斯积极争取了一系列重大赛事的举办资格：世界田径锦标赛（2013，莫斯科）、世界大学生运动会（2013，喀山）、冬季奥运会和残奥会（2014，索契）、IIHF 世界冰球锦标赛（2016，莫斯科和圣彼得堡）、国际足联联合会杯（2017，莫斯科、圣彼得堡、索契、喀山）、足球世界杯赛（2018，俄罗斯 12 个城市）等。

2014 年的索契冬奥会被视为俄罗斯精心打造的形象工程，为了把索契冬奥会办成一届最出色的奥运会，俄罗斯不仅投入巨资，还加强了政治攻势和领袖魅力攻势：政府通过了大赦法案，释放霍多尔科夫斯基及其他异见人士，普京看望美国代表队，与同性恋运动员拥抱和共饮，等等。普京说："索契冬奥会应向世界展示一个崭新的、多面的和开放的俄罗斯"；"奥运会打开了俄罗斯的大门，同时也打开了俄罗斯的心灵，打开了俄罗斯人民的心灵。希望人们能够感知到我们并不令人生畏的那一面，我们愿意合作，我们对合作持开放的态度"。[①] 索契奥运会开幕式和闭幕式上的文艺表演，成功展现了俄罗斯源远流长的历史传统和斑斓多姿的文化艺术，让人们感受到来自俄罗斯的"爱"[②]。

苏联解体后，昔日的"举国体制"因国内政治和经济形势的影响而崩溃，体育机制向市场化、商业化的转型举步维艰，大量优秀的教练员和运动员流失，俄罗斯在国际体育赛场上的表现与苏联时期相去甚远。以夏季奥运会为例，从 2004 年雅典奥运会开始，俄罗斯不敌中国，从奖牌第一集团滑向了第二集团，在伦敦奥运会上，俄罗斯成绩继续下降，仅位居第四。冬季奥运会上，2010 年俄罗斯在温哥华仅获得 3 枚金牌，在金牌榜上名列第 11 位。索契奥运会上，俄罗斯运动员终于一雪前耻，获得 13 枚金牌、11 枚银牌和 9 枚铜牌，在奖牌榜上位居第一。索契奥运会确实如普京所愿，成为"一场让俄罗斯找回骄傲的盛典"。

---

① 《普京冬奥成功施展总统营销》2014 年 2 月 25 日，环球网国际新闻（http：//world. huanqiu. com/depth_ report/2014 - 02/4856748. html）。

② 开幕式和闭幕式上的主角是一位名叫"柳博芙"的小姑娘，"柳博芙"在俄语中意为"爱"。

通常认为，体育交流在国际关系中可以起到沟通桥梁和改善关系催化剂的作用，但是对于俄罗斯与西方的关系而言，体育始终无法摆脱政治的阴影。尽管索契冬奥会算是一场成功的活动，但在大国博弈的背景下，俄罗斯的体育软实力却未能发挥作用。普京希望借冬奥会塑造良好的国家形象，打破与西方在叙利亚问题、斯诺登事件和乌克兰危机等问题上的僵局，改善双方的关系，他的理想在冬奥会结束后不到三个月便告破灭。2014年4月，西方因克里米亚问题开始对俄罗斯进行经济制裁，双方关系持续恶化并走向对抗。

2015年开始，兴奋剂事件成为西方对抗俄罗斯的"新武器"，美国、德国、日本等国的反兴奋剂机构和体育组织联合抗议，通过国际田径联合会、国际奥委会和国际仲裁法庭等机构持续施压。由于滥用兴奋剂事件的曝光和持续发酵，俄罗斯受到了禁止参加2016年里约热内卢奥运会田径比赛和部分举重、游泳比赛的惩罚，成为奥运历史上首个无缘田径比赛的国家。虽然俄政府此前的投入巨大，但体育已不再是俄罗斯引以为傲的文化符号，对俄罗斯的国际形象产生极大的负面影响。国际田径联合会理事会临时取缔了俄罗斯田协的成员协会资格，而俄罗斯筹备大型体育赛事的权利被相继冻结。2016年竞走世界杯、2016年田径世青赛以及2017年雪橇世锦赛的举办地从俄罗斯的博克萨雷、喀山和索契转移到其他国家，而平昌奥运会则将成为俄罗斯未来面临的巨大考验。

四 俄罗斯文化战略

（一）法制法规建设

1992年，俄罗斯颁布了《俄罗斯联邦文化基本法》。该法涉及俄罗斯文化领域的各个方面，包括各级地方政府的文化管理权限、公民个人的文化权利、少数民族文化的保护、文化领域的经济调控手段、与外国的文化交流、国际文化组织的参与等条款。《俄罗斯联邦文化基本法》为俄罗斯文化发展提供了法律保障，是俄政府制定其他相应的法规和规划性文件的基本法律依据。

此后，随着俄罗斯政府和社会对文化的重视程度不断提升，俄文化复兴进程开始启动。从2001年开始，文化部、联邦档案局、大众传媒与新闻出版署等部门在不同阶段制定了《"俄罗斯文化"联邦目标纲要》，对2001—2005、2006—2011、2012—2018年期间的文化发展提出了具体的目标和任务，并规定了预算额度。2008年11月17日，第1662-р号俄政府令批准了《俄罗斯联邦2020年前社会经济发展长期规划》，该文件指出，文化对人力资源的培育至关重要，在知识经济建设中发挥着主导作用。在此思想指导下，文化发展被提高到国家战略的高度。2012—2014年的联邦预算咨文把文化领域列为预算支出优先选项。2014年，文化和电影产业的综合预算开支达到4100亿卢布，同比增加了331亿卢布。

俄政府接连颁布了一系列对国家文化政策产生影响的战略规划和各种专项规定，包括《2025年前俄罗斯联邦教育发展战略》《2020年前俄罗斯联邦创新发展战略》《俄罗斯联邦文化旅游发展纲要（2013—2020）》《信息社会建设纲要（2011—2020年）》《外交活动纲要》《科学技术发展纲要（2013—2020）》《教育发展纲要（2013—2020）》《2020年前俄罗斯戏剧发展长期规划》《2025年前俄罗斯联邦古典音乐演出活动发展纲要》等，对发展文化产业和旅游业、促进俄罗斯民族团结、支持俄罗斯文化在境外的传播、开展国际人文文化合作、发展教育和人文科学、构建国家信息空间等活动进行了详细的规划和指导。

2016年2月29日，在上述文件的基础上，《2030年前俄罗斯联邦国家文化战略》出台，标志着俄罗斯文化战略体系的形成。《文化战略》指明了俄国家文化政策的四大总体目标、七项具体实施目标和八项主要任务，对俄罗斯国家文化政策做出了最为完备的阐释，设计出目标明确的实施路线图。

（二）俄罗斯文化事业概况及面临的问题

1. 文化事业的经费状况

2000—2014年，文化和影视业的支出在国内生产总值中的占比从2000年的0.39%上升到2014年的0.57%。虽然2008—2009年的世界金融危机对国家财政产生了较大的负面影响，但文化和影视业的财政拨款依然保持了增长的态势。文化和影视业在俄罗斯联邦综合预算总支出中的占比从2001年的1.36%上升为2014年的1.48%，其中2005年达到1.89%。支出数额在这15年间从285亿卢布增加到4100亿卢布，增长了13.5倍。人均数据从2000年的194卢布增长到2014年的2853.2卢布。

与欧洲国家相比，俄罗斯的人均文化支出指标是落后的。根据欧洲统计局的数据，在经济合作与发展组织的欧洲成员国中，俄罗斯年人均文化支出为 57 欧元，仅仅超越了葡萄牙、罗马尼亚、保加利亚和希腊，是挪威（447 欧元）的八分之一，接近法国（252 欧元）的四分之一，德国（145 欧元）的五分之二。[①]

市场转型以来，文化体制的经费来源状况改变甚少，国家预算的直接拨款依然占据垄断地位，缺少吸引国外资本投资文化事业的渠道。俄罗斯文化部信息计算中心（ГИВЦ Минкультуры России）的数据显示，2014 年国家预算在俄各文艺机构拨款额中所占的比例分别为：剧院 73.1%，博物馆 80.2%，音乐机构 78.6%，文化娱乐机构（包含文化休闲公园）91.2%，少年艺术学校 91.1%，图书馆 98%。慈善捐赠和企业赞助的经费在文化机构的总支出中占比很低（见表 8—7）。

表 8—7　　　　2014 年俄罗斯文化机构经费来源情况表　　　　单位：（%）

	剧院	博物馆	音乐机构	文化娱乐机构	少年艺校	图书馆
国家预算拨款	73.1	80.2	78.6	91.2	91.1	98
慈善捐助和企业赞助	1.2	2.2	0.9	1	5.1	0.6

资料来源：俄罗斯文化部信息计算中心（ГИВЦ Минкультуры России）。

2. 文化设施发展状况

近年来，俄罗斯对各种文化设施进行维护和兴建，着力打造由国家级和市级文化机构构成的、覆盖全国的文化网络。剧院的数量从 1990 年的 382 个增长到 2013 年的 658 个，增长了 1.7 倍；博物馆从 1990 年的 1315 家增长到 2013 年的 2727 家，翻了一番；演艺机构和独立演出团体数量也在明显增长。在联邦和地方文化机构的工作人员从 1990 年的 66.83 万人增长到 2014 年的 77.84 万人，剧院、演艺机构、儿童艺术学校和博物馆的工作人员增长趋势尤其明显。

但是，基础设施的现代化改造和对文化古迹的保护依然是亟待解决的问题。截至 2014 年 12 月 31 日，俄罗斯境内共有 17.25 万处文化古迹，其中国家级古迹 10.25 万个，地区级 6.78 万个，市级约 2 千个，此外还有

[①] Стратегия государственной культурной политики на период до 2030 года, 2016.

8.3万个未列入文化古迹名录的项目。国家级古迹中情况良好的占到39%，而地区文化古迹的状况不佳，每年都有不少古迹荒废或者受损。

文化事业的区域发展不均衡，各地区对基础设施的保障力度存在较大的差异。虽然地区剧院的数量有所提升，但不少剧院并不符合文化组织的标准。有41个地区缺乏青少年剧院，6个地区缺少话剧院，43个人口超过80万的联邦主体缺乏可以上演芭蕾舞和歌剧的剧场。在人口超过10万的165个城市中，36个城市的剧院容量设计不合规范，33个城市没有任何剧院。

3. 文化传播乏力

国家的文化认同被削弱，当前存在着多种对俄罗斯未来发展具有威胁的文化危机，如社会知识水平和文化程度的下降，以往得到公认的价值观出现贬值，人民的价值取向扭曲，社会上的敌意和偏执情绪增长，反社会行为突出，对国家历史上的重要时期做出负面评价，认为俄罗斯落后的错误观念的传播，社会关系（友谊、家庭、邻里）关系破裂，个人主义膨胀等现象。与此同时，俄罗斯文化在国际上的影响力逐渐消退。这是由各种因素共同导致的，包括苏联解体、有影响力的文化人士出国谋职，以及文化事业缺乏经济资助等。由于俄罗斯在国际的政治影响力减弱，境外俄语学习的需求降低，提供俄语教学的机构数量也相应减少。

（三）俄罗斯文化战略的优先领域和战略重点

1. 增强俄罗斯文化的国际影响力

在全球范围加强俄语的传播，在境外学校和文化中心构建有利于俄语和俄罗斯文化传播的良好机制，发展跨国境和跨区域的文化合作，积极回应国际上对俄罗斯历史进行污蔑以及对俄罗斯在世界历史中的作用和地位持有偏见的错误行为，利用俄罗斯丰富的民族文化资源开展国际合作，促进俄罗斯的电影、电视剧、文化、音乐在国外的推介，传播俄罗斯作为传统丰厚和蓬勃发展的现代文明国家的形象。

2. 维护统一的文化空间，以保障俄罗斯国家安全和领土完整

促进俄罗斯公民的身份认同感，保障俄罗斯联邦各族人民（俄罗斯民族）的统一和团结，保障俄语在国内正式活动和国际交流中的使用，打击对文化设施进行蓄意破坏的违法行为，预防各种以人文交流为借口开展的极端主义活动，禁止媒体宣传有关暴力和亵渎种族、民族、宗教的内容，

大力弘扬俄罗斯社会的传统道德观和价值观，激励创新，在文化活动中体现俄罗斯文明的传统价值规范、传统习俗和行为方式，等等。

3. 激发区域文化潜力，缩小区域文化差距

缩小区域间文化设施建设的差距以保证民众均衡享受丰富多彩的文化福利，充分开发能体现文化多样性和特殊性的区域文化资源和旅游资源，打造能提供观光和朝圣旅游服务的区域品牌，设立俄罗斯优秀人物的纪念日活动，在每一代人中培育并传承主人翁意识，等等。

4. 鼓励社会组织作为文化政策的主体发挥作用

提高各种专业协会（戏剧家、制片人、画家、作家、音乐家等）、各种创作团体以及政府机构下属的行业协会的作用，在遴选和采纳各种创作建议时充分考虑专家和社会评价组织的意见，责成各类民间艺术团体执行国家文化政策，提高公众通过新的通信技术获得文化服务和分享创意产业成果的可能性。

5. 突出家庭在传承俄罗斯文化价值和规范方面所起的重要作用

恢复家庭教育传统、克服代际之间的文化分歧，提高家庭在社会中的地位，提高多子女家庭的社会声望，树立俄罗斯传统的家庭价值观，建立代际之间的对话机制，提供教育体系中的法律、经济、医疗、心理等问题的家庭咨询服务，鼓励和推广家庭历史研究，通过政策优惠鼓励以家庭为单位参观博物馆、剧院及其他文化机构。

6. 培养民众个性的和谐发展，积极参与国家文化政策的实施工作

提供能让民众全面发展、自我实现和持续教育的条件，提高创新能力，鼓励正确价值观导向的教育和文化活动，强化教育的基础文化功能，确保俄语和其他民族语言、俄罗斯文学和民族文学、国家历史等科目的教学内容符合《俄罗斯联邦文化基本法》和本战略的相关章程，鼓励掌握俄语标准语，鼓励获取俄罗斯历史和文化知识，学会欣赏本国文化，在青少年群体中实施军事爱国主义教育，等等。

7. 保护文化遗产，促进文化发展

通过法律手段和激励措施，吸引民间资本进行文化设施的维修、恢复、重建工作，利用文物保护项目的许可证手续费、破坏文物的罚款、拍卖失修文物的收入、特许协议和其他预算外收入等款项等设立基金会，建立历史文化遗产保护区，开发文化旅游，大力推广文化传统，支持传承民间手工技艺，提高俄罗斯专业艺术表演水平，在各城市加强电影网络的建

设，提高本国电影的市场占有率，等等。

8. 打造新型文化政策模式

在实施国家文化政策的过程中保障各部门、各阶层和各地区之间的合作与协调，推行能体现社会传统价值观的文化政策，建立多渠道的文化资助系统，促进文化产业发展，在维护国家安全和统一文化空间的同时保护民族文化的多样性，设立定性和量化标准结合的监管机制，等等。

（四）文化战略的路径选择及对国际文化交流的影响

1. 维持型

维持型方案的基本原则是，对文化事业的资助规模和文化政策保持不变。在这样的政策背景下，俄罗斯在世界上的文化影响力将逐步减弱，境外俄语学校网络会继续萎缩，俄语的地位和普及程度不断降低，国际文化交流工作进展缓慢。

2. 创新型

创新型方案的关键是文化事业经费大幅增加。如果2030年前文化事业的预算规模达到国内生产总值的2%，并构建一个资金来源多元化的资助体系，那么将改变以俄语为母语的人群数量不断减少的趋势，扩大俄语和俄罗斯文化在世界范围的传播。

3. 稳健型

稳健型方案采取趋势向好、循序渐进的方式，逐步扩大专项资金的预算规模，力争2030年前占到国内生产总值的1.4%，同时分阶段开展内源融资和外源融资，利用税收优惠政策来鼓励公私合作、慈善捐助，共同实现国家的文化政策。稳健型方案虽然不能出现文化事业大幅跃进的情况，但可进一步加强文化事业作为国家优先发展领域的地位。在此条件下，俄罗斯文明的传统价值规范、传统习俗和行为方式将得到有效传承，国家直接拨款之外的文化资助规模增加，多渠道的文化资助体系形成。俄文化设施和文化遗产状况将出现极大改善，处于运营较好的状态，总数跻身世界遗产前五名。

在对外文化交流方面，俄语和俄罗斯文学的传播工作将得到切实加强：到2018年，经过职业培训的俄罗斯民族语言翻译人才数量增加到1.5倍，到2030年增加到目前的3倍；丰富互联网上有关俄语学习、俄罗斯教育和俄罗斯文化的信息资源，预计到2018年相关内容的优质资源数量增加到目前的 10 倍，2030 年增加到目前的 20 倍；加大对境外俄语学校和俄语课堂的资助力度，向其提供各种载体的教学材料并开展针对性资助，到 2018 年，境外俄语学校和俄语课堂的数量增加到目前的 1.5 倍，到 2030 年增加到目前的 2.5 倍；向外国俄语教师提供在俄罗斯优秀高校进行培训、进修和见习的机会，到 2018 年应不少于全体数量的 40%，到 2030 年应达到 100% 全覆盖。此外，俄罗斯将在构建后苏联统一文化空间方面大有作为，计划推动独联体国家共同申请跨国世界文化遗产项目。在电影业方面，稳健型方案计划到 2018 年本国电影占国内市场的份额达到 25%，到 2030 年达到 30%。

从苏联解体后的文化危机，以及"颜色革命"中的应对乏力，俄罗斯的文化发展在经历了低潮期之后，随着政治稳定和经济的发展，日益得到国家和社会的重视。通过一系列旨在复兴文化的专项规划和国家战略的实施，俄罗斯从政策、法规、机制、实践等各个层面构建文化战略体系，改善了解体后"失败国家"的形象，重建民族自信心和社会凝聚力，继而追求在世界文化舞台上的重要地位。

俄罗斯通过文化战略提升国家软实力，为国家的发展提供了文化基础和思想保障。面对西方由于乌克兰危机实施的制裁，俄社会空前团结，爱国情绪持续高涨，这证明了俄罗斯近年来强化国家内部文化认同的成功。从苏联的对外文化交流、民间外交到现今的文化输出和辐射文化软实力战略，对外文化政策始终是俄罗斯外交战略和文化战略的重要组成部分。但是，俄罗斯在现阶段的全球文化博弈中只是维持"守势"，尚未复兴世界文化大国的雄风。受国家经济实力和支持力度所限，俄罗斯对外文化交流的载体不够丰富，形式比较单一，目前对外输出的文化产品以语言培训为主，缺乏能够传达意识形态和国家精神的文学、影视作品，其影响力覆盖范围也主要局限在独联体地区。

第九章 发展动力：教育和科技创新

随着对国家软实力研究的不断深入，出现了各种类型的软实力研究，如外交软实力、文化软实力、传播软实力、经济软实力等，但是对科技和教育因素在国家软实力中的重要性，无论是在软实力研究中的理论阐释，还是在测量体系中的指标设计，都未得到充分的体现。

当今世界的竞争不只局限在对自然资源的争夺，科学技术和人力资源已经成为保障一国经济和社会可持续发展的重要条件，因此，一国的教育规模与质量、科研实力、创新能力、人才资源等要素同政治制度、社会形态、文化传统等因素一样同为软实力的重要来源。教育和科技软实力既包含物化的校园基础设施、科研设备、实验仪器等硬实力因素，也包括科研体制、教育质量、研发能力、科研人员的数量和质量等无形的力量，这种软实力在增强国家吸引力，发挥潜移默化的影响力，争取别国的尊重与合作，推动实现国家战略目标方面具有巨大作用。

一 科技和教育对软实力的促进作用

（一）科技和教育实力是软实力的"硬基础"

冷战结束后，国际关系中的经济因素、文化因素日益突出，经济活动的重心从物质生产转向知识生产,知识成为衡量一国生产力的主要因素。①知识经济为软实力注入了新内容,扩大了新领域。一国的科技进步和领先的教育水平会引领世界发展潮流,对其他国家产生强大的吸引力,而吸引力正是软实力最基本、最重要的条件,因此教育、科技和创新实力对国家软实力起着重要的促进作用。

国家竞争力如果仅依赖传统经济理论中的土地、材料、能源等要素,其竞争优势通常不易持续,只有真正拥有丰富的高素质人力资源和具备创新能力的国家,才能在国际竞争中立于不败之地。西方发达国家的竞争力之所以较强,很大程度上得益于其充满活力的教育事业,其人力资本、科研与技术等要素比别的国家具备更强的实力。因此,教育实力是国家软实力赖以持续发展的重要基础。国家科学技术的进步、高素质人力资源的积累和整体国民素质的提高,需要依靠教育,尤其是高等教育的基石作用。

2014年5月,美国总统奥巴马在西点军校的讲演中宣称,美国在未来的100年间将继续引领世界。美国的底气,当然不仅仅来自其强大的军事和经济实力,更重要的是来自能保障其军备建设和经济增长持续发展的、全球领先的科学技术水平。

(二) 教育是软实力输出的重要手段

教育在国家软实力的竞争中意义重大。一国软实力要充分发挥作用,其文化思想观念需要通过文化教育和媒体对外进行传播。相比媒体传播,教育是一种润物细无声、目的性更强、效果更好的文化传播形式,受众在接受教育的过程中比接受媒体信息时显得弱势和易受影响,教育因而成为国家文化战略的重要内容和软实力输出的重要手段。在国际教育交流中,教育不是单纯传播知识的过程,更是开启心智,把一种意识形态和思想文

---

① 知识经济(Knowledge Economy,Knowledge Based Economy),是与农业经济、工业经济相对应的概念。1996年,世界经合组织发表了题为《以知识为基础的经济》的报告。该报告将知识经济定义为建立在知识的生产、分配和使用(消费)之上的经济。其中所述的知识,包括人类迄今为止所创造的一切知识,最重要的部分是科学技术、管理及行为科学知识。该报告认为,21世纪人类的发展将更加倚重自己的知识和智能,知识经济将取代工业经济成为时代的主流;工业化、信息化和知识化是现代化发展的三个阶段;创新是知识经济发展的动力,教育、文化和研究开发是知识经济的先导产业,教育和研究开发是知识经济时代最主要的部门,知识和高素质的人力资源是最为重要的资源。

化传播给其他国家和民族的有效途径。留学生会受到当地社会文化潜移默化的影响，会在就读国家积累和拓展人脉关系，并在回国后利用这些社会资本对留学所在国的语言和文化进行传播。通过作为"软实力"工具的国家教育对外部世界产生的作用，在很多时候比军事及其他施压手段更为隐蔽和长久。

在利用教育软实力方面，美国堪称成功的典范，其科教软实力不仅保障了国家在世界上的领先地位，还在对竞争对手进行思想渗透和宣传进攻等方面发挥了重要作用。从20世纪50年代开始，福特基金会、美国学会联合会、社会科学研究理事会及美国110所大学院校与苏联有关机构开展了学术交流活动，1958年至1988年间共有5万苏联人访问美国。这些赴美学习和访问的学者，在汲取科学知识的同时，也接受了美国的政治思想，许多人后来成了"民主化"和"自由化"的先锋。虽然苏联政府对这种交流进行了限制，但数量不多的留学生后来成长为苏联的政治和学术精英，对苏联的政治发展和苏美关系走向产生了重要影响。

例如，一度掌管苏联意识形态工作的亚·雅科夫列夫（А. Яковлев）1958年于哥伦比亚大学师从于大卫·杜鲁门（David Truman）。在雅科夫列夫的默许甚至引导下，推行资本主义和反共反社会主义的舆论成为苏联宣传的主流，由此引发的社会思想动荡加速了苏联演变的步伐，与其他因素合力导致了苏联的解体。克格勃少将奥·卡路金（О. Калугин）也曾留学美国，他认为："交流对苏联而言就是特洛伊木马。他们对苏联制度的侵蚀起到了无与伦比的作用……这种交流多年来持续影响了更多的人。"这种由精英之间的文化交流产生的软实力为美国的"不战而胜"做出了重要贡献。[1]

二 俄罗斯的科教实力及其在国际上的地位

苏联时期，国民受教育水平在世界上名列前茅，高等教育更是苏联人的骄傲，其规模、水平、质量在世界高等教育领域占有重要位置，一些重

---

[1] 〔美〕约瑟夫·奈：《软力量——世界政坛成功之道》，吴晓辉、钱程译，东方出版社2005年版，第48页。

点名牌院校历史悠久、治学严谨，拥有较强的教学和科研能力，在基础理论教学和对学生知识、技能及创造力的培养方面在国际上具有示范效应，培养造就了一大批世界闻名的政治家、科学家、文学家和艺术家，为推动世界文化发展作出了巨大贡献。

苏联政府一直把教育实力视为国家发展的重要资源之一。早在"软实力"这一概念出现之前，苏联就已经把教育作为"意识形态武器"和"民间外交"的工具使用，在吸引外国学生方面积累了丰富经验，其成就得到了广泛肯定。苏联解体前夕，留苏学生人数达到126500人，占当时世界留学生总数的10.8%，位居世界第二。[①] 除去莫斯科大学、列宁格勒大学（现圣彼得堡大学）、莫斯科国际关系学院（Московский государственный институт международных отношений）等传统名校之外，苏联政府特设了专门用于招收留学生的卢蒙巴人民友谊大学（Университет дружбы народов имени Патриса Лумумбы，现俄罗斯人民友谊大学）、普希金俄语学院（Государственный институт русского языка имени А. С. Пушкина）等院校。友谊大学是其中的典型代表，该校于1961年建立，为亚非拉美国家培养了大量的各类专业人才，是第三世界的"政治家摇篮"。友谊大学的毕业生是苏联开展"民间外交"的重要资源，在他们中间产生了十几位国家元首、几十位部长、大使级高官，友谊大学因此成为苏联时期重要的软实力工具。除了用俄语在苏联高等和中等专业学校培养大量的外国专家，在苏联经济和技术的影响下，从1960年到1991年在36个苏联的外国同盟国家中还创办了36所高校（大学、研究所、大学中心、专业化系和分支机构），23所中等专业学校（技校），400多所职业技术教育中心，5所普通教育中学。苏联给这些学校配备设备，提供教学课本，委派苏联专家组织学习活动（每年派出的苏联专家达5千人）。至苏联解体前，这些教育机构共培训了6万人（其中3万人接受的是大学教育）。

苏联解体对俄罗斯社会发展产生了深刻的影响，教育领域也发生了一系列根本性的变化。由于经费巨幅缩减、教育体制闭塞、教育理念与社会

[①] Шереги Ф. Э., Дмитриев Н. М., Арефьев А. Л. Российские вузы и международный рынок образовательных услуг, Научно‐педагогический потенциал и экспорт образовательный услуг российских вузов（социологический анализ）, М., 2002, стр. 28.

需求脱节等诸多原因，昔日苏联科技和教育的荣光未能在新俄罗斯继续闪现，航空、地质、矿业、核能、船舶制造、生物医学新工艺、分子物理、计算机软件、光学和电子仪器加工等领域，俄罗斯不再维持苏联时期的领先水平，甚至落后于一些新兴国家。

近三年的"全球竞争力报告"数据显示，西方经济体在竞争力榜单上继续占主导地位，俄罗斯的综合竞争力仅处于中等水平，远远落后于美国、德国、瑞士、芬兰等欧美强国，以及日本、新加坡、韩国等亚洲国家。相较于中国，俄罗斯也有较大差距。迈三年的数据显示，中国的名次分别是第29、29名和第28名。有关"健康和初等教育"的情况，俄罗斯的排名与其综合竞争力相当，而"高等教育和培训以及技术设备"的排名状况略好于综合分值，俄罗斯的弱项体现在创新领域，与总排名尚有不小差距[①]（见表9—1）

表9—1　　全球竞争力指数中的俄罗斯教育和科技竞争力

年　份	总排名	健康和初等教育（排名/分数）	高等教育（排名/分数）	技术设备（排名/分数）	创新（排名/分数）
2012—2013	67	65/5.75	52/4.59	57/4.13	85/3.01
2013—2014	64	71/5.71	52/4.59	59/3.97	99/3.35
2014—2015	53	56/5.97	39/4.96	59/3.97	75/3.54

资料来源：WEF Global Competitiveness Report 2012 - 2013，WEF Global Competitiveness Report 2013 - 2014，WEF Global Competitiveness Report 2014 - 2015。

以下我们对2014—2015年度的GCI评价体系中有关教育和科技的指标做进一步的细化分析。"健康和初等教育"指标显示，尽管苏联是传统的文化大国，教育普及率很高，但是现今的俄罗斯在该项指标上并不突出，其净入学率和质量排名仅属于中游水平（见表9—2）。

---

① 在世界经济论坛（WEF）设计的对国家竞争力进行评价的GCI（Global Competitiveness Index）指数体系中，初等教育和高等教育分别作为主要的支柱指标出现，每个支柱指标又包含若干个分解指标，因此，GCI指数不仅有助于了解一个国家的综合竞争力，也能反映一国的教育竞争力。值得一提的是，沿用至今的这套指标是由WEF于1996年进行修订后实行的，与此前的指标体系相比，新指标对教育的重视程度有了极大的提高。指标评定体系的变化也间接说明教育的重要性日益提升。

表9—2　　全球竞争力指数（2014—2015）：俄罗斯初等教育

初等教育质量（排名/分数）	初等教育入学率（排名/百分比）
57/4.2	54/96.2

资料来源：WEF Global Competitiveness Report 2014–2015。

在"高等教育和培训"指标上，俄罗斯的"中等教育入学率""教育系统质量""数学和科学教育质量"排名比较落后，"学校管理质量"更是居于100名以外，唯一有亮点的是"高等教育入学率"，进入了前20名的位次（见表9—3）。

表9—3　　全球竞争力指数（2014—2015）：俄罗斯高等教育

1	中等教育入学率（排名/百分比）	56/95.3
2	高等教育入学率（排名/百分比）	19/76.1
3	教育系统质量（排名/分数）	84/3.5
4	数学和科学教育质量（排名/分数）	59/4.3
5	学校管理质量（排名/分数）	104/3.7
6	校园互联网接入（排名/分数）	41/5.1
7	科研和培训服务（排名/分数）	59/4.3
8	行政培训（排名/分数）	89/3.8

资料来源：WEF Global Competitiveness Report 2014–2015。

在"创新"指标中，俄罗斯的情况依然不容乐观，无论创新能力、科研机构质量、公司和政府对研发的投入，还是科研人员人数，俄罗斯在国际上的地位都处于中等偏下的水平。其中"每万人申请专利数量"算是对俄罗斯的综合能力有所贡献，在国际上位于第41名（见表9—4）。

表9—4　　　　全球竞争力指数（2014—2015）：俄罗斯创新能力

1	创新能力（排名/分数）	66/3.8
2	科研机构质量（排名/分数）	56/4.0
3	公司对研究和开发的投入（排名/分数）	62/3.2
4	校厂联合研发（排名/分数）	67/3.6
5	政府对先进科技产品的采购（排名/分数）	81/3.3
6	科学家和工程师（排名/分数）	70/4.1
7	每万人申请专利数量（排名/分数）	41/7.1

资料来源：WEF Global Competitiveness Report 2014－2015。

三　俄罗斯科技和教育的国际影响力

一国教育是否具有吸引力，主要取决于该国科技发展水平的高低、研究开发能力的强弱、教育理念的先进程度，以及教育基础设施的完备程度等因素。美国是世界上吸引留学生和科研人员最多的国家，在世界著名大学中，美国大学的吸引力也是最大的。美国之所以能成为吸引世界各国仿效、学习的标杆和榜样，在于其科研经费的投入、科技论文的数量、科研成果的水平，以及重大科学发现、技术发明、科研基础设施建设等，几乎都保持了领先地位和优势。

相形之下，俄罗斯在教育和科技领域的竞争力则还处于需要奋起直追的地位，这主要表现在以下几个方面：

（一）科研成果影响力

在汤森路透发布的"2003—2013最有影响力的科学人才"排行榜中，来自美国研究机构的科学家人数占据绝对优势，而来自俄罗斯的科学家总人数未能入围前十。[1] 同时，有资料显示，俄罗斯的科研著作数量和影响

---

[1] The World's most Influential Scientific Minds, Thomson Reuters Web of Science & InCites Institutions with the highest numbers of Highly Cited Researchers, based on the authors' primary affiliations as listed on their Highly Cited Papers published between 2003 and 2013.

力也差强人意：2003—2012 期间，俄罗斯发表的论文数量增长缓慢，从 2003 年的 25573 篇增至 2012 年的 26503 篇，增长率只有 4%，而同期 Web of Science 数据库收录的论文总量增长了 50%。俄罗斯发表的论文数量在全球论文数量中的比例下降，由 3% 降至 2.1%（见图 9—1）。

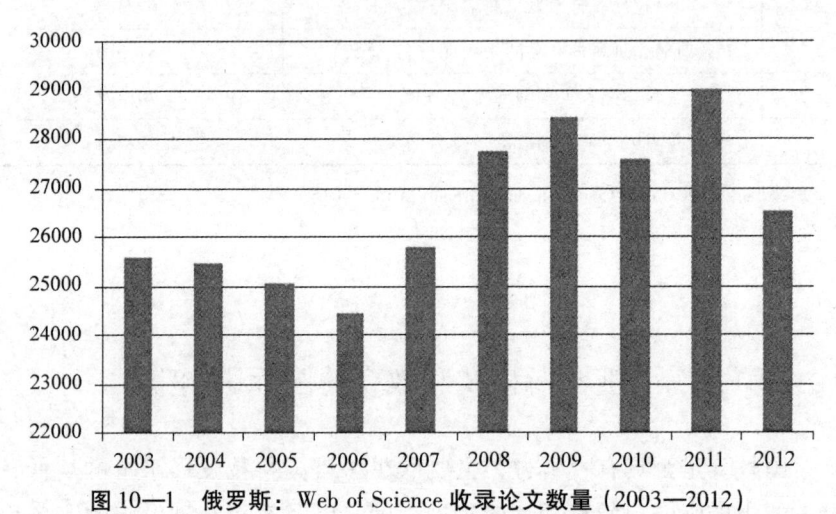

图 10—1 俄罗斯：Web of Science 收录论文数量（2003—2012）
资料来源：The Research & Innovation Performance of the G20, 2014。

在这十年期间，俄罗斯论文的影响因子整体较低，只是 2012 年稍有起色，仍比世界各国论文影响因子的平均水平低 19%。自然科学是俄罗斯的传统重点研究项目，2008—2012 年间俄罗斯在全球自然科学研究中所占的比例充分证明了这一点。这五年间，俄罗斯在全球研究中所占比例最大的三个研究领域是：物理与天文（6.3%），数学（4%），化学（3.5%）。在相对影响因子方面，俄罗斯得分最高的是临床医学（比世界平均水平低 20%），紧随其后的是物理与天文以及农业科学，但两者都比世界平均水平低 31%。在这十年期间，俄罗斯的高频引用论文数量及发展趋势与其拥有的科研人员数量不成正比。在基本科学指标方面，在 2002—2011 年间，俄罗斯的高频引用论文[1]在全球论文中占比最高的是物理，达到了 5.7%。但是，从全球范围来看，俄罗斯在物理领域的贡献已经沦落

---

[1] 根据汤森路透的界定，高频引用论文是指在同年度同学科领域中被引频次排名位于全球前 1% 的论文。

到了"二流"水平①（图9—2、图9—3）。

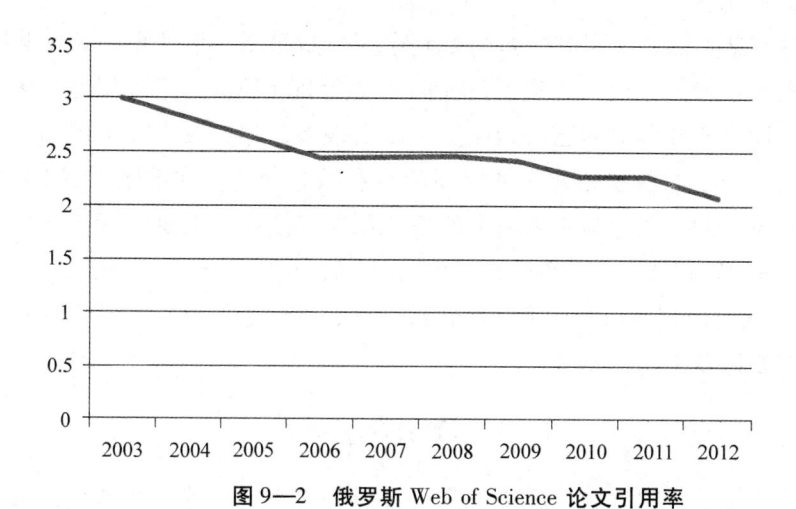

图9—2 俄罗斯 Web of Science 论文引用率

资料来源：The Research & Innovation Performance of the G20，2014。

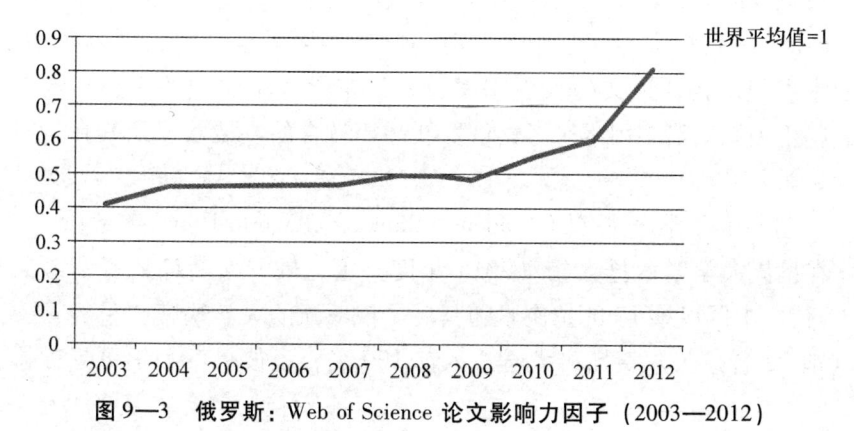

图9—3 俄罗斯：Web of Science 论文影响力因子（2003—2012）

资料来源：The Research & Innovation Performance of the G20，2014。

（二）技术创新

在科技创新领域，长期居于前列的是美国、日本、德国、瑞士等国，中国、韩国、印度等新兴科技国家的创新指数排名呈现稳步上升的态势，

---

① The Research and Innovation Performance of the G20，MARCH 2014，Thomson Reuters.

但俄罗斯正逐步偏离国际科研舞台的中心位置，科研成果被引用的强度和广度都亟需强化。[1]

在国内创新方面，从官方公布的专利申请数量来看，俄罗斯在这十年期间的专利数量增长很快，达到了目前的年均 25000 项的水平。但是，俄罗斯虽然比同为金砖国家的巴西和印度要高出许多，却大大少于中国的专利申请数量。与欧洲国家相比，俄罗斯的专利数量介于法国和德国之间，高于英国和意大利。在全球排名前十的技术创新成果中，俄罗斯所占比例最高的是科学仪器（3.06%）、天然产品（2.63%）、工程仪表（2.21%）。从国内创新与全球专利的比较来看，俄罗斯的科研主要集中在烟草、爆炸物以及消防技术方面。[2]

（三）高等教育

俄罗斯高等教育的影响力逐年下降，吸引力也不容乐观。本书将参考上海交通大学一流大学研究中心、国际高等教育研究机构、汤森路透公司等权威机构的调查数据，借助"世界大学学术排名""世界大学排行榜""泰晤士高等教育世界大学排名"等最具影响力的全球性大学排名结果，从学术声望、教师论文的被引用率、高校在用人单位中的声望、资源保障、师生关系等诸多因素来考察俄罗斯高等教育的发展状况及其在世界上的地位。

1. 世界大学学术排名（Academic Ranking of World Universities）[3]

在世界大学学术排名榜（2015 年度）上，俄罗斯高等教育资源居于第 16 位，中国以第 17 的位次紧随其后。俄罗斯的大学缺席"世界顶尖大学（前 20 名）"，仅莫斯科大学进入前 100 名，圣彼得堡大学更是被排在

---

[1] 2015 State of Innovation, Thomson Reuters. 2015 Top 100 Global Innovators, November 2015, Thomson Reuters.

[2] The Research and Innovation Performance of the G20, MARCH 2014, Thomson Reuters.

[3] "世界大学学术排名"（Academic Ranking of World Universities, ARWU）是世界上最早的综合大学排名，由中国政府授权上海交通大学世界一流大学研究中心于 2003 年首次发布。该榜单侧重衡量高校的研究实力，以其客观的排名数据获得国际称赞，是世界上影响力最大的大学排名之一。ARWU 的基础数据包括各大学教师或校友获得诺贝尔奖或菲尔兹奖的人数、学科领域高引用率教师数量、以第一作者单位在《自然》（Nature）或《科学》（Science）杂志上发表的论文数量等。该榜单列出了世界大学 500 强；还附列出五大领域和五大学科世界大学 100 强。上海交通大学把世界大学 500 强中排名在 1—20 名的大学定义为世界顶尖大学；排在 21—100 名的大学定义为世界一流大学。

300名之后。在500名优秀大学的范围内，俄罗斯仅2所上榜，不仅与美国的146所相差悬殊，也远逊于中国的44所。这种情况同样反映在具体的学科排名榜上，中国进入理科前100名的有3所，工科有20所，文科有2所，而俄罗斯仅有1所大学进入理科前100名，其他领域无一入围（见表9—5）。

表9—5　　　　　　　世界大学学术排名（2015年度）

国家	前20名	前100名	前200名	前300名	前400名	前500名
美国	16	52	77	104	125	146
俄罗斯	—	1	1	1	2	2
中国	—	—	9	19	34	44

资料来源：上海交通大学世界一流大学研究中心数据

2. 世界大学排行榜（QS World University Ranking）[①]

在QS世界大学排行榜中，莫斯科大学和圣彼得堡大学一度进入过前100名和前200名的名单，但是这两所大学的名次于2011年骤降，分别为第112名和第251名，此后名次不见改善。2015年，莫斯科大学为第108名，圣彼得堡大学为第256名。不过，这两所大学从苏联时期承袭的在自然科学领域的研究优势依然得到保持，且在"自然科学"项的排名明显好于其在"社会科学和生命科学（生物、医学）"领域的排名，2007—2011年期间，莫斯科大学的名次排在第27—38名之间（见表9—6）。从评定标准上看，莫斯科大学在"教师与学生比"指标上的排名位居前列，2011年曾排世界第七位。在"用人单位评价"指标中，莫斯科大学也取得了不错的成绩，排世界第51位。

[①] 世界大学排行榜（QS World University Ranking）由国际高等教育研究机构Quacquarelli Symonds（QS）研究制定。QS世界大学综合排名运用六个方面的具体指数衡量世界大学，这六个指数和它们所占的权重分别是：学术领域的同行评价（Academic Peer Review），占40%；全球雇主评价（Global Employer Review），占10%；单位教职的论文引用数（Citations Per Faculty），占20%；教师/学生比例（Faculty Student Ratio），占20%；国际学生比例（International Student Ratio），占5%；国际教师比例（International Faculty Ratio），占5%。2014/2015年度，世界大学排行榜根据全球逾6.3万名学者及2.8万家招聘机构的意见，根据大学的学术声望、雇主印象、师生比例、教授论文获引用次数、国际学生和教授人数从3000多所大学中列出分值最高的800多所。

俄罗斯高校进入世界前 400 位的只有鲍曼大学（第 231 位）和莫斯科国际关系学院（第 289 位）。在"学术声望"这一与高校美誉度紧密相关的指标上，只有 3 所高校列入前 400 位：莫斯科大学（第 93 名）、圣彼得堡大学（第 244 名）和鲍曼大学（位于第 301—350 名区间）。俄罗斯大学在外国学生数量（俄国内第一的莫斯科国际关系学院位居世界第 232 名）和外籍教师数量（莫斯科大学和鲍曼大学位居第 300—400 名区间）以及师均论文引用数量上表现最差，后者进入世界前 400 强的仅 5 所俄罗斯大学（莫斯科大学、鲍曼大学、俄罗斯国立研究大学高等经济学院、新西伯利亚国立大学以及俄罗斯人民友谊大学），这 5 所大学的总名次均位列 300 开外。[①]

表 9—6　　世界大学学术排名（2015 年度）：学科排名前 100 名）

国家	SCI（理科）	ENG（工科）	LIFE（生命科学）	MED（医学）	SOC（社会科学）
美国	46	38	53	50	60
中国	3	20	—	—	2
俄罗斯	1	—	—	—	—

3. 泰晤士高等教育世界大学排名（The Times Higher Education World University Ranking）[②]

俄罗斯高校在该排行榜中的名次远逊于 QS 世界大学榜。在第一份泰晤士高等教育世界大学排名（2010 年）中，俄罗斯高校无缘前 200。2011 年，莫斯科大学位列第 276 名，而圣彼得堡大学跌至第 351—400 名区间。

---

① QS World University Ranking 2008—2015.
② 泰晤士高等教育世界大学排名（The Times Higher Education World University Ranking，简称 THE）由英国《泰晤士报高等教育增刊》（*The Times Higher Education Supplement*）报社发布。2004 年 11 月，《泰晤士高等教育》首次与国际高等教育研究机构（QS）合作推出大学排名，此后每年秋季都会公布世界大学排名，是西方最知名的全球性大学排行榜。2010 年，《泰晤士高等教育》改为与加拿大汤森路透集团（Thomson Reuters）合作，并在以往排名标准的基础上继续完善，推出了 THE 全球大学排名。排名主要依据经济活动与创新（如获得产业界研究经费指数）、国际化程度（如国际学生与当地学生比例）、制度化指标（如学校师资）等指标，包括教学能力（Teaching，占 30%）、研究能力（Research，占 30%）、论文引用（Citation，占 32.5%）、商业融资（Industry Income，占 2.5%）和国际化程度（International mix，占 5%）5 个大项和 13 个细分标准。THE 标准将重点放在大学的研究水平、教学品质及知识创新等方面。

"泰晤士高等教育世界大学排名"取消了QS世界大学排行榜中类似"学术声望"的主观评价指标，而代之以"科研规模""研发收入""论文质量及其引用水平"等具体的量化指标。该排行榜的衡量标准以科研成果为重，相关数据在总评分中占比60%。此外，教学工作占比30%，外国教员和学生及研究项目数量占7.5%，创新成果商业化取得的收入占2.5%。同时，如果在100分中圣彼得堡大学的教学工作得分为37.6分的话，那么科研和引用论文得分则分别为19.7分和3.1分。莫斯科大学得分稍高（分别为47.9分、27.5分和11分），但在论文引用部分得分的减少同样明显。[1]

俄科研机构在基础研究和创新应用中发挥的作用，与其在世界教育体系中的地位之间存在着密切关系。由于评价标准和各指标的比重存在差异，俄罗斯的科技发展和教育水平在不同机构发布的排名榜上位次有所不同，但总的来说，俄罗斯高校在2015—2016年度世界大学学术排名、QS世界大学排行榜等榜单上的表现不能列入优秀的行列（见表9—7）。大学排名与俄罗斯在国际市场上的教育吸引力之间存在着互相作用，经济合作与发展组织数据显示，2005年，俄罗斯的留学生人数约为100000人，在世界上占比3.8%，到了2007年，这一份额则只有2%，这与当年苏联位居全球第二留学生目的地的状况相差悬殊。[2]

表9—7 俄罗斯入围全球最有影响力大学排名榜情况（2015年度）

2015—2016年度世界大学学术排名（TOP500）	QS大学世界排名（TOP500）	泰晤士高等教育世界大学排名（TOP500）
2所	9所	7所
莫斯科国立大学、圣彼得堡国立大学	莫斯科国立大学、圣彼得堡国立大学、新西伯利亚国立大学、莫斯科国立鲍曼技术大学、莫斯科国立国际关系学院、莫斯科国立物理技术学院、圣彼得堡彼得大帝理工大学、托木斯克国立大学	莫斯科国立大学、圣彼得堡彼得大帝理工大学、托木斯克理工大学、喀山联邦大学、国立核能研究大学、新西伯利亚国立大学、圣彼得堡国立大学

---

[1] 泰晤士高等教育世界大学排名（The Times Higher Education World University Ranking），http://www.timeshighereducation.co.uk/world-university-rankings/3。

[2] Всемирный доклад по образованию 2006 г. Сравнение мировой статистики в области образования. Монреаль: Институт статистики ЮНЕСКО, http://unesdoc.unesco.org/images/0014/001457/145753r.pdf.

四 增强科教软实力的举措与前景

(一) 俄罗斯科教实力下降的原因

俄罗斯科教实力下降的原因表现在以下几个方面：

第一，政府对教育和科技发展的投入减少。以俄罗斯科学院为例，虽然俄罗斯的科技投入近年来有所增加，但对于为数众多的科研队伍和实验室、工程中心而言，俄对科技的投入仍处于国际较低水平。俄罗斯研发经费只占 GDP 的 1%，投入俄罗斯科学院的不足 20%。发达国家人均研发经费为 700 美元，而俄罗斯只有 140 美元。俄罗斯国家杜马科技委员会主席瓦·切列什尼奥夫认为，"俄罗斯科学领域 60% 的成果出自科学院，而国家在 2000 年给科学院的拨款只有 1990 年的 1/28"；"我们的研究所得到的只是最基本的经费：其中 15% 要支付水电费，剩下的用来发工资，购买试剂和鼠标的钱从何而来？"①

第二，现代化的科技创新体系尚未建立。正处于转型阶段的俄罗斯需要现代化的科技创新体系来助力发展，但俄科研机构在优化配置科技资源、提高创新整体效率、完善创新机制等方面的进步并不明显。俄罗斯科学与教育部部长德·利瓦诺夫公开批评俄罗斯科学院"毫无生气和缺少前景"，总理梅德韦杰夫也认为，俄罗斯科学院管理体制还停留于 20 世纪 30—40 年代。这种管理机制不符合当前俄罗斯科学发展的形势。② 2013 年发生的科学院改革之争折射了俄罗斯 20 多年发展与改革的逻辑悖论和现实困境。俄罗斯科学院的改革问题并非是这两年的新问题。从 20 世纪 80 年代开始，俄罗斯科研体制固步自封，日趋保守和僵化，当俄罗斯社会状况发生着翻天覆地的变化之时，科研体制却一直未能与时俱进。

第三，俄罗斯科研机构与国际学术空间的融合度不够。上述全球排名所使用的大部分指标都包括了对高校研究活动的评价，该评价是根据高校

---

① Валерий Черешнев о проблемах российской науки//Официальный сайт политической партии "Справедливая Россия"，25 марта 2015，http：//www.spravedlivo.ru/5_68035.html.

② Медведев Д. система РАН устарела и будет реформирована//Интерфакс，27 июля 2013 г. http：//www.interfax.ru/russia/315174.

在世界主流刊物（列入 Web of Science 和 Scopus 名单的刊物）论文发表的积极程度，并综合高校在某一综合指标上教育和研究活动的表现而指定的，然而俄罗斯的研究和教育机构融入世界刊物发表体系的程度却很低。长期以来，俄罗斯的科研和教育自成一统，并不把在世界权威刊物上发表成果视为从事科研的必备条件。有学者尖锐指出：" 在大多数俄罗斯的研究所中至今鲜有人会为了自己的论文不能在西方刊物上发表而苦恼。著名的'不发表就会死'（publishor perish）原则至今仍不被俄罗斯学者承认，他们认为自己的研究事业取决于是否被国外刊物上摘登是荒谬的。"[①]

此外，权威评价体系都以英文出版物为基础数据，但俄罗斯学者在发表英文论文方面具有语言的先天劣势，所以俄学者的科研成果未能得到有效呈现，导致在西方主导的排行榜上名次偏低。这在很大程度上阻碍了俄学者通向国际学术空间的途径。以莫斯科大学为例，根据"世界大学学术排名"的数据，莫斯科大学"各学科领域被引用次数最高的科学家数"和"在《自然》（Nature）和《科学》（Science）上发表论文的折合数"这两项分别为"0"分和"7.7"分，远远落后于诸多美国一流院校，这与其在"获诺贝尔奖和菲尔兹奖的校友折合数"和"获诺贝尔奖和菲尔兹奖的教师折合数"上比较优秀的表现产生强烈反差，其中的原因与俄罗斯学者不擅于用英语发表论文有很大关系（见表9—8）。

表9—8 莫斯科大学在"世界大学学术排名"上的指标得分情况

	排名	获诺贝尔奖和菲尔兹奖的校友折合数 Alumni	获诺贝尔奖和菲尔兹奖的教师折合数 Award	各学科领域被引用次数最高的科学家数 HiCi	在《自然》（Nature）和《科学》（Science）上发表论文的折合数 N&S	被科学引文索引（SCIE）和社会科学引文索引（SSCI）收录的论文数 PUB	上述五项指标得分的师均值 PCP
莫斯科大学	86	41.4	33	0	7.7	46.4	31.3
哈佛大学	1	100	100	100	100	100	76.6
斯坦福大学	2	40.7	89.6	80.1	70.1	70.6	53.8
麻省理工学院	3	68.2	80.7	60.6	73.1	61.1	68.0

---

① Бусыгина И. Неощутимое присутствие//официальный сайт РСМД, 28 августа 2012 г., http：//russiancouncil.ru/inner.

除了以上原因，也有俄罗斯这者认为，俄罗斯的高校以"教学"为主，人们习惯根据高等教育本科阶段教学质量而不是科研水平来评定一个大学的优劣，长期以来高校的发展也是以此作为方向，因此不适用西方的以硕士、研究生院和教师的科研工作为主要评价内容的标准，等等。①

（二）俄罗斯政府的应对之策

经历苏联解体之初的剧烈震荡之后，俄罗斯的政治、经济和社会形势逐渐好转，GDP 增幅一度达到 7.7%，对高等教育的投入随之增加，教育国际化的进程也开始启动。俄罗斯官方明确把科技和教育纳入软实力的范畴："在世界发展的现阶段，受全球化进程影响以及由于新的'国际关系的多级体系'的形成，'软实力'作为一国影响世界政治的主要因素之一，与军事政治分量和经济资源一道成为了国家的优先发展方向，其中'软实力'指的是一国在文艺、科技、教育等领域上的成就。"② 为此，俄罗斯力图通过教育输出、语言推广和本国文化价值观的传播等方式，培养潜在的友好力量，提高国际认同度和影响力，重塑大国形象。

但是，如前所述，俄罗斯在一些权威评估体系中差强人意的表现，证明其教育和科技水平缺乏强大的竞争力和吸引力，以此增强国家软实力的构想短期内难以实现。近年来，俄罗斯在国际教育服务市场上的份额持续下降。经济合作与发展组织数据显示，2004 年赴俄留学人数在世界上占比 3%，到了 2007 年，这一比例下降至 2%，留学市场从苏联时期的全球第二位，下滑到第九位。③ 俄罗斯不仅不能吸引留学生，本国学者也大量外流。据统计，约 23000—30000 名俄罗斯科研人员在境外长期任职，还有数量相近的学者在境外根据阶段性协议工作。④ 面对激烈的国际科技竞争局势，俄罗斯政府采取多重措施来提升国家的科教软实力。

---

① Бусыгина И. Неощутимое присутствие, официальный сайт РСМД, 28 августа 2012 г. http://russiancouncil.ru/inner.

② Приложение № 1 к Концепции внешней политики Российской Федерации. Основные направления политики Российской Федерации в сфере международного культурно - гуманитарного сотрудничества (2010 г.).

③ Global Education Digest 2009: Comparing Education Statistics Across the World, The UNESCO Institute for Statistics, 2009.

④ Салтыков Б. Высшее образование в России: между наследием прошлого и современными вызовами/IFRI. Nei. Visions n 29. C. 7, http://www.ifri.org/files/Russie.

1. 以科学院改革为契机，整顿科研管理机制

据调查，在俄科研院所和高校总数中，占比只有10%的15家科研机构贡献了70%的俄罗斯专利申请数量和80%的引用率最高的科研成果。这些机构的科研成果应用性最强，国际上的引用率也最高。[1] 庞大的俄罗斯科学院在经济发展、科技进步等领域的作用与其规模并不相称，智库咨询作用也不突出。俄罗斯政府指责俄罗斯科学院近年来"无所作为"，政府投入巨大而科研成果产出少。从2013年起，俄罗斯政府大刀阔斧地对科学院进行改革，以解决科学院及其下属科研机构的治理结构、运行机制等问题。改革的主要内容是把俄六大科研机构中的三个——科学院、医学科学院（Российская академия медицинских наук，简称РАМН）和农业科学院（Российская академия сельскохозяйственных наук，简称РАСХН）合并为"大科学院"（РАН），其财务管理权限将大为削减，其下属科研院所将与"母体"分离。同时成立俄总理直接管辖的联邦科研机构管理局（Федеральное агентство научных организаций，简称ФАНО），接管各研究所并管理三家科学院的原有资产和资金。新设立的俄罗斯科学和教育基金将支持科研机构开展基础性和探索性研究，加强科研团队和研发基地建设，促进知识密集型产品开发。如今，三个科学院已经合并工作，但俄科学院与科研机构管理局的关系与职能仍然难以理清。

2016年1月21日，普京总统主持召开国家科学与教育委员会会议。到会的委员会成员包括科学与教育部部长、总统顾问、科学院院长以及莫斯科大学校长等高官和科教界名流。会上普京强调，科技发展和创新关乎国家安全和主权，要从战略的高度，尽快制定国家科技发展战略规划。普京指示俄罗斯科学与教育部和科学院等部门一起，协助俄罗斯政府研究出台具体的实施措施，在2016年秋天完成科技长期发展战略的制定工作。鉴于2013年开始的科学院改革对俄科研体制的作用尚不明晰，这次会议上普京同意将改革过渡期在原来三年的基础上再延长一年。[2]

---

[1] Заседание Совета по науке и образованию—Владимир Путин провёл заседание Совета при Президенте по науке и образованию, 21 января 2016 года, http：//kremlin.ru/events/president/news/51190.

[2] Заседание Совета по науке и образованию—Владимир Путин провёл заседание Совета при Президенте по науке и образованию, 21 января 2016 г. http：//kremlin.ru/events/president/news/51190.

2. 借力独联体和上合组织，推动区域教育一体化

俄罗斯外交部历时两年制定出《俄罗斯联邦教育服务输出纲要2011—2020》简称《纲要》，把教育作为软实力外交的重要工具，通过教育服务输出来提高教育体系的竞争力和增强对外部世界的吸引力。《纲要》指出，未来俄教育输出的优先方向是独联体国家，如支持侨民、建立欧亚联盟大学、把欧亚联盟打造为地区经济一体化中心等，这与俄罗斯外交政策的优先发展方向一致。

在独联体地区，俄罗斯确实拥有得天独厚的优势，如教育价格相对优惠、授课语言熟悉、学校声望高、交通便利等。目前，由俄罗斯推动的"独联体国家网络大学（硕士培养）"已经取得积极的进展。这一计划仿效欧洲的"伊拉斯谟世界项目"（Erasmus Mundus Programme）[①]，目的在于整合独联体国家的高等教育资源，强化区域合作和校际联系。2008年，俄罗斯人民友谊大学发起这一项目，共有来自8个国家的16所主要高校加入了网络大学，这8个国家分别为：亚美尼亚、白俄罗斯、哈萨克斯坦、吉尔吉斯斯坦、摩尔多瓦、俄罗斯、塔吉克斯坦和乌克兰。加入此项目的独联体国家的大学生在本国大学完成基础教育后，可前往俄罗斯，如俄罗斯民族友谊大学、莫斯科大学、莫斯科国际关系学院以及其他高校进行深造并获得硕士学位。该计划在惠及各参与国的同时，也有助于加强区域内的人文凝聚力和对俄罗斯的教育核心地位的认同。

后苏联空间另一重要教育合作项目当属上海合作组织大学，这是在上海合作组织成员国相关高校间建立的非实体合作网络。上海合作组织大学的学生可以取得原院校的毕业证书和相应学位，并同时获得上海合作组织大学统一颁发的毕业证书，这与世界上其他大学联盟有所不同。这种合作模式主要是基于成员国之间的紧密合作关系以及区域内未来人才战略的需要，主要面向培养硕士研究生。上海合作组织大学目前正处于起步和探索阶段，各项目院校初期原则上从硕士研究生的培养工作入手，在培养质量

[①] 伊拉斯谟世界项目（Erasmus Mundus Programme），是欧盟发起的一项高等教育交流计划，该项目旨在加强欧洲高等教育质量，通过与第三国的合作，促进人与文化的对话与理解。它还致力于加强欧盟和第三国的流动，以推动这些国家的高等教育机构人力资源和国际合作能力的发展。项目支持欧洲同世界其他各国的学生交流，欧盟以外的留学生也可申请，其推广的研究生奖学金项目，旨在吸引更多来自世界其他国家和地区的学生、学者到欧盟国家学习和交流，提高欧洲大学的竞争力和知名度。

得到充分保证之后，再逐步扩大招生规模和学科覆盖面，包括本科生和博士学位研究生等，这一点与独联体网络大学相似。其中，区域学方向的中方项目院校已于 2011 年开始招收首批硕士研究生，并根据双边合作协议，于 2013 年上半年首次实现了与俄罗斯合作伙伴院校的学生互换交流。① 不过，上海合作组织大学项目院校面临着如教学语言、培养经费、生源质量、就业前景、部分院校积极性不高等诸多困难。

3. 参与国际竞争，加速高等教育国际化

在《俄罗斯联邦教育服务输出纲要 2011—2020》中，高等教育国际化（Интернационализация высшего образования）被确定为未来的发展方向之一。在经济全球化和世界信息化的背景下，教育国际化是不可避免的发展趋势。前苏联不承认外国学历，而本国教育资格证书又缺乏国际通行的层次标识，从而导致教育领域出现"封闭""孤立"的状况。随着俄罗斯高等教育体制改革的力度不断增强，这种局面被打破。

在独联体之外，俄罗斯努力融入欧洲统一高等教育体系，于 2003 年加入博洛尼亚进程（Bologna Process）②，希冀以此为基础，在经济、地区安全、教育、科技和文化领域与欧洲各国逐步建立统一发展空间。此外，俄罗斯与美国、加拿大关系的发展，以及同巴西、印度和中国双边和包括在金砖国家框架内的多边关系的发展为俄罗斯增强其在世界教育服务市场上的教育体系输出潜能、为俄罗斯教育融入世界教育空间提供了更多的机会。

从 1996 年的《高等职业教育和大学后职业教育法》，到 2012 年颁布的《所授文凭、学位和职称获得俄罗斯承认的机构名录》③，俄罗斯逐渐打

---

① 高春霄、王作葵：《上海合作组织大学：打造"教育无国界"》，2013 年 9 月 9 日，新华网（15：54：37 http：//news.xinhuanet.com/politics/2013 - 09/09/c_ 117292496. htm）。

② 博洛尼亚进程（Bologna Process），是 29 个欧洲国家于 1999 年在意大利博洛尼亚提出的欧洲高等教育改革计划，该计划的目标是整合欧盟的高教资源，打通教育体制。"博洛尼亚进程"的发起者和参与国家希望，到 2010 年，欧洲"博洛尼亚进程"签约国中的任何一个国家的大学毕业生的毕业证书和成绩，都将获得其他签约国家的承认，大学毕业生可以毫无障碍地在其他欧洲国家申请学习硕士阶段的课程或者寻找就业机会，实现欧洲高等教育和科技一体化，建成欧洲高等教育区，为欧洲一体化进程做出贡献。

③ Распоряжение Правительства Российской Федерации от 21 мая 2012 г. № 812 - р «Об утверждении перечня иностранных образовательных организаций и научных организаций, которые выдают документы иностранных государств об ученых степенях и ученых званиях, признаваемые на территории Российской Федерации».

开大门，与越来越多的国家达成相互认可高等教育毕业证书和学历的协议。与此同时，学制结构和学位制度的改革，即由过去的单一教育学制转变为二级教育学制，使俄罗斯的教育体制与欧洲以及世界上大部分国家的教育体制进行对接，为各种教育交流，尤其是高等教育和学术交流提供了更好的平台。这既有利于俄罗斯的学生进入欧美大学进修，也有利于提升俄罗斯教育的吸引力，增加外国生源。

近年来俄罗斯教育国际化还出现了诸多新形式，包括接受国外高校提供的远程教育、协作办学、设立海外校区、吸引外资创办大学等。但是，使用外语授课的合作教学计划，以及教学大纲完全与国际接轨的国际合作研究项目仍为数不多，因此现阶段俄罗斯高校对外合作的主要形式是与外国高校建立双边的或多边的项目，与欧洲一流大学合作培养硕士的项目最为普及。上述项目毕业生在结束俄罗斯学习和在外国伙伴高校的学习后可以同时拿到两到三个大学的文凭，此类举措能够提高俄罗斯人力资本和学生的竞争力。[①]

针对俄罗斯科研机构在国际排行榜上地位不佳的问题，俄罗斯的应对之策是努力把本国的科研期刊打进国际评价体系。根据汤森路透的消息，2016 年，俄罗斯最具影响力的学术刊物将被纳入其全球科研版图，Web of Science[②] 将新增 600 多份俄罗斯科研期刊。RSCI 引入 Web of Science 标志着俄罗斯科研机构与国际数据库的接轨进入一个新阶段，俄罗斯在国际科研领域的声望将有望得到提高。俄罗斯教育和科学部部长德·利万诺夫一

---

① Проект Концепции экспорта образовательных услуг Российской Федерации на период 2011 – 2020 гг.

② Web of Science 是大型综合性、多学科、核心期刊引文索引数据库，包括三大引文数据库，即科学引文索引（Science Citation Index, 简称 SCI）、社会科学引文索引（Social Sciences CitationIndex, 简称 SSCI）和艺术与人文科学引文索引（Arts & Humanities Citation Index, 简称 A&HCI），两个化学信息事实型数据库（Current Chemical Reactions, 简称 CCR 和 Index Chemicus, 简称 IC），以及科学引文检索扩展版（Science Citation Index Expanded, 简称 SCIE）、科技会议文献引文索引（Conference Proceedings CitationIndex – Science, 简称 CPCI – S）和社会科学以及人文科学会议文献引文索引（Conference Proceedings Citationindex – Social Science & Humanities, 简称 CPCI – SSH）三个引文数据库，以 ISI Webof Knowledge 作为检索平台。Web of Science 是 ISI 数据库中的引文索引数据库，共包括 8000 多种世界范围内最有影响力的、经过同行专家评审的高质量的期刊。SCI(Science Citation Index) 是美国《科学引文索引》的英文简称。它是 1961 创立并出版的一部世界著名的期刊文献检索工具。在 20 世纪 80 年代末，SCI 被引入中国，引导科研人员特别是从事基础研究的科研人员在国际学术期刊上发表论文。

直是教育国际化的拥护者，他认为"建立一个开放的环境信息是当前国际科学发展的趋势，俄罗斯不能成为例外"，与 Web of Science 的合作将使"俄罗斯的科研活动进入国际统一的信息空间，在统一的平台上参与科学、教育和文化领域的对话和交流活动"。[1]

俄罗斯是教育和科技潜力巨大的国家，为了把科教实力转化为一种软实力，俄政府倚重的不仅有教育和科研机构，还包括公共外交机构。2015—2016 学年，俄罗斯高等学校将在俄罗斯联邦政府规定的名额内招收联邦预算公费外国学生。招生工作分为两个阶段：第一阶段是国外招生，由俄罗斯人文合作署会同有关机构和组织进行，公函和候选人名单将直接寄送到俄罗斯人文合作署总部，候选人有权在 6 所俄罗斯高等学校中自主选择一所作为目标学校。第二阶段，由俄罗斯教科部与俄罗斯高等学校根据人文合作署提供的材料，通过外国公民招生名额分配信息分析系统，共同进行招生录取工作。

通过国际人文合作署和相关机构的合作，俄罗斯能否再度成为国际科技和教育竞争领域的强有力竞争者？教育能否如俄政府所愿成为有效的软实力工具？综上所述，俄罗斯的科技创新已经不再在国际科研平台上占据前列，其创新能力、科研机构质量、政府和机构对研发的投入等因素都低于国际中等水平。在科技水平下降、大学排名不佳、奖学金锐减、社会包容度低、居住成本较高、社会安全问题突出等原因的共同作用下，俄罗斯教育的对外吸引力也明显减弱。从近期来看，俄罗斯的科教影响力只能局限在后苏联空间及比较落后的国家和地区，难以将其影响力辐射到其所寄予厚望的亚洲、欧洲等地。一种处于国际中等水平的科技教育实力显然难以支撑俄罗斯实现其大国雄心和强国梦。

社会、国家和社会经济发展的价值观与模式间的竞争是当今世界的发展趋势，如果不能乘上新知识经济的潮头，世界领导权便无从谈起。只有符合创新型高科技经济要求的科学研究体系，只有与世界教育科学空间高度融合的教育体系，才能保障俄罗斯的现代化发展。俄罗斯意图通过区域教育一体化整合独联体地区资源，高等教育国际化融入世界教育空间，以及整顿科研管理机制激活科研创新能力的计划，尚需时日才能实现，而教

---

[1] Бочинин А. Ливанов Д. все научные организации РФ получили доступ к мировым базам данных, ТАСС, Наука 8 ноября 2015, http://tass.ru/nauka/2416479.

育、科技这一类的"软实力"工具的效力只有在长期运作中方可评定,其影响力的生根发芽虽艰难,但是深远持久,因此俄罗斯还需要足够的耐心和持之以恒的努力。

第十章　俄罗斯软实力中的经济因素

根据约瑟夫·奈的定义，只有文化、价值观等无形的、软的资源才与软实力有关，或者才能够产生软实力，而军事、经济技等硬的有形资源不能产生软实力，或者与软实力无关。但实际上，一个国家强大的经济实力同样可以产生吸引力，一定的经济基础是软实力产生的前提，是塑造良好形象和生成吸引力的基础。

我们在分析国家形象时提到，国家形象的构建并不完全是一种国际行为，一个国家在国际社会中的形象更多的是一种国际国内政治和经济事务的延伸和反映。构成国家形象的要素既包括领土面积、人口、自然资源，也包括在此基础上形成的国家的经济、科技、体育等综合国力要素。[①] 经济是一个国家存在、建设和发展的基础和前提，一国的经济发展状况和文化、科技、自然资源等因素一样，是国家形象最直接的外在表现，因此，经济可视为构成国家形象的基本因素，而一国的经济形象也是国家的软实力的来源之一，一个拥有较强软实力的国家往往同时具备较强的经济实力。

在全球化时代，国家形象战略与国家经济利益有着更为紧密的关系，良好的国家形象会增强其对国际经济组织的影响力和世界其他国家的吸引力，引起其他国家的认可、模仿和合作。冷战时期，苏联凭借其强大的经济实力，利用经济援助、贷款、投资、提供商品等方式来增强自身影响，建立了以苏联为首的"社会主义大家庭"。以古巴为例，从1971年到1979年，古巴累计接受苏联的经济援助约166亿美元，仅1979年一年就接受31亿美元援助。[②] 历史证明，那些接受援助的国家，如古巴、朝鲜、越

[①] 张昆：《国家形象传播》，复旦大学出版社2006年版，第181页。
[②] 李春辉等：《拉丁美洲史稿》第3卷，商务印书馆1993年版，第308页。

南，在实现自身发展的同时，确实都被经济力量"吸引"到了苏联的势力范围之内。

苏联解体已经过去了 20 年，没有了苏联，没有了社会主义，俄罗斯目前的经济发展状况对国家形象和软实力又产生了什么样的影响？

一　重塑经济大国形象

1992 年，叶利钦政府开始全面实施"休克疗法"，这一年俄罗斯的 GDP 下降了 14.5%，物价飞涨 2508.8%，卢布大幅贬值。俄罗斯陷入了经济、财政、金融危机的深渊，难以自拔。俄罗斯 GDP 自 1990 年起骤降八年，经过多年努力，直到 2007 年该项指标才开始超越 1990 年的水平。普京执政的 1999 年到 2008 年期间，俄罗斯的 GDP 增长率分别达到 6.5%、10%、5.7%、4.9%、7.3%、7.2%、6.4%、8.2%、8.5% 和 5.2%，平均每年为 7%。在经历世纪之交的动荡之后，目前俄罗斯已经结束苏联解体初期的衰退状态，逐渐改变羸弱的经济形象，实现了国力的复苏。2008 年至 2009 年的经济危机对俄罗斯产生了一定的影响，但俄罗斯很快扭转这一局面，生产总值在 2011 年超过了危机前的水平。经济社会各主要领域的发展呈现积极趋势，固定资产投资达到创纪录的 10.8 万亿卢布，企业利润增长近 16%，公共预算税收增长 27%，农业增长 22%，即将成为世界第二大粮食出口国，通胀率则降至 6.1%，为苏联解体以来最低水平。在八国集团中，俄罗斯是经济发展最快的国家，也是世界主要经济体中增长最快的国家之一。2012 年年初，普京在国家杜马作政府工作报告时说，经济危机是巨大挑战，但俄罗斯经受了考验，展现了成熟、自信和拥有巨大内部活力的国家形象。普京相信，未来十年是面临巨大挑战、风险和变革的时代，而俄罗斯将成为未来全球新的经济中心之一，并且有希望在近期内迈入世界经济前五位。

普京的话代表了俄罗斯民众对成为经济强国的信心，但国际社会是否认可俄罗斯的这种形象？目前俄罗斯在国际舞台上具有多种身份：联合国常任理事国、八国集团成员、20 国集团成员、独联体成员、金砖国家成员等，我们先从"金砖国家"的角度对俄罗斯的经济形象做出分析。金砖国家的国土面积占世界领土总面积的 27%，人口占世界总人口的 43%。据有关国际组织统计,2009年五国国内生产总值占世界总量的16%,贸易额占全球贸易额的13%。根据2010年世界银行和国际货币基金组织改革方案,"金砖国家"在世界银行的投票权将大幅增加至13.1%,在国际货币基金组织的份额将达到14.81%。随着金砖国家经济的快速增长,其国际影响力与日俱增。俄罗斯能够成为这一生机勃勃的新兴市场国家合作机制中的一员,说明了国际上对它的认可。下面我们把俄罗斯放在金砖国家中,对它的经济发展状况做一些比较和评估(见表10-1)。

数据显示,2011年俄罗斯的GDP排名在国际上的位次居于前列,是第9大经济体,若以购买力平价计算,俄罗斯算得上世界第6大经济体。不过,在金砖国家内部俄罗斯仅处于中游水平,看来普京要实现成为全球五大经济体的目标,首先就需要在金砖国家里实现超越。金砖国家合作机制对俄罗斯来说意义重大,首先,俄罗斯找到了能展示其"复兴"形象的最好舞台,摆脱了苏联解体之初"失败国家"的形象,进入了经济发展最迅速、最富有朝气的国家之列。随着金砖国家合作机制的逐步发展,俄罗斯能借此提升本国在国际舞台上的政治影响力,客观上增强俄罗斯与美国和欧盟对话的分量。其次,"金砖国家"的经济互补性很强,有着开展广泛合作的坚实基础,中国、巴西、印度等国巨大的市场、物美价廉的商品和丰富的劳动力资源正好与俄罗斯形成互补,身处这一合作机制之中,俄罗斯可以借助与新兴经济体的紧密联系,获得新的金融和经贸市场。

表10—1　2011年俄罗斯与其他金砖国家在全球主要指数榜上的排名

	中国	俄罗斯	印度	巴西	南非	参加排名国家
GDP	2	9	10	6	27	179
人均GDP	93	56	134	53	71	179
WEF全球竞争力指数	26	66	56	53	50	139
IMD全球竞争力指数	19	49	32	44	52	59
金融发展指数	19	39	36	30	29	60
全球繁荣指数	52	59	91	42	69	110
全球创新指数	34	51	64	54	58	141

资料来源:World Economy Forum, The Global Competitiveness Report 2011 – 2012; IMD, The Global Competitiveness Report 2011 – 2012; The 2011 Legatum Prosperity Index; Global Innovation Index Report 2011 – 2012; UNCTAD.

俄罗斯有着进入世界经济发展前沿的雄心，确实也拥有实现此梦想的巨大潜力。第一，其辽阔的土地和纵深的地缘优势举世公认。第二，自然资源方面罕有可以匹敌的对手：石油探明储量 65 亿吨，占世界探明储量的 12%—13%；森林覆盖面积 8.67 亿公顷，占国土面积的 50.7%，居世界第一位；天然气已探明蕴藏量为 48 万亿立方米，占世界探明储量的 1/3 强，居世界第一位；俄罗斯的石油产品、天然气、氮肥、铸铁、半成品钢、镍、铝、圆木等产品的出口量均为世界第一。[1] 类似的清单还可以继续列出，如此丰厚的自然资源将在今后很长一个时期内成为俄罗斯发展经济的坚实后盾。第三，智力资源保障了国家的科技发展潜力。据统计，拥有高等教育背景的劳动力约占俄罗斯劳动力总数的一半以上，该项指标位居世界前列，略逊美国，但远高于法国、英国、德国等西方国家，只有日本、以色列和加拿大与俄罗斯水平接近（见表 11—2）。除此以外，俄罗斯的 R&D 研究人员在 2009 年为 3152 人/每百万人，在国际上属于中等偏上水平，而中国的 R&D 人员仅 1199/每百万人，与俄罗斯存在不小的差距。[2]

表 10—2　　接受过高等教育的劳动力（占劳动力总数的百分比）

国家/年份	2007	2008
以色列	45	45
俄罗斯	53	54
加拿大	46	47
美国	61	
日本	40	41

资料来源：国际劳工组织的劳动力市场主要指标数据库[3]。

---

[1] http://newsruss.ru/doc/index.php.
[2] 根据联合国教科文组织（UNESCO）统计研究所的标准，R&D 研究人员是指参与新知识、新产品、新流程、新方法或新系统的概念成形或创造，以及相关项目管理的专业人员。包括参与 R&D 的博士研究生（ISCED97 第 6 级），http://data.worldbank.org.cn/indicator/SP.POP.SCIE.RD.P6.
[3] http://iresearch.worldbank.org/PovcalNet/index.htm.

但是，仅仅依靠资源并不能实现"经济强国"的梦想，俄罗斯必须继续保持目前的经济发展态势，资源才能转化为现实的实力。

二 改善投资环境、实施赶超战略

随着经济全球化的推进，国际投资迅猛发展，对一个国家来说，吸引外资能促进其改善经济结构，提高国际经济竞争力。投资环境的优劣直接影响着国家形象的好坏。投资环境包括硬环境和软环境两个方面：一个自然地理位置优越、环境优美、资源丰富的国家在吸引外资方面占有较大优势；而从软环境角度来看，如果一个国家的社会制度优越，民主法制健全，机构精干，富有效率，社会稳定，就有利于打消投资者的疑虑和戒备，必然会带来投资数量和质量的增加。最优质的投资通常更愿意投向那些商业环境口碑好的国家，这些国家的商业环境廉洁、可靠，商业氛围通过法律法规得以规范，而不是依靠严重腐败的人际关系网络。[1] 良好的国家形象有助于增强国际投资者的信心，促进国家经济运行的良性循环，拓展国家经济活动空间。与此同时，投资者的成功和亲身体验也必然会促进国际社会对该国国家形象的赞同，从而吸引更多的投资者。

通过研究俄罗斯在全球主要指数榜上的排名情况，我们可以发现俄罗斯经济发展的短板在于其投资环境。俄罗斯在WEF全球竞争力指数、IMD全球竞争力指数、金融发展指数、全球繁荣指数等榜单上的名次长期停留在中等偏下水平，这说明投资者对俄罗斯的经济环境和经济结构认可度不高，事实上，俄罗斯的投资环境一直受到诟病，普遍认为这是俄罗斯经济转型不彻底、法律监督滞后等多种因素综合影响的结果。毕马威的一项国际调查结果表明，在金砖国家中间，俄罗斯经商费用最高，俄罗斯存在着如投资环境不佳、法律不完善、政府和司法系统腐败严重、法律运用标准不透明、社会治安状况恶化、基础设施落后等情况，这些因素导致投资者并不热衷投资俄罗斯经济。[2] 英国梅普尔克罗夫特公司评估，对于投资者

---

[1] 〔美〕乔舒亚·库珀·雷默等：《中国形象：外国学者眼里的中国》，沈晓雷等译，社会科学文献出版社2006年版，第26—27页。

[2] Грузинова И. Россию сравняли с Мексикой – Развивающиеся страны догоняют развитые по стоимости ведения бизнеса // Московские новости, 11 мая 2012 г.

来讲，俄罗斯是世界上最具危险性的 20 个国家之一，几乎与尼日利亚、伊拉克等并列。[1]

关于俄罗斯的投资环境，世界银行的有关数据更能说明问题（见表 11—3）。在世界银行发布的全球营商环境排行榜中，俄罗斯 2012 年度排名为第 118 位，2013 年度有所进步，上升至第 112 位。这种进步得益于俄罗斯政府为减少商业的行政压力和税收压力采取的措施，是俄罗斯改善营商环境的主要成就。数据显示，俄罗斯的"保障合同执行的力度"位居全球第 11 名；"税收环境"名次更是大幅提升，比 2012 年前进了 30 名。但俄罗斯的问题也非常明显，"并入电网"指标在国际上的排名第 184，为倒数第二，可见，要想在俄罗斯创业，解决供电问题最为棘手。除此之外，"获得建设许可的简易程度""进出口贸易"皆为俄罗斯的薄弱环节，分别排名第 178 位和 161 位。"成立企业的简易程度""保护投资者力度""获得贷款的简易程度"指标的排名都处于中等偏下位置，也成了影响俄罗斯商业形象的重要因素。

表 10—3　　　　　　　　俄罗斯营商环境排名状况表

	2013 年排名	2012 年排名	名次变化
成立企业的简易程度	101	105	4
获得建设许可的简易程度	178	180	2
并入电网的简易程度	184	184	持平
注册不动产的简易程度	46	45	-1
获得贷款的简易程度	104	97	-7
保护投资者力度	117	114	-3
税收环境	64	94	30
进出口贸易	162	161	-1
保障合同执行的力度	11	12	1
破产清算程序	53	61	8

资料来源：世界经济论坛全球经济竞争力报告 2012—2013[2].

---

[1] Независимая газета. 17. 05. 2010.
[2] http://www.weforum.org/issues/global-competitiveness.

为了改善投资环境，减少在俄罗斯经商的风险和不确定性，俄罗斯政府决心大力改善俄罗斯的经商环境，为实体经济创造良好的发展空间。2012年5月7日，俄罗斯总统的普京签署了《国家长期经济政策》的总统令，该命令明确提出，要提高俄罗斯联邦在世界银行营商环境排名中的位次，2015年要升至第50名，2018年进入前20名，为此，俄政府出台了六项措施。第一，创建"保护企业家权益全权代表"新机制。第二，从保护企业家权利的角度完善俄司法体系。第三，清理俄现行法律中残余的落后法律观念。第四，从许可证制度、责任保险制度等方面着手，转变对企业活动的监管方式和观念。第五，扩大加强行业自律组织的作用。第六，学习西方的先进经验和先进模式，构建和谐企业文化。

第一条措施里提到的"全权代表"将被赋予特殊诉讼地位，将有权在法庭上捍卫企业家的利益，审理他们的申诉意见，向国家政权机关提出建议。全权代表有权在法院判决下达前中止行政机关法令，作为保障措施，还可以请求法庭快速中止官员的行为。这条措施针对的就是世界银行"营商环境指数"中的"保护投资者力度"指标，俄罗斯的该指标得分很低，严重影响了国家的综合竞争力。如果这项规定得到切实执行的话，俄罗斯的投资环境可望得到极大改善。

除了上述六项措施外，为了支持和鼓励实体经济发展，普京还对俄政府进一步完善公共服务职能提出了新要求：未来俄罗斯要把接入电网的时间缩短到三分之一，填写纳税申报表的速度提高2倍，货物在海关的通关时间减少6倍。此外，获得建筑施工许可的时间将减少四分之三，所需文件数量将减少一半。短短的几个月时间里，作为总统的普京和新任政府总理的梅德韦杰夫相互呼应，都把改善国家形象、提高营商便利度作为俄罗斯政府重要的施政目标。由此不难看出俄罗斯政府对提高本国经商环境指数的急切程度。然而，10年间使国际经商便利指数一下子跃升100位是极其困难的事，欲速则不达，如何具体采取切实措施改善经营环境、吸引外资、给境内外企业以便利，这将是长期摆在俄罗斯政府面前的一道难解的问题。

三 独联体强化在近邻地区的经济影响力

苏联解体之后，俄罗斯与独联体国家的贸易联系持续弱化，独联体内部的贸易额仅占其成员国贸易总额的20%。从1991年到2010年，俄罗斯与独联体国家的贸易额从1380.96亿美元下降到912.91亿美元，下降幅度达34%。白俄罗斯是硕果仅存的贸易额增长的国家（+49%），其他国家则出现了大小不一的下降趋势，哈萨克斯坦的幅度最小（-16%），亚美尼亚和格鲁吉亚①的降幅最大，分别达到80%和96%（见表10—4）。贸易额的下降说明俄罗斯在这一地区的经济活动能力减弱，各国对俄罗斯的依赖程度正在降低。

表10—4　　　　　俄罗斯对独联体国家贸易情况表　　　　单位：百万美元

	1991年贸易额	俄罗斯出口额	2010年贸易额	俄罗斯出口额	1991—2010年贸易额变化幅度
阿塞拜疆	6904	3400	1948	1562	-72%
亚美尼亚	4270	2890	859	701	-80%
白俄罗斯	18750	11900	27874	18058	+49%
格鲁吉亚	5450	3495	249	211	-96%
哈萨克斯坦	18085	11820	15274	10796	-16%
吉尔吉斯	3028	1700	1379	992	-54%
摩尔多瓦	5736	2975	1532	1111	-73%
塔吉克斯坦	2847	1785	886	673	-69%
土库曼斯坦	3600	1530	906	759	-75%
乌兹别克斯坦	14723	7820	3446	1890	-77%
乌克兰	54705	35700	37187	23143	-32%
独联体国家总和	138096	85005	91291	59685	-34%

资料来源：2010俄罗斯联邦海关外贸汇总数据。

软实力这种无形的力量，不是凭空产生的，也不可能在封闭的条件下呈现，它来自国家间的政治、经济等领域的交往与互动中。一国的对外经济活动能力对国家的软实力影响发挥着重要作用，俄罗斯在独联体范围内对外经济活动能力的改变，也影响了自身在这一地区软实力的强度。苏联时期，俄罗斯共和国向"边疆"加盟共和国出口能源和原材料，从这些国

---

① 在2008年8月与俄罗斯发生了为期5天的战争后，格鲁吉亚根据议会2008年8月14日通过的决议做出了退出独联体的决定，并于2009年8月18日完成手续，正式退出。

家金库消费品和农产品。与国际价格相比，出口到这些国家的能源价格降低，而进口的消费品价格则被抬高。俄罗斯以这种非直接补助的方式维系着各共和国之间的经济联系。但苏联解体之后的俄罗斯无力扮演资金赞助者的角色，其主导的种种经济一体化措施往往因资金问题导致失败，这种在经济上的劣势加剧了独联体国家的离心倾向，也影响了俄软实力的构建。

关于俄罗斯在独联体地区经济活动的减弱的原因，有学者认为，造成这种局面的原因是，独联体国家将主要经济兴趣都放在本地区以外的世界，寻求在独联体以外的经济合作成为一种不能遏制的冲动，所以，独联体国家的内部经济发展条件、投资环境、企业经营条件非但没有"一体化"，反而越来越"碎片化"。[1]

国家对经济利益的追求从根本上来源于人类对物质利益的普遍追求，经济利益是国家生存和发展的基本保障，是国家利益的物质基础和核心要素。苏联解体后，意识形态和国家制度的约束消失，独联体各国的国家利益主要表现为经济利益，各国的对外活动开始受到明显的经济利益的驱动。为了追求最大化的利益，包括俄罗斯在内的各国都愿意开拓更加广阔的经济合作空间，与更多的国家建立经济联系。在世界政治格局多级化和经济全球化的大背景下，外部大国和其他区域性国际组织在这一地区的影响与日俱增，为其他独联体国家提供了新的机会。虽然俄罗斯在这一地区的地位仍然举足轻重，但独联体各国已经不必唯俄罗斯马首是瞻。

如今，乌克兰最大的贸易伙伴是欧盟，2010年乌克兰与欧盟的进出口贸易额分别为170亿和110亿欧元，欧盟同时也是乌克兰经济最大的投资者，占其外商直接投资总额的75%。[2] 哈萨克斯坦的情况与乌克兰类似，其最大的贸易伙伴也是欧盟，2010年其与欧盟的贸易额占到贸易总量的47%。[3] 对乌兹别克斯坦来说，俄罗斯虽然仍是最大的贸易伙伴，但中国和哈萨克斯坦的作用正在不断增强，后两者相加的额度已经接近三分

---

[1] 陈新明：《俄罗斯与独联体国家关系：新趋势与新战略》，《俄罗斯中亚东欧市场》2009年第4期。

[2] Итоги: 20 летспустя—независимая Украина, http://myfin.net/analytics/itogi20 - let - spustya - %E2%80%93 - nezavisimaya - ukraina - 5161951.html.

[3] http://eeas.europa.eu/delegations/kazakhstan/eu_ kazakhstan/trade_ relation/index_ ru.htm.

一，在乌对外贸易中发挥着越来越大的作用。① 遭遇经济危机后，白俄罗斯、亚美尼亚和塔吉克斯坦除了从俄罗斯那里得到50亿美元援助外，还向国际货币基金组织申请数额不等的援助。而乌兹别克斯坦和塔吉克斯坦则想借吉尔吉斯斯坦宣布撤除美军基地的机会，通过为美国提供运输便利获取实惠。

显然，独联体已不再是俄罗斯能够享有绝对权威的势力范围。为了维持昔日的影响力，俄罗斯采取了各种措施，但俄传统的依靠强力、以压为主的手段往往效果欠佳。在经贸关系中，互利合作才是各国的最佳选择。如果一个国家经常运用自己的经济资源对别的国家进行经济制裁、限制和封锁，不仅不能有效维护本国的利益，实际上也使本国的软实力受到损害。近年来，俄罗斯与独联体国家贸易冲突不断，仅在"俄白联盟"内部，就发生了四次贸易战两次围绕天然气供应，一次围绕石油问题，一次则是奶制品战争。而反反复复的"俄乌天然气争端"更是震动了世界。这些冲突和摩擦，不仅不符合各国的经济利益，也损害了各自的国际形象。俄罗斯受到的冲击尤其大，西方舆论认为俄罗斯恢复了强悍的、带有威胁性的"熊"的形象，欧美媒体上诸如《俄国熊要熄灭我们的灯火》②、《俄国熊醒来》③、《俄罗斯在进行能源讹诈》④ 的文章比比皆是。

俄罗斯要增强在独联体地区的经济影响力，更多的还是应该利用组织和机制的力量。国际组织和机制中的规则、规范作为一种制度性因素，对国家形象塑造和软实力构建影响很大。一个国家对规则解释的权威性和对这类规则运用的熟练程度往往决定了这个国家在国际组织或国际机制中的地位和活动空间。约瑟夫·奈认为决定政治议题和缔造国际规则也是一种软实力。"如果一个国家能塑造国际规则并使之与本国的利益和价值观相一致，其行为在别国的眼中就更具合法性。如果一个国家借助机构和规则来鼓励别的国家按照它喜欢的方式来行事或者自制，那么它就用不着太多昂贵的胡萝卜和大棒。"⑤

---

① http://www.uzdaily.uz/articles-id-12329.htm.
② http://www.telegraph.co.uk/finance/2950164/Russian-bear-could-punch-our-lights-out.html.
③ http://blogs.reuters.com/reuters-dealzone/2010/03/01/the-russian-bear-awakes/.
④ Financial Times, May 8, 2006.
⑤ 〔美〕约瑟夫·奈：《软力量——世界政坛成功之道》，吴晓辉、钱程译，东方出版社2005年版，第10页。

普京呼吁建立"欧亚联盟"即体现了这种诉求。2011年10月,独联体八国(俄罗斯、亚美尼亚、白俄罗斯、哈萨克斯坦、吉尔吉斯、摩尔多瓦、塔吉克斯坦和乌克兰)在圣彼得堡签署了成立自由贸易区的协定;2012年1月,"俄罗斯、白俄罗斯和哈萨克斯坦统一经济空间"启动,这些事件对俄罗斯增强对独联体国家的影响力,实施软实力战略意义重大。只要充分发挥自由贸易区、统一经济空间等机制的作用,俄罗斯就能把自己打造为一块"经济磁石",把近邻国家牢牢地吸附在自己的影响力范围内。

四 俄罗斯经济发展的制约因素

(一)人力资源和社会因素

苏联解体后的20年来,俄罗斯人口减少,医疗卫生保障水平降低,人均寿命缩短,财富两极分化,社会生活衰退。2011年12月15日,俄罗斯全国人口普查最新结果显示,仅2002年到2010年年底的8年间,俄罗斯人口减少了2300万人,为1.42857亿人,缩减1.6%[1]。1989年至今的20多年间,俄罗斯分别在1989年、2002年和2010年先后3次进行了全国性的人口普查活动。结果显示,1989年之后的10年间,全国人口平均每年减少0.09%,而2002年至2010年平均每年减少0.09%。苏联解体前的1989年,俄罗斯总人口为1.470219亿人,2002年减少到1.45164亿人。近20年来俄罗斯人的平均寿命大大低于欧洲国家平均水平,居于世界100位之后。近两年俄罗斯人均预期寿命勉强达到70岁[2],而男性平均寿命为69岁左右[3],而2005年仅为58.6岁,为欧洲国家最低。

2011年12月14日,俄罗斯国家统计局局长亚·苏里诺夫在一份名为《俄罗斯与欧盟国家比较》的报告中称,当今的俄罗斯是欧洲国家中最贫穷和最不公平的国家。与欧洲27个国家相比,俄罗斯同保加利亚、罗马

---

[1] 参见俄新社2011年12月15日报道,http://ria.ru/society/20111215/517756244.html。
[2] 2012年1月20日普京在政府会议上称,俄罗斯经过多年努力,人口预期平均寿命为70.3岁。参见 http://demoscope.ru/weekly/2012/0495/rossia01.php。
[3] 梅德韦杰夫鼓励俄罗斯男人要赶上女人,参见 http://ria.ru/society/20111015/460147314.html。

尼亚等原东欧国家在人均消费和人均生产总值均居末尾。虽然俄罗斯地大物博且经济总量不低，但在多数社会发展指标方面俄罗斯均名落孙山。比如，国际金融危机前的2008年，按购买力平价计算，俄罗斯人均国内生产总值为15900欧元，但是在社会发展方面，俄罗斯均落后于欧洲国家。2010年俄罗斯人类发展指数为0.72，欧洲最靠后的两个国家——罗马尼亚和保加利亚为0.74和0.76。俄罗斯卫生医疗投入只占国内生产总值的4%，而欧洲国家为6%—8%。由于医疗卫生投入不足等原因，俄罗斯心血管病和道路交通事故死亡率为欧洲最高。俄罗斯因冠状动脉心脏疾病而死亡的比例为每10万人为352例，这相当于是比利时6倍，奥地利的4倍，也比欧洲最贫穷的保加利亚高出2倍。俄罗斯因血液病和传染病致死率居高不下，俄罗斯此项指标也在欧洲国家中名列前茅。俄罗斯每10万人道路交通死亡率为20人，罗马尼亚和保加利亚为13人、12人，而欧盟国家平均为10人。[①]

与其它欧洲国家相比，俄罗斯社会的收入分配差别最大。俄罗斯基尼系数0.42，而德国、奥地利和西班牙不超过0.35。俄罗斯居民在食品上的花费占其消费总额的28.8%，在欧洲38个国家中排第34位。[②] 前苏联以消灭阶级差别为口号，曾经建立了世界上引以自豪的社会保障体系，实行免费教育、免费医疗、分配住房等。现如今，俄罗斯民众由于生活条件艰难和住房贵等原因，不敢生，生不起，这也是俄罗斯人口出生率低的一个重要因素。

（二）经济结构因素

俄罗斯经济依靠的是丰富的原材料资源。俄罗斯是世界最大石油和天然气出口国，拥有全球25%的天然气资源。油气出口占俄罗斯出口额2/3以上，是政府预算的主要来源。俄罗斯在21世纪依靠石油、天然气的出口迅速积累了国家资本，但由于在产业结构上过重偏倚能源产业，导致其在金融危机中经历了金砖国家中最严重的经济衰退。

除了通过石油价格暴涨获得大量收入和高增长以外，俄罗斯在优化经

[①] Сергев М. Первая в Европе—по смертности и неравенству//Независимая газета, 14 Дек. 2011, http://www.ng.ru/economics/2011-12-14/1_smertnost.html.

[②] http://newsruss.ru/doc/index.php.

济架构和经济现代化方面成效甚微。在外国投资者眼里,俄罗斯仍然是一个收入单一、生产效率和竞争力低下的经济体。在众多西方主流媒体对俄罗斯的描述和评价中,《普京与勃列日涅夫综合症》一文具有一定的代表性。此文作者是法国前驻莫斯科外交官皮埃尔·比勒,他写道,俄罗斯基本上是个"食利国家",其主要收入是石油和天然气收益,而非税收,这让当局可以无视政治代表性的要求。俄罗斯表现出所有"食利国家"的特征:专制政体、政治和司法机关薄弱、缺乏法治和透明度、压制言论自由、腐败横行、任人唯亲等。此外,投资目光短浅,对原材料行情变化的承受力差,制造业萎缩并缺乏竞争力。[①]

作为能源输出大国,油价上涨固然可以大幅提高财政收入和外汇储备,但对俄罗斯经济并不总是有利,因为油价过高会抑制其他国家的消费需求,也会进一步加剧全球通胀压力,这反过来又会给俄罗斯带来输入型通胀压力。此外,也将导致热钱涌入俄罗斯,加大经济风险。俄罗斯经济增长过度依赖自身的资源优势。这种单一的经济增长方式使俄罗斯经济缺乏内生性增长动力,导致抵御外部风险的能力低下。俄罗斯经济虽然一直在快速增长,但机电产品、高科技产品对经济贡献不大,能源出口情况直接影响到俄政府的财政收入,其国内经济发展速度仍深受国际能源市场波动的影响。正因为这些原因,梅德韦杰夫担任总统期间提出将建立智慧型经济以替代原始的原料经济,着力解决俄罗斯经济由资源型向创新型转变这一主要问题。

(三) 腐败和资金外流

除了人口、社会环境、经济结构因素外,腐败和资金外流也一直影响着俄罗斯塑造良好形象。为应对腐败,俄罗斯制订了不少反腐计划,采取了一系列反腐措施。德韦杰夫和普京为了表示反腐决心,还在官方网站公布了个人与家庭财产情况。但是俄罗斯缺乏行之有效的治理措施,腐败现象愈演愈烈。在俄罗斯,一周内用于应付官员和满足政府规章制度(税收、海关、劳动条例、颁发执照和登记)的要求上的时间占管理时间

---

① Pierre Buhler: Putin's Brezhnev Syndrome, Dec. 3, 2011, http://www.project-syndicate.org/commentary/putin-s-brezhnev-syndrome.

19.9%，在国际上属于比较落后的水平。① 而俄罗斯的国家政策和制度评估（CPIA）公共部门透明度、问责性和腐败评级一直在3分以下，只在2011年略有上升，但仍处于形象较差的国家行列中。②

为根本改善俄罗斯经济架构，提高本国经济竞争力，未来数年俄罗斯必须加大投资。不仅需要吸引更多的境外资本，更重要的是留住俄罗斯本国资本，防止境内资本大规模外流。然而，根据俄罗斯中央银行的数据，2011年俄罗斯资本外流额为805亿美元，而2012年第一季度就已达到351亿美元。

在世界政治格局多极化和经济全球化的大背景下，战争和强权政治受到了限制，经济手段成为实现国家利益的重要方式，经济是构成国家形象的基本因素，也是国家的软实力的来源之一。在国际经济领域，俄罗斯的营商环境、技术水平、金融潜力并无竞争优势，能源大国的地位在新能源快速发展和世界能源多元化的背景下给俄罗斯带来话语权越来越小。乌克兰危机显示，俄罗斯对油气收入的依赖程度已经如此之高，以至于它不敢以"天然气大战"的方式来进行对抗。在独联体地区，俄罗斯仍然是推动经济发展的关键力量，它是能源、原材料的提供者，也是货物和劳动力的主要市场，刚刚起步的欧亚经济联盟前景与俄罗斯本身的发展密切相关。如果俄罗斯的经济得不到合理发展，民众生活和社会保障等基本问题解决不了，不仅在国家内部就难以形成凝聚力，还可能发生社会动荡，使国家面临生存危机，软实力问题更是无从谈起。国家只有解决经济方面的基本问题，才可能汇集和主导社会意愿与国民意志，形成内部凝聚力，进而在国际社会中获得别国的尊重、赢得国际声望和影响。

---

① 世界银行企业调查结果，http://www.enterprisesurveys.org。
② 公共部门透明度、问责性和腐败用于评估选民、立法和司法机构促使行政部门对其资金使用和行动后果负责的程度，以及要求行政部门内的公职人员对行政决策、资源使用和行动后果负责的程度。此处评估的三个主要方面是：行政部门对监督机构负责和公职人员对其表现负责，民间团体获取公共事务信息，以及狭隘既得利益的国家捕获。此项数据来源于世界银行集团国家政策和制度评估（CPIA）数据库，http://www.worldbank.org/ida。

第十一章 软实力的文化路径：语言战略

随着国际社会的深入发展，软实力逐渐成为一国综合国力新的评价标准，其对国际关系的影响也日益凸显。从本质上讲，软实力是一种思想和观念的影响力，而要想发挥这种力量的作用，需要把思想输入受众的灵魂深处，以改变其态度和行为模式，进而影响一国的社会心态和国际关系。在这一过程中最重要的工具就是语言。"语言是一个民族的精神记忆，包含着这个民族重要的文化信息，是一种能体现历史文化积淀过程的符号。"① 相比流行歌曲、影视、服饰、餐饮这类容易受人关注，但好感也易消逝的大众文化资源，语言作为一种社会规范，具有更持久、更深远的吸引力和感染力。

语言是人类文化的重要特征，也是一种重要的政治资源。语言与政治，看似两个不相干的领域，其实存在着密切的联系，一国语言的发展过程及其在地区和世界上的地位，可以从侧面反映出一个国家或民族的历史变迁，以及民族关系和国际关系的发展状况。

一 俄语是俄罗斯软实力的重要资源

（一）语言对国家凝聚力的作用

历史上，语言在很多国家的统一过程中发挥了重要作用。作为中国文化的代码，汉语文字对于统一的中华民族的形成至关重要。"方块字是非

---

① 秦亚青编：《文化与国际社会：建构主义国际关系理论研究》，世界知识出版社2006年版，第12页。

常伟大的发明。中国今天能够是一个泱泱大国,必须感谢秦始皇。如果不统一文字,今天可能就有上海国、广州国。因为中国的地域辽阔,方言众多,话都是听不懂的,唯一能够看懂的就是文字。我们的文字把我们紧紧凝固在一起。"[1] 南北朝时期的分裂状态持续数百年,但这期间"汉字像一条看不见的魔线一样,把语言不同、风俗习惯不同、血统不同的人民的心声,缝在一起,成为一种自觉的中国人"[2]。中华民族的"大一统"观念也得益于语言强大的凝聚作用,因为书同文、车同轨,民众的意识中始终认为分裂只是暂时现象,统一才是最圆满的结局。鲜卑、羯、氐、羌、巴等部落、民族在历史进程中与汉族不断融合,最后各民族之间水乳交融,形成一个中华民族,这个新的中华民族因为含有新鲜血液,充满了生命的活力,迎来了历史上辉煌的大唐盛世。

在苏联时期,全国共有190多个民族,其中俄罗斯族数量最多,约1.5亿人口,占比54%;乌克兰族为第二大民族,人口约4000多万人,占比17%。乌兹别克、白俄罗斯、鞑靼、哈萨克族的人口均超过500万人,阿塞拜疆、亚美尼亚、格鲁吉亚、摩尔达维亚、立陶宛、犹太及塔吉克等民族的人口超过200万人。由于族群众多,方言复杂,为开展族际交流,客观上需要一种超越各种民族方言的语言。占人口多数的俄罗斯族使用的俄语被确定为国家通用语言,为不同地域和不同文化的族群交往提供了极大的便利,有利于社会和谐、民族团结和维护国家统一。俄语不仅仅是俄罗斯民族的语言,还是乌克兰、哈萨克、吉尔吉斯等各民族历史文化的载体和重要的传播者。俄语在国际上的受众群体远比其他民族语言广泛,许多民族文化作品经由俄语得到世界范围的宣传和广泛的承认,如果不是借助俄语,果戈理、贝科夫、艾特马托夫、普拉托夫等人的文学作品也许很难获得巨大的国际声誉。而从另一方面来说,缺少了异彩纷呈的民族文化的加入,苏联和俄罗斯文化也不能呈现出绚烂丰富的局面。以上述作家为例,虽然他们的民族属性并非俄罗斯族,但他们作为俄国作家、苏联著名作家的身份不能否认,他们的作品也是苏联文化和俄罗斯文化的重

---

[1] 马未都:《茶当酒集》,文化艺术出版社2010年版,第285页。
[2] 柏杨:《中国人史纲》,山西人民出版社2008年版,第356页。

要组成部分。①

独立后的新俄罗斯继承了苏联的辽阔幅员，也继承了复杂的民族组成。俄境内生活着193个民族，其中俄罗斯族占77.7%，为第一大民族，居第二位的是鞑靼族，人口超过500万人，其次为乌克兰、巴什基尔、楚瓦什、车臣等族。在满足少数民族保存和发展本民族语言和文化需求的基础上，俄政府规定俄语为俄罗斯联邦全境通用的官方语言。与此同时，各共和国也可以规定自己的国语，并在该共和国境内与俄语一起使用。作为唯一的国语和最重要的族际交流语言，俄语不仅体现着俄罗斯民族的独特性和生命力，也是促进俄罗斯国家精神和国家凝聚力形成的不可替代的因素。

（二）语言有助于增强国家的对外影响力

语言作为一种软实力资源，对内能促进国家团结稳定，对外能通过潜移默化的方式发挥一国的政治影响。一国接受另一国的语言，在某种意义上可视为前者对后者的制度、规则和习俗的承认，以及对后者的地位和权力的认同。日本、越南、朝鲜等国历史上都曾通过学习汉语文字来促进本民族文化的发展，甚至长期借用汉语文字。在一段时期内，这些国家的文化精神、思维方式、道德观念、风俗习惯等深受中国影响，中国的国家威望达到了一个高峰。

近代历史上，英语的霸权地位也有助于巩固英国和美国在国际上的领导地位。当今世界，美国文化在世界范围内传播速度最快，这不仅是因为美国是当今世界上的超级大国，同时也得益于英语是美国文化的主要载体。对美国而言，英语无疑是一种重要的软实力工具。我们可以看到，在国际交流的各个领域，包括学术交流中，英语是一种强势语言，在话语权方面占据巨大优势，而以其他语言为载体的文化与思想往往只能在很小的

---

① 果戈理－亚诺夫斯基·尼古拉·瓦西里耶维奇，1809年出生于乌克兰的波尔塔瓦市，代表作有《死魂灵》《钦差大臣》等，是俄国现实主义文学的奠基人。贝科夫·瓦西里·弗拉基米罗维奇，白俄罗斯族，1924年出生于白俄罗斯的维捷布斯克州，代表作有《方尖碑》《活到黎明》《狼群》《他的营》《一去不返》等。艾特玛托夫·钦吉斯·托瑞库洛维奇，吉尔吉斯族，1928年出生于吉尔吉斯的塔拉斯州，代表作有《查密莉雅》《一日长于百年》《白轮船》等。普拉托夫·季木尔·伊斯哈科维奇，乌兹别克族，1939年出生于乌兹别克的布哈拉市，代表作有《定居点》《幽魂》《瞭望塔》、三部曲《布哈拉之家的激情》等。

范围内得以传播，所以有美国学者说，"英语培训将是美国投放软实力政策的重心。（他国）允许或限制英语语言培训对美国有着非常大的影响。简单地说，英语语言培训等同于软实力"①.

俄语是全球第六大通用语言，为联合国6种工作语言之一。同时，俄语也是国际原子能机构、欧洲委员会、欧洲安全与合作组织、独联体、上海合作组织等权威国际组织的官方语言或工作语言。有1.5亿人将其作为母语，约2.6亿人能熟练运用这种语言。② 冷战时期，俄语是苏联社会主义联盟十五个加盟共和国的官方语言，其影响力还辐射到波兰、捷克、南斯拉夫等中东欧国家及中国、蒙古、朝鲜、越南等东亚国家。来自亚非拉地区的许多政治精英都在苏联接受过俄语教育，长期保持着对俄语的亲近感。在前苏联地区，一方面俄语作为曾经的国语被强制推广，掌握者为数众多，至今仍有大量人口以俄语作为第一语言；另一方面，历史上沙俄和苏联政府实行的有计划移民和民众的自由迁徙等因素，导致俄罗斯族人散布于波罗的海、中亚和外高加索地区。在一些国家的大城市中，俄罗斯族人的数量甚至超过了当地主体民族。

因此，俄语在后苏联空间不仅是一种交流工具，还是俄罗斯软实力的来源之一，是其传播文化和构造"欧亚文化空间"的重要手段。俄语就像一种无形资产，是散居在后苏联空间及世界各地的俄罗斯族、视俄语为母语和那些以俄语接受教育、深受俄罗斯文化熏染的各种人心目中的形象、观念、构想、认同、象征的载体。

二 俄语的影响力变迁

（一）俄语在后苏联空间（见图11—1）

俄语在后苏联空间的影响力源自帝俄时期，沙皇政府强制推行"俄罗斯化"政策，限制少数民族的语言、文化和教育发展。这种"俄罗斯化"的状况在苏联建立初期得到了改变，苏联政府实施了语言平等政策，大力

---

① Thomas Molloy, English Language Training as a Projection of Spft Power, The DISAM Jornal, summer 2003, p. 101, www. disam. dsca. mil/pubs/Vol%2028_ 3/Molloy. pdf.
② Концепция федеральной целевой программы "Русский язык" на 2016 – 2020 годы. Правительство РФ, Распоряжение от 20 декабря 2014 г. № 2647 – р.

推广、普及少数民族母语,在各地建立民族语学校,并且要求公文处理、教育、报刊出版等领域使用民族语言。这一时期,政府还为积极为一些民族创造文字,约 46 个无文字的民族,如车臣人、诺盖人等,获得了自己的文字。[①] 20 世纪 30 年代,这种本土化的民族语言政策被叫停,推广少数民族母语的做法被普及俄语所取代。俄语被有针对性地向苏联民族地区的各个学校推行,成了法定的教学课程,少数民族语言文字被转换为基里尔字母。[②]

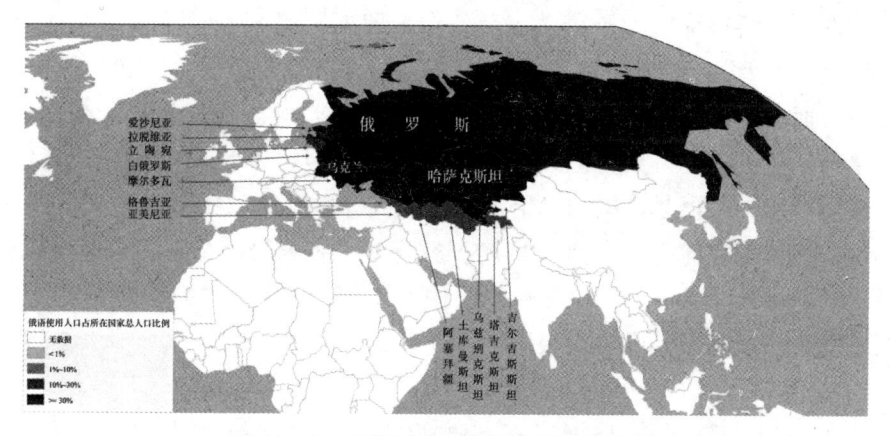

图 11—1 后苏联空间俄语使用者分布图

苏联解体后,大部分加盟共和国在独立之初就颁布了语言法,这些法令均以强化主体民族语言为主要目标,一定程度上降低及俄语的法律地位和压缩了其使用范围。不过,"去俄罗斯化"在各国的语言政策中的强度有的区别,各国对俄语的态度也不尽相同。总的来说其可以分为尊重、接受和抵制三种情况:第一种,承认俄语的官方语言地位,俄语继续在社会上发挥重要影响;第二种,承认俄语的"族际交际语"地位;而在第三种情况中,俄语的地位严重降低,不但不是国家的官方语言,连族际交际语的地位都不保,甚至被视为一门"外语"。

1. 承认俄语为"官方语言"的国家

俄罗斯俄语在白俄罗斯、吉尔吉斯斯坦享有被官方承认和受到尊重的

---

① 左凤荣、刘显忠:《从苏联到俄罗斯民族区域自治问题研究》,社会科学文献出版社 2015 年版,第 98 页。
② 同上书,第 121 页。

地位。

作为"俄白联盟"的成员，白俄罗斯一直与俄罗斯保持着密切的合作关系，俄语在这里享受着宪法赋予的国语（государственный язык）待遇。苏联解体后，俄语的使用也经历了些许波折，不过大部分时间仍保持着主导地位。1990—1995 年，因为白俄罗斯语被认定为国家唯一官方语言，俄语的使用效能受到影响。1994 年，卢卡申科在担任总统后，发起了关于给予俄语与白俄罗斯语同等地位的公投，公投中有 83.3% 的参与者表示支持。白俄罗斯总统卢卡申科曾表示，白俄罗斯人民不会拒绝俄语，他说："让我们的俄语和白俄罗斯语都留下来吧。我们将和平地完善我们的民族语言，而不是通过斗争和革命的办法。"1996 年颁布的白俄罗斯宪法中，俄语的地位进一步得到巩固。最新版《白俄罗斯语言政策》第二条规定，白俄罗斯语和俄语是该国的国语。目前白俄罗斯熟练掌握俄语的人数达到 80%，该国的政府部门、商业生产、教育领域、媒体行业、娱乐生活中，俄语是通行的语言。国内 18 座剧院中有 14 座以俄语作为表演语言，电视、电台、互联网等媒体用俄语传播资讯。

吉尔吉斯斯坦

在吉尔吉斯斯坦，根据《官方语言法》，俄语被确定为"官方语言"（официальный язык）。苏联时期，吉尔吉斯斯坦是"俄语化"程度较高的地区，当地大部分人，尤其是大城市居民，只会讲俄语。吉尔吉斯斯坦独立后，俄语的地位有所下降，以俄语作为母语或是精通俄语的人数有所减少，但俄语仍是使用频率最高的族际交流语言，也是该国居民最重要的国际交流工具。根据 2009 年的人口普查数据，50% 的非俄族居民（18 岁以上）把俄语视为第二语言，这表明俄语在吉教育领域仍然发挥着主导作用（见表 11—1）。《官方语言法》规定，俄语在小学、中学以及所有国立高等院校中是必修科目。俄语在高度教育领域更是居于垄断地位，无论国立大学，还是私立大学，都以俄语作为教学语言。即使是在土耳其资助的"玛纳斯大学"中，也设有俄语课程。而由俄罗斯和吉尔吉斯斯坦合作设立的"斯拉夫大学"和"吉俄教育科学院"，以及俄罗斯国立社会大学、莫斯科商业和法律学院等教育机构在吉开设的分校，对当地学生也具有很大的吸引力。"俄罗斯世界"也依托比什凯克人文大学、楚河州图书馆等机构开展了大量推广俄语的活动。

表11—1　　吉尔吉斯斯坦居民主要语言掌握情况表（1989、1999、2009）

语言	1989 掌握语言人数（万人）	比例（%）	1999 掌握语言人数（万人）	比例（%）	2009 掌握语言人数（万人）	比例（%）
吉尔吉斯语	228.2	53.6	350.6	72.7	410.1	76.4
俄语	224.1	52.6	265.3	55.0	201.1	37.5
乌兹别克语	54.1	12.7	92.2	19.1	96.6	18.0

资料来源：1989年的全苏人口普查数据和1999年、2009年的吉尔吉斯斯坦人口普查数据。

2. 承认俄语"族际交际语"地位的国家

在哈萨克斯坦、摩尔多瓦、乌兹别克斯坦、阿塞拜疆、塔吉克斯坦等国，俄语失去了"国语"地位，但仍具有"族际交际语言"（язык межнационального общения）的重要作用。上述国家虽然是俄罗斯的战略伙伴，但在政治、经济和军事方面对俄罗斯的依赖程度不如白俄罗斯和吉尔吉斯斯坦，因此对俄语的态度较为严厉，一些国家在独立之后通过立法和行业准入等措施限制俄语的使用。

哈萨克斯坦

苏联时期，哈萨克苏维埃社会主义共和国是俄语普及度最高的地区之一，但独立后俄语的地位因"哈萨克化"的政策发生改变。1989年通过的哈萨克斯坦《语言法》规定，哈萨克语为国语，俄语是"族际交际语言"。哈权力部门、国家机关和企业的入职标准设立了语言门槛，不会哈萨克语的俄罗斯人进入国家机关的工作机会大大减少。日常生活中，城市、街道、文化古迹、一些机构和组织的正式名称更改为哈萨克语。由于相关法令规定教育领域要优先使用哈萨克语，俄语在初等教育和中等教育中的地位下降尤其明显，政府已经制订计划，要求2020年前所有中学毕业生能百分之百掌握国家语言。根据哈萨克斯坦社会经济发展纲要的规划，2020年哈国95%的人口掌握哈萨克语，90%的人口掌握俄语，20%的人口掌握英语。

但是哈语替代俄语的过程由于人们对俄语的实际需求而被大大拉长，尽管1989年至2009年期间以俄语为母语的人数从780万人下降到250万人，但官方数据显示，同一时期哈萨克斯坦国内掌握俄语的人数却在增加（见表11—2）。目前俄语仍是哈国内各民族之间交流的主要语言，对大多数哈萨克斯坦公民而言，俄语还和从前一样，是"通向世界的窗户"，是人们获取信息的主要媒介，所以，人们在积极掌握哈语的同时，并未放弃对俄语的使用。在大型国际会议和全国性会议上，总统纳扎尔巴耶夫经常用俄语发言，他认为，哈萨克斯坦和俄罗斯是"历史形成的必然伙伴"，"俄语在哈萨克斯坦得到普遍应用是客观的现实，应该予以尊重"，"有一些哈萨克斯坦知识分子批评俄语用得太广泛，我认为，哈萨克斯坦人的俄语讲得比一些俄罗斯人还好，这是一笔巨大的财富"。

表 11—2　哈萨克斯坦居民语言掌握情况表（1989、1999、2009）

语言	1989 掌握语言人数（万）	比例（%）	1999 掌握语言人数（万）	比例（%）	2009 掌握语言人数（万）	比例（%）
俄语	1211.7	73.6	1267.2	84.7	1357.5	84.8
哈萨克语	657.9	39.9	963.1	64.6	992.6	62

数据来源：1989 年的全苏人口普查数据和 1999 年、2009 年的哈萨克斯坦人口普查数据

乌兹别克斯坦

乌兹别克斯坦 1989 年颁布的《语言法》中，俄语被定位为"族际交际语言"。1993 年，乌政府开启语言改革进程，从俄语中借鉴而来的西里尔字母被拉丁字母取代。90 年代末，乌兹别克斯坦发生多起焚烧俄语书籍的事件，以俄语命名的街道、广场、居住区、商店纷纷改名，电视和广播中的俄语节目一度被禁止，俄罗斯族人因语言障碍而被排挤出各政府部门。虽然俄语因语言使用惯性在大城市尚保留着一定的普及度，但在农村已经毫无影响力。1995 年通过的《乌兹别克斯坦国语法》及 2004 年的语言法修正案取消了俄语的"族际交际语言"地位，俄语被官方视为与塔吉克语、土库曼语、吉尔吉斯语地位相同的一门外语。

2005 年，乌兹别克斯坦与西方国家的关系因安集延事件趋冷，而与俄罗斯的关系开始升温。双方签署战略伙伴协议后，俄语和俄罗斯文化的传播有所恢复。俄语经典剧目开始在剧院中演出，全国 37 家剧院中有 10 家恢复了俄语剧目，电视节目和电影也配上了俄语字幕。2007 年，莫斯科大学在塔什干开设分校。2010 年，"俄语世界"开设四所活动中心。这两所机构与俄国际人文合作署下属的俄罗斯科学和文化中心成为在乌兹别克斯

坦推广俄语最重要的机构。由于俄语在大众媒体和教育领域中颇具影响力，再加上近年来面向俄罗斯的劳务输出的需要，俄语在乌兹别克斯坦社会中始终保持着特殊地位。2012 年，40% 的乌兹别克斯坦居民掌握俄语，其中 14% 能够熟练使用俄语，25% 属于基本掌握。

摩尔多瓦

1989 年，摩尔多瓦颁布《语言法》，以拉丁字母代替西里尔字母拼写摩尔多瓦语，并开启了摩语"罗马尼亚化"（румынизация）的进程。俄语在摩尔多瓦是官方承认的"族际交际语言"。在一些地区，如加告兹自治行政区，俄语与加告兹语、摩尔多瓦语同为三大官方语言之一。德涅斯特地区的情况则更为特殊，1989 年 8 月 11 日，为反对政府将摩尔多瓦语作为国语，且贬低俄语地位的做法，德涅斯特地区民众发起罢工以示抗议，并成立"劳动集体联合委员会"行使地方政府的职责。1990 年 9 月，"德涅斯特沿岸共和国"宣告成立，俄语在这一地区享有"国语"的地位。

目前俄语是摩尔多瓦国内掌握人数第二位的语言，近一半人口能说俄语。由于摩尔多瓦经济落后，而俄罗斯是重要的劳务输出对象国，民众中存在着学习俄语的强劲需求，俄语在摩尔多瓦的传媒和教育领域具有重要影响。在中学俄语教育、中等专业教育（高中、专科）和大学等各级教育机构中，俄语教学较为普及。俄罗斯的"俄罗斯世界"基金会、国际人文合作署等公共外交机构也积极与摩方合作，合作建立的斯拉夫大学、启蒙者中学等机构受到民众欢迎。俄罗斯向优秀中学毕业生、俄语语言与文学奥林匹克比赛的获胜者提供奖学金，并提供前往俄学习的机会。

塔吉克斯坦

俄语在塔吉克斯坦是官方承认的"族际交流语言"。在独立后的近 20 年里，塔吉克斯坦并未像大部分前苏联加盟共和国一样，表现出明显的"去俄语化"，俄语在国家政治生活中享有与塔吉克斯坦语相当的地位，官方文件的印刷和发布同时使用塔、俄两种语言。转变出现在 2009 年，当年塔政府颁布《语言法》，该法令规定：塔吉克语是塔吉克斯坦共和国的唯一国语，立法、行政和司法机构以及军队在处理公务时须使用国语，官方机构使用国语进行口头交流和书面交际。为保证这一规定的执行，2010 年，塔吉克斯坦议会通过了语言法的修正案，规定国家机关的所有往来公文只能使用国语，即塔吉克语。2011 年，政府规定，官方机构的求职者必须通过塔吉克语水平测试。

虽然塔吉克斯坦国内对俄语的使用热情和掌握程度今非昔比，但俄语在精英层面的普及程度依然很高。教育和科研领域，俄语是最重要的工作语言。图书馆收藏的和市面上销售的学术作品多为俄语书籍，翻译成塔吉克语的学术成果寥寥无几。大学里的课程大都以俄语教授，有条件的年轻人还倾向于前往俄罗斯接受高等教育。塔吉克斯坦在培养博士方面尤其薄弱，学生常常需要到俄罗斯有关院校去参加答辩，这样必然要求大学生、研究生具备较高的俄语水平，如果讲俄语的能力差，就有可能失去获得学位的机会。

亚美尼亚

亚美尼亚基本上是一个单一民族国家，俄罗斯族即使在苏联时期（1989）也仅占总人口的1.6%。苏联解体后，由于亚美尼亚经济落后，俄罗斯族大量外迁，2011年，俄罗斯族人的占比减少到0.2%。1993年亚美尼亚《语言法》实施之后，高校和技术学校纷纷压缩以俄语授课的专业，以俄语接受教育的中学生比例从1989年的15.9%锐减为1995年的1.4%。虽然俄语在亚美尼亚是一门"外国语"，把俄语视为母语的亚美尼亚人很少，但能熟练使用俄语、把俄语作为第二语言的人数约占四分之一。俄语是亚美尼亚媒体和教育领域的重要语言，在学术界和政界，俄语更是通用语言。

亚美尼亚在经济、外交和国家安全方面对俄罗斯存在较大的依赖。赴俄劳工汇款对国内经济发展起着重要作用，边境的警戒和巡逻依赖俄罗斯的军事力量，在国际舞台上更需要俄罗斯协助抗衡土耳其、阿塞拜疆，因此亚俄之间一直维持着良好的关系，俄语在该国并未受到来自政府的严厉打压。作为欧亚经济联盟国家，亚美尼亚的做法与白俄罗斯、哈萨克斯坦、吉尔吉斯斯坦相似，采取了对俄语比较宽容的态度。以高等教育为例，俄语在亚美尼亚权威学府埃里温大学里一直是重要的教学语言，而俄罗斯与亚美尼亚合办的斯拉夫大学以及俄公共外交机构"国际人文合作署"在当地开设的俄语课程也培养出一批未来的社会精英。亚美尼亚学生大量前往俄罗斯留学，或者通过函授攻读俄罗斯大学的课程，莫斯科大学、圣彼得堡大学、俄罗斯国际旅游学院、俄罗斯医药大学等高校是重要的目标学校。

3. 严格限制俄语的国家

严格限制俄语的国家主要是非独联体，如波罗的海三国、格鲁吉亚、土库曼斯坦,以及事实上已脱离独联体的乌克兰。①

拉脱维亚

拉脱维亚是前苏联加盟共和国中俄罗斯族裔最多的国家,以俄语为母语的居民曾经达到42%,目前约为33%。虽然以俄语为母语或第二语言的人在总人口中占比80%,且这一水平在过去20年间几乎从未下降(见表11—3),但拉脱维亚政府采取了严厉限制俄语的政策,俄语被视为"外国语",而不是得到官方承认的"族际交流语言"。拉脱维亚1991年通过的《教育法》规定,法律保障公民接受拉脱维亚语教育的权利,少数民族子女只能在中学阶段接受本民族语言的教育。1992年,拉脱维亚通过《语言补充修正法》,俄语位列英语和德语之后,成为第三外语。1999年通过的《国家语言法》进一步对俄语进行限制,75%的俄语学校改教国语,高校完全禁止使用俄语。这项法律还规定:非主体民族只有拥有10年以上的常住资格,放弃原有国籍,通过国家语言水平考试才能加入该国国籍。很多以俄语为母语的居民因为这项规定失去了政治投票权,成为二等公民。因此,2012年在拉脱维亚进行的全民公决中,关于确立俄语为第二官方语言的提议只获得30%的赞成票。

表11—3　　　　　　　拉脱维亚人掌握俄语的情况②　　　　　　　单位:%

俄语掌握的水平	年份				
	1970	1979	1989	2000	2011
母语	35.9	40.2	42.1	37.5	32.9
把俄语视为母语或第二语言	67.1	76.8	81.6	81.2	80.0

资料来源:1970年、1979年、1989年苏联人口普查及2000年、2011年拉脱维亚人口普查资料。

立陶宛

立陶宛于1996年通过《语言法》,规定立陶宛语为官方语言。1999年

---

① 乌克兰与俄罗斯、白俄罗斯同为独联体三个奠基国,因其未批准独联体宪章,在法理上不属于独联体成员,但其在实际工作中一直参与独联体事务。2014年3月,乌克兰宣布启动退出独联体的程序,至今尚未完成。
② 此表是引用1970,1979,1989年俄罗斯人口普查和2000及2011年拉脱维亚人口普查的数据所制。

该法开始实行，公共场所、行政机构和教育机构禁止使用俄语。按照立陶宛教育部门的规定，所有学校必须以国语授课，英语是中学必修外语，此外还可再选修一门外语。大多数年轻人选择德语、法语，很少选择俄语。因此在立陶宛，熟练掌握俄语的主要是 18 岁以上的人口，占比 60%，而 18 岁以下的人口只有 6% 能讲俄语。目前 5% 的立陶宛居民以俄语为母语，除俄罗斯族外，部分波兰人、白俄罗斯人、乌克兰人、鞑靼人、犹太人以及极少部分的立陶宛人也把俄语视为母语。约 15% 的人口视俄语为第二语言。在立陶宛居民掌握的外语中，俄语排第一，比例为 63%，第二位是英语，比例是 30.4%。俄语普及度比较高的是首都维尔纽斯及一些大城市。①

爱沙尼亚

俄罗斯族是爱沙尼亚的第二大民族。自爱沙尼亚独立以来，俄罗斯族的数量并未急剧下降，目前在总人口中的比例仍维持在四分之一左右，是最重要的少数民族（见图 11—2）。

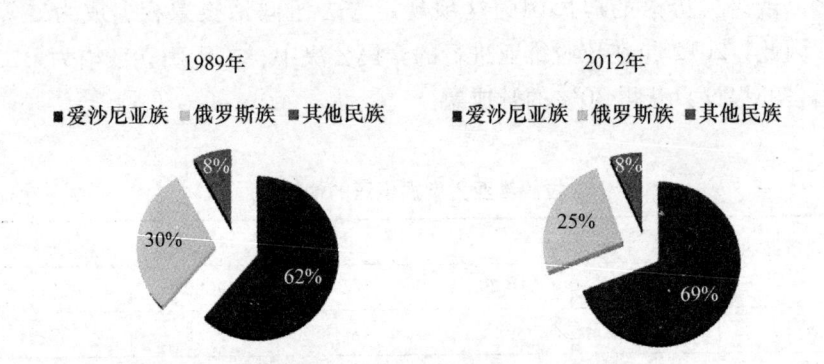

图 11—2　俄罗斯族在爱沙尼亚总人口中的比例

在 1989 年通过的《语言法》中，俄语拥有仅次于爱沙尼亚语的地位。该部法律规定：国家行政部门、各个企业和组织等官方和非官方的机构开展活动时，有权使用爱沙尼亚语或者俄语；与不懂爱沙尼亚语的人交往时，可使用俄语或其他语言；全体公民享有使用母语获得普通教育的权利，俄语居民获得俄语教育的权利应该得到保障。但是，1995 年通过的《语言法》规定爱沙尼亚是唯一官方语言，俄语仅仅是"外国语"和少数

---

① Еврокомиссия в Эстонии: Русский, украинский и белорусский – не языки Европы? 26 Сентября 2013, REGNUM, https://regnum.ru/news/1712607.html.

民族语言，俄语的使用空间被大大压缩。从 1999 年开始，政府在全国强制使用爱沙尼亚语。俄语使用者在工作和生活中受到各种限制，俄罗斯族在求职时会因为语言被拒绝，例如 2012 年第一季度俄罗斯族中的无业人员达 17%，而同时爱沙尼亚人中只有 8.9%。做同样的或者相似的工作，俄罗斯人的平均收入却比爱沙尼亚人低 10%。爱沙尼亚人还在职位晋升方面具备明显的优势：他们当中担任领导职务和高级专家的人数是俄罗斯族的 3.5 倍。俄语的地位实际处于不断下滑的状况，虽然俄罗斯族人的数量减少幅度不大，但俄语使用者在 18 岁以上的公民中从 1989 年的 60% 缩减为 2006 年的 39%，在青少年中，这一比例只有 23%。①

土库曼斯坦

土库曼斯坦是中亚国家中俄语普及度最低的国家。即便是苏联时期，如 1989 年，有 71.9% 的居民（180 万人）对俄语知之甚少或者完全不会。② 以俄语为母语的土库曼斯坦人，1989 年为 1.8052 万人，但 6 年后，1995 年的普查数据显示只剩 8903 人，约为原来的一半。目前熟练掌握俄语（以俄语为母语或者第二语言）的人数缩减到总人口的 12%，绝大多数居民已经完全不会俄语或者用俄语交流很吃力。俄语的衰落与前总统萨·尼亚佐夫推动的"去俄罗斯化"政策有关。在尼亚佐夫任期内，俄语名义上是"族际交流语言"，但实际上被官方排斥，成为一门"外国语"。根据土《关于遴选国家机关的领导人和公职人员法》，大量俄罗斯族的国家公职人员因语言受限而被迫去职。2007 年，库·别尔德穆哈梅多夫执政以后，俄语在大众传媒和教育领域的状况有所改善。一批用土库曼语和俄语出版的刊物开始面世，中学的俄语教育得到恢复和扩大，大学和中等职业教育机构也重新开设了俄语课程。

乌克兰

从乌克兰的语言民族结构来看，俄语是仅次于国语乌克兰语的重要交流工具（见图 11—3）苏联解体初期，乌克兰的情况与白俄罗斯类似，大部分居民同时掌握俄语和乌克兰语，两门语言在社会生活中占据同等地位。乌克兰语的通用地区集中在中西部，而俄语在东部和南部的克里米亚

---

① Еврокомиссия в Эстонии: русский, украинский и белорусский—не языки Европы? REGNUM, 26 Сентября 2013, https://regnum.ru/news/1712607.html.
② 1989 年苏联人口普查资料。

占据主导地位。目前约80%（3700万人）的乌克兰人掌握俄语，其中2750万人在工作、学习和生活中积极使用俄语。除占人口总数16.2%的俄罗斯族以外，其他民族中也有部分人将俄语视为母语，总人数占比约30%。虽然俄语在乌克兰社会中是重要的交流工具，而且乌俄之间存在极深的历史文化渊源，但是，俄语的地位在这20年间几经浮沉，总体趋势为下降状态。1991年，俄语是官方承认的"族际交流语言"，但2003年就被降格为"少数民族语言"；乌克兰语被《乌克兰语言法》和《乌克兰宪法》规定为唯一国语。

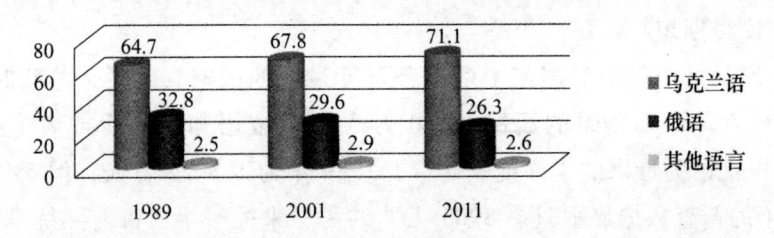

年份	乌克兰语	俄语	其他语言
1989	64.7	32.8	2.5
2001	67.8	29.6	2.9
2011	71.1	26.3	2.6

图11—3　以乌克兰语、俄语及其他语言作为母语的人口比例研究
资料来源：1989年苏联人口普查及2001年、2011年乌克兰人口普查资料。

乌克兰政府限制俄语主要是基于政治因素，解体的离心惯性、颜色革命、乌俄关系的质量直接关系到俄语在乌克兰社会中的地位。尤先科后奉行疏远俄罗斯的"脱俄亲欧"政策，国内的"去俄语化"愈演愈烈。中小学和高校的俄语教学受到限制，中学义务教学大纲把俄语排除在外，大学入学考试对学生的俄语水平要求降低。掌握乌克兰语成为进入政府机构工作的必备条件，公文和官方信函必须用乌克兰语书写。有的政治领导人还发表极端言论："要让乌克兰的广播中只有乌克兰语的声音"。亚努科维奇上台后，逐渐缓和与俄罗斯的关系，两国达成相互发展对方国语的共识，俄语的处境才有所改善，成为东部和南部传统俄语通用区域的"地区官方语言"。2013—2014年的乌克兰危机期间，俄语地位问题成为乌各派政治力量，以及俄罗斯与乌克兰角力的焦点之一。俄罗斯以"保护讲俄语居民的人权"为主要理由策动了克里米亚入俄事件。随着俄乌关系的恶化，俄语在乌境内遭到了更严厉的打压。

格鲁吉亚

俄语在格鲁吉亚是一门"外国语"，目前格境内的俄罗斯族人仅为

1989 年的 1/7，在总人口中占比 1%，是名副其实的少数民族。1989 年，约 41% 的格鲁吉亚人能讲俄语；2002 年，这一比例降到 27.5%；2011 年，仅为 21.5%（见图 11—4）。俄语使用者的分布区域集中在第比利斯、巴图米等大城市。

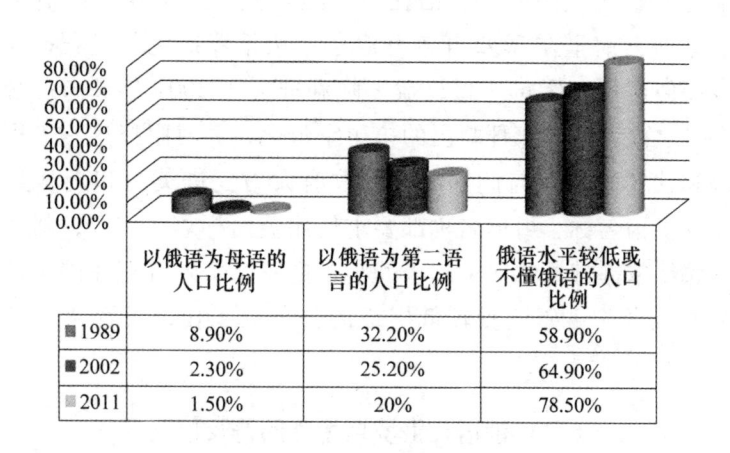

	以俄语为母语的人口比例	以俄语为第二语言的人口比例	俄语水平较低或不懂俄语的人口比例
1989	8.90%	32.20%	58.90%
2002	2.30%	25.20%	64.90%
2011	1.50%	20%	78.50%

图 11—4　格鲁吉亚掌握俄语的人口变化

资料来源：1989 年苏联人口普查、2002 年和 2011 年格鲁吉亚人口普查数据。

格鲁吉亚独立后，俄语的使用空间不断被压缩。2008 年，俄语的地位因"俄格战争"受到重创，在格鲁吉亚官方领域不再扮演"第一外语"的角色。俄罗斯的电视和广播节目全面被禁，如俄罗斯公共电视台（现为第一频道）、俄罗斯电视台、独立电视台等电视台的节目全部停止播出。电影院里禁止播放俄语电影或者有俄语配音的电影。此前以格鲁吉亚语和俄语书写和标注的官方文件、街道名称、机构名称、广告标语等改为格语和英语，俄罗斯人居住区也不得使用俄语标牌。俄语在教育领域的衰退更为明显，从 1989 年到 2011 年，以俄语接受教育的中学生人数减少了近 90%，2015 年，格鲁吉亚中学阶段的教育全面使用国语。青年一代把英语学习视为首要目标，俄语和俄罗斯文化的吸引力持续下降。萨卡什维利时期，执政精英以能说流利的英语为荣。2012 年之后，随着有亲俄倾向在"格鲁吉亚之梦"联盟上台执政，以及马尔格韦拉什维利出任总统，格俄关系开始缓和，俄语媒体和俄语教育受到的限制减弱，社会影响力稍有恢复。

阿塞拜疆

俄语在阿塞拜疆的普及程度低于其他前苏联国家，能熟练使用俄语的人口约占五分之一，以城市居民为主，农村居民基本上只会说阿塞拜疆语。近年来俄罗斯族人大量迁出，其人口比例从 1989 年的 5.6% 下降为 1.3%。阿塞拜疆的行政系统和专业技术体系皆按苏联模式而建，其政府职员和专业人士都能使用俄语交流，但随着政府不断施行各种限制措施，俄语的地位已经大大下降。俄语在该国是与英语、土耳其语地位相似的"外国语"。阿政府早在 1992 年就开启了"去俄罗斯化"进程，计划弃西里尔字母而使用拉丁字母。总统盖·阿利耶夫于 2001 年颁布总统令，要求在一个月之内完成阿塞拜疆语的拉丁字母化，并对阻挠这一进程的行为追究行政和法律责任。与此同时，阿政府大力促进英语和土耳其语的使用，例如各机构名称、街道名称都要求使用英语标志。如今，阿塞拜疆年青一代中熟练掌握俄语的比例越来越小，俄罗斯族人鲜有在国家机关担任领导职务的机会，主要负责较低层级的公务员工作，或者从事专业技术工作。

（二）俄语在俄罗斯境外的普及情况

中东欧地区

俄语在俄罗斯境外传播的重要区域是东欧和巴尔干国家。地理位置的接近、深厚的历史渊源、相似的文化背景以及苏联时期的结盟关系使俄语在这一地区拥有较高的普及度。在华沙组织条约成员国中，如民主德国、波兰、保加利亚、捷克斯洛伐克、匈牙利、罗马尼亚等国，俄语是大学教育和科学研究领域的重要工作语言。大量中东欧国家的学生前往苏联就读，其人数在苏联的外国留学生中占到四分之一。1991 年之后，随着经济互助委员会、华沙条约组织的解散以及苏联的解体，中东欧国家与俄罗斯在政治、经济、科技和文化领域的交流急剧减少。"去俄罗斯化"不仅表现在双边军事、政治关系中，也表现在文化、语言和传媒领域，俄语被视为苏联遗产和意识形态武器而受到抵制，各国民众使用和学习俄语的动机减弱乃至消退。在新形势下，大部分中东欧国家的政府机关和科研机构对英语、德语、法语人才的需求增加，各国大力鼓励对英语、德国、法语等欧洲语言的学习，俄语则渐渐淡出公共活动和社会生活，中学和大学的俄语课程被压缩和裁减，大批俄语教师离开教育部门或者转岗学习第二外语。

表11—4　　部分中东欧国家掌握俄语人数情况表（1990年、2004年和2010年）

国家	掌握俄语人数（1990）	掌握俄语人数（2004）	掌握俄语人数（2010）	掌握俄语的人口占比（%）
保加利亚	500万	280万	200万	27.2
斯洛伐克	250万	180万	130万	24.0
黑山	35万	20万	15万	23.9
塞尔维亚	420万	210万	140万	19.7
捷克	400万	260万	104万	19.1
波兰	1900万	900万	550万	14.3

资料来源：Центр социологических исследований Минобрнауки 2012.

二十余年来，东欧和巴尔干地区掌握俄语的人数大幅缩减，其人口比例从1990年的36%降为2011年的11%。目前保加利亚、斯洛伐克、黑山、塞尔维亚、波兰等国的俄语使用人群略成规模，但波斯尼亚、黑塞哥维那、斯洛文尼亚、阿尔巴尼亚、罗马尼亚等国对俄语的兴趣已是日薄西山。① 在波兰、罗马尼亚和克罗地亚三国，俄语拥有官方承认的地区语言或少数民族语言的地位。俄语使用者集中在中年和老年人群，青年人的俄语水平很低且缺乏学习俄语的动力，以目前的俄罗斯与上述国家的交往前景来看，掌握俄语的人数还将继续保持下降趋势。

西欧和北美

苏联解体前后，当中东欧地区的俄语使用者大幅下降的时候，西欧和北美却出现相反的情况，掌握俄语的人口不断增长。这一现象主要是移民、双边交流增多以及苏联解体前后国家形象改变等因素的作用。

第一，移民因素。1985—1990年期间，随着改革的推进，苏联对人口流动的限制逐渐放松，由此引发的移民浪潮使数十万苏联人涌入西欧和北美国家。据统计，这一时期约有30多万居住在苏联的德意志移民的后裔返回母国，4万本都希腊人迁回家乡希腊，犹太人则移民至美国、以色列、德国及其他西欧国家等。苏联解体后，移民潮更为汹涌。德国接收了来自

---

① 斯拉夫语族（Slavic Group）属于印欧语系，主要分布在欧洲和亚洲。斯拉夫语族分为3大语支：东部语支、西部语支和南部语支。代表语言分别是：东部——俄语、乌克兰语和白俄罗斯语；西部——捷克语、波兰语、斯洛伐克语、索布语；南部——保加利亚语、塞尔维亚-克罗地亚语、黑山语、马其顿语和斯洛文尼亚语。

俄罗斯、乌克兰、哈萨克斯坦等前苏联国家的 200 多万移民，英国接收的移民超过 35 万人，希腊为 30 万人，意大利为 25 人，西班牙为 20 万人，法国为 15 万人，奥地利为 10 万人。俄语移民数量的增长直接推高了上述国家掌握俄语的人口数量。

第二，国际交流的需要。随着苏联的市场经济改革和对外开放，以及俄罗斯实施的亲西方政策，双方的交流和协作日益丰富，赴苏和赴俄旅游、学习和工作的人员不断增多，对俄语人才的需求也相应上升，带动了西欧民众学习俄语的热情。

第三，俄罗斯国家形象的改变。20 世纪 80 年代末，苏联的改革对西方社会产生了极大的吸引力，媒体对苏联文化、苏联国家形象的美誉度大幅提升，民众对此的关注也大大增加。苏联解体后成立的俄罗斯一度被西方视为"民主""自由"的新国家，学习俄语成为一种时髦。

随着俄罗斯由超级大国降格为地区强国，多项社会经济指标在国际比较中居于落后地位，欧美民众对俄语的兴趣迅速下降，支撑俄语人群数据的主要是来自前苏联地区的移民。移民大多具有技术专长，他们"用脚投票"事实上表达了精英层对俄罗斯发展状况的不满和失望，反证了俄罗斯软实力的衰弱。在全球化的背景下，俄裔新移民的民族认同感和传承民族精神及文化的责任感正在弱化，对他们而言，重要目标是融入新社会，追求与所在国家主流社会的同化，因此新移民积极学习的并非俄语，而是所在国语言或国际通用语言，如德语和英语。这些移民的后裔也把所在国语言视为自己的第一语言。因此，近年来出现的情况是，在移民潮前期大量接受俄语移民的国家，如德国、希腊、法国、美国，在 2004 年之后掌握俄语的人数开始下降或者持平（见图 11—5），而在移民潮后期成为目的国的英国、西班牙、意大利、加拿大等，俄语移民人数出现上升（见图 11—6）。但是，这种上升趋势不会持续。

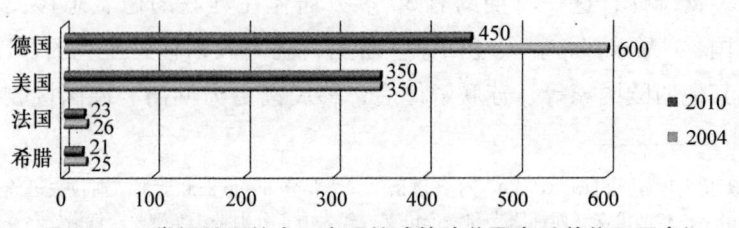

图 11—5 掌握俄语的人口出现缩减的欧美国家（单位：万人）

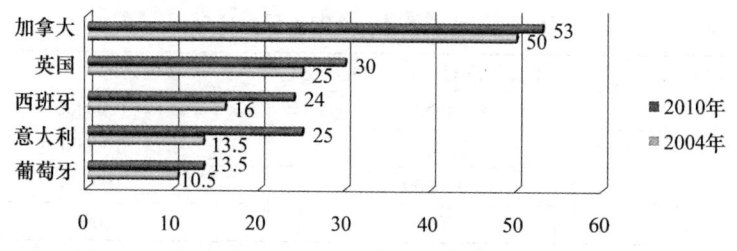

图 11—6　掌握俄语的人口增加的欧美国家（单位：万人）

资料来源：Центр социологических исследований Минобрнауки 2012.

东亚

前苏联在亚洲拥有不少盟友和贸易伙伴，在"全面学习苏联建设社会主义经验""巩固以苏联为首的社会主义阵营各国之间的团结、友谊、合作"等口号的指引下，中国、蒙古、越南、朝鲜等国的工业、农业、国防、科技、文化、卫生、教育等领域全面学习"苏联模式"。俄语学习所获得的国家支持、社会参与的广度、内容的多样性等，是其他外语难以企及的，因此苏联文化和俄语在这些国家的精英阶层具有相当高的普及度。以中国为例，20世纪50年代是俄语在中国传播和普及的黄金时期，在政府的鼓励和支持下，出现了"全民学俄语"的热潮，社会精英大都对俄语有所掌握。

苏联解体后，虽然俄罗斯与蒙古、越南等国仍保持着睦邻友好关系，但俄语在这一地区的影响力大为削弱，各国掌握俄语的人数持续下滑，精通俄语的人数减少了三分之二，英语取代俄语成为最有吸引力的国际交流工具（见表11—5）。蒙古曾经是俄语传播的重要阵地，但该国于1991年通过了把英语设为中学必修课程的法令，俄语因此失去了往昔的垄断地位。蒙古政府还计划在2020年把英语提升为第二国语，届时俄语的地位势必进一步受到影响。俄语在中国的传播有所不同，苏联解体并未成为一个明显的分水岭，六七十年代中国与苏联之间出现外交、军事和意识形态对立后，俄语在中国的教育领域失去了优势地位，但90年代随着中苏关系的改善和正常化，两国的政治交流、贸易往来日益扩大，对俄语人才的需求激增，俄语学习重又升温，一些中学和大学相继开设俄语课程。

表 11—5　　　　部分东亚国家掌握俄语的人口变化情况

国家	掌握俄语的人数（2004）	掌握俄语的人数（2010）
蒙古	1300000	1200000
中国	600000	700000
朝鲜	350000	100000
越南	150000	100000

资料来源：Центр социологических исследований Минобрнауки 2012.

西亚和北非

与在东亚的情况类似，苏联在西亚和北非地区拥有不少盟友。20世纪下半叶，苏联同阿尔及利亚、埃及、伊拉克、也门、利比亚和叙利亚等国保持着良好的外交关系，给予它们大量的经济和军事援助（见表11—6）。该地区在历史上是俄语传播的重要区域，根据俄罗斯和其他前苏联国家的阿拉伯毕业生同学会的统计，苏联教育机构为这一地区培养的学生约为30万人。[①] 数万人在求学期间与苏联女子结婚，他们的下一代通常在俄罗斯外交部设立的科学文化中心接受语言培训，然后继续到俄罗斯大学留学。这些留苏的阿拉伯学子及其配偶、子女成了俄语在这一地区的重要使用者和传播者。

表 11—6　　　　部分西亚和北非国家掌握俄语的人口变化情况

国家	掌握俄语的人数（2004）	掌握俄语的人数（2010）
以色列	1150000	1000000
土耳其	500000	600000
叙利亚	130000	120000
也门	42000	45000
埃及	20000	36000
伊拉克	20000	23000

资料来源：Центр социологических исследований Минобрнауки 2012.

---

① Всемирный форум выпускников российских(советских) высших учебных заведений. М., 2003, стр. 11.

以色列讲俄语的居民主要是来自前苏联各加盟共和国的移民，其中以俄罗斯、乌克兰等国为主。土耳其和埃及掌握俄语的人数上升则是由于双边关系拉动，虽然俄政府对这一地区的援助与苏联时期不可同日而语，但双方的经贸交流和旅游活动直接刺激了埃及人和土耳其人学习俄语的热情。在埃及的沙姆沙伊赫市和胡尔加达市，俄罗斯旅游者是最重要的客源之一，大量为俄游客提供服务的商贩、服务人员和旅游公司的员工都接受过俄语培训。

虽然在表11—6中，部分国家掌握俄语的人数略有上升，但俄语在这一地区的传播力事实上已大大削弱，熟练掌握俄语和在教育机构学习俄语的人数都在缩减。俄罗斯与非洲国家的经济交流出现急跌的同时，文化交流也剧减。一批为传播俄语做出贡献的留苏和留俄同学会停止活动，苏联传统的向当地学校和图书馆提供资料，资助教学和科研活动等增强软实力的举措已成为历史。在利比亚，俄罗斯关闭了文化中心，俄利友好协会的活动终止，俄罗斯专家和俄语教师悉数撤离。叙利亚捷利姆宁市的俄语学院停止运营，愿意前往俄罗斯学习的叙利亚人逐年减少。即使在讲俄语人口众多的以色列，从2006开始中学也停止了俄语教学。由于缺乏使用俄语的需求，原先讲俄语的人纷纷转行学习其他语言。

随着苏联解体以及俄罗斯在世界经济、科技和地缘政治等方面的影响力的减弱，俄语在世界上的影响力也在不断下降，掌握俄语的人口数量不断减少，在世界人口总数中占有的比重明显降低（见表11—7）。

表11—7　　1900—2050年掌握俄语的人口数量及其在世界总人口中所占比重
（部分数据为预测）

时间	世界人口总数（亿人）	掌握俄语的人口数量（亿人）	在世界总人口中所占比重（%）
1900	16.50	1.05	6.4
1914	17.82	1.40	7.9
1940	23.42	1.80	7.7
1980	44.34	2.80	6.3
1990	52.63	3.12	5.9
2004	64.00	2.78	4.3
2010	69.16	2.60	3.8
2015	73.25	2.43	3.3

212 俄罗斯软实力研究

续表

时间	世界人口总数（亿人）	掌握俄语的人口数量（亿人）	在世界总人口中所占比重（%）
2025	80.34	2.15	2.7
2050	95.51	1.30	1.4

资料来源：Проект "Подготовка аналистического доклада по использованию русского языка в системе образования стран СНГ"①。

2010 年，掌握俄语的总人数为 2.6 亿人，比 2004 年减少了 1800 万人，比 1990 年减少了 5200 万人。俄罗斯之外，掌握俄语人数最多的地区是独联体和波罗的海国家，目前有 8450 万人，相比 1990 年的 1.19 亿人，降幅为 29%。东欧和巴尔干国家掌握俄语的人数波动最为剧烈，从 3800 万人降至 800 万人，降幅为 79%。亚洲、中东、非洲、拉丁美洲等地区的数据均出现下降。但是，在西欧、北美和大洋洲地区，掌握俄语的人数出现了上升。西欧和北美地区的涨幅在 2004 年达到峰值，与 1990 年相比，分别增加了 5700 万人和 2900 万人（见图 11—7）。

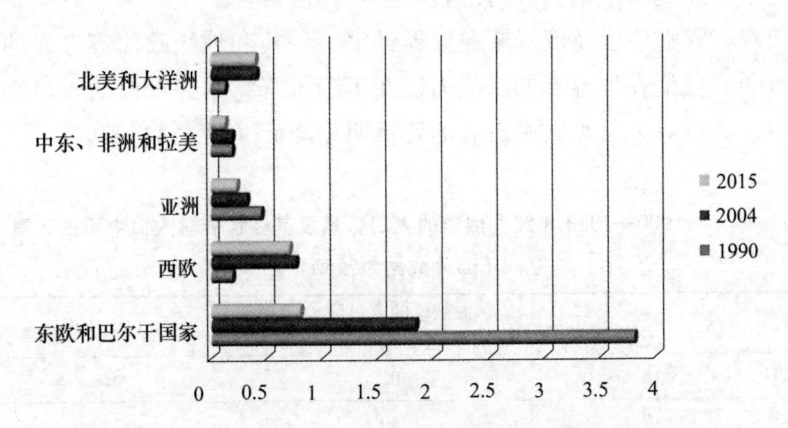

图 11—7 1990—2015 年世界各地掌握俄语人数的变化

资料来源：Центр социального прогнозированияи маркетинга 2012。

---

① Проект «Подготовка аналистического доклада по использованию русского языка в системе образования стран СНГ», ГК 05. Р16. 11. 0018 от июня 2012 года, выполнявшегося по заказу Международного департамента Минобранауки России в рамках ФЦП «Русский язык» на 2011 - 2015 годы. стр. 389 - 390.

1990 年，俄语在世界范围内的使用人数排名第四，仅次于中文、英语和西班牙语。2010 年，俄语以使用人群为 2.6 亿人在全球排名第六，位居其前的是英语（15 亿人）、中文（14 亿人）、印地语和乌尔都语（6 亿人）、西班牙语（5 亿人）、阿拉伯语（3.5 亿人）。2015 年俄语在世界范围内的使用人数有所下降，位居第八，有专家估计，到 2030 年，俄语将失去"世界十大语言"的席位①（见图 11—8）。

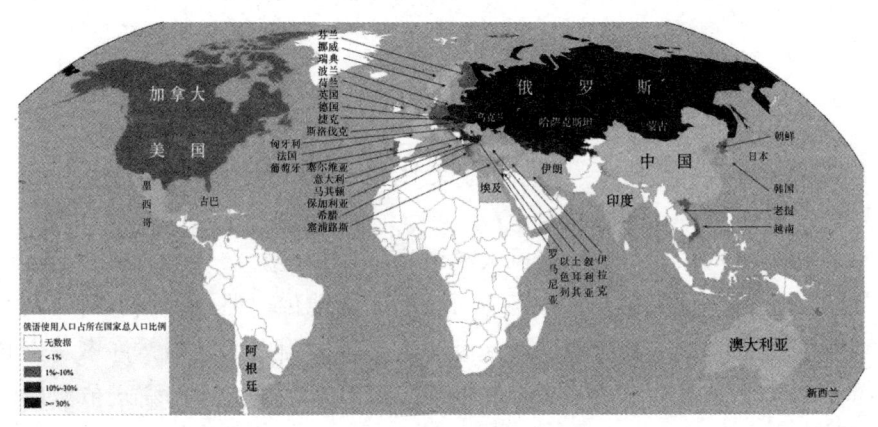

图 11—8 世界俄语使用者分布图

综上所述，俄语依旧保持影响力的地区主要集中在后苏联空间。在 1.5 亿人把俄语视为母语的人群中，1.2 亿人身处俄罗斯，2200 万人居住在独联体成员国。前苏联范围内，用俄语学习的中学生总数大约 320 万人。在白俄罗斯和吉尔吉斯斯坦，俄语拥有官方承认的国家语言的地位。在哈萨克斯坦、摩尔多瓦、乌兹别克斯坦、阿塞拜疆、塔吉克斯坦等国，俄语是"族际交际语言"。而在波罗的海国家、格鲁吉亚、土库曼斯坦和乌克兰，俄语的使用受到严格限制。俄罗斯之外，约 130 万人在 1.84 万所中学和中等职业教育机构中将俄语作为外语学习，而在高等院校中这一人数约为 23 万。② 语言在后苏联空间不仅是一些国家维护民族特征、追求新的国家定位和历史坐标的手段，也是各政治集团谋求利益的重要工具。

---

① 〔俄〕亚·阿列费耶夫：《俄语在世界上的地位与发展》，肖伟芹译，《世界教育信息》2015 年第 7 期。

② Правительство РФ, Распоряжение от 20 декабря 2014 г. № 2647-р, Концепция федеральной целевой программы "Русский язык" на 2016–2020 годы.

俄语地位问题一直广受关注和争议。俄语在原加盟共和国的命运就像一面镜子，既反映各国对俄关系的实质，也照出俄罗斯在后苏联空间的软实力变迁。

在后苏联空间之外，东欧和巴尔干国家是俄语传播的重要区域。在东亚、西亚和北非，由于部分国家历史上存在与苏联的传统友好关系，俄语的影响力仍有迹可循。虽然西欧、北美地区由于俄语移民的增加，使用俄语的人数有所上升，但是从全球范围来看，俄语地位的下降趋势十分明显。

三 俄语与文化信息传播

俄语对俄罗斯而言是一笔巨大的财富，也是重要的软实力资源。俄语虽然在后苏联空间失去了唯一官方语言的垄断地位，但由于俄罗斯与其他国家在领土面积、人口资源和政治经济实力等方面差距悬殊，许多国家必须依靠俄罗斯市场才能求得生存和发展，所以对俄语人才的需求依然广泛存在。

（一）俄语是后苏联空间第一族际交流语言

俄语是独联体的工作语言，也是本地区的重要区域组织，如欧亚经济联盟、集安组织、上合组织的工作语言。后苏联空间民族结构复杂，各民族混居的情况比较普遍，如果每个民族都使用自己的语言进行社会交流，人力物力将不堪重负。各国在正式活动中使用俄语也是普遍现象，因为各国高层领导大都精通俄语。俄罗斯学者曾诙谐地说："当中亚的领导人坐下来商谈事务的时候，他们通常会选择俄语，因为这是他们共同掌握的语言。塔吉克人既不会也不准备学习土库曼语，乌兹别克斯坦的领导当然不会去学塔吉克语，而且到哪里找这样的翻译呢？"[①] 乌兹别克语、土库曼语、哈萨克语属于突厥语族，而塔吉克语是波斯语的分支，因此在区域层面上使用俄语不失为一种便捷的、且符合地区现实的手段。

在历史上的沙俄和苏联时期，俄罗斯族和其他民族之间的人口流动频

---

① Медведев Р. Русский язык на просторах СНГ. Дружба Народов. 2006，№10.

繁,迁往各加盟共和国的居民大多是受过高等教育的技术人才,他们主要用俄语与当地人进行工作和生活的交流,这使得会说俄语成了精英的必备条件。在苏联时期,如果不会俄语,就意味着没有接受过良好的教育,将失去晋升的机会,目前这种使用语言的惯性在后苏联空间政治精英中仍然存在。例如,拉脱维亚总统莱蒙德斯·韦约尼斯是使用俄语的代表政要,他公开宣称自己是在普希金童话的陪伴中成长,俄语对于他如同母语。当选总统后,韦约尼斯因在与俄罗斯族公民交流时使用俄语,曾遭到拉脱维亚国家语言委员会的抗议。2015年12月16日,在乌克兰各大政要参加的改革会议上,敖德萨州州长萨卡什维利与内务部部长阿瓦科夫之间相互攻讦谩骂,导致会议中断。有意思的是,两人在争吵时都使用俄语而不是国语乌克兰语。俄外交部发言人扎哈洛娃因此调侃道:"乌克兰学校不使用俄语教学,但官员们却能够使用俄语掐架。"

在民间交流中,俄语具有更广泛的社会基础,是最普及的通用外语。各国独立之后,尽管一些国家的政府实行打压俄语的政策,如俄语在规定的正式场合不得使用,在广播媒体上也被限制使用等,民间却采取了灵活的方式来应对。乌克兰的官方文件、电视节目和书报杂志设有俄语版,以迎合当地的俄语居民;摩尔多瓦街头的商店招牌多用摩文和俄文两种文字书写。受互联网飞速发展的影响,网络媒体、社交媒体在语言传播中发挥的作用直追传统媒体。俄语媒体、俄语资讯在后苏联空间占据优势地位,俄罗斯的互联网规模远超其他国家,例如,在以 Kg、Uz 为域名的网区中,俄语是主导性的语言,绝大多数网民用俄语提问和搜索。据统计,俄语资讯最重要的来源地是俄罗斯,其次为乌克兰和白俄罗斯。最活跃的城市是莫斯科、叶卡捷琳堡和圣彼得堡。世界俄文媒体联合会主席伊格纳坚科宣传,俄语是互联网上的第二大语言。[①] 教育方面,中亚民众依旧十分信任俄语,家长们愿意把孩子送往俄语学校,因为相比用民族语言授课的学校,使用俄语的教学机构能提供更良好的和完整的教育体系。

俄语的通行不光是沙俄和苏联时期的历史产物,更是新时代的需要。随着俄罗斯经济的发展,俄语的魅力也增添了新的内容。如今很多人学俄语并不是被俄罗斯悠久的历史和丰富的文化所吸引,尤其对于独联体的年轻人来说,俄语跟现实收入是挂钩的。掌握俄语,意味着他们可以前往俄

---

① XVII Всемирный конгресс русской прессы, http://warp.pro/c13.html.

罗斯工作。相比较落后的家乡，俄罗斯能为高技术人才提供更多的机会。流利的俄语成为了一个现代的、成功的青年的标志。许多国家非常依赖俄罗斯市场，根据世界劳工组织的统计，2008年，塔吉克斯坦有50%的劳动力在俄罗斯打工，劳务移民汇回国内的数额达26.7亿美元，几乎相当于该国GNP的一半。这个数字远远超出该国每年接受的外援和国外投资总额。①

（二）俄语是独联体地区与世界联系的重要工具

在国际舞台上，如果没有俄语，很多独联体国家在国际交往中将面临尴尬的处境。一方面，其他国家和国际组织严重缺乏此类小语种翻译，而俄语因为是联合国工作语言，人才储备却很丰富；另一方面，后苏联地区的政要和精英大部分都具有俄语教育背景，英语水平欠佳，所以，无论官方还是民间的交流活动仍需要依靠俄语作为媒介。例如，在上海合作组织及其下属的各种行业委员会中，俄语和中文被明确规定为工作语言，所有正式文件都由这两种文字写就。

客观条件也阻碍了小语种的普及，一是国际上针对这些国家的小语种人才需求不高，除了一些专业人士，鲜有人对此感兴趣，因此愿意学习的人员寥寥无几；二是学习这些民族语言比较不方便，在师资、教材、语言环境等诸多方面都困难重重。所以，虽然各新独立的国家都努力把本国语言推向世界，但收效甚微。为了开展本国的外交事业，他们必须使用一种国际通用语言，于是俄语成了最方便适宜的选择。立陶宛内务部部长托马斯·日林斯卡斯曾经指责来到本国的难民们青睐立陶宛语而不是俄语："请去鲁科拉的难民营看看，难民们掌握俄语的速度比学立陶宛语快。我去难民营时，看到叙利亚人、乌克兰人和白俄罗斯人居住在一起，孩子们都用俄语交谈，并在学习俄语。"②

当然，讲英语在后苏联空间正成为一种时尚，如爱沙尼亚和拉脱维亚就把英语作为其沟通国际舞台的工具，但英语仍不可能威胁俄语的特殊地位，对于乌克兰、哈萨克斯坦、乌兹别克斯坦及其他独联体国家而言，大

---

① Labour Migration and the Emergence of Private Employment Agencies in Tajikistan: A Review of Current Law and Practice, http: //www.ilo.org/sapfl/Informationresources/ ILOPublications/ WCMS_ 120534/ lang - - en/index. htm

② 据俄新社7月20日消息。

部分受教育居民可以通过俄语与世界联系，因此不必为了开展国际交流而抛弃俄语。英语在这一地区还缺乏广泛的社会基础，美国学者承认："如果你要在后苏联空间的众多国家中工作，俄语显然是走遍各地皆适用的语言。"①"英语的重要性只体现在那些要选举，要在国际社会取得晋升途径的人身上。"②

（三）俄语是后苏联空间重要的信息载体

俄语是后苏联空间一种重要的文化财富，代表着科学和技术进步。电站、铁路等大型工程技术、信息技术、航空技术等领域的文献都以俄语文本为主，俄罗斯的科研机构是各国学术机构和信息情报中心最重要的合作伙伴，它们之间的工作语言自然是俄语，交换的也大多是俄文资料。乌克兰前总统库奇马曾感慨道："工程师们的乌克兰语只用来阅读文学作品"③。

俄语媒体是后苏联空间重要的信息来源，也是普及语言最有效的手段。俄语电视节目、报刊、书籍面向各国的普罗大众，而不仅仅针对俄裔居民，收到了很好的传播效果。俄罗斯媒体的实力在后苏联空间有着压倒性优势，除此之外，地区各国政府出于舆论控制、政治宣传以及争取讲俄语居民的需要，也开设了系列俄语媒体。这些媒体通常站在本国立场上对各种时事进行报道和评述，利用俄语媒体的影响力来宣传本国的纲领、路线和政策，如乌克兰的议会机关报《乌克兰之声》、乌兹别克斯坦的议会机关报《人民话语报》和政府机关报《东方真理报》、塔吉克斯坦的政府机关报《人民报》和杜尚别市政府报《晚间信使》等。

在吉尔吉斯斯坦，俄罗斯"第一频道"的覆盖面积超过国家电视广播公司，几乎覆盖该国所有地区，成为当地民众最喜欢的电视频道。互联网已成为俄罗斯媒体发挥主导作用的重要阵地，其互联网规模远超其他国家。例如，在以 Kg、Uz 为域名的网区中，俄语是主导性的语言，绝大多数网民用俄语提问和搜索。各国的图书馆藏书还以俄文书籍为主，相关国家曾多次向俄罗斯文化部请求提供图书资料。

---

① Мухаммед ТАХИР, Русский язык в Центральной Азии уходит на задворки, http://rus.azattyq.org/content/article/24355414.html.
② Лебедева Н. Язык карьеры и любви, http://www.rg.ru/2007/12/19/russkiy.html.
③ Медведев Р. Русский язык на просторах СНГ//Дружба Народов. 2006，№10.

四 俄语传播的阻碍因素

俄语传播的阻碍因素主要体现在以下几个方面:

第一,政治因素。"去俄罗斯化"和"去俄语化"是打造以主体民族为核心的国家民族主义的必然选择。为恢复国家主体民族的历史记忆,增强主体民族的民族自豪感和凝聚力,后苏联空间和中东欧国家表现出不同程度的"去俄罗斯化"和"去俄语化",俄语被视为带有殖民历史印记的文字,其政治、教育、文化、信息空间不断被压缩。各加盟共和国在独立后纷纷通过立法和行政手段限制俄语,避免新的民族认同因为语言因素而倾向俄罗斯文化。以通晓国语作为政府部门工作人员的准入门槛,限制俄语在公务活动中的使用,限制俄罗斯族的晋升等措施在该地区具有相当的普遍性。乌兹别克斯坦、土库曼斯坦、摩尔多瓦已经弃用西里尔字母,改用拉丁字母拼写本国国语。哈萨克斯坦、塔吉克斯坦的民族文字拉丁化也被提上日程。2006年,哈萨克斯坦中央银行发行的新版货币上,"银行"(bank)一词用西里尔字母拼写而成,但"银行"(bank)一词中的字母"K"使用的是哈萨克语里的书写方法,而这在读音上与西里尔字母中的"K"有一些细微的差别。这一错误在哈国内引起了政治争议,国会议员们致信哈萨斯坦总统纳扎尔巴耶夫说:"这一错误不仅仅是单纯的拼写错误问题,它蕴含着政治上的弦外之音。"①

第二,经济和国际交往因素。发达、活跃的经济和频繁的对外交流能够促使语言传播。如果一个国家的经济能保持高水平的发展,其在国际经济和政治格局中能持续发挥重要作用,那么它的语言的影响力必然会越来越大。苏联解体后,其传统势力范围的国家纷纷在对外政策上做出较大调整,从"亲苏"改变为"亲西方",俄罗斯在国际事务中的话语权减弱。与此同时,经历着痛苦转型过程的俄罗斯经济,已经不能扮演地区经济引领者的角色。华约组织和经互会的解散,使俄罗斯与原盟友国家的经济和文化交流骤减,俄语在国际关系和经济舞台上的便利程度和通用程度下

---

① Абудулова А. Переход на кириллицу – вопрос политической воли государства//Юридическая газета Казахстана, 12 июля 2011 г.

降，使用范围大为缩减。但随着讲俄语的领导人纷纷退出历史舞台，以及苏联时期培养的专家、精英正在被新一代讲民族语言，精通英语、德语，甚至中文的人才所更替，俄语的发展前景堪忧。俄罗斯与独联体国家以及部分中东欧国家的友好关系不仅体现在地缘政治和经济交流中，还体现在深层的文化和社会心理层面，而俄语使用人数的下降，尤其是讲俄语的精英群体的缩小，势必对这种文化互动产生负面影响。

第三，区域民族人口现状。后苏联空间各国的经济规模、发展速度、生活水平各不相同，引发了不同流向的移民潮。文化程度较高的俄罗斯族人纷纷从经济较为落后的中亚、外高加索地区移民至俄罗斯。2007年，中亚的俄罗斯族人数在500万人左右，仅为苏联时期的60%。俄罗斯族裔的减少导致各地区掌握俄语的人数下降，又进一步压缩了俄语的使用空间。以塔吉克斯坦为例，20年来，以俄语为母语的塔吉克斯坦居民人数不断减少，目前仅为解体之初的十分之一，俄语的地位下降也是情理之中的事（见图11—9）。

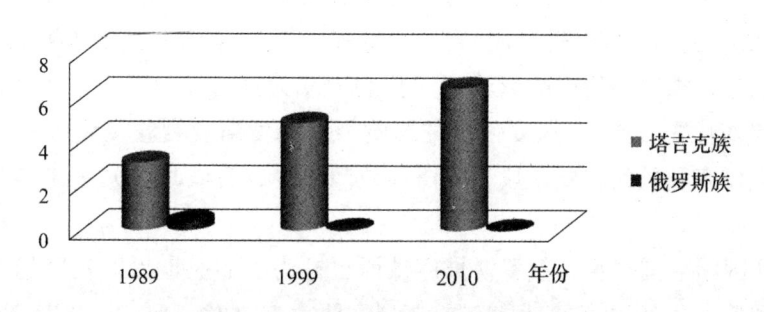

图11—9 塔吉克斯坦民族构成情况

资料来源：1989年的全苏人口普查数据和1999年、2009年的塔吉克斯坦人口普查数据。

第四，科技和教育的吸引力。在科技创新领域，长期居于前列的是美国、日本、德国、瑞士等国，中国、韩国、印度等新兴科技国家的创新指数排名呈现稳步上升的态势，但俄罗斯正逐步偏离国际科研舞台的中心位置，科研成果被引用的强度和广度都亟需强化。俄科研机构在基础研究和创新应用中发挥的作用，与其在世界教育体系中的地位之间存在着密切关系。俄罗斯高校在2015—2016年度世界大学学术排名、QS世界大学排行榜等榜单上的表现不能列入优秀的行列。① 大学排名与俄罗斯在国际市场上的教育吸引力之间存在着相互作用，经济合作与发展组织数据显示，2005 年，俄罗斯的留学生人数约为 100000 人，在世界上占比 3.8%，到了 2007 年，这一份额则只有 2%，这与当年苏联位居全球第二留学生目的地的状况相差悬殊。②

五　俄罗斯借助俄语拓展文化空间

俄语的兴衰与俄罗斯在其国内外的战略利益有着紧密联系，面对俄语在后苏联空间地位下降的问题，俄罗斯的反应经历了从"心有余而力不足"到全面重视的两个阶段。苏联解体初期，由于俄罗斯自身的定位问题尚未明晰，"和前苏联国家的政策犹如处在棋盘上的败局，所有的棋步都是迫不得已"③，其注意力主要放在改善与欧美关系和解决国内问题上，缺乏在后苏联空间的长远发展战略，更无暇顾及俄语的问题。经历过数年的被动状态之后，随着俄罗斯自身国力增强，俄对后苏联空间的政策逐渐明确，强化在独联体地区的影响力和控制力成为其对外政策的"重中之重"和"绝对优先方向"。恢复俄语的影响力被俄罗斯视为收复传统势力范围和捍卫民族利益的重要手段，俄语地位问题也成为俄高层关注的"非传统安全问题"之一。

从国际范围来看，俄罗斯推广俄语也是为了顺应世界的发展趋势。全球化和信息化使语言的功能空前拓展，语言在文化、政治、经济、科技、军事、国家安全、外交等领域的作用日趋重要。语言输出已经成为大国之间进行软实力竞争的重要方式，如政府出资拨款、国家首脑代言、民间组织积极实施等各国把语言推广置于国家战略的高度，视其为外交活动的重要内容。英国在 21 世纪初出台了"国家语言战略"，法国实施了"法语国家语言战略"，亚太经合组织也推出了"英语和其他语言战略行动计划"。

---

① 关于俄罗斯在教育领域的软实力参加本书第九章。
② Всемирный доклад по образованию 2006 г. Сравнение мировой статистики в области образования. Монреаль：Институт статистики ЮНЕСКО，http：//unesdoc. unesco. org/images/0014/001457/145753r. pdf.
③ 〔俄〕К. С. 哈吉耶夫：《后苏联空间》，《俄罗斯中亚东欧研究》2006 年第 2 期。

在澳大利亚、日本、印度尼西亚、欧盟、非洲等国家和地区，也有多个立足于语言战略的专门机构和行动计划。语言不仅成为国家软实力的重要组成部分，而且正在转化为硬实力。①

美国和英国大力推广英语，法国也把推广法语作为抗衡英语、宣传法国文化的战略重点，在138个国家设立了1135个法语联盟分部；德国通过"歌德学院"在76个国家设立了128个分部；西班牙利用"塞万提斯学院"在23个国家设立了34个分院；中国的"孔子学院"在96个国家（地区）建立322所孔子学院和369个孔子课堂，开展汉语教学和中外教育、文化等方面的交流与合作。

俄罗斯前副总理赫里斯坚科曾表示，俄罗斯政府将利用一切机会、采取一切办法促进俄语在独联体各国的使用和推广。俄罗斯前文化信息部副部长安德列·布瑟金说，"语言即国家形象，俄语是引导俄罗斯文化进入世界的重要途径"②。拯救俄语，就是改善俄罗斯的形象，俄罗斯希望在世界范围推广俄语，尤其着力在后苏联空间增强俄语作为国家语言和族际交流语言的功能。

（一）制定专项法规、出台文件、设立机构和设置议程

近年来，俄罗斯积极实施旨在支持和发展俄语传播的系统措施，包括制定法规、设置能吸引全球关注的议程、设立直接从事俄语推广的机构和协调各方行动的高层委员会，等等。2000年，《俄罗斯对外政策构想》明确提出"通过在境外推广俄语及俄罗斯文化，塑造积极、正面的俄罗斯形象"的目标。2001年，普京签署总统令，要求成立"净化俄语委员会"，以维护俄语的"纯洁性"。2002年，第一个《"俄语"目标规划（2002—2005）》开始实施，此后俄罗斯陆续制定并实施了三个"俄语"联邦目标规划，最新颁布的是《"俄语"目标规划（2016—2020）》。在上述规划以及《俄罗斯教育输出规划（2011—2020）》《关于俄罗斯支持境外俄语的构想》等重要文件的指导下，俄语发展战略逐步形成，促进俄语传播的措施逐渐规范化、系统化和机制化。

---

① 唐红丽：《中国国家语言能力建设任重而事急》，《中国社会科学报》2014年6月4日。
② Год русского языка – это крупная мировая акция, http://ria.ru/interview/20070427/64548026.html.

2007年，俄罗斯组织了声势浩大的"俄语年"活动，该项活动得到了官方的高度重视。时任第一副总理的梅德韦杰夫担任活动组委会主席，在65个国家举办了830多场活动，影响面波及独联体和波罗的海，以及欧、亚、非、南北美洲的国家。俄罗斯希望此次活动能在国民中培养把俄语作为全民族共同价值观的理念，巩固俄语作为世界重要语言的地位，在推广俄语的同时与世界各国发展经济和文化交流，以维护俄罗斯的国家利益。

2007年6月，俄罗斯成立"俄罗斯世界"基金会。该基金会整合了俄语推广委员会、俄罗斯外交部和文化部相关部门以及社会基金会的力量。其主要任务是支持在境外，特别是近邻国家开展俄语学习和研究的工作。"俄罗斯世界应该团结所有珍视俄语和俄罗斯文化的人，不管他身处何方，在俄罗斯或是异国他乡。"[1]"俄罗斯世界"基金会的主要活动包括在相关国家的中等和初等教育机构开设俄语兴趣班，在大学成立"俄语中心"、俄语研究教研室、小型图书馆、文化信息咨询中心，捐献文学著作和教材，组织俄语竞赛等。例如，为了激发拉脱维亚中学生对俄语的兴趣，"俄罗斯世界"在瓦尔米耶拉中学、里加人文中学和巴比茨克中学（里加区）开设"俄罗斯世界班"并提供教材和课外读物；在基辅的谢甫琴科国立大学成立俄语中心，提供各科课程的俄语学习资料文献；等等。通过这种与世界各国的本土教育机构进行合作的方式，目前"俄罗斯世界"设立的"俄语中心"和"俄语课堂"已经接近一百家。

机构建设方面，俄罗斯的另一大举措是成立国际人文合作署（Россотрудничество）。2008年，国际人文合作署根据俄罗斯联邦总统令成立，其前身可追溯到苏联对外友协和俄罗斯国际科学与文化中心。国际人文合作署的全称为"独联体和境外同胞事务及国际人文合作署"。该机构主要负责加强俄罗斯与独联体各国在政治、经济、人文等领域的合作，旨在扩大俄在独联体各国的影响力。推广俄语是该机构的工作重点，通过举办科研、教育和文化宣传活动，维护俄罗斯同胞的语言特性和民族特色，向境外教学机构提供俄语学习资料，设立俄罗斯学校的分部等途径促进独联体

---

[1] Президент Путин в конце 2006 года, выступая на встрече с творческой интеллигенцией в Доме Державина в Санкт-Петербурге, в преддверии Года русского языка в качестве составляющих «русского мира» выделил «русское слово» и «русскую культуру».

内部的一体化建设。俄政府重视国际人文合作署的工作，给予了它比国际科技和文化合作中心更大的权力，它将直接从俄国家财政预算中获得资金支持，而不隶属于俄外交部。2012年3月，时任国际人文合作署署长康·科萨切夫表示要把该机构打造成跟美国国际开发署（USAID）一样高效的外交工具。

2013年，俄罗斯政府设立俄语委员会（Совет по русскому языку при Правительстве Российской Федерации），副总理戈罗杰茨担任主席。2014年，总统下属的俄语委员会（Совет при Президенте Российской Федерации по русскому языку）宣告成立。如何巩固俄语在俄联邦境内的地位，如何促进民族团结和融合，如何在全球范围推广俄语和传播俄罗斯文化等内容被写入两个机构的任务和职责中。两个委员会的相继成立，说明俄语在俄罗斯国家战略中已经成为优先领域和战略重点。

（二）借助国际法和外交手段维护俄语影响力

俄罗斯政府从保护各地俄罗斯族群的语言权利的角度，采取外交和国际对话等手段，力图保留或恢复俄语及俄罗斯文化的影响力。

2012年2月27日，时任俄罗斯总理的普京在《莫斯科新闻报》刊发了题为《俄罗斯和变化中的世界》的竞选文章。普京在文中表示："我们将以最坚决的方式来使拉脱维亚和爱沙尼亚当局履行有权威的国际组织对维护少数民族公认权利提出的种种建议。绝不能容忍实施可耻的'非公民'地位。怎么能够容忍1/6的拉脱维亚公民和1/13的爱沙尼亚居民作为'非公民'存在，没有基本的政治、选举和社会经济权利，失去自由讲俄语的权利？""30多万的'非公民'不允许参与公决投票。而且拉脱维亚中央选举委员会想方设法不让俄罗斯社会院代表团作为公投的观察员。而负责维护公认的民主标准的国际组织的嘴里像含了口水。"普京指令俄罗斯外交和文化推广部门要据理力争，坚决捍卫俄罗斯裔族群的语言权利。

俄罗斯在《欧洲区域语言或少数民族语言宪章》（European Charter for Regional or Minority Languages）中寻求到对己有利的法律条款。《宪章》第7条规定，禁止以语言为理由歧视他人。其中第2款明确规定："采取有利于区域或少数民族语言的特殊措施，促进这些语言的使用者与其他人之间的平等。"① 由于波罗的海三国已加入欧盟，而乌克兰也于 2005 年签署了该宪章，该宪章对欧盟国家和签署国都具有国际约束力，因此俄罗斯得以利用这一法律武器，站在道义的制高点来抨击这些国家的语言政策，以改变俄语受歧视的待遇。俄外交部部长拉夫罗夫理直气壮地说："欧盟将没有通过欧盟成员国标准的拉脱维亚、爱沙尼亚和立陶宛纳入自己的阵营，包括从对人权和少数民族语言权利保障的立场出发，这都是个耻辱。"拉夫罗夫还强调，支持境外俄语传播事务是俄罗斯外交政策的重要任务，"我们积极支持将俄语作为欧盟语言的倡议"。

对拉脱维亚的俄罗斯族人和俄语居民而言，全民公决的结果虽然不理想，但能举行公决已经算是一种进步，政府被迫重新审视俄语的地位，他们争取权利的斗争也博得了国际上的关注和同情。全民公决后，联合国人权专家呼吁，俄语群体应当拥有使用母语和官方语言学习和接受教育的权利，拉脱维亚政府要保障境内讲俄语的少数群体的权益。②

（三）"俄语"联邦目标规划（2011—2015）

"俄语"联邦目标规划（2011~2015）实施期间，约 1.37 万外国人参加了俄语水平测试，通过俄语考试的人数增加 1.9 倍。相关语言推广机构，如"国际人文合作署""俄罗斯世界"等向 69 个国家送出 15 万册俄语教科书、参考资料和阅读材料，每年对外发行的俄语、俄罗斯文学和文化方面的教科书和参考资料超过 115 种。设于独联体国家的俄罗斯科学和文化中心派发的俄语、俄罗斯文学和文化的教科书、教学参考资料、科普书籍和杂志数量增长了 2.9 倍。在国外举办 130 多项文化和教育活动，参加人数增长了 6 倍。

成功使用行政和经济手段推广俄语。在该阶段联邦目标纲要框架下，俄罗斯联邦移民法进行了修订，规定从 2015 年 1 月起，所有移民必须接受俄语课程培训，通过俄语、俄罗斯历史和俄罗斯联邦法律基础理论考试后才能获得工作许可。

---

① Культура, язык, институты гражданского общества коренных народов России: возрождение, сохранение и развитие в этнокультурном контексте Сибирского региона: тезисы международной научно - практической конференции / сост. А. М. Беспалов. - Бийск: Алтайская гос. академия образования им. В. М. Шукшина, 2011. - 244 с. - 150 прим. . - ISBN 978 - 5 - 85127 - 665 - С. 12.

② http://www.un.org/chinese/News/fullstorynews.asp? newsID = 17258.

"俄语"联邦目标规划分2016—2018年和2019—2020年两个阶段实施。具体计划包括：

（1）打造"普希金俄语学院"品牌，利用品牌效应建设合作网络，以开放的方式推广俄语教育。

（2）方便各国人民学习俄语和获取有关俄罗斯文化和俄语的信息。

（3）加强有助于文化、人文和科学教育合作的基础设施建设。

（4）加强与居住在国外的同胞的联系。

（5）在俄罗斯和外国的媒体上宣传有关推广俄语的国家级活动的资讯。

（6）通过职业培训的俄罗斯俄语教师数量增加2倍；接受过训练、职业技术培训和进修的外籍俄语教师的人数增加4倍。

（7）组织专业进修活动，研究俄罗斯文化和翻译领域的专家数量增加2.5倍。

（8）在教材和培训资料方面接受俄方援助的外国俄语学校（班级）的数量增加1.5倍。

（9）提供给独联体成员国俄语中心的有关俄语、俄罗斯文学和俄罗斯文化的教科书、教辅书籍、科普书籍和杂志数量增加2.2倍。

（10）参加俄语奥林匹克竞赛、俄语节的外国参与者人数增加4倍；参加与俄语和俄罗斯文化有关的文化教育类活动的人数增加10倍。

根据第一套方案实施2016—2020年"俄语"目标纲要的目标指数（指标）列表

目标指数（指标）名称	计量单位	2015年（基数值）	目标指数（指标）的数值（累计计算）				
			2016年	2017年	2018年	2019年	2020年

方向1 "为了俄语的全面运作且将俄语发展为俄罗斯联邦国家语言和俄罗斯各民族的跨民族沟通语言而完善相应的标准和条件"

1. 完成并出版的包含现代俄罗斯文学语言规范的语法书、字典和参考书	本	29	30	32	35	38	42
2. 实施"有关俄罗斯联邦国家语言"联邦法律的科学信息保障资源数量	条	8	9	10	12	14	16
3. 通过俄语国家统一考试获60分以上的学生比率	百分比	45	45.4	45.9	46.6	47.3	48

方向2　"为了巩固和拓展俄语、俄罗斯文化和俄罗斯教育在独联体成员国的普及率所完善的条件"

4. 俄语中学（班级）的数量	所	4900	4940	4990	5050	5120	5200
5. 进行国家统一考试的考点数量	个	5	12	21	33	45	60
6. 接受过培训、职业技能提高训练和进修的独联体国家俄语教师数量	人	3000	4500	6500	9500	12500	15000
7. 通过俄语知识测试的人数	人	14000	39000	69000	99000	129000	154000

目标指数（指标）名称	计量单位	2015年（基数值）	目标指数（指标）的数值（累计计算）					
			2016年	2017年	2018年	2019年	2020年
8. 提供给独联体国家用俄语进行教学或研究俄语的教育组织和中心的课本和教辅资料总套数	千册	200	250	320	400	500	600

方向3　"用于拓展俄语和俄语教育在国外的普及率所完善的条件"

9. 包括在俄罗斯教育组织学习的侨民同胞在内的外国学生人数	千人	118	122	124	126	128	130
10. 提供给俄罗斯科学文化中心的有关俄语、科普和艺术文学的教科书、教学资料和参考书籍数量（独联体国家的数据不考虑在内）	千册	30	38	45	52	57	60
11. 在国外基于俄罗斯科学文化中心集体获取俄罗斯教育和社会文化资源的中心数量	个	20	22	25	30	35	40

方向4　"开放式俄语教育和俄语学习的发展"

12. "普希金学院"品牌的联盟网络参与者数量	个	—	6	12	20	30	40
13. 开放式俄语教育课程数量（一般性教育、补充性教育大纲）	门	80	160	250	400	800	1200
14. 在网上学校用俄语学习的儿童数量	人	1000	1500	2000	5500	7200	10000

方向 5 "旨在促进俄语普及和确保纲要实施而进行的大型社会重要活动"

15. 旨在促进俄语、俄罗斯教育和文化普及的教育和科学教学法活动的数量（其中包括俄语奥林匹克和俄语竞赛）	场	159	190	250	350	450	650
16. 普及俄语、俄罗斯教育和文化活动的外国参与者人数	人	7000	17000	29000	42000	56000	70000

（四）语言政策的实施效果

普京在《俄罗斯和变化中的世界》一文中提出："俄罗斯继承了东西方都承认的伟大文化。但是对文化产业，对将其推向全球市场的投入非常少。俄罗斯不仅有能力保持自己的文化，而且可以把它当作走向全球市场的强大因素。俄语的空间，几乎包括前苏联的所有国家和东欧的大部分国家。这不是要建立帝国，而是文化传播；不是大炮，不是输出政治制度，而是输出教育和文化，这些有助于为俄罗斯商品、服务和思想创造良好条件。"

利用语言这一有效手段，俄罗斯不仅可以维系与俄语居民和俄裔的紧密联系，避免产生文化的疏离感，还能影响各国的社会舆论，维护俄罗斯的国家利益，促进后苏联空间重新构建一个统一的文化信息平台，正如《"俄语"联邦目标规划（2016—2020）》提出的："塑造良好的国际形象，提高国家的国际威望"，而其终极目的是"保护俄罗斯的地缘政治利益"。然而，恢复俄语的地位和影响力、增强软实力不是一朝一夕之功，不仅需要"硬实力"的稳固支撑，而且需要持久不断的努力。

尽管俄政府的决心坚定，且支持力度很大，但一些文化和俄语推广项目的实施效果并不令人满意，尤其是在俄罗斯最寄予厚望的后苏联空间，俄语地位没有显著改善，关于俄语的摩擦依然不断。这其中的原因很多，首先，文化软实力跟外交政策不同，一项政策推出后往往不能马上显示出成效。从语言的特性来看，其力量的生成是一个渐进的过程，来自对资源的柔性运用的长期积累，要经过长期的接触、交流和宣传才能奏效。因此俄罗斯在短短两三年的时间，仅靠几次大型活动无法彻底扭转十几年来俄语地位下降的趋势，"俄语年""俄罗斯世界基金会"和国际人文合作署的工作效果还需要较长时间来深化和巩固。

其次，俄语地位不是简单的语言问题，而是错综复杂的政治较量，一些国家甚至从"语言主权"的高度来理解这一问题。他们对涉及国家身份认同的问题极为敏感，认为语言是民族形成及存在的重要标志之一，因而把语言问题与民族独立和主权绑定在一起。例如，俄外交部部长拉夫罗夫抗议拉脱维亚立法限制大众传媒使用俄语一事就在双边关系中引起了一场风波，波罗的海国家的舆论一边倒地指责拉夫罗夫言语失当，严重干涉了拉脱维亚的内政。[1] 拉脱维亚中央政府认为，语言是显示民族独立和主权的重要因素，提高俄语地位会削弱拉脱维亚国家主权，绝对不能妥协。俄罗斯大张旗鼓地推广俄语，有可能让人联想到苏联时期的"俄罗斯化"的语言政策，容易招致当地政府的反感和敌对情绪。

最后，俄罗斯的力量与苏联不可同日而语，莫斯科既不可能采用行政命令强行推广俄语，也没有足够的经济实力促进各国的俄语的教学，像"俄语年"这样的大型活动的影响只能针对各国首都和几个大城市，而不能有效辐射到更广阔的乡村地区，例如，在乌兹别克斯坦费尔干纳地区，几乎没有人使用俄语。各国独立二十年来，国家财政主要倾向于本民族语言和文化教学，这造成了俄语在年轻人中的普及率下降。2009年的一份调查显示，在吉尔吉斯7~15岁年龄段中，只有5%的人能熟练运用俄语，26%的人俄语仅为初级水平。

语言是文化软实力中的核心因素，虽然其产生吸引力的时间较长，但一旦形成就具有较长时间的稳定性。一个庞大的国家可能在短期内分崩离析，语言和文化的影响却不是凭几项政策、几份文件就能消除的。苏联解体20年来，尽管新独立国家之间的关系因各种复杂的历史和政治恩怨而阴晴不定，但俄语始终在后苏联空间的官方和民间交流中发挥着不可替代的作用，那些关于"俄语迅速败退，一去不返"的结论还为时尚早。[2] 事实上，某些国家力图限制俄语，在本国的政治经济活动和社会各领域的全

---

[1] Кондрашов Д. Станет ли в Прибалтике русский язык государственным? http://baltija.eu/news/read/23448.

[2] Рэчел Ван Хорн, Центральная Азия: Русский язык уходит, быстро и безвозвратно, http://russian.eurasianet.org/node/59070.

面使用民族语言的愿望与实际效果还存在差距。当然，俄语地位下降是必然的过程，不可能回到苏联时期一统天下的局面，但是，在目前及较长时间内，还没有一种语言能在这一地区与俄语相抗衡。在后苏联空间，统一的国家虽然消失了，但一种普遍接受的通用语言在地区一体化的过程中将起到重要作用。语言无疑已成为俄罗斯在后苏联空间增强软实力的重要武器。

第四篇

俄罗斯软实力的核心层：张力与压力

第十二章　软实力战略的历史文化基因

文化是软实力的核心要素之一。中国共产党的十七大报告全面科学论述了文化软实力："当今时代，文化越来越成为民族凝聚力和创造力的源泉，越来越成为综合国力竞争的重要因素。"作为当前重要的国际政治因素，软实力的文化资源主要来自两个方面：一是该国与其他国家在文化上的同质性，文化同质的国家之间易结为同盟关系；二是该国文化的国际影响力，拥有强大的国际传播能力的文化能增进其他国家或其他民族对该文化的了解、同情和接纳。[①]

并非所有的文化因素都可以转化为软实力，只有那些对内能够发挥凝聚力、动员力，对外能够产生吸引力和说服力的文化资源才能生成软实力。一国的历史传统、价值观念、世界观、精神信仰等因素是一国文化的最深层内容，也是该国发展和辐射软实力的重要力量。这种体现着一个国家或民族的观念、精神的认知体系，是文化中最稳定、最不易改变的部分，即为历史文化基因。悠久的历史和丰厚的文化为俄罗斯软实力提供了充足的源泉，西方主义、斯拉夫主义、欧亚主义、东正教等因素在历史演进中不断被扬弃、升华，经过数百年的淘汰和沉淀，深深渗入到民族的血液和基因，成为民族和国家的文化认同基础和精神传承，是俄罗斯社会凝聚力的重要来源。特别是19世纪的泛斯拉夫主义，为俄国早期的软实力实践提供了理论框架和行为指导，其经验和教训对当前俄罗斯的软实力建设仍然具有重要意义。

[①] 王沪宁：《作为国家实力的文化：软权力》，《复旦学报》1993年第3期；陈玉聃：《论文化软实力的边界》，《现代国际关系》2006年第1期；阎学通、徐进：《中美软实力比较》，《现代国际关系》2008年第1期；等等。

一 历史积淀

俄罗斯民族的祖先是来自东欧平原的东斯拉夫人,他们世代生活在辽阔的欧亚大陆上,拥有独特的历史传统和文化积淀,特殊的地理位置和自然生活环境给俄罗斯的民族心理和思维方式打上深深的烙印。公元9世纪,古罗斯国家的留里克王朝建立,史称"基辅罗斯"。从11世纪中叶至14世纪后期,罗斯分裂割据达300多年。13世纪末,莫斯科公国崛起成为罗斯最强大的国家,在其主导下,一个新的统一国家逐渐形成。16世纪瓦西里三世时期,罗斯国家的领土北达白海,南至奥卡河,西抵第聂伯河上游,东至乌拉尔山支脉,成为欧洲领土面积最大的国家,自此这个国家被称为"俄罗斯"。

俄罗斯幅员辽阔、地大物博,自然资源极为丰富。苏联解体以后,俄罗斯的领土面积仍然位居世界第一,约1700万平方公里。俄罗斯横跨欧亚两大洲,由89个联邦主体组成,这里是世界上民族数量最多的国家之一,境内生活着120多个大小民族。俄罗斯除北部少数地区属于北极和亚北极气候外,大部分处于温带地区,具有较明显的大陆性气候特征,冬季漫长而寒冷。俄罗斯的国家观、世界观和发展观的产生和演变,除受制于俄罗斯传统的历史与文化因素外,其独特的地理位置和思维方式也发挥着不可低估的影响。[1]

二 世界观与国家定位

俄罗斯思想的内在根源可以追溯到俄罗斯社会最基本的关系:农奴制、专制制度、村社、俄罗斯传统文化特征等,而西方主义、斯拉夫主义、欧亚主义、泛斯拉夫主义等思想共同构成了俄罗斯民族独特的思想体系。从15世纪俄罗斯统一国家形成至今,横跨欧亚大陆的独特地理位置

---

[1] 〔俄〕尼·别尔嘉耶夫:《俄罗斯思想:十九世纪末至二十世纪初俄罗斯思想的主要问题》,雷永生、丘守娟译,生活·读书·新知三联书店1995年版,第2页。

一直影响着俄罗斯的文化定位。19世纪，俄罗斯思想界经历了一场关于俄国发展道路的历史性大讨论。别尔嘉耶夫认为，俄罗斯的命运与"东方"和"西方"的问题紧密相连，因为俄罗斯正处于东方世界和西方世界的中心。"整个19世纪围绕斯拉夫主义和西方主义而进行的争论不是徒然和偶然的。对俄罗斯意识来说，基本的主题就是关于东方和西方的主题。"①

有学者认为，真正独立意义的"俄罗斯思想"，正是在俄罗斯走向西方，在"俄国与西方"问题的争论中形成的，斯拉夫派在这一过程中具有重要的首倡作用。② 围绕俄国现代化建设道路、文明的归属、历史地位和历史使命等问题，认为俄罗斯应融入欧洲社会文化传统的西方主义，推崇俄国本土文明的斯拉夫主义，以及认为俄罗斯应取东西之长创造"欧亚文明"的欧亚主义等思想流派异彩纷呈，其含义在不同时期推陈出新，给俄罗斯文化带来了深刻的冲击和影响。

（一）斯拉夫主义

斯拉夫主义形成于19世纪初，是在俄国的发展明显滞后和寻找自身发展道路的情况下产生的。斯拉夫派强调俄罗斯的特殊性和优越性，反对俄罗斯"欧洲化"，认为俄国的发展只能根据俄罗斯原生的民族性的原则。同时，斯拉夫派坚持"俄罗斯是负有特殊历史使命的国家"的观点，其代表人物基列耶夫斯基认为，英国和德国已经达到欧洲文明的顶峰，它们的内在生命已经结束，而俄罗斯必将在各个领域引领欧洲文明，成为欧洲的领袖。斯拉夫派提出，必须回到彼得以前的淳朴的俄罗斯，依靠村社和劳动组合走出一条不同于西欧的独特的发展道路。

历史上的斯拉夫主义在当代的一个传承者被称为"本土派"，也称为"新斯拉夫主义者"，他们继续秉持强烈的民族优越心理。一般认为，苏联时期持不同政见的作家、诺贝尔文学奖获得者亚·索尔仁尼琴是俄罗斯新斯拉夫主义的代表人物。新斯拉夫派主张建立包括三个东斯拉夫共和国即俄罗斯、乌克兰、白俄罗斯和哈萨克斯坦（或俄罗斯人聚居的北部哈萨克斯坦）的统一国家或国家联盟。"俄罗斯的核心是三个斯拉夫共和国和北

---

① 〔俄〕尼古拉·别尔嘉耶夫：《俄罗斯的命运》，汪建钊译，译林出版社2014年版，第113页。
② 白晓红：《斯拉夫主义》，商务印书馆2006年版，第237页。

部哈萨克斯坦。"与西方派彻底否定苏联历史相比,"本土派"在评价苏联历史、将其纳入自己的意识形态版图时并不一致。本土派阵营内部本来分歧很大,观点不一,例如"俄罗斯民族复兴派"呼吁回归十月革命前俄国的精神传统;"民族布尔什维克派"将苏联视为俄罗斯帝国的继承者,其巨大的成就尤其是军事方面的成就是"俄罗斯民族精神"的体现;此外还有东正教教廷派、新多神教派,等等。总体而言,他们对苏联历史持否定态度,即使不是否定整个时期,也是否定某些时期,如索尔仁尼琴。也有一些人对苏联褒贬参半,像普罗汉诺夫,既抨击布尔什维克为了"建立共产主义的天堂"而摧毁了"强大的、蓬勃发展的俄罗斯",又颂扬斯大林建立了一个"新的、社会主义的准帝国"。[①]

(二) 西方主义

18世纪初,彼得一世率团出国考察,学习西欧,开启了以"欧化"为核心思想的全面改革,推动俄国走入近代化国家的行列。"西方主义"这一思想流派其实早在彼得大帝之前就已开始酝酿,得到改革的催化后,在19世纪下半期基本形成。西方派认为,俄国必须学习西方进行根本的改革,俄罗斯的传统文化因素,如村社和东正教,代表着保守和僵化,是俄国进步的障碍,必须摒弃。在西方派眼中,俄国并不具有特殊的优越地位,它不过是西方世界的一部分,而且还是其落后的部分。著名的西方派代表人物恰达耶夫指出:"我们生活在西方的东方,这是事实,但是我们从来不曾属于东方",他高度评价了西方在俄国社会发展中所起的作用,"从彼得大帝时代起,我们是与他们(西方)一同前进的","我们会因与西方相像而感到幸福"。[②]当代俄罗斯著名思想家利哈乔夫认为,俄罗斯文化正是因其具有的欧洲文化的开放性和包容性而发展壮大起来。[③]历史学家斯塔夫里阿诺斯曾言:"俄国同西方的关系通常一直是被动地接受的关系。……20世纪以前,欧洲对俄国的影响比俄国对欧洲的影响大得多,而

[①] 张昊琦:《思想之累:东西之争之于俄罗斯国家认同的意义》,《俄罗斯学刊》2016年第5期。
[②] 〔俄〕彼得·雅科夫列维奇·恰达耶夫:《哲学书简》,刘文飞译,译林出版社2011年版,第134、138、140页。
[③] 〔俄〕德·谢·利哈乔夫:《俄罗斯思考》,杨晖等译,军事译文出版社2002年版,第61页。

且这种影响一直是俄国发展中的一个主要因素。"[1]

倡导接受西方道路和借鉴西方文明的西方主义,在俄国、苏联和新俄罗斯的政治精英中不仅得到思想共鸣,还照进了社会发展的现实。彼得之后的历代沙皇通过一系列自上而下的改革,使俄国在政治经济体制方面逐渐接近西欧,国家实力因此得到增强,在欧洲的影响也得到扩大。苏联成立之初,列宁提出了在"经济上极力利用、加紧利用和迅速利用资本主义的西方"[2]的战略方针。列宁和布尔什维克党从国情出发,借用资本主义的市场和商品货币关系发展经济,使苏维埃国家的经济得以恢复,为社会主义建设提供了宝贵的历史经验。斯大林时期实行的工业化和农业集体化、赫鲁晓夫的赶英超美的计划,虽然是一种俄国式的赶超,但都强调对西方先进的科技成果加以利用,学习西方先进的管理经验,使社会主义工业化的发展达到历史上空前的水平。这促进了苏联经济实力和综合国力的增长,对苏联发展成为社会主义强国具有重要意义。20世纪80年代,戈尔巴乔夫试图利用西方模式来摆脱苏联体制的危机,提出了"共同的欧洲大厦""全人类的共同价值"的口号。苏联意识形态话语中,"资本主义"不再被大加贬斥,"西方"形象改头换面,"法制国家""议会制""三权分立""人权"的概念深入人心。戈尔巴乔夫的政治改革具有明显的"西方化"倾向,而叶利钦时期则以西方为模板全面重建政治制度架构。

(三)欧亚主义

欧亚主义思潮发端于20世纪初,是侨居于欧洲的流亡知识分子提出的社会哲学思想,后逐步形成一种社会政治运动。欧亚主义以一种介于"西方主义"和"斯拉夫主义"之间的面貌出现。欧亚主义者认为,"俄罗斯既不属于欧洲,也不属于亚洲,而是某种特殊的欧亚现象"。1921年由萨维茨基、苏夫钦斯基等人合著的《走向东方》一书在索非亚出版,这标志着俄罗斯欧亚主义政治思想的诞生。30年代中叶,境外欧亚派逐渐发生分裂,而苏联境内出现了一批拥护者,自称"最后一个欧亚主义者"的列·古米廖夫就是苏联境内最为著名的欧亚主义者之一。他认为,"如果

---

[1] 〔美〕斯塔夫里阿诺斯:《全球通史》,吴象婴、梁赤民译,上海社会科学出版社1992年,第374页。
[2] 中共中央马克思恩格斯列宁斯大林著作编译局:《列宁全集》(第4卷),人民出版社1963年版,第501页。

俄罗斯要获得拯救，它将只会是一个欧亚强国并只能通过欧亚主义来实现"。① 欧亚主义者主张世界文明的多极性，认为俄罗斯可以利用横跨欧亚大陆的历史和地理优势，创造出"欧亚文明"。在地缘政治方面，"欧亚主义"支援亚洲和非洲反对西方的民族解放运动，认为俄罗斯扮演着被压迫者的救世主的角色。

苏联解体后，北约开始施行"和平伙伴关系计划"，逐步把俄罗斯的毗邻国吸收为新的成员，俄因此感受到北约东扩的威胁。1994—1997年间，与西方一体化的观念受到强烈质疑，新版的欧亚主义再度浮现，传统现实主义思维下的地缘政治上升为国家的纲领。② 新欧亚主义以强烈的地缘政治思想为主题，植根于俄罗斯本土发展的欧亚主义传统，整合了包括欧洲"传统主义"在内的各种左、右翼思想资源。以亚·杜金为代表的新欧亚主义者主张在前苏联的领土上建立以俄罗斯为核心的"欧亚邦联"。在这一巨大的经济和地理空间，要求维持共同的边界，统一的通讯、交通和能源供应系统。杜金的口号是"全世界反抗者，联合起来！"他宣称俄罗斯从来不是一个单一民族国家，俄罗斯民族是历史形成的帝国民族。杜金的理论打出了反抗美国秩序的新理论旗帜，其核心在于发展欧亚大陆的联盟/轴心体系，并在此基础上解决欧亚地缘的安全困境，最终实现一个"诸帝国体系"。杜金将其核心概括为国家主权、社会正义和传统宗教。③

三 东正教——软实力的重要支撑

东正教是俄罗斯文明的精神支柱，历史上对俄罗斯民族精神世界的塑造产生了极大的影响，也是当代俄罗斯软实力的重要来源。由东正教衍生出来的俄罗斯软实力可分为两个维度，对内主要发挥维护社会稳定、强化社会凝聚力和向心力的作用，对外则为辐射软实力提供意识形态武器。

---

① 杜正艾：《俄罗斯外交传统研究》，上海人民出版社2007年版，第67页。
② 〔俄〕德米特里·特列宁：《帝国之后——21世纪俄罗斯的国家发展与转型》，韩凝译，新华出版社2015年版，第111页。
③ 孔元：《杜金的地缘政治观——欧亚主义的回归与全球革命》，《文化纵横》2015年第10期。

（一）政府实施思想文化控制的工具

公元988年，基辅大公弗拉基米尔接受希腊正教，宣布其为国教，命令全体罗斯人接受洗礼。基督教在罗斯的广泛传播促进了封建制的形成和发展，加强了大公政权的统治。拜占庭东正教政治文化的主要特征是国家和教会、世俗生活和宗教生活紧密交织，这对罗斯的政治和社会发展起到了深远的影响。罗斯教会受到都主教和王公的共同管辖，但是王权高于教权，罗斯教会事实上是王公统治国家的精神武器。教会给王权戴上一轮神圣的灵光圈，宣扬"王权神授"，要求人民拥护封建王公统治。

拜占庭帝国灭亡后，俄罗斯正教教会逐渐摆脱对君士坦丁堡牧首的依附，成为世界东正教的一个中心。1589年，莫斯科都主教约瑟夫成为第一任牧首，但宗教首领地位的提升并未改变东正教对沙皇皇权的依附，约瑟夫必须事事听命于权臣鲍·戈东诺夫，并成为拥立后者做沙皇的重要力量。俄国君主专制制度的建立，要求教会绝对顺从国家政权的管辖，以便帮助沙皇巩固政权和统治。在沙皇的命令下，俄国东正教会进行了改革，全国东正教活动统一化，消除东正教经书中存在的分歧和礼仪上的差别，使各地东正教会组织更加严格地服从统一的领导。彼得大帝时期，牧首被废除，代之以"宗教院"，设立了"总监察长"管理主教公会，从此教会完全成为国家机器的组成部分。

苏联时期，政府取消了东正教作为国教的地位，实行教会同国家分离的政策。教会中出现了反对苏维埃政权的思想，在遭到政府的严厉打击后，为了自身的存在和发展，教会采取了相应的对策。拥护苏维埃的"革新教派"开始宣传基督教与社会主义的共同点，认为基督福音与布尔什维克纲领一致，号召与政府合作。卫国战争之后，苏联政府采取一种巧妙、灵活和实用的宗教政策，信教人数有所回升。苏联末期，戈尔巴乔夫对待宗教更加宽容、开放和民主，1990年颁布的《信仰自由和宗教组织法》赋予教会法人地位，取消了对宗教团体的种种限制。

苏联解体后，俄罗斯的宗教情况出现了明显的复兴趋势，教徒人数不断增加，东正教领袖的地位得到提高，东正教被视为俄罗斯传统文化的重要组成部分和俄罗斯民族的精神价值。2002年2月和6月，俄罗斯先后出台两部与宗教相关的法律，以保护教会的合法地位及其利益，保障实施公民的宗教信仰自由权利，但是教会作为政权工具的性质并未改变。①

（二）熔铸民族精神，增强民众认同，激发爱国主义热情

瓦西里三世时期，修士菲洛费把莫斯科比为第三罗马，认为俄国是正教信仰的真正守护者，其基业将万世长存。"莫斯科—第三罗马"的理论把俄罗斯推到世界文明的顶峰，赋予沙皇神圣的地位，激励了俄罗斯人把莫斯科打造为世界东正教中心的宏图大志。随着"第三罗马"的观念深入人心，俄罗斯人形成了强烈的优越心理。东正教的"救世主"观念深刻影响着俄罗斯人的生活和思维习惯，他们认为俄罗斯民族是特殊的和至高无上的，生来就承担着保护和拯救人类的历史使命。19世纪中叶，尼古拉一世的国民教育大臣乌瓦洛夫提出了著名的"东正教、专制制度、国民性"三位一体学说，宗教在俄国社会中的政治宣传作用更为突出，臣民忠君、爱国、服从的意识不断加强。

19世纪出现的社会思潮斯拉夫主义尤其推重东正教。斯拉夫派把宗教哲学思想作为其整个哲学思想的核心。他们认为，由于斯拉夫世界在经济上存在村社，在政治上有君主专制，在精神上有东正教，斯拉夫世界因而成为人类发展的最高类型，斯拉夫文化是优秀文化的代表；古俄罗斯在很多方面都要比西方民族优越，俄罗斯只要继承古时的传统就能超过西方；俄罗斯将掌握欧洲文明的各个方面，成为欧洲的领袖。

由东正教思想衍生出来的这种民族优越心理、使命意识和救世意识在俄罗斯人心中扎根、固化，增强了国民的身份认同。陀思妥耶夫斯基在谈到俄罗斯的国际地位时说，一个真正的伟大民族永远不能甘心于它在人类事业中扮演次要的角色。恰达耶夫称："有一些民族注定要教给世界一些伟大的真理，我们就是这样一个国家。"即使在今天，俄罗斯学者仍然热衷于谈论"莫斯科—第三罗马"这个距今约500年的命题。

历史上，教会的活动加强了社会各阶层的凝聚力，对于国家的统一起到了积极的作用，尤其是在国家面临外敌入侵时，东正教以宗教精神极大地鼓舞了人民的爱国热情。在基辅罗斯四分五裂的混乱年代，教会通过布道和祈祷凝聚人心，号召罗斯人结束内讧，一致对外，恢复民族主权。伊凡一世时期，都主教彼得将他的住所从弗拉基米尔迁到莫斯科，使莫斯科

---

① 乐峰：《东正教史》，中国社会科学出版社2005年修订版，第149、196、251、255页。

成为罗斯的宗教中心,教会大力支持莫斯科大公的内外政策,积极促进沙皇权力的确立和国家的统一。苏联时期,虽然政府取消了东正教作为国教的地位,实行教会同国家分离的政策,但是东正教会在卫国战争期间积极配合苏共和政府的工作,为购买军备筹款募捐,并组织和动员民众抗击德国法西斯侵略者。

(三) 依附和服务——外交软实力的组成部分

在俄国开疆拓土的过程中,"保护东正教徒"常常成为掩盖其真实面目的口实。"信教自由——这就是为了消灭波兰所需要的字眼。俄国政府在本国除希腊正教外不容忍其他任何宗教,把判教当作罪行严加惩罚;它征服别的民族,吞并左右邻人的地盘";"作为正教的维护者,要保护东方礼天主教徒,虽然后者早已安于自己在罗马天主教教会中的现状"。[①] 此外,教会积极在新侵占的领土上建立新教区,兼并当地教会,既能为俄国搜集情报信息,又能利用宗教和文化的同化作用巩固俄国的影响力。

目前东正教的主要分布地为独联体、巴尔干、东欧和波罗的海地区,以法律形式确定其为官方民族宗教的国家包括俄罗斯、格鲁吉亚、保加利亚、塞尔维亚、芬兰、希腊等 10 个。2013 年,全世界的东正教徒约为 227 万人,其中俄罗斯教徒数量约占世界总人数的 40%。[②] 随着移民的增长和传教活动的开展,美国、以色列和中东地区的东正教徒数量不断增加。(见图 12—1)

俄政府一直鼓励东正教会在国际舞台上积极发挥作用,以配合俄罗斯的外交战略。2003 年,时任牧首阿列克西二世在俄外交部的会议上说,"按东正教会的意见,俄罗斯应该成为世界大国和决定世界事务的中心之一",牧首同时还表达了愿意通过东正教会的活动介入国际事务的决心。1995 年,全俄东正教会举办"全世界俄罗斯人民大会"(Всемирный русский народный собор),并把该项活动常态化,以此彰显俄罗斯在东正教世界的领袖地位。2007 年,苏联时期对立的"本土派"和"海外派"结束分裂局面,实现了俄罗斯东正教会和海外教会的统一,大牧首阿列克西二世与海外教

[①] 恩格斯:《俄国沙皇政府的对外政策》(1889 年 12 月—1890 年 2 月),《马克思恩格斯全集》第 22 卷,人民出版社 1965 年版,第 21 页。

[②] Путин встретится с патриархом и представителями православных церквей, РИА новости, 25 июля 2013, https://ria.ru/society/20130725/951903993.html.

会都主教拉夫里在莫斯科救世主大教堂共同主持教会统一的庆典。欧洲和北美等地的俄罗斯东正教海外教会的回归，加强了俄罗斯东正教会在全球范围的力量。[1]

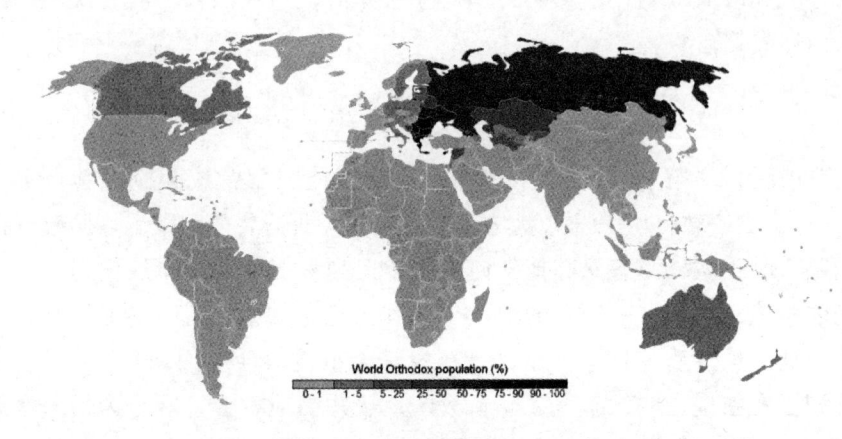

图 12—1　世界东正教信众分布图

数据来源：PRAVOSLAVIE.RU

莫斯科及全俄罗斯主管教区对独联体的东正教信众拥有特殊的影响，宗教领袖在俄罗斯的政治生活中保持着崇高的地位。现任教区大牧首基里尔一世一直与普京及俄政界高层保持着紧密联系，在总统发布国情咨文、授予国家勋章、胜利日阅兵等重大典礼场合上总是居于显要席位。俄罗斯利用其影响力积极施行国家文化战略，大力开展"宗教外交"。乌克兰危机后，俄罗斯与西方的关系陷入了"冷战"以来的最低点。适逢美欧大规模制裁，北约再次东扩之季，2016 年 2 月 12 日，俄罗斯东正教大牧首基里尔一世与罗马天主教教皇方济在古巴哈瓦那实现了千年历史性会晤。这一会面随即引发了国际舆论的高度关注，因为自公元 1054 年基督教会大分裂以来，罗马天主教教宗与东正教首领从未有过任何形式的接触。长时间的历史隔阂构成了今天俄罗斯与西方社会结构矛盾的潜在人文因素。如今这次会晤显然是一次重大突破，也符合俄罗斯利用宗教扩大其国际影响力的战略目的。

---

[1]　林精华：《无处不在的身影——东正教介入俄罗斯社会政治生活试析》，《俄罗斯研究》2010 年第 5 期。

四 俄国泛斯拉夫主义——俄国的软实力实践之道

泛斯拉夫主义最初产生于奥地利帝国统治下的斯拉夫族知识分子中，与19世纪初叶在西南斯拉夫人中兴起的斯拉夫民族解放运动同步，其政治诉求是实现斯拉夫民族的团结，改变斯拉夫人在奥地利、土耳其等国的附庸地位。泛斯拉夫主义的一些代表认为应通过加强与俄国的政治关系来建立自己的民族独立国家。这一诉求得到俄国思想界，尤其是斯拉夫派的热切响应，随之出现一种新的社会思潮——俄国泛斯拉夫主义。俄国泛斯拉夫主义结合了本土的斯拉夫派和东南欧泛斯拉夫运动的基本观点，把俄罗斯文化优越论与斯拉夫民族的解放事业融为一体，宣称俄罗斯是各斯拉夫民族的保护者，认为斯拉夫民族的独立、解放和统一，必须在沙皇的号召下和帝俄政府的帮助下才能成功，俄国沙皇理应统治整个斯拉夫和东正教世界。

（一）作为理论宣传工具的俄国泛斯拉夫主义

东欧、中欧和巴尔干地区是斯拉夫人和东正教徒比较集中的地方，俄国泛斯拉夫主义者利用这一地区的斯拉夫人与俄罗斯"同种""同教"的因素，宣扬斯拉夫民族的"同一性"及与其他民族的"对立性"。他们认为，斯拉夫民族有共同的历史和血统关系，相近的语言和文化、相同的宗教、相邻的地理位置等条件使他们"命运与共""利害相关"，因此，有必要建立一个以俄罗斯为统领的斯拉夫帝国来拯救各斯拉夫民族。[①] 俄国泛斯拉夫主义者的目的，不仅仅是建立一个全体斯拉夫人的联邦国家，俄国最早的泛斯拉夫主义理论家米·彼·波哥廷梦想着要建立"一个从太平洋到亚得里亚海的斯拉夫国"，而另一位泛斯拉夫主义者丹尼列夫斯基则声称，俄罗斯必须以君士坦丁堡为中心，建立一个包括俄罗斯帝国、波兰、捷克—摩拉维亚—斯洛伐克王国、塞尔维亚—克罗地亚—斯洛文尼亚王国、保加利亚王国、罗马尼亚王国、希腊王国、马扎尔王国等在内的联

---

① 巴枯宁：《国家制度和无政府状态》，《马克思恩格斯全集》第18卷，人民出版社1965年版，第669页。

邦国家。"一次征服必然继之以又一次征服，一次兼并必然继之以又一次兼并，所以俄国征服土耳其不过是兼并匈牙利、普鲁士、加利西亚和最终建立某些狂人的泛斯拉夫主义哲学家所梦寐以求的斯拉夫帝国的序幕而已。"①

"俄国毫无疑问是一个有侵略野心的国家"，因此，俄国泛斯拉夫主义一出现就被帝俄政府利用，形成一种带有明显政治目的的侵略扩张理论。俄国泛斯拉夫主义者与国外泛斯拉夫主义者密切联系，互通书信，互相访问，其言论和著作对社会舆论产生很大影响。"当你读俄国报纸时，的确会以为整个俄国都热衷于沙皇的侵略政策；到处是沙文主义和泛斯拉夫主义，到处是把基督教徒从土耳其人的压迫下解放出来、把斯拉夫人从德国和马扎尔人的压迫下解放出来的号召。"②

斯拉夫帝国的构想在俄国以外的斯拉夫族精英中也得到了认同，"为了重建想象中的民族，泛斯拉夫主义者表示愿意为维护俄罗斯人的野蛮统治而牺牲八百年来实际参加过的文明生活"。③ 如塞尔维亚的总主教米哈伊，黑山的宗教和政治领袖彼得·涅戈什等人，都公开对这种理念表示欢迎并对俄国的宣传给予了支持和协助。泛斯拉夫主义美化东斯拉夫人的社会制度，称西欧在精神和文化上已堕落，振兴欧洲的使命只有俄国才能完成；表示对斯拉夫人共同命运的关注，呼吁将斯拉夫各民族从奥匈帝国和奥斯曼帝国中解放出来，组成由俄国领导的斯拉夫联盟。通过这些宣传，俄罗斯在十九世纪成功地把自己塑造为斯拉夫人的领袖，使其支持者坚信斯拉夫民族将形成为一个强大而统一的民族，成为能够团结各斯拉夫民族的核心力量。

（二）俄国泛斯拉夫主义与帝俄对外政策的结合

作为一个具有天然的"帝国冲动本能"的外向型民族，俄罗斯是泛斯拉夫运动最重要的支持者，也是积极的践行者。泛斯拉夫主义的兴起迎合

---

① 恩格斯：《萨瓦、尼斯与莱茵》（1860年2月4—20日），《马克思恩格斯全集》第19卷，人民出版社2006年第2版，第480—481页。
② 恩格斯：《俄国沙皇政府的对外政策》（1889年12月—1890年2月），《马克思恩格斯全集》第22卷，人民出版社1965年版，第44—53页。
③ 恩格斯：《德国和泛斯拉夫主义》（1855年4月17日左右），《马克思恩格斯全集》第11卷，人民出版社1965年版，第221—225页。

了沙俄帝国对外扩张的需要，一度成为俄对外政策的核心精神，激励其追求世界性大国的地位。

早在泛斯拉夫运动刚刚在奥地利生根的时候，俄国就立刻把它的谍报机关的分支伸展到这一地区执行任务。亚历山大一世时期，俄国已有类似泛斯拉夫主义的思想出现。俄国军官布诺涅夫斯基提出了在土耳其和奥地利的建立一个斯拉夫人联邦，并将其置于俄国保护之下的建议。① 泛斯拉夫主义的宣传与奥地利和土耳其的衰落出现在同一时期且相互作用，这些宣传美化了俄国对奥斯曼帝国的野心，有力地协助了斯拉夫人在该地区的军事行动。"毫无疑问，现在波斯尼亚、塞尔维亚、黑山以及克里特岛上所发生的一切暴动和阴谋，都有俄国代理人插手其中。"② 俄国以"斯拉夫民族解放"的名义，多次利用"保护信众""援助斯拉夫弟兄"的理由向西和向南扩张，逐步加强对波兰、希腊、捷克和斯洛伐克等地的控制并强行实施俄罗斯化的政策。

1815年维也纳会议后，俄国夺取华沙公国的大部分土地，建立了波兰王国，亚历山大一世兼任波兰国王。1821年，亚历山大一世利用希腊人民反抗土耳其的斗争，指令俄国外交大臣卡波狄斯特里亚积极活动，而希腊革命军总负责人依普希兰狄斯也从俄国返回希腊领导人民起义。1827年，卡波狄斯特里亚如沙皇所愿成为希腊总统，他的当选证明了俄国对希腊政治的影响。1828—1829年，尼古拉一世在"帮助"希腊和"保护东正教"的幌子下，发动对土耳其的战争，强化对希腊的管控，希腊成为俄国的保护国。与此同时，俄国以"支持民族解放"为由干涉塞尔维亚内政，表示愿意协助联合土、奥境内全部讲塞尔维亚语的人建立一个王国，而这个国家将受到俄国的保护。在谋取希腊、塞尔维亚、瓦拉几亚和摩尔达维亚等国保护权的过程中，俄国作为斯拉夫人"天然的保护者"的形象逐渐树立，更鼓励了其利用民族矛盾、宗教矛盾挑起冲突并攫取利益的信心。

1853年2月，俄国特使缅希科夫前往君士坦丁堡，以宗教自由为名，要求苏丹承认沙皇对奥斯曼帝国境内的东正教臣民（希腊人、塞尔维亚人、保加利亚人和罗马尼亚人等）有特别保护权。上述要求得到满足后，

---

① 恩格斯：《德国和泛斯拉夫主义》（1855年4月17日左右），《马克思恩格斯全集》第1卷，人民出版社1995年第2版，第733页。
② 恩格斯：《俄国在远东的成功》（1858年10月25日左右），《马克思恩格斯全集》第11卷，人民出版社1965年版，第221页。

俄方进一步要求土耳其从俄国的"斯拉夫兄弟"门的内哥罗撤军,并企图吞并摩尔达维亚和瓦拉几亚。土耳其在这一问题上无法让步,英国和法国随即介入,克里米亚战争(1853—1855)由此爆发。俄国在克里米亚战争中遭受失败,尼古拉一世自杀,新沙皇亚历山大二世被迫接受了英法设立的苛刻条件,将此前在比萨拉比亚、摩尔达维亚和塞尔维亚等地获得的权益交回。俄国不仅失去了在巴尔干的影响,连保卫黑海的权利也被剥夺,这使刚刚抬头的俄国泛斯拉夫主义思想所憧憬的美好图景也随着化为泡影。

战后,当俄国外交力图恢复俄国的地位时,俄国泛斯拉夫主义者的理论和活动几乎同俄国政府重返巴尔干的政策密切配合。著名外交家尼·巴·伊格纳切夫是俄国泛斯拉夫主义组织"斯拉夫慈善委员会"的会员,从1861年开始出使土耳其,其在巴尔干的外交成绩斐然。俄国泛斯拉夫主义者从事理论宣传和具体活动时伊格纳切夫不在国内,但其外交活动深得俄国泛斯拉夫主义的精髓。1864年,伊格纳切夫主管俄国外交部的亚洲事务时认为:俄外交政策应控制君士坦丁堡和两海峡,利用巴尔干人民的力量摧毁土耳其在欧洲的统治,建立起以俄国沙皇为首的所有斯拉夫人的联合。俄土战争开始后,伊格纳切夫受命出访西欧,游说英、德、奥等国采取中立,是《圣斯特芬诺和约》的幕后推手和撰稿者。代表俄国泛斯拉夫主义者的梦想初步成真的《圣斯特芬诺和约》最后虽然因列强干预而大打折扣,但评论家认为:如果说丹尼列夫斯基是在理论上对俄国泛斯拉夫主义的阐发达到了顶点,那么伊格纳切夫等人则是在行动上对这一思想的进行了最大的践行。①

(三)辐射影响力的行动指导

硬实力手段的失败迫使俄国更加重视非军事手段的运用,俄国泛斯拉夫主义为其适时提供了在该地区实施软实力攻势的理论合法性和行动指导。泛斯拉夫主义的思想基础之一,在于各斯拉夫民族拥有渊源深厚的语言、宗教和文化联系,因此,帝俄政府致力从语言同化和宗教同化两个方面进行文化渗透,利用泛斯拉夫主义运动实现文化统一。

---

① 参见法·法德涅尔《泛斯拉夫主义在俄国的七十年》,转引自张蓉初《俄国泛斯拉夫主义略论》,《南开学报》1986年第2期。

在泛斯拉夫主义的框架下，俄国在东南欧地区的软实力战略涉及语言、文学，充分利用了斯拉夫的民族独立诉求和东正教的宗教感化因素。泛斯拉夫派认为，统一的政治目标需要统一的语言作为前提。对俄语主导地位的认同，意味着对帝俄政治领导地位的承受，以及对俄国在东正教世界领导地位的肯定。如果语言不能统一，那么斯拉夫各民族的政治目标势必难以协调一致，这样斯拉夫民族的统一性和整体性就难以形成，俄国成为斯拉夫领袖更无从谈起。

"俄语是斯拉夫统一的手段和基础。"[1] 俄国泛斯拉夫主义者认为仅仅以血缘关系来号召斯拉夫统一是不够的，应该刺激文化交流，俄语、俄罗斯文化是所有斯拉夫民族的希望，而其他斯拉夫民族只须借用，无须发展自己的语言和文化。俄语标准语享有"全斯拉夫人"的历史权利，因为只有俄语才是从教会斯拉夫语的基础上发展起来，它继承了斯拉夫宗教的一切传说和一切权利；只有俄罗斯民族才是教会事务方面以及文学方面的斯拉夫遗产的忠实保护者。俄语不仅是斯拉夫文化的象征，也是斯拉夫民族的象征，东正教精神的象征。俄语不仅是所有斯拉夫民族语言的代表，而且是保护非俄罗斯斯拉夫民族及其文化免遭非斯拉夫文明侵蚀和吞噬的防护墙。[2]

语言之外，俄国泛斯拉夫主义者还追求宗教上的统一。俄罗斯人和大部分斯拉夫人信奉东正教，但有一部分斯拉夫人（波兰人、捷克人等）信奉天主教。俄国泛斯拉夫主义者主张对其他斯拉夫人推行宗教上的同化政策，即一律信奉东正教。他们认为，斯拉夫人首先应该在精神上团结起来，然后才能围绕着俄罗斯在政治上团结起来，建立在东正教基础上的宗教的统一，则是实现精神团结最可靠的基础。

"在本身具有半亚洲式的条件、风俗、传统和制度的俄国，有相当多的人能够了解土耳其的真实的情况和特性。俄国人和十分之九的欧洲土耳其居民信奉同一宗教；俄国人的语言同 700 万土耳其国民的语言几乎完全一样；报酬优厚的俄国代理人能够毫不困难地完全通晓土耳其的事务。俄

---

[1] Никитин С. А. Словянские комитеты в России в 1858 – 1876 гг., М., 1960, стр. 207. —Поповкин А. А. Московский Славянский комитет и общественная благотворительность в России (1858 – 1874 гг.), Вестник Тамбовского университета. Серия: Гуманитарные науки, № 8 2011г.

[2] 姚勤华等：《俄国泛斯拉夫主义研究》，《上海社会科学院学术季刊》2000 年第 2 期。

国政府早就利用了自己在东南欧极其有利的地位。数以百计的俄国代理人周游土耳其各地,向信奉希腊正教的基督徒支持,正教皇帝是被压迫的东正教教会的首领,天然的保护人和最终解放者。希腊正教教会的教士很快就拟定了散布这种思想的大阴谋。"①

克里米亚战争结束后,沙皇政府授意俄国泛斯拉夫主义者成立了"莫斯科斯拉夫慈善委员会",该委员会的成员包括伊·阿克萨科夫、萨马林等著名知识分子,以及政府高官、皇室顾问和军界的代表。委员会号称是非官方组织,实际上由俄国外交部直接控制。它的活动经费主要源自政府的补助,私人捐款只占很少部分。委员会的主要任务是宣传斯拉夫主义,传播俄语和俄罗斯文化,开展捐赠图书、发放奖学金等活动资助东正教教会和学校。

委员会的另一重要任务,是在东南欧地区培植亲俄派。委员会派遣俄罗斯的泛斯拉夫主义者前往各斯拉夫国家进行游说,同这些国家的上层人物进行政治交易,积极扩大俄在巴尔干地区的影响。1867年5月,"斯拉夫人代表大会"在沙皇的支持下召开。为配合这次活动,俄国报刊大力宣扬"俄罗斯是斯拉夫各民族的支柱","没有俄国,斯拉夫民族不会得救"的观点。沙皇兄弟、波兰大公康斯坦丁提出了"组织西斯拉夫国作为俄国的附属国","在巴尔干地区也要组织类似国家"的政治构想。大会期间,上至沙皇亚历山大二世,下至外交大臣戈尔恰科夫、将军切尔尼亚也夫、东正教事务总监德·托尔斯泰等政要,纷纷接见和宴请参加大会的各国泛斯拉夫主义者。②

为了与"泛日耳曼主义"对抗,俄国在泛斯拉夫主义的旗号下策划组建巴尔干国家联盟。通过斯拉夫委员会的积极行动,俄国在巴尔干地区的影响力凭借"关怀""解放"斯拉夫兄弟的名义不断增强,俄国泛斯拉夫主义的拥趸们纷纷成为各地军政首脑,如俄国将军切尔尼亚也夫成为塞尔维亚起义军的总指挥,俄国皇室成员巴腾贝格成为保加利亚大公,等等。

---

① 恩格斯:《土耳其问题》(1853年3月25—31日),《马克思恩格斯全集》第12卷,人民出版社1998年版,第27—28页。

② Никитин С. А. Словянские комитеты в России в 1858 – 1876 гг., М., 1960, стр. 196. — Поповкин А. А. Московский Славянский комитет и общественная благотворительность в России (1858 – 1874 гг.), Вестник Тамбовского университета. Серия: Гуманитарные науки, № 8 2011 г.

切尔尼亚耶夫写道:"我可以使塞尔维亚成为俄国政府的极为得心应手的工具";"俄国对塞尔维亚的影响会成为现实并且有牢固的基础……大臣们逐渐可以从俄国人中任命,一些敌对的党派会消灭,而这个斯拉夫人的国家实际上将成为俄国的一个省"。① 由此可见,"斯拉夫慈善委员会"成为了俄政府进行对外扩张的重要软实力工具。在俄国的大力支持下,波斯尼亚、黑塞哥维那、保加利亚等地在19世纪70年代陆续爆发起义,俄国再次以"解放者"的身份,打着"保护斯拉夫兄弟"的旗号与土耳其开战,罗马尼亚、塞尔维亚和门第内哥罗纷纷宣布加入俄方阵营与土耳其交战。经过多年经营,在巴尔干斯拉夫人摆脱土耳其政府的控制,获得"解放"的同时,俄国收回了克里米亚战争中失去的土地,在黑海沿岸巩固了自己的地位,而且把西部边界推进到普鲁特河,东部边界则越过了高加索山脉。

五 历史文化基因的当代折射

历史深处的斯拉夫派、西欧派、欧亚派对俄罗斯的发展道路、俄罗斯文化的定位和取向等问题的阐述和争论,不但构成了19世纪中叶俄罗斯社会文化思想的重要内容,也对后世产生了巨大影响。

从历史的实际发展中我们可以看到,俄罗斯更多的是在追求与西方的融合和步入西方的发展道路。从彼得的沙俄帝国、苏联到当今俄罗斯,数次社会和文化的转型在不同程度上都表现为俄罗斯的一种西化过程,融入以西方为主流的"世界文明大家庭"一直是俄罗斯政治精英的历史夙愿。戈尔巴乔夫希图通过"新思维"来改善与西方的关系,叶利钦一直争取加入七国集团,以此作为俄罗斯的世界性大国身份的认定,而普京时期的种种议程设置、"国家形象"工程、公共外交的重要目标在于美化其在西方的形象。② 即使乌克兰危机后俄罗斯和西方的关系陷于冷战边缘之时,俄

---

① 〔俄〕塔雷斯·亨扎克:《泛斯拉夫主义或大俄罗斯主义》,载亨利·赫坦巴哈等《俄罗斯帝国主义——从伊凡大帝到革命前》,生活·读书·新知三联书店1978年版,第130页。
② 2005年,为改善形象,俄罗斯积极与西方公关公司和媒体公司合作,承办圣彼得堡八国首脑峰会等大型活动来吸引关注,并打造了俄罗斯第一家针对西方受众的英文媒体RT电视台。RT台近年来在国际传播领域异军突起,是俄罗斯最重要的软实力工具之一。

罗斯的领导人也没有放弃对西方文明的追求——"俄罗斯是传统的欧洲国家，是西方文明的一部分，俄方随时准备同欧洲伙伴继续发展友好关系"①。

思想价值、政治理念和外交战略是软实力的重要来源。如何在思想上应对西方的自由主义理论，一直是俄罗斯软实力战略需要解决的关键问题。基于俄罗斯的地缘政治观和文化传统提出的"新欧亚主义"，目前在俄罗斯政治中占上风并在俄罗斯的外交政策中得到体现。杜金认为：俄罗斯民族的精神气质只能在帝国建设的使命中呈现出来，抛弃帝国，就意味着俄罗斯民族作为历史事实和文明现象的终结；一个由俄罗斯主导的大陆帝国，需要张扬俄罗斯人民的民族感情。有鉴于欧亚主义表现出来的强烈的帝国意识，西方一直对此表示警惕。美国学者认为，"欧亚主义"始终潜伏在俄罗斯的战略世界观中，为俄国"吞并"克里米亚提供了理论背书的，正是杜金声称的扩张主义意识形态"欧亚主义"。②

如果说西方主义、欧亚主义得到俄罗斯政治精英的认同并获得了程度不同的实践，那么把村社制度、东正教高度理想化的斯拉夫派的思想和社会主张，只是局限在俄国社会中的知识精英中传播。1861 年农奴制的废除，表明了俄国统治上层效仿西方的决心，这对于斯拉夫派是个重大打击，此后斯拉夫主义作为一种思潮便开始衰退。

但是，与斯拉夫主义同源而生的、糅合了民族优越心理和帝国思想的俄国泛斯拉夫主义，却从宗教哲学延伸到了政治领域和国际关系领域，成为一种最具综合性和系统性的软实力手段。按照约瑟夫·奈的观点，软实力有三大来源：文化、意识形态和对外政策，而 19 世纪俄国泛斯拉夫主义则全面解决了这三大问题：首先从意识形态角度确立了俄罗斯在斯拉夫世界的中心地位，然后以"同种"、"同教"的文化因素进行吸引和号召，紧密结合俄国的对外政策，并与相应的硬实力手段相配合，在东南欧地区建立了俄国的势力范围。

苏联时期，泛斯拉夫联盟的梦想在超级大国的荣光中得到实现。出于经济发展和地缘安全战略的需要，中东欧地区的斯拉夫国家进入苏联主导

---

① 2014 年 12 月 10 日，梅德韦杰夫总理接受 5 家俄罗斯电视台联合采访时做了上述表示。
② Fuller Graham E., What is Eurasianism? September 14, 2016, http://grahamefuller.com/2520-2/.

的"华约"、"经互会"等组织,组成以苏联为主导的社会主义大家庭。苏联文化和俄语在这些国家中得到广泛传播,以俄罗斯为代表的东斯拉夫文化成为苏联软实力的组成部分之一。苏联解体后,俄罗斯的战略空间因中东欧国家的脱离而大为收缩,斯拉夫联盟的梦想破灭,但俄罗斯的软实力依然能够利用留存的斯拉夫因素而发挥一定的作用。①

在面临北约东扩的背景下,泛斯拉夫主义成为应对威胁的思想手段之一,丹尼列夫斯基的《俄罗斯与欧洲》因此获得新的关注,于1995年再次印刷并成为畅销书。传统的"团结斯拉夫民族"思想的上升为国家的战略,在俄2103年和2016年版的《对外政策构想》中,"发展斯拉夫国家间的文化和人文交流"一直是重要的外交任务之一。俄罗斯提出了"俄罗斯世界"这一理念并设立同名基金会开展公共活动。俄政府希望,在"俄罗斯世界"的旗号下,利用人们对历史上的帝国的怀念之情,把散布在世界各地的俄罗斯人团结起来,打造一个"俄罗斯世界","用共同的文化密码,以及更为强大的遗传密码把我们团结在一起"。俄罗斯希望借此不仅在后苏联空间,在全世界都能发挥特殊的作用。维持在斯拉夫地区的影响力是俄罗斯维护地缘政治安全的战略支点之一。

我们可以看到,俄政府的战略,与沙俄在19世纪中后期利用"俄国泛斯拉夫主义"干涉中欧和中南欧事务,对其他斯拉夫人进行征服与统治的行为具有颇多相似之处。2014年,俄罗斯借"维护俄语居民权益"的理由在乌克兰危机中收复克里米亚。2016年,俄方宣称黑山加入北约"触动了俄罗斯的利益",警告此举将引发新一轮的对抗。俄外长拉夫罗夫甚至断言,黑山政府绝不敢对此进行全民公投,因为黑山人民不会支持政府的决定。在"俄罗斯世界"的实际操作中,俄政府给予了高度重视,一如沙俄政府当年对"斯拉夫委员会"的支持,任命社会名流和政要负责相关工作,普京多次出席该基金会组织的国际会议并接见各国代表,等等。在俄罗斯2008年、2013年和2016年版的《对外政策构想中》中,一直强调要发展与斯拉夫民族的文化和人文联系。由此可见,对于始终追求世界大

---

① 1999年,俄军抢占科索沃的普里什蒂纳机场时,驻扎在机场的塞尔维亚士兵热烈欢迎俄军的到来,俄军在行军途中遇到的南联盟居民朝他们欢呼和抛洒鲜花。2014年10月16日,欧洲国家对俄罗斯采取严厉制裁之际,塞尔维亚总统隆重欢迎普京参加纪念该国从纳粹手中解放出来的庆祝盛典,称俄罗斯是塞尔维亚的伟大的朋友,认为两国之间存在精神上的关联,是非常密切的兄弟。

国地位的俄罗斯而言,俄国泛斯拉夫主义并未随着沙皇俄国的崩溃而湮灭,其影响深刻悠远,只是不同时期为贯彻这一思想所采取的策略和手段有所不同而已。

第十三章　政治价值观：互疑与对抗[①]

政治价值观是国家软实力的关键因素，一国的政治制度和政治价值观从根本上决定着国家的政治形象和软实力的导向。在西方，民主、自由不仅成为具有普世价值的政治信念，而且还落实为具体的政治制度。所以，政治过程的透明度、公民的政治参与的途径、媒体传播的自由空间等，成为评价国家软实力的重要因素。亨廷顿指出，"人们不仅使用政治来促进他们的利益，而且还用它来界定自己的认同"。[②] 一个具有民主、自由的形象的国家，比一个专制/独裁的国家，往往具有更大的道义力量，其外交和对外传播也有更大的公信力和说服力。

有学者把中美之间不信任的根源归结于"战略互疑"，意指双方认为对方国家实现其主要长期目标，是要以牺牲"我"国的核心发展前景和利益为前提。[③] 这种"互疑"的心态同样普遍存在于俄罗斯与西方国家尤其是美国之间。双方的不信任有着深刻的历史渊源，苏联时期甚至出现全面敌对的局面。苏联解体后，"互疑""互敌"的情况并未消失，双方关系充满曲折和纠葛，并广泛反映在学术研究和政治决策中。[④] 凭借在政治价值上的优越感，西方长期占据着国际舞台中道德和政治的制高点，并力图利用软实力攻势制服俄罗斯。戈尔巴乔夫和叶利钦时期，俄罗斯亦步亦趋

[①] 本章由许华和张昊琦共同撰写。
[②] 〔美〕塞缪尔·亨廷顿：《文明的冲突与世界秩序的重建（修订版）》，新华出版社2011年版，第5页。
[③] 美国布鲁金斯学会于2012年3月发表了《中美战略互疑：解析与应对》报告，报告作者为王缉思和李侃如（Kenneth Lieberthal）。
[④] Belfer Center for Scienceand International Affairsat Harvard University, Институту США и Канады РАН, Преодоление взаимного сдерживания в российско‐американских отношениях, июнь 2013；Марк Медиш и Даниэл Лучич, Время России задавать курс: предварительная оценка, Центр глобальных интересов, весна 2013 года.

西式民主道路，但普京执掌俄罗斯以来，俄罗斯与西方的政治价值观分歧益发明显，陷入愈演愈烈的利益之争、地位与角色之争、道路之争。

一　国际关系背景下的结构性矛盾

对于俄罗斯同美欧之间的关系而言，双方在政治和安全领域一直龃龉不断。随着俄罗斯融入欧洲和西方的失败，俄罗斯国内在国家发展道路上出现重大分歧，民族主义浪潮不断高涨，反西方主义尤其是反美主义在民众的情绪中得到积蓄，由官方推动后立即获得民众的回应，因此几乎成为官方和民间的共识性思潮。普京重登总统宝座后，俄美之间的"战略互疑"不断加深，锋尖对麦芒之类的相互行为不断损害了双方已经少得可怜的信任。而2013年年末爆发的乌克兰危机，几乎将俄罗斯与西方之间的"战略互疑"升级为"战略敌对"。在俄罗斯并吞了克里米亚半岛之后，俄罗斯与西方在冷战结束后积累起来的战略信任消失殆尽；尽管乌克兰危机还在继续，俄罗斯与西方的关系并没有彻底破裂，但毫无疑问的是，俄罗斯与西方的关系需要重新经历一个"轮回"。即使双方由于经济方面的相互依赖，以及在一些地区热点和安全问题上的合作，会继续保持一定的联系，但是，美欧在心理上对俄罗斯的"孤立"以及俄罗斯的自我"孤立"，在一个较长的时期内都会不可避免地存在。

俄罗斯与西方的"战略互疑"是在一幕宏大的结构演进和角色变动的国际关系背景下得以"层积累成"的。就结构的演进而言，冷战结束后形成的单极格局，因为美国对国际事务的涉入越来越力不从心，多极化倾向的可能性越来越大。相对于西方老牌资本主义国家发展趋缓的态势，新兴市场国家作为一股强劲发展的力量，越来越为世界格局的变动积蓄势能，从"七国集团"到"二十国集团"便是这个时代发展的一个明显的佐证。从角色变动来看，新兴市场国家中，俄罗斯和中国作为联合国安理会的常任理事国，毫无疑义是当今世界的政治大国，这与两个国家的地理规模以及经济规模相呼应，似乎在当今的世界秩序中，这两个国家对美国来说是最有潜力的挑战者。此外，俄罗斯所具有的历史身份以及对于所期望的角色的追求，更令当今的霸主美国深感不安。

在20世纪的两极体系中，苏联曾经是同美国平起平坐的超级大国，双方作为两个集团的盟主，在政治、经济、军事等各个领域进行了长达四十余年的全面对抗。冷战虽然以苏联的解体而告终，俄罗斯也沦为一个二流国家，但历史的"基因"永远在起作用，"俄罗斯只能作强国"这种信念不仅在执政精英的头脑中根深蒂固，而且在民众中具有深厚的基础。俄罗斯的韧劲令人追想起19世纪中叶克里米亚战争之后俄国外交大臣戈尔恰科夫所说的一句话："俄国不生气，它在积蓄力量。"① 苏联解体后的俄罗斯经历了黯淡的十年后，终于时来运转，进入新世纪后加快了"复兴"的步伐。更重要的是，以普京为代表的执政精英，心理上的"崛起"更为明显。俄罗斯历史上即是一个国际体系的挑战者，徘徊在中心和边缘位置；苏联时期构造了与西方国际体系相对立的另一个体系；而在苏联解体之后的二十年，俄罗斯又准备走上与西方分庭抗礼的道路。因此，西方与俄罗斯之间的"战略互疑"有着深刻的历史记忆。

除了国际体系的结构性问题之外，俄罗斯与西方存在"战略互疑"的深层动因则是政治价值观的明确分野，从某种意义上来说，这是意识形态的结构性问题。正如国际体系的结构性问题几乎不可解决一样，意识形态的结构性问题也难以获得根本性的破解。以美国为首的西方国家抱持民主和自由的"普世价值"理论，同俄罗斯的"主权民主"和保守主义理念，虽然不至于水火不容，但在相当大的程度上是格格不入的。因此，在阐释俄罗斯同西方"战略互疑"的因素时，我们不能不对政治价值观方面的分歧加以考察。

二　政治价值观分野和战略互疑

"战略互疑"在国际关系理论中属于对动机和意图的探究范围，其判定和界分具有多种视角和方法。对于当代的国家行为体来说，考察体现其意识形态的政治制度和政治价值观则是一个最重要的方面。在"战略互疑"的构成来源方面，不同的政治传统、价值体系和文化则是"结构性的

---

① 《马克思恩格斯全集》（第一版）第22卷，第45页。

和深层次的因素，不大可能出现重大变化"。[①] 作为一项重要的软实力来源，政治价值观是反映一国历史文化、政治传统，并深刻影响其政治进程的深层次因素，在全球化不断加深、国际交往不断增强、各种文化之间交流碰撞不断加大的背景下，往往同其他的政治价值观具有深刻的竞争性甚至对抗性。一方面，它是加强国民凝聚力、增进国家认同的精神支柱；另一方面，它也是国际意识形态斗争中展示自我价值、争取其他国家和人民理解和接受的重要基础。政治价值观的根本差别，深刻影响到国家之间的相互认知和理解，是"战略互疑"难以从根本上消除的根本性因素。

毫无疑问的是，俄罗斯与西方在政治价值观方面存在根本的分歧，以美国为首的西方国家是现代民主国家，很多国家都有丰富的民主经验；而俄罗斯则在现代民主国家之外，而且俄罗斯是世界上第一个社会主义国家苏联的继承国，它在实践了七十余年的社会主义制度之后又放弃了这种制度，转而以西方国家为榜样进行"民主化"的改造，并搭建起"三权分立"的政治构架。但是俄罗斯的"民主化转轨"并没有完成，"民主的巩固"被"民主回潮"所取代。因此，在西方的眼中，它同中国一样，仍然是"集权"的威权国家，在价值和意识形态方面具有同类性质。

将属于国内政治的政治制度与价值同国际政治勾连起来，是国际关系中理想主义思想的一个核心问题。民主和平论是其合乎逻辑的发展，可以上溯自康德在其著作《论永久和平》中提出的由自由主义共和政体组成"和平联邦"，从而建立"永久和平"的设想。后来的"威尔逊主义"第一次将美国民主与世界和平结合起来，为美国对世界秩序的建构提供了基本的蓝图，并且奠定了美国外交思想中理想主义的基调，其影响"不在当时，甚至不在二三十年之内，而在于长远"[②]。

冷战结束后，民主和平论作为一种理论依据，对冷战后的美国外交政策影响重大。它的核心观点是民主国家之间很少或不会发生战争，但民主国家和非民主国家之间的战争却有可能发生。从规范模式来看，民主国家以民主价值观为原则，理性地与对方和解，通过非暴力方式解决彼此之间的冲突。从结构模式来看，民主国家在发动战争方面受制于公共舆论以及

[①] 恩格斯：《俄国沙皇的对外政策》（1889年12月—1890年2月），《马克思恩格斯全集》第22卷，人民出版社1965年版，第45页。
[②] 陈乐民：《西方外交思想史》，中国社会科学出版社1995年版，第188页。

国内政治机构的监督和约束。相反，非民主国家缺少这些标准和限制因素，也罔顾民意，很容易使冲突升级到暴力水平。[①] 因此，民主和平论认为，一国的国内政治直接影响到它的对外行为，要想达到国际政治的和平状态，就应该从国家的"民主化"入手。冷战结束、东欧剧变、苏联解体，被西方国家普遍认为是自由民主制度的胜利，民主和平论因此也备受政治家们的青睐，并与美国的对外政策紧密结合，成为美国对外战略的理论支柱。克林顿政府的"扩展战略"，正是根据"民主国家之间不会发生战争"和"市场经济可以推动民主化"这两种观点来制定的；而小布什政府的"大中东民主计划"也是受到民主和平论的有力推动。至于独联体国家先后爆发的"颜色革命"，以及其后西亚、北非国家蔓延的所谓"阿拉伯之春"，都有美国等西方国家的幕后推动。

美国与西方所推崇的民主和平论以及奉行的民主外交政策，由于具有强烈的意识形态色彩，并且往往与干涉他国内政相伴生，所以受到了中国、俄罗斯等政治价值观不同的国家的强烈抵制。俄罗斯认为，每个国家根据自身的历史传统、国情及社会经济发展水平，有权决定自己的发展道路，西方式的自由民主制度并不是人类发展的唯一道路，俄罗斯可以为国际社会的其他国家提供不同于西方的另一种选择。更重要的是，俄罗斯越来越倾向认为，美国的民主外交只是一个幌子，而其实质则是借此破坏俄国内稳定，并削弱其力量和影响，从而牵制其发展。

三 俄罗斯的政治理念与道路探索

苏联解体后，俄罗斯放弃了实行 70 余年的社会主义制度，仿照西方的民主模式构建了三权分立的政治框架，在价值观上拉近了同西方的距离。但是，仅仅在 20 余年的时间中，俄罗斯与西方的距离逐渐疏远，"战略互疑"不断加深。如果说，在 2013 年年底乌克兰危机爆发前，俄罗斯与西方尤其是同美国政治关系停滞，经济和安全领域合作尚存，总体关系陷入僵局的话，那么在乌克兰危机之后，特别是在俄罗斯并吞克里米亚之

[①] 〔美〕詹姆斯·多尔蒂、小罗伯特·普法尔茨格拉夫：《争论中的国际关系理论》（第五版），阎学通等译，世界知识出版社 2003 年版，第 339—348 页。

后，俄罗斯同美国和西方的关系基本上陷入危局。俄罗斯同西方多年来所维持的信任彻底破裂，俄罗斯苦心经营的软实力事实上付诸东流。俄罗斯事实上更倾向于硬实力而非软实力，往往用硬实力来弥补软实力的不足。关于美俄之间是否会爆发新的论战，虽然看法不一，但俄罗斯同西方的关系显然已经不仅仅是"战略互疑"了，而近乎是"战略敌对"。乌克兰危机作为冷战二十年后的一个界标，事实上已经决定了俄罗斯同西方在较长一段时间中的关系。

2000 年以来特别是 2003 年以后，普京强化威权主义的措施以及"主权民主"理论和保守主义价值观的提出，是俄罗斯同西方的"战略互疑"逐渐凸显的主要因素。叶利钦执政的中后期，虽然已经将亲西方的对外战略向兼顾东西方平衡的欧亚主义战略转变，但俄罗斯与西方关系的意识形态化因素始终较弱。作为摧毁共产主义的旗手，叶利钦始终与西方保持了良好的关系。普京在执政之初延续融入西方的对外政策，强调俄罗斯是欧洲国家，其精神资源更多地来自于利哈乔夫、契切林等西方派。俄罗斯渴望融入西方的真诚意愿体现在普京发表于 2002 年 5 月的讲话："我国的问题是，在很长的一段历史时期内，一直是俄罗斯为一方，几乎世界所有其他国家为另一方。我们从与世界对抗中没有得到任何好处，我国绝大多数公民对此一清二楚。俄罗斯正在重返文明国家的大家庭。它需要的莫过于自己的意见被人倾听，自己的国家利益受到尊重。"[1] 普京当时的开诚布公令西方的政治家们大为惊讶。因此俄罗斯在新世纪之初同西方的关系总体而言是非常融洽的，普京在"9·11"事件后给予美国的支持也出乎西方的意料之外。

但是俄罗斯同西方的关系在很短的时间里发生了急剧的变化。除了西方战略性的迫压外，价值观的分歧凸显出来。普京打击金融寡头、加强国有化、回归传统、激发强国意识等举措，在西方人看来是一种"民主回潮"。尤其是 2004 年 9 月的别斯兰人质事件之后，普京重新构建垂直权力体系的措施以及"主权民主"理论的出台，都被西方视为施行"专制"的标志。因此，西方对于俄罗斯的战略猜忌逐渐加深，双方之间的互信逐渐

---

[1] Выступление Президента Российской Федерации В. В. Путина и ответы на вопросы в ходе совместной пресс - конференции с Генеральным секретарем НАТО Дж. Робертсоном и Председателем Совета министров Италии С. Берлускони, http：//2002. kremlin. ru/events/556. html.

丧失。2003—2005 年发生在独联体国家的"颜色革命"将西方对普京的俄罗斯的态度表现得一览无遗，此举也加深了俄罗斯政府对西方国家的愤怒。因此，俄罗斯后来打压体制外反对派、加强政治和社会稳定的一系列举措，不仅仅是出于国内的原因，更重要的是防范西方力量的渗透，避免俄罗斯的政局发生有利于西方的变化，特别是防止俄罗斯的二次解体。俄青年组织"纳什"的领导人亚克缅科高度评价"主权民主"理论的构建者苏尔科夫，认为他的思想和措施"在十年的时间里使贫穷屈辱、一盘散沙的俄罗斯变成了主权国家"。①

俄罗斯选择"主权民主"理念自有其深刻的国内原因，其中叶利钦时代俄罗斯思想体系的混乱给国家的贻害，为普京时代的执政精英提供了强烈的警醒。一方面，俄罗斯的政治传统历来就是集权主义和国家主义占据上风，俄罗斯人民已经习惯了这种政治安排。因此，长期生活在苏维埃制度下的人们在骤然的转型中失去了稳定感和安全感。对他们来说，西方式的民主自由制度是外在于他们的存在，他们缺乏民主生活的经验，同时国内社会政治状况的混乱使他们难以产生对民主制度的高度认同。因此从 20 世纪 90 年代俄罗斯寻找"民族思想"的热潮是一种合乎逻辑的发展。另一方面，俄罗斯的民主政治制度在构架和施行方面存在很大的缺陷，其优点并没有在社会、政治、经济等生活中体现出来，反而造成了相当程度的混乱。因此普京上台后调动俄罗斯传统资源，以国家主义方式实现国内社会稳定的努力，是在纠正俄罗斯在叶利钦时代所犯下的错误。此外，"主权民主"的提出以及保守主义理念的推出，也是回应来自外国的指责，以重新确立自己的政治价值体系。

普京表示："我们应当找到自己的道路，建设民主、自由和公正的社会和国家"，"我们所选择的民主道路具有独立性。所以，我们将从自身国情出发，不断前进"。② 俄罗斯前副总理、现总统办公厅主任的谢尔盖·伊万诺夫也表示，"既然有西方式的民主，那么也应该有东方式的民主"。③

---

① Якеменко: Володин—выдающийся аппаратчик, а Сурков - бог, http://www.gazeta.ru/politics/news/2013/05/15/n_ 2910513. shtml.
② Путин В. В. Послание Федеральному Собранию Российской Федерации. 25 апреля 2005 года, Москва, Кремль, http://archive.kremlin.ru/.
③ Медведев проводит обещанную реформу МВД: пятую часть сотрудников уволить, а новых набирать по другим критериям // Newsru.com. 24.12.2009.

俄罗斯独树大旗的做法在2012年俄罗斯总统选举前后表现得更为充分。2011年12月国家杜马选举后民众抗议政府活动的发生以及随后的持续不绝，使得俄政府认定西方势力是反对派的幕后支持者，俄罗斯与西方的关系由此陷入僵局，俄罗斯驱逐美国国际开发署、通过新的非政府组织法、以《季马·雅科夫列夫法案》强烈回应美国出台的《马格尼茨基法案》等情况，显示出俄罗斯与美国之间的僵硬的政治对抗。在这种情况下，战略上的互信显然无从谈起。

俄罗斯同西方国家的政治对立，既反映了当今世界在发展模式、政治道路和价值理念等方面的竞争，也体现了大国间在软实力以及国际格局和国际秩序等领域的较量。冷战结束后，西方自由民主模式一度高歌猛进，但由于西方国家滥用发展模式所产生的软实力，造成世界局势动荡，越来越多的发展中国家对西方模式产生质疑，进而关注和探索非西方模式。如今，俄罗斯正在普京的领导下，一方面巩固俄罗斯政治发展和国家治理模式，另一方面对西方政治价值和政治治理模式发出挑战。"全球化进程导致的国家发展不均衡和福利水平差距加大，激化了国家间矛盾。价值观和发展模式面临全球性竞争。"[1] "历史上全球竞争首次具有了文明标准，表现为在宽泛的民主和市场经济原则下的不同价值取向和发展模式的竞争。"[2] 当然，转轨阶段的俄罗斯经济和社会发展出现了许多难题，其发展模式的影响力有限。但是，普京领导下的俄罗斯的政治道路无疑有力地回击了冷战后盛行的西方政治模式"一元论"和西式民主"普世论"。

对于俄罗斯同西方国家的关系而言，"战略互疑"既是个意识形态问题，也是一个地缘政治观念和国际格局的结构性问题。俄罗斯在经过了曲折的历程后开始了自己的"复兴"之路，这对于霸权国美国来说是一个巨大的挑战。美国和西方对于俄罗斯存在战略猜疑的主要来源，是俄罗斯的帝国传统，西方始终担忧，"主权民主"和保守主义价值最终会引领俄罗斯重新走上帝国之路。作为一个结构性问题，"战略互疑"会带来严重的危害，而且"应对的责任风险特别高"，如果任由其发展，势必会使各方

---

[1] Стратегия национальной безопасности Российской Федерации до 2020 года. Указ Президента РФ от 12 мая 2009г. И537.
[2] Концепция внешней политики Российской Федерации (12 февраля 2013г.)

都付出沉重的代价。① 如何减少"互疑",增强互信,目前还很难确定,但是加强沟通和交流,进行理性而开诚布公的对话则是减少互疑的基础。也许"战略互疑"是意识形态大国之间的"宿命",彻底消除它是根本不可能的。

---

① 王缉思、李侃如:《中美战略互疑:解析与应对》,社会科学出版社2013年版,第55页。

第十四章　俄罗斯国家形象之困

苏联解体后，俄罗斯从超级大国跌落到地区性强国的地位，不复有当初的荣光，甚至被视为"羸弱、失败"的国家。进入新世纪，普京执掌的俄罗斯积极塑造国家形象，试图通过此举改善国家发展的外部环境，增强人民对国家前途和民族使命的信心，重振俄罗斯雄风。为此，近年来俄罗斯采取了一系列积极的举措，诸如强化媒体管理、拓宽传播渠道、设置国际议程、开展"精英政治"活动、外聘国外公关公司进行策划和包装等。

一　西方重围中的俄罗斯

但是数年过去，舆论调查表明，俄罗斯重塑国家形象的效果并不令人满意。以俄罗斯 E-Generation 公司于2008年进行的一项调查结果为例，1998—2006年间英国媒体上涉及俄罗斯的500余篇文章中，俄罗斯人的基本形象是"野蛮的""狂躁的""顺从强权的"，甚至常被指责"行为举止失当"，而俄罗斯的国家形象则与一些带有负面色彩的符号如"古拉格""苏联式的""AK自动步枪""寡头""腐败"有关。例如，仅在1998—2006年的《卫报》上，就有453项搜寻结果把"俄罗斯"和"古拉格"联系在一起；而"苏联式的俄罗斯"出现在《卫报》《泰晤士报》和《每日电讯报》上的频率达70次。[①] 英国的情况并不是偶然，在西方主流媒体

---

① СМИ Британии: "Брутальный, грязный русский медведь—Русская культура может изнасиловать европейскую цивилизацию, http://www.inosmi.ru/world/20080301/239937.html#ixzz2GLY2xDkS.

上诸如《俄国熊要熄灭我们的灯火》[1]《俄国熊醒来》[2]《俄罗斯在进行能源讹诈》[3]《普京的波将金式民主》《俄罗斯的波将金式自由市场》[4]，之类的文章比比皆是。西方智库时常出台研究报告，指责俄罗斯的"独裁和不民主"，批评普京"贪权和压制自由"，大肆渲染"俄罗斯威胁"，认为"文明的冲突刚刚拉开帷幕"[5]，表现出西方对俄罗斯政治、经济发展状况极度不信任的心理。

2014年，当俄罗斯意图通过索契冬奥会重新回到世界舞台的中心，展示一流大国的形象时，西方反俄情绪在此时出现大爆发：以"取消反同性恋法律"为导火索，在俄罗斯举办的索契冬奥会遭到西方政治人物、人权组织和媒体的全方位围攻；而在同期发生的乌克兰危机中，双方从对立进入到对抗状态，俄罗斯支持克里米亚的行为被定性为"侵略"，"那正是希特勒在上世纪30年代的所作所为"，俄罗斯总统普京则被西方媒体严重妖魔化。[6]

如果说在冷战期间，苏美两大阵营之间由于意识形态的分歧常打"媒体战""信息战"，苏联被西方媒体刻意丑化，形成了不佳形象的话，那么在俄罗斯已经放弃共产主义的意识形态、实现民主选举、向市场经济转型之后，理论上西方已不该把俄罗斯视为敌人，俄罗斯国家形象的塑造效果

---

[1] Halligan L., Russian Bear Could Punch our Lights out, The Telegraph, 05 Nov 2006, http://www.telegraph.co.uk/finance/2950164/Russian-bear-could-punch-our-lights-out.html.

[2] Durchslag A., The Russian Bear Awakes, http://blogs.reuters.com/reuters-dealzone/2010/03/01/the-russian-bear-awakes/.

[3] Dizard J., Choose Russia over roulette, Financial Times, May 8, 2006, http://www.ft.com/intl/cms/s/2/40de04be-deae-11da-accc-0000779e2340.html#axzz2GLed847M.

[4] Felgenhauer P., A Potemkin Domocracy, A Potemkin Free Market, And A Potemkin Arms Race, http://www.jamestown.org/single/?no_cache=1&tx_ttnews%5Btt_news%5D=32491. 按：1783年克里木汗国并入俄国后，波将金任包括克里木半岛在内的新俄罗斯边区的总督。1787年俄国女皇叶卡特琳娜二世巡视克里木时，主政克里木的波将金公爵为了使叶卡捷琳娜二世女皇对他有个良好印象，不惜工本，沿女皇巡游的路线建起一批豪华的假村庄。后来"波将金村"被用来借指"面子工程""形象工程""虚假现象"。

[5] Pap A. Европа – Россия: на чем ставим крест—Почему все новые проблемы сотрясают отношения между Западом и Россией? //Российскаягазета, 11 сентября 2012г., http://www.rg.ru/2012/09/11/rossia.html.

[6] Hillary Clinton joins chorus of "Putin behaving like Hitler", The Christian Science Monitor, March 5, 2014, http://www.csmonitor.com/USA/Latest-News-Wires/2014/0305/Hillary-Clinton-joins-chorus-of-Putin-behaving-like-Hitler-video.

为何得不到满意的效果，依然陷入"有罪推定"的困境中？①

任何国家的形象都具有历史传承性。历史上沙俄帝国落后、野蛮、侵略扩张和苏联专制、集权的负面形象在西方已普遍化和自然化为一种"常识"，加之在俄罗斯与西方的关系中仍然存在着"战略互疑"的基本论调，以及俄罗斯的国际传播能力明显弱于西方，不能抵御西方舆论中经久不衰的"冷战"主题带来的消极影响等，种种因素造成当今俄罗斯不仅难以重塑国家形象，其与西方的关系、外交政策及俄罗斯的发展都受到了消极影响。本书试图溯源历史传统，探寻基督教文化和东正教文化之间的差异，分析大俄罗斯主义和俄国泛斯拉夫主义给俄罗斯国家带来的消极影响，再解析俄罗斯政治领域存在的导致负面形象的结构性因素，最后利用社会调查和媒体数据来解读俄罗斯的国际传播难题，进一步探讨俄罗斯形象困境的解决之路。

二 历史文化渊源和形象落差

西方关于俄罗斯的最初印象来自于东罗马的文献，在这些记载中，俄罗斯呈现出一个野蛮民族的形象。从 9 世纪开始，在东罗马官方文献中就可以看到关于斯拉夫人入境抢劫的记载，例如 13 世纪下半期，基辅罗斯曾动用大量船只攻打君士坦丁堡，罗斯人的掠夺引起了当地社会的恐慌。②公元 12 世纪，基辅大公的政权名存实亡，形成了众多独立的公国，西方对它们的了解不多，主要来自一些投机商人。但除了大诺夫哥罗德公国外，其他公国对贸易和对外交流毫无兴趣，所以这一地区对西方而言非常封闭和神秘。金帐汗国时期，双方的交流依然稀少，由于欧洲恐惧和仇视蒙古人，对其统治下的罗斯也投以不信任的眼光。直到 16 世纪，"惊惶的欧洲，当伊凡在位之初，几乎不知道夹在鞑靼人和立陶宛人之间还存在着一个莫斯科公国，这时看到一个庞大的帝国突然出现在它的东部边境而弄

---

① В мире сложилась презумпция виновности России—Глава Россотрудничества рассказал "Ъ", как улучшить образ РФ за рубежом, Коммерсантъ, 03.09.2012, http://www.kommersant.ru/doc/2014308/print.

② Егоров К. П. Образований Киевской Руси. М., 2000. С. 65 – 67.

得目瞪口呆"。① 17 世纪，随着彼得大帝打开国门，积极开展与欧洲的交流，俄罗斯作为一个国家的整体形象才逐渐在欧洲形成。

彼得一世的改革是改变国家形象最初的尝试，也是俄国向西方学习的开端，俄国的历史发展在彼得之后努力沿着西方方向前进。为了跻身"文明的西方"，俄国人从伊凡三世娶拜占庭皇帝侄女索菲亚一事上寻找到证据，认为伊凡三世是理所应当的罗马帝国继承人，以显示自己与欧洲文明同出一源。但欧洲对此并不认同，俄罗斯对欧洲的向往始终相生相伴着后者对它的排斥和轻视心理。17 世纪的俄罗斯，在政治上是沙皇专制制度，经济上是封建农奴制度，国家形象在欧洲人眼中是一种封闭、落后和不文明的状态，而此时的西方经历了文艺复兴、宗教改革和启蒙运动，已经开始了最初的工业文明，其富国强兵的技术和优雅舒适的生活方式使俄罗斯相形见绌。法国驻俄大使居斯廷在《1839 年的俄罗斯》一书里谈道，"这是一个西方和东方的混合体……政府至今仍不理解自由的优越性"，"没有一个外国人可以不受阻扰和安全地在这个国家旅行"。广为流传的"波将金农庄"一词正是居斯廷首创，他认为："俄罗斯是一个目录册上的帝国：如果只是扫一眼标题，一切都很美好。但你再仔细看看各章……整个国家在本质上都是用外交手段掩饰的假象。"② 居斯廷的观点对西方社会影响很大，他笔下的野蛮、粗俗和专制统治此后成了俄罗斯难以摆脱的负面形象。

19 世纪，俄罗斯的国力空前壮大，以丰富的自然资源、总面积 1700多万平方公里的辽阔国土雄踞欧亚两洲。沙皇俄国虽善于开疆拓土，却不擅长在西方扩张其文化影响力，西方仍对俄保持着强烈的文化优越感，他们讥讽俄罗斯"有着北极熊式的憨厚和野蛮"，即使满怀善意，也可能会让人窒息在它的"熊抱"中。③ 拿破仑战争之后，俄国一度成为神圣同盟的领袖、欧洲的主宰，但在欧洲政治舞台上，俄罗斯的形象却是并不能引起人们美好感受的"欧洲宪兵"。"在打败拿破仑后，俄罗斯旋即被西方国家从欧洲排挤出去。在整个 19 世纪，莫斯科在西方国家眼中不过是保守

---

① 马克思：《十八世纪外交史内幕》中文版，人民出版社 1979 年版，第 70 页。
② Кюстин А. де, Россия в 1839году. В 2 т. М., 1996. С. 342. См. Рожов И., Кисмерешкин В. Имидж России. Ресурсы. Опыт. Приоритеты. М.: РИПОЛ классик, 2008. С. 28.
③ Рожов И., Кисмерешкин В. Имидж России. Ресурсы. Опыт. Приоритеты. М.: РИПОЛ классик, 2008. С. 30.

和反动势力的桥头堡。"①

十月革命后,苏联走上了一条与民主政治不同的社会主义道路,国家实力快速增长,展现着与西方分庭抗礼的超级大国的形象。但七十年后,苏联自行解体,"融入欧洲文明大家庭"的论调在俄罗斯重现,西方文明优越论的观点得到加强。尽管以普京为代表的俄罗斯人坚称:"从文明角度而言,俄罗斯是一个拥有欧洲文明的国家",西方对俄罗斯的成见依然没有改变。在西方人眼中,俄罗斯的历史就是缺乏道义的侵略史、扩张史、野蛮史。无论是叶利钦还是普京所掌控的俄罗斯都给西方人以"野性十足,阳刚过剩,教化不足"的印象。西方主流话语中有关俄罗斯"野蛮落后"的描述比比皆是,如"可以教训他们,他们刚从树上爬下来。我们得给他们梳梳毛,因为他们自己不会做,再刮刮胡子,洗洗干净"之类的言论直到 21 世纪还在西方传播。② 为了成为西方大家庭中平等的一员,俄罗斯在解体之初常有牺牲国家利益迎合西方的举动,但最终不仅没有换得西方的经济与技术援助,反而受到西方的排挤和藐视,国际地位一落千丈。布热津斯基对俄罗斯的形象进行了尖刻的评价:"他们很容易自欺欺人地把自己也看作是一个超级大国的领导人","对美国来说,俄国实在太虚弱了,不配成为伙伴"。③

三百年来,俄罗斯孜孜以求融入欧洲,却始终没被对方接纳进去,原因在于西方始终坚持着一套符合自身利益的"文明标准"。在欧洲国家看来,"国际社会"不是一个囊括一切的社会,国家体系也不包括每个国家,它只是欧洲的国际社会。它以基督教国际社会为开端,然后发展为欧洲世界,最后发展为文明国家世界。长期以来,欧美国家的文明等级论早已潜移默化,"那些符合一个特定社会的文明标准的国家被纳入'文明'成员的圈子,而那些不符合这些标准的国家则被排除在外,被视为'不文明'的甚至可能是'未开化的'"。④ 西方认为,基督教和东正教之间天然就有

---

① Pap A. Европа – Россия: на чем ставим крест—Почему все новые проблемы сотрясают отношения между Западом и Россией? Российская газета, 11 сентября 2012г., http://www.rg.ru/2012/09/11/rossia.html.
② 《普京文集(2002—2008)》,中国社会科学出版社 2008 年版,第 652 页。
③ 〔俄〕兹比纽克·布热津斯基:《大棋局》,中国国际问题研究所译,上海人民出版社 1998 年出版,第 131、154 页。
④ 刘禾:《小心文明等级论的渗透》,《中华读书报》2012 年 7 月 20 日。

一道分界线①。当西方高举"自由、平等、博爱"的旗帜时,俄国抛出了"东正教、国民性、专制制度"的"三位一体";当"人民主权"的观念在西方深入人心时,沙皇专制在俄国却成为冷酷的现实。② 俄罗斯与西方在政治制度、意识形态、价值等方面的差别很明显,正如亨廷顿所言,俄罗斯文明与西欧文明几乎没有共同之处:"西方文明八个特征之中的七个——宗教、语言、政教分离、法治、社会多元化、代议制机构、个人主义——几乎完全与俄罗斯的经历无缘。"③

因此,俄罗斯要克服历史惯性的消极影响,在西方社会塑造积极正面的国家形象,任务非常艰巨。历史上关于沙俄帝国的那种愚昧、落后、野蛮的形象一旦形成,在西方不断传播和丰富,就逐渐普遍化和自然化为一种"常识",并作为一种符号话语体系全面地左右着西方社会中的俄罗斯形象,同时也影响着西方与俄罗斯的关系及对俄政策,为俄罗斯的发展带来消极影响。

三 俄式民族主义和帝国形象

与西方的歧视和偏见同时存在的,是俄罗斯民族优越论。俄国人不仅鄙夷比他们落后的东方和南部各国,在面对比他们发达的西方国家时,俄罗斯也不甘示弱,强调自身文化和历史的特殊性,认定自己作为历史前景的拥有者和体现者,将替代其他民族。④ 俄罗斯人这种强烈的民族优越感有着深刻的历史原因。莫斯科自认是继罗马和拜占庭之后东正教唯一的保卫者,即"第三罗马",因而形成了俄罗斯民族特殊的历史使命感和救世主义理念,坚信俄罗斯民族是上帝优选的民族,天生具有独特的命运,它

---

① 〔美〕塞缪尔·亨廷顿:《文明的冲突与世界秩序的重建》,周琪等译,新华出版社2010年版,第7页。
② 李兴:《文化民族主义:论俄罗斯与欧洲的关系》,《北京大学学报》(哲社版)2000年第2期。
③ 〔美〕塞缪尔·亨廷顿:《文明的冲突与世界秩序的重建》,周琪等译,新华出版社2010年版,第119页。
④ 〔俄〕索洛维约夫等:《俄国斯思想》,浙江人民出版社2000年版,第267页。

融合了东西方的优势，注定承担拯救人类的使命，是人类的救世主。①

历史的悖论在于，与俄罗斯的民族优越感并存的，还有一种传统的、本能的不安全感，这导致了以大俄罗斯主义和泛斯拉夫主义为主要内容的民族主义思想的产生。与西欧民族主义最大的不同是，俄罗斯的民族主义源于独特的民族心理和宗教文化，有着深厚的国家基础，它完全为整合帝国和对外扩张服务。② 俄罗斯的民族主义不只是在思想领域挑战西方文明的权威地位，还将这一思想贯彻到国家战略和对外政策中，发展成为一种融种族主义、沙文主义、文化帝国主义为一体的进攻型民族主义。③ 在历史上，历代沙皇在三百多年时间中，不断向外扩张，进行侵略战争，蚕食周围邻国的国土，使俄罗斯的历史成为一部对外扩张领土、争夺势力范围的历史。在15世纪80年代前，俄罗斯基本上还是一个被侵略和被征服的国家和民族，但从16世纪中期开始，新崛起的莫斯科公国开始逐步向外扩张，首先是向东越过乌拉尔山和西伯利亚直抵太平洋。18世纪下半叶，则把侵略的矛头指向了西部和南部，先后控制了波兰、克里米亚和高加索等地。19世纪，沙皇吞并了中亚大片土地。短短几百年的俄罗斯历史几乎90%以上的时间都是在进行征服和扩张。俄罗斯的民族优越感和救世意识为大规模对外扩张奠定了思想基础，而领土扩张的成功反过来印证了这一理念，俄罗斯的民族信心因此不断增强，扩张野心也空前膨胀。

苏联时期，俄罗斯民族主义一度受到共产主义意识形态的压制，但在赫鲁晓夫和勃列日涅夫时期，随着苏联军事和经济力量的增长，大俄罗斯主义和帝国思想不断升温，发展成为全球霸权主义。苏联解体后，原大国地位和国际影响的丧失极大地伤害了俄罗斯人民的民族感情，激发了一些人心里的民族主义情绪，出现了各种各样的民族主义政党和组织，一些共产党人、欧亚主义者、权威主义者也都打出了民族主义的旗号。④ 俄罗斯政府加强了带有民族主义色彩的宣传：打败波兰侵略者的11月4日代替了十月革命纪念日成了民族团结日；5月9日的反法西斯胜利日成了俄罗

---

① 〔美〕理查德·莱亚德、约翰·帕克：《俄罗斯重振雄风》，白洁等译，中央编译出版社1997年版，第46页。
② 张昊琦：《当代俄罗斯民族主义》，《俄罗斯中亚东欧研究》2008年第3期。
③ 林精华：《陌生的邻居——后苏联时期俄国民族主义潮流下的中俄关系》，《俄罗斯研究》2012年第4期。
④ 张树华、刘显忠：《当代俄罗斯政治思潮》，新华出版社2003年版，第192页。

斯最大最隆重的节日。莫斯科俯首山胜利广场上的由罗斯勇士、帝俄士兵和红军战士共同组成的雕像更是一种象征，表明民族主义在俄罗斯民族中得到了世代传承。俄罗斯这种进攻型民族主义的影响已渗透到民众的意识深处，成为一种典型的民族心态。

值得注意的是，以日里诺夫斯基为代表的极端民族主义派声称要恢复"俄罗斯的战略边界和历史上形成的地缘政治空间"，"恢复俄罗斯同其地缘政治使命相符合的世界超级大国的作用"。[1] 这些言论刺激了国际社会，唤起欧洲关于一个野心膨胀的沙俄的记忆。历史上，俄国的扩张多次影响到中欧国家的利益。例如，1831年俄国镇压波兰起义后，企图进一步动武，借着泛斯拉夫主义的影响把西斯拉夫人和南斯拉夫人统一在俄罗斯的旗号下，此举引起奥地利和德国各阶层的普遍惊慌，导致了欧洲一波"仇俄"情绪的爆发。泛斯拉夫主义因此受到欧洲社会的强烈抵制，也加深了欧洲对俄罗斯的好战、侵略和扩张的印象。另外，俄罗斯近年来极端民族主义活动愈演愈烈，频频发生"光头党"等极端民族主义组织对外国人的袭击事件，加重了外国人在俄罗斯的不安全感，严重影响了俄罗斯的社会稳定和投资环境。民族主义本是一种唤醒民族意识和爱国意识，抗击外敌入侵，争取民族独立和统一，建立民族国家的有力武器[2]，但是，民族主义是把双刃剑，如果民族主义成了俄罗斯强势政治集团用的工具，成了对外侵略扩张和抵御外来压力的思想武器，势必引起其他国家的强烈反感，损害俄罗斯的国际形象。

四 "新冷战"——西方对俄的疑虑与恐惧

俄罗斯究竟该在与西方的关系中扮演什么样的角色：是盟友还是敌人？是伙伴还是对手？是"冷战"失败者还是随时会卷土重来的竞争者和挑战者？

在影响俄罗斯国家形象的各种因素中，以政治制度、政治价值观为内

---

[1] 李静杰、郑羽主编：《俄罗斯与当代世界》，世界知识出版社1996年版，第82—84页。
[2] 张建华：《俄罗斯国家的形成与民族主义》，《北京师范大学学报》（人文社会科学版）2001年第2期。

容的政治形象是当今俄罗斯对外形象的重要组成部分，也是导致其负面形象产生的主要来源。西方学者认为，俄罗斯的政治文化具有强调专制而非民主，渴望有一个强硬领导人的特征。俄罗斯与美国在社会层次上是截然不同的国家，这就决定了双方必然发生冲突。[1] 即使俄罗斯仿照西方模式建立了三权分立的制度构架，西方仍坚持认为俄罗斯的民主并没有得到进一步发展，其"主权民主"根本不是真正的西式民主，普京实行的中央集权管理方式和政府对新闻媒体的控制是与西方价值理念的严重背离。在西方眼中，俄罗斯是个一有机会就会野心膨胀、称霸世界的国家，它的疆域、军事实力、经济潜力、历史、文化心理等因素决定了它有足够的理由挑战西方世界的领袖。内格罗蓬特在给美国参议院情报委员会的书面报告中写道："在国内外取得的经济政治成就有助于增强俄罗斯的信心，使克里姆林宫有能力扩大国防开支，也有能力实现那些与西方利益相抵触的政治目标。"[2] 西方认为普京时期借助巨额的石油外汇收入，正在谋求"恢复苏联"，而这将构成对西方世界的严重挑战，使西方失去"冷战"后获得的政治、经济和思想"红利"。

由此可见，西方与俄罗斯的矛盾是根本性的，短时间内难以妥协，正所谓"道不同，不相为谋"。在西方的观念里，民主国家在贸易和外交上成为可靠伙伴的可能性比较大，而且执行同美国利益一致的对外政策和防御政策的可能性也较大，而俄罗斯的民主属性被否定后，西方必然将苏联的复活视为潜在的威胁，自然也就导致对俄罗斯的遏制政策。"俄罗斯是一支庞大可怕的力量——神圣而深具侵略野心，令人生畏，必须以合作或对抗来加以遏制"[3]，基辛格的话道出了西方难以消除的对俄罗斯的戒心。

2009年柏林墙倒塌20周年之际，俄罗斯人感叹，西方在欧洲乃至国际上又筑起一堵"无形的墙"，而且这堵墙的界限大幅度东移，几乎包围了俄罗斯。20年过去了，苏联虽然消亡，但冷战思维、冷战代表人物的影响仍在，他们又掀起了所谓"新冷战""后冷战"的风潮。近年来，面对俄罗斯、中国等国的复兴与崛起，西方保守主义色彩浓厚的智库纷纷发表言论，认为这是对西方自由世界的"最大挑战"。2004年，美国前国家安

---

[1] 〔美〕约瑟夫·奈：《理解国际冲突：理论与历史》，张小明译，上海世纪出版集团，2005年版，第150—151页。

[2] http://www.km.ru/magazin/view.asp?id=5B19DD436989484684DC4D8385D20D67.

[3] 〔美〕亨利·基辛格：《大外交》，顾淑馨等译，海南出版社1998年版，第124页。

全事务助理国务卿布热津斯基在接受俄《新闻时报》采访时直言，"俄罗斯在美国人心目中的形象特别是政治形象大大恶化。叶利钦时期，美国人认为虽然俄罗斯的步伐不稳健，但走的方向是正确的；现在虽然步伐稳健了，但方向却错了"①。

2007年9月4日，美国新保守主义的代表人物之一罗伯特·卡根在《泰晤士报》发表题为《世界分裂，民主被围攻》的文章，提出"世界重归意识形态之争"的观点。卡根认为，现在不是一个观念和意识形态趋同的时代，而是观念和意识形态分歧的时代。俄罗斯不仅从尚未完成的自由主义转向了专制主义，还意图与美国争夺霸主地位。卡根号召在联合国之外建立一个新的民主国家的联盟，加强西欧、北美和澳大利亚、日本、印度等民主国家的合作，以对抗像俄罗斯这样的专制国家建立新的国际组织。②

尽管卡根几年前提出的"新冷战"并未得到广泛认可，但2014年2月，卡根的夫人维多利亚·纽兰，即美国负责欧洲事务的助理国务卿，却因一段电话录音，差点拉开了美俄之间新一轮冷战的大幕。纽兰在与美驻乌大使皮亚特的通话中，暴露了美国支持基辅街头抗议者，助推乌克兰危机，借此打压俄罗斯的野心。乌克兰前途命运之争，折射出俄罗斯与西方的结构性冲突。纽兰的电话在国际上引起轩然大波，联系到美俄两国在叙利亚问题上的剑拔弩张、斯诺登事件中的软性对抗，以及西方国家联合抵制索契冬奥会等事件，"新冷战"迅速成为学者与媒体用来定义俄罗斯与西方关系的热词。③

德国外交政策协会学者亚历山大·拉尔认为，西方与俄罗斯之间的"文明冲突"将愈演愈烈。"约100年前，共产党人在俄掌权后，曾不遗余力向西方输出无产阶级革命。列宁笃信，这场革命是公正的，势必会将人类从漫长的被奴役状态中解救出来。如今，西方同样认为自己有权向全球输出自由主义革命。西方也深信，民主与人权是通行价值观，倘若需要，甚至不惜动用武力以换取自由。"④

---

① 顾小清：《矛头直指普京总统，反俄浪潮在西方蔓延》，《环球时报》2004年2月6日第7版。
② Robert Kagan, The world divides... and democracy is at bay//The Sunday Times, 2 September 2007, http://cma.thesundaytimes.co.uk/sto/news/Features/Focus/article70665.ece.
③ Костарев Г., Полоцкий А. Западные СМИ：《Мы вступили в новую холодную войну», http://www.rbcdaily.ru/world/562949990775472.
④ Pap A. Европа - Россия：на чем ставим крест——Почему все новые проблемы сотрясают отношения между Западом и Россией？Российская газета, 11 сентября 2012г., http://www.rg.ru/2012/09/11/rossia.html.

关于俄罗斯和美国之间是否会"冷战"再起，2013年10月俄罗斯的一次民调显示，45%的受访者认为"冷战"正在进行中，35%认为"冷战"场景会上演。①

俄罗斯前外交部长伊万诺夫指出，"虽然冷战已告结束，俄罗斯不再是华盛顿在世界上的竞争者，但对俄罗斯和美国的很多人来说，对抗依然是两国关系的常态，世界非黑即白"，"产生对抗的心理、习惯、个人原因、官僚机制等还在起作用"。持"爱国主义"立场的俄罗斯精英认为，无论谁做总统，美国的统治集团曾经、正在和将来都对俄罗斯持敌视的态度，仇俄是深入到美国政治精英血脉的元素。而"自由派"则认为俄罗斯对美俄关系的恶化也有责任，克里姆林宫仍坚持着关于"敌对的外部环境"的传统思维，没有做好准备开启与美国的认真对话。②

由于俄美之间的国家利益和战略目标存在着根本性的矛盾，在西方与俄罗斯的关系上，尤其在对俄罗斯的评论上，无论"冷战""新冷战"还是"后冷战"学者，虽然他们的研究和报道有细节或观点的差别，但其逻辑高度一致，其本质也都一脉相承。这些学者根深蒂固的"仇俄""反俄"的意见影响着公共舆论。他们作为社会精英，能释放出很大的能量，其活动从书籍、专业期刊延伸到大众媒体，借助媒体强有力的听觉和视觉效果，引起西方民众对俄罗斯问题的关注。与此同时，他们的专家地位也影响着受众对俄罗斯的看法，还对俄罗斯塑造国家形象十分不利。西方社会对俄罗斯的猜疑和不信任感一直未能减弱，社会舆论频频出现"妖魔化俄罗斯"的潮流与此也有很大关系。

五 反苏、仇俄——西方镜像中的"俄罗斯熊"

在西方社会，大众传媒被称为"第四权力"，不仅对政府和公众产生重要影响，还积极主动地介入各种国际事务，影响着国际事务及国际关系的发展进程。冷战时期，媒体在两大阵营的斗争中扮演了重要角色，双方

---

① Россия и америка：проблемы и возможности, Пресс - выпуск №2423 2013.10.07, http：//wciom.ru/index.php?id=459&uid=114533.
② Перезагрузка под нагрузкой—Бывший глава МИД РФ Игорь Иванов написал статью специально для "Ъ", http：//www.kommersant.ru/doc/1846554.

第十四章 俄罗斯国家形象之困

动用了一切传播工具向敌对一方进行挑战和攻击,当时国际传播的主要内容是意识形态斗争和制度较量,冷战结束后,国家形象成为一种新的政治斗争内容。由于各国的国际形象主要依靠媒体进行传播,国家形象的"传播"过程就是国家被媒体描述、传输和解读的过程[1],因此,一国是否能在国际媒体中占有传播优势,关系到这个国家是否能在国际社会中塑造自身需要的形象。

媒体能塑造和美化国家形象,同样也能破坏和丑化国家形象,拥有强大的媒体传播能力的西方国家也就拥有了塑造本国和他国形象的权力。据有关学者的观点,目前西方国家媒体至少控制着全球75%以上的电视节目和65%以上的广播节目。美联社、路透社、合众国际社、法新社四大通讯社垄断世界新闻流通,影响世界的英文报纸全部在西方国家。[2] 与之相比,苏联解体后,俄罗斯的报刊、电视等大众传媒由于资金的原因很快便成了新生财团和寡头"圈地"的对象。俄罗斯媒体在市场化和私有化的过程中步履维艰,并时时陷入无序状态。俄罗斯不仅逐渐失去在国际上的影响力,甚至在独联体国家的影响也迅速衰落。俄罗斯媒体既没有当年塔斯社[3]那样的能对全世界国际舆论起作用的实力,也缺乏类似新兴的半岛电视台的国际影响力。据报道,美国的国际问题报道能力约是俄罗斯的7.2倍[4],显然,仅仅从技术层面,俄罗斯就无力抗拒西方媒体的攻势。在西方话语和舆论框架中,俄罗斯的国家形象被"严重他塑";在国际传播和国际话语格局中,俄罗斯处于十分被动的地位。

2006年,俄罗斯学者对西方主要媒体进行调查,从媒体记者对俄态度、社会舆论对俄态度、专家对俄态度、是否与俄立场相近、对俄罗斯历史上的和当代英雄的评价等方面进行测评,研究媒体对俄罗斯所持的态度。此项调查根据一套评分系统打分,得分越高,说明对俄态度越友善,得分越低,则越反感。结果显示,在23家主流西方媒体中,带有比较明显的仇俄色彩的媒体达17家,《纽约时报》《金融时报》《华尔街日报》

---

[1] 刘继南等:《国际传播与国家形象——国际关系的新视角》,北京广播学院出版社2002年版,第290页。
[2] 同上书,第90页。
[3] 前苏联的塔斯社曾经是国际上一致公认的世界性通讯社,国外设115个分社,昼夜向苏联国内3700多家报刊、50家电台和80家电视台以及70多个国家的300多个机构播发国际国内消息。转引自《简明世界知识词典》,世界知识出版社1991年版,第550页。
[4] 参见《国际扫描》综合栏目,www.XINHUANET.com,2005年04月03日。

等媒体高居榜首，对俄罗斯抱有好感只是一些影响力较弱的《多伦多星报》、保守派之声、《苏格兰人报》等媒体①。调查情况详见表14—1。

表14—1　　　　　　　国外传媒的仇俄倾向排行表

国外传媒	得分
Newsday, USA《纽约日报》/美国	-43
The Financial Times, UK《金融时报》/英国	-34
The wall Street Journal, USA《华尔街日报》/美国	-34
Le Monde, France《世界报》/法国	-30
Time, USA《时代周刊》/美国	-29
Les Echos, France《回声报》/法国	-27
Embassy, Canada《使馆报》/加拿大	-19
Los Angeles Times, USA《洛杉矶时报》/美国	-18
Christian Science Monitor, USA《基督教科学箴言报》/美国	-15
The Boston Globe, USA《波士顿环球报》/美国	-13
The economist, UK《经济学人》/英国	-9
La Repubblica, Italy《共和国报》/意大利	-7
Japan Times, Japan《日本时报》/日本	-6
The Washington Times, USA《华盛顿时报》/美国	-5
The New York Times, USA《纽约时报》/美国	-4
Le Figaro, France《费加罗报》/法国	-3
Stratfor, USA 斯特拉特弗全球情报分析公司/美国	-3
The Guardian, Uk《卫报》/英国	5
USA Today, USA《今日美国》/美国	5
United Press International, USA《合众国际社》/美国	6
The Scotsman, UK《苏格兰人报》/英国	10
The Conservative Voice, USA《保守派之声》/美国	26
Toronto Star, Canada《多伦多星报》/加拿大	27

---

① Белоусов К., Залянская Н. Рейтиг русофобии в западной прессе, http://www.pravaya.ru/lefright/473/11296．

由此不难理解,在目前的传播格局下,如果西方把俄罗斯视为对手或未来的敌人,完全可以利用传播优势,按自己的利益和标准以及"话语"制定游戏规则,阻挠竞争者塑造正面形象,从而获得在国际关系中的优势地位和主动权。"他们无法表述自己,他们必须被别人表述"①——萨义德曾用马克思的话来描述东方和西方的不平等关系,在俄罗斯身上,这句话依然适用。大众传播不可避免地受到意识形态的影响。行为者利用意识形态来掩盖其行为是政治的基本特性②,体现国际话语权的西方主流媒体系统依然承袭着偏见。法国著名作家莫里斯·德吕翁曾说:"在法国乃至西方的新闻报道里,存在着一种针对俄罗斯的情感痼疾。"③ 为了自身的政治战略需要,西方社会经常有意强化俄罗斯"欺负弱小的邻国""能源讹诈"的形象而忽视俄罗斯本身的安全需求,这极大地影响了西方社会对俄罗斯的认识,使俄罗斯难以改善带着攻击性的"威胁"形象。

目前,俄罗斯与西方的关系正处于一个低谷期,双方之间的不信任感在乌克兰危机中达到一个高峰,国际上普遍担心这种对峙的状态很可能给世界带来危险。中国外交部部长王毅认为,乌克兰的局势发展"事出有因",一个词折射出这个问题背后的复杂历史经纬和利害冲突。④ 的确,西方的俄罗斯形象是经历了数百年历史形成的。西方根据自身需求的根本价值体系来规划世界秩序,塑造俄罗斯形象。通过前面的分析我们可以看到,西方社会对俄罗斯形象的描述和评价中存在一种普遍而顽强的核心思想,即西方始终不认可俄罗斯的发展模式和价值体系,认为俄罗斯不可能成为他们的朋友和伙伴。在西方人眼中,曾经的沙俄帝国以及当今的俄罗斯在精神上是不文明的,在政治上是专制的,与西方的现代性价值,诸如理性、平等、自由、民主、进步等不相符合。这是长期困扰俄罗斯形象的一个决定性因素,因此,在西方传媒中,一个日益强大、政治独裁专制、意识形态反西方的民族主义俄罗斯的形象经常出现,也已经被广大受众接

---

① 〔以〕爱德华·W. 萨义德:《东方学》,生活·读书·新知三联书店2000年版,扉页。
② 〔美〕汉斯·摩根索:《国家间政治——为了权力与和平的斗争》,李晖等译,海南出版社2008年版,第114页。
③ Maurice Druon, Поможем России победить терроризм, который постепенно добирается до всех нас //Известия, 27 сентября 2004 г., http://izvestia.ru/news/294591。
④ 2014年3月8日,在十二届全国人大二次会议记者会上外交部部长王毅谈"乌克兰局势"问题时做出上述表示。

受。俄国作为恶魔的化身给西方的通俗文化提供了无数灵感，比如在《007》系列电影中，苏联是最常见的来自反面的邪恶力量。西方需要俄罗斯的"敌人"形象，来表达它们对俄罗斯的不信任、恐惧和仇视的情感。

　　俄罗斯想根本扭转这种状况是不可能的，即使国家制度"改弦易辙"、"改朝换代"也无济于事。殷鉴不远，在20世纪90年代，就算俄罗斯全盘接受西方的"自由""民主"，甘心做个"好孩子"①，只要国力稍有复苏，很快又会变成西方的威胁。所以，俄罗斯威胁论和苏联威胁论一样，都源于俄罗斯与西方在战略利益上的"结构性矛盾"。这种制度性差异是刚性的、是战略性的，关系到国家的根本利益，而俄罗斯民族主义的文化传统影响至深，它不可能牺牲自身利益来迎合西方，因此俄罗斯在西方的形象困境会是一种长期的现象。

---

① 叶利钦时期的外交部部长科济列夫因为是亲西方"一边倒"政策的坚定拥护者和执行者而被西方媒体称为"好孩子"。

第五篇

国际比较中的俄罗斯国家形象和软实力

第十五章　俄罗斯的软实力实践

在本书的前面几章中，详细介绍了俄罗斯具备的各种软实力资源。在软实力战略的具体实施过程中，资源只是软实力的一个组成部分，对资源的运用能力，包括对资源运用的意志、方式和技巧，直接决定着资源发挥作用的效果。只有善用资源，才能够发挥资源所具有的功能。俄罗斯领导层对软实力的认识是一个逐步加深的过程，关于软实力资源运用的方式、手段，也是近年来才得到丰富和创新。例如，俄罗斯积极向美英等国学习，设立负责筹划软实力运用的专业机构和机制，提高国际传播的能力和技巧，发挥智库和学术机构的作用，努力打造俄罗斯版本的"USAID"（美国国际开发署）、CNN、"British Council"（英国文化委员会）、"Goethe Institute"（歌德学院）、"Carnegie Endowment for international Peace"（卡内基研究院）。[①] 不仅如此，俄罗斯还聘请国际知名的公关公司，利用西方的游戏规则开展国家形象和领袖形象的公关工作。

一　国际人文合作署——软实力外交机构的旗舰

与世界各国在文化和科技领域的合作是俄罗斯塑造良好形象的重要手段，也是俄罗斯"软实力"组成部分，在2000年、2008年和2013年版的《俄罗斯对外政策》构想中，发展国际文化交流一直是俄罗斯外交的优先方向。在这方面，美国、英国等西方国家具有丰富的经验。他们设立了大

[①] 美国国际开发署是承担美国大部分对外非军事援助的联邦政府机构。英国文化委员会通过英语教学、艺术、教育和社会领域的项目与世界各国进行交流与合作。德国歌德学院的主要工作是促进世界范围内的德语语言教学并从事国际文化合作。卡内基国际和平研究院（原称基金会）是美国著名的开展国际问题研究和促进国际交流的主流思想库。

量专业机构,在与外国公众进行科技和文化交流的同时,积极推介本国的意识形态、政策、主张,争取国际认同和支持。俄罗斯以此为鉴,也成立了一系列功能相似的机构和组织。

2008年,独联体和境外同胞事务及国际人文合作事务署根据俄罗斯联邦总统令成立,该机构主要负责加强俄罗斯与独联体各国在政治、经济、人文等领域的合作,以扩大俄在独联体各国的影响力。该机构的主要任务是支持与推广俄语和俄罗斯文化,促进独联体地区的一体化进程,保护、援助独联体和外国的俄侨,用人文手段巩固俄罗斯在国际舞台的立场,维护俄罗斯的国家利益。其主要工作内容为人文合作、公共外交和促进国际发展。国际人文合作署获得了比其前身"国际科技和文化合作中心"更大的权力,"无论俄罗斯与独联体个别国家的双边关系现状如何,哪怕俄罗斯总统及外交部与这个独联体国家正在争吵,俄联邦独联体事务署都将按着自己的计划做自己该做的事,向独联体国家提供俄语文学著作、帮助这些国家的非政府组织推广俄语等等"。[1]

2007年,为推广世界各地的俄语教学,俄罗斯成立名为"俄罗斯世界"的基金会。基金会的工作内容为推广俄罗斯文化和语言,协调俄罗斯对外文化援助与交流工作,加强与境外侨民的联系,在国外塑造正面的俄罗斯形象,促进国际发展等。俄罗斯希望巩固侨胞对于民族文化的独特性的认识,促进侨胞与母国的联系,在国际社会塑造受人尊重的文化形象。

2009年,时任总统的梅德韦杰夫下令成立了直属总统的"国际形象委员会"。该委员会的目标是修复和改善国家的对外政治形象,使俄罗斯形象增加吸引力和感召力。总统办公厅主任、外交部部长、总统国际事务助理等政坛要人负责委员会的具体事务,这凸显出该委员会在国家决策层的重要地位,也表现了执政高层对国家形象问题的重视程度。

2010年,"戈尔恰科夫公共外交基金会"成立。该金会负责向非政府组织分配赞助款,促使非政府组织更积极地参与国际合作和外交活动。

上述机构的共同特点是,虽然都号称非政府机构,但是其背后都离不开俄罗斯外交部的大力支持。在这些组织中,居于领导地位,同时工作成绩也是最突出的是俄罗斯国际人文合作署。合作署的工作被纳入外交部的工作日程,其在国外设立的代表处属于俄罗斯外交代表机构。俄罗斯文化

---

[1] http://rs.gov.ru/taxonomy/term/184.

中心是俄罗斯国际人文合作署在各国设立的代表处,目前俄罗斯在60个国家有俄罗斯文化中心,到2020年有望增至100个国家。俄罗斯领导人出国访问时,为显示对文化外交的重视,常常会把访问当地的文化中心纳入日程。如2012年6月普京访问中东时,其中一个重要行程就是参加伯利恒俄罗斯科学文化中心落成仪式。

俄罗斯成立的这些旨在促进国际交流的组织,在国际上都有模仿的范本,例如国际人文合作署的目标是成为俄版的国际开发署,而"俄语世界"的学习对象则是英国文化委员会、德国歌德学院。这些机构的工作内容除了推广文化和语言,更重要的是从事意识形态宣传工作,甚至还包括情报搜集和干预所在国内政的内容。从目前的情况来看,俄罗斯的国际人文合作署、"俄语世界"的工作尚处于初级阶段,还不能像国际同行那样有效地发挥上述功能。

二 RT的崛起——俄罗斯在国际传播领域争夺话语权

在当代国际关系中,媒体不仅是人们用于传递和获取信息的手段,更是一种包含着国家政治主张的传播工具。苏联解体之初,俄罗斯传媒格局混乱、无序,对外宣传不仅丧失了在国际上的影响力,甚至在独联体国家的影响也日渐衰落。当美联社、路透社和法新社已经基本上主宰了全球国际新闻报道的时候,俄罗斯却找不出一个能对国际舆论起作用的通讯社。在第一次车臣战争、颜色革命、"库尔斯克"号核潜艇事件和莫斯科爆炸案中,俄罗斯与西方媒体发挥的作用有着极大的差距,面对西方媒体丑化俄罗斯形象的宣传攻势,俄罗斯不但不能给予有效的回击,而且俄部分媒体的调门还与西方的反俄宣传一致,极大地影响了国家形象。

普京上台后,俄罗斯政治传播局面出现了转折。2003年8月,普京在克里姆林宫会见俄企业界人士时就指出,应当通过媒体宣传来改善俄罗斯形象。2004年6月,普京在与俄罗斯驻外使节的见面会上强调媒体报道对于国家传统外交的重要性:"在你们常驻的国家里关于俄罗斯的报道经常是与事实背离的。但即便是为数不多的损害我国形象的报道也会给我们的国家带来明显的恶劣影响。"①

在颜色革命和俄格战争的宣传战中遭到的失败更是刺激了俄罗斯强化国际传播能力的决心。为了更有效地应对西方的宣传攻势，俄罗斯决定以其人之道还治其人之身，仿效美国的做法，开启俄罗斯媒体全球化的进程，向美国和欧洲国家展开宣传反攻。随着经济状况的好转，俄政府不断增加在这方面的投资。"今日俄罗斯"（RT）电视台是其中的重点扶植对象，普京努力把其打造为俄版的 CNN 和 BBC。RT 确实也不负众望，经过数年经营，不仅在欧洲、北美和亚洲地区取得优异的收视率，2013 年在优图上的点击率更是位居第一，成为国际传播格局中的重要参与者。

与此同时，俄罗斯政府也努力对国外媒体施加影响，试图通过与国外媒体的交流和合作，有意识地影响国际上其他媒体的报道倾向和报道重点，并建设了一批针对国际受众的现代化媒体，加速媒体国际化的进程。2007 年 8 月，俄罗斯数家具有政府背景的媒体，如《俄罗斯报》、俄新社、《今日俄罗斯》频道和英文杂志《俄罗斯概况》等联合在《华盛顿邮报》《每日电讯报》《印度时报》等境外媒体上推出了宣传俄罗斯"美好形象"的广告；2007 年开始，俄政府机关报《俄罗斯报》的"焦点新闻外的俄罗斯"（Russia Beyond The Headlines）国际栏目与美英等 16 个国家合作，每月用 11 种语言发行 16 种特刊；等等。② 此外，在网络外交及新媒体外交方面，俄罗斯采取了远比中国开放的姿态，积极使用世界知名的社交媒体，如优图（YouTube）、脸书（Facebook）、推特（Twitter）来传播本国的声音。

俄罗斯不仅拓宽国际传播渠道，也致力于丰富传播内容。通过举办公众感兴趣的议程设置，如圣彼得堡八国集团峰会、金砖国家峰会、索契奥运会等世界性大型文化体育事件，以及与中法日意德等国互办的"国家年""旅游年"和"语言年"等活动来赢得世界的注视，以改善国家形象。

2014 年的乌克兰危机是对俄罗斯国际传播能力的新考验。俄罗斯与西方在危机中进行了一场两超格局崩溃以来最为激烈的媒体战和宣传战。虽

---

① Бородина А., Мария - Луиза Тирмастэ, Вещай, страна огромная. //Коммерсантъ, 08.06.2005.
② 该项目在中国的合作伙伴为《环球时报》，以《环球时报》赠页《透视俄罗斯》的形式进行合作。

然西方舆论先声夺人，但却遭遇到俄罗斯的绝地反击。在这次宣传战中，普京为改善国家形象而倾力打造的宣传机器开始发挥作用，带有 RT 标志的视频被世界各国媒体大量转载，以"今日俄罗斯"电视台为代表的俄罗斯媒体强力发声，与西方在争夺舆论制高点的问题上进行较量，成功打破了西方媒体对全球新闻议程的高度控制局面，显示出国际一流媒体的实力。RT 电视台被视为继能源出口和武器贸易之后，俄罗斯拥有的又一个强有力的外交工具。

俄罗斯没有一个明确的从事"对外宣传"的机构，但作为曾经的宣传大国苏联的继承者，俄罗斯的宣传机构一直具备相当的实力，这是一个由总统领导的，包括总统办公厅、外交部、文化部、国防部、情报部门和新闻媒体在内的庞大机构。乌克兰危机的舆论战显示，俄罗斯政府主导的国家宣传体制进入了一个成熟的、更加具有联动运作能力的发展阶段，各部门协同作战，成功发动了一种立体的宣传攻势，媒体宣传与公开的外交手段和秘密的情报手段相结合，虽然没有在宣传战中抢得先机，但后期亮点频出，在很大程度上消解了西方国家有关乌克兰危机的话语优势。

俄罗斯的经验教训告诉我们，国与国之间软实力的竞争很大程度上也是国际传播能力的较量。一个大国，除了发展经济、增强国防等战略选择外，还必须强化对外传播的力量，以获得国际舆论中的话语权。尤其当各种危机和冲突发生的时候，缺乏宣传与反宣传能力的一方必然受到"软打击""软轰炸"。

三 瓦尔代国际俱乐部——影响有影响力的人

在西方社会里最能影响公众舆论、最善于利用软实力资源的，是形形色色的智库和意见领袖。进入 21 世纪，传统基金会、卡内基国际和平基金会、共和研究所等美国智库在独联体国家的分支机构成为"颜色革命"重要的幕后推手，险些让俄罗斯也发生"白桦革命"。

正因为认识到智库的重要作用，俄罗斯一改苏联时期闭关锁国、严防渗透颠覆的做法，积极向西方学习，通过开展国际交流、举办论坛、在境外设立研究基地等方式引导国外智库和舆论制造者，增强俄罗斯在国际上的影响。其重要手段之一是建立"瓦尔代国际俱乐部"（Валдайский международный дискуссионый клуб)。"瓦尔代国际俱乐部"于 2004 年 9 月由俄罗斯新闻社、外交与国防委员会、《莫斯科时报》等机构发起组织。由于第一次会议是在俄罗斯的瓦尔代地区举行，因此得名"瓦尔代国际俱乐部"。俄罗斯视"瓦尔代国际俱乐部"为展示其政治决策的重要窗口，邀请世界知名的俄罗斯问题专家和媒体记者与会，旨在把瓦尔代俱乐部打造成为研讨俄罗斯问题的顶级专业聚会。会议期间，俄方安排本国高级官员和学者与国际同行就俄罗斯最新政治经济走向等问题进行探讨，以及参观访问一些重要部门和地区，对俄罗斯进行实地考察。为了增强论坛的权威性，普京还会见参会学者并即席回答各种尖锐的提问，这也是会议受到广泛关注的原因。

为了显示论坛的公正性，俄罗斯不仅邀请亲俄和中立的学者，也邀请反俄学者，还安排政府的反对派与代表会面。从目前的效果来看，由于"瓦尔代国际俱乐部"仍具有浓重的官方色彩，西方学者对此抱有很大戒心，尚未起到普京所期望的"扭转西方偏见"和"宣传俄罗斯新形象"的作用，但论坛表现出了俄罗斯政府日益增强的开放性和自信心，因而逐渐成为全球俄罗斯问题专家把脉俄罗斯政坛的重要平台。俄罗斯政府利用这一舞台与各派观点正面交锋，在"主权民主""金融危机"等问题上积极阐述对自己有利的见解。研讨活动中，学术专家和一些资料翔实、论证严密的报告使一些对俄罗斯有利的观点听起来更加合理，获得了普通对外宣传方式所不能带来的好处。

除了"瓦尔代国际俱乐部"，俄罗斯效仿西方智库在世界各地布局的战略，分别在巴黎和纽约成立了由俄著名历史学家和政治学家出任所长的"民主与合作研究所"（Институт демократии и сотрудничества），创办圣彼得堡、贝加尔、哈巴罗夫斯克、顿河罗斯托夫等四大年度国际经济论坛，向西方宣传俄罗斯的政治和经济发展成果，积极树立俄罗斯开放、民主、进步的国家形象。梅德韦杰夫任总统期间，还创立了类似"瓦尔代国际俱乐部"的"雅罗斯拉夫国际论坛（Ярославский мировой политический форум）"。

"瓦尔代国际俱乐部"、"民主与合作研究所"及类似机构不可能在短期内培养出一个支持俄罗斯且具有强大影响力的非政府精英团体，单单借助几次会议和几条交流管道也不会起到立竿见影的效果。俄罗斯必须在很长时期内持续开展系列活动，才能对外国公共舆论和政策决策机构产生影响，改变俄罗斯中央政府单独应对西方社会多元团体的不利格局。

四 "凯旋"的策划——以子之矛攻子之盾

国际媒体公关是"软实力"的重要内容，这在媒体的国际影响日益强大的时代显得更为重要。雇佣美国的公关公司，利用美国的游戏规则进行游说和代理媒体关系，是许多国家改善形象的常用手法。外国政府利用美国的公关公司有"以其人之矛攻其人之盾"的意味，这是对美国的国际"信息垄断"行为的一种反击。虽然西方媒体集团仍然主宰着国际信息秩序，但这种反向流动的"逆袭"有时也会发挥重要作用。俄罗斯与全球知名的美国"凯旋"公关公司（Ketchum）的合作就是一例。

俄罗斯与凯旋公关公司的合作从 2006 年开始，起因是俄罗斯需要公关公司协助筹备圣彼得堡八国集团峰会。峰会结束后，双方的合作关系继续保持。凯旋公司让俄罗斯人了解到西方媒体公关的运作方式，并向他们提出了关于如何处理俄政府与西方新闻界的关系问题。凯旋公司帮助普京策划了多次令人瞩目的公关事件，如 2007 年普京入选《时代》周刊 2007 年度人物，2013 年《纽约时报》刊登普京的题为《俄罗斯恳求谨慎》的公开信，等等。

此外，凯旋公关还负责安排高官访问、组织记者招待会、提供背景资料和分析文件、培养与对俄罗斯感兴趣的专家和意见领袖的关系，等等。凯旋公关公司对包括普京在内的俄高官进行媒体培训，帮助他们在摄像机面前表现得更加自如。不仅训练他们的声音和举止，而且对他们提出尖锐的问题，教导他们如何以简明扼要、条理清楚的方式表达重要的意思。普京为支持索契申奥所做的演讲的草稿，即由凯旋公关修改润色而成。梅德韦杰夫就任总统后，凯旋公关负责就视频和博客提供咨询，部分建议得到了采纳。[①]

由于媒体关系是当今公共关系的重要内容，凯旋公司常常鼓励媒体记者撰写关于俄罗斯经济贸易情况、科技公司发展动向方面的报道，或是直

---

① 〔英〕安格斯·罗克斯伯勒：《强权与铁腕：普京传》，胡利平、林华译，中信出版社 2014 年版，第 178—181 页。

接向媒体提供信息材料，希望通过媒体的发布，使这些信息影响到美国的舆论和政治决策，同时，凯旋公司还通过其管理的名为"thinkRussia"的英文网站和推特账号发布一些对俄罗斯有利的信息。①

俄格战争期间，凯旋公司为俄罗斯在美国国会进行了相关"院外"游说活动。在2014年的乌克兰危机中，凯旋公司虽然迫于舆论压力，声明其为克里姆林宫提供的顾问服务主要侧重于经济发展，而非外交政策，但是实际上仍然积极为俄罗斯出谋划策。凯旋公司将在俄罗斯的一些业务分包给了其他美国公司，资料显示，这些公司在乌克兰危机期间组织商界人士、律师和学者在美国深具影响的 CNBC 电视台②、《赫芬顿邮报》（The Huffington Post）等媒体上推出系列节目和专栏，为俄罗斯的行为辩解，缓和美国民众对俄罗斯的敌意。③《乌克兰和俄罗斯注定要在一起》《俄罗斯力劝西方避免"乌克兰灾难"》《不管是否愿意，俄美始终存在着能源依赖》《俄罗斯：我们将支持乌克兰局势恢复正常》《俄罗斯：制裁并不是解决方案》《尽管存在乌克兰危机，但美国很快就会需要俄罗斯》《俄罗斯在克里米亚不是1938年慕尼黑历史的重演》等文章频频出现在美国重要媒体上。④ 面对俄罗斯的公关攻势，美国著名的公关专家罗恩·托罗西

---

① Andy Sullivan, Russia's U. S. PR firm distances itself from Ukraine dispute, reuters, Washington, March 6, http：//www. reuters. com/article/2014/03/06/ukraine‐crisis‐ketchum‐idUSL1N0M22BB20140306.
② CNBC 为美国 NBC 环球集团所持有的全球性财经有线电视卫星新闻台，CNBC 和旗下各地分部的电视台报道各地财经头条新闻以及金融市场的即时动态。CNBC 的观众被称为全球最富有、最具影响力的精英，他们大多是具有影响力的人士和企业界高层。
③ Сколько Кремль тратит на PR в западных СМИ？ Finance. ua, 3 марта, 2014, http：//news. finance. ua/ru/~/1/0/all/2014/03/04/320495.
④ Ukraine, Russia "doomed to be together"：Fin Min 2014. 5. 22, http：//www. cnbc. com/id/101697425；Russia urges West to avert Ukraine "catastrophe" 2014. 5. 29, http：//www. cnbc. com/id/101714609；Like it or not：Russia‐US energy interdependence 2014. 5. 4, http：//www. cnbc. com/id/101465770；Russia：We will support Ukraine's return to normality 2014. 2. 23, http：//www. cnbc. com/id/101437813；Russia：Sanctions Are Not a Solution！2014. 5. 1, http：//www. huffingtonpost. com/elena‐ulansky/russia‐sanction‐are‐not‐a_b_5237086. html；Despite the Crisis Over Ukraine, America Will Likely Need Russia Soon 2014. 4. 29, http：//www. huffingtonpost. com/ivan‐eland/despite‐the‐crisis‐over‐u_b_5226435. html；Russia in Crimea not 'Munich 1938' yet again 2014. 4. 8, http：//www. huffingtonpost. com/ivan‐eland/russia‐in‐crimeanot‐munic_b_5105086. html.

安不得不感慨:"普京正在赢得媒体战,美国领导人很难抵制他。"①

  国际媒体公关是"软实力"的重要内容,这在媒体的国际影响日益强大的时代显得更为重要。从美国媒体的反应来看,俄罗斯政府的公关可以说有一定的效果,因为俄政府的声音多次成功地出现在美国媒体中,对美国政要和媒体的指责也得到了报道,起到了一定的"平衡"作用,避免出现俄罗斯的声音被西方媒体压倒,甚至淹没的情况。但是,在"反俄"意识形态已经成为影响美国媒体选择和报道的重要因素的情况下,俄罗斯要想扭转在美国舆论中的不利影响,这样的效果远远不能令人满意。不过,在俄罗斯与西方关系存在结构性矛盾的情况下,俄罗斯的公关能够"中和"或者"灰色化"对己不利的舆论,也算达到了目的。

---

① Ronn Torossian: Putin's Obama Game, Frontpage Mag, April 23, 2014, http://www.frontpagemag.com/2014/ronn-torossian/putins-obama-game/.

第十六章　俄罗斯软实力的内在映像

国家形象是一个综合性的概念，其针对的受众群体有内外之分，有时候是世界范围内的普通公众和政治人物，有时候是本国的民众，所以国家形象不仅包含国家的对外形象，也包含内部公众对国家本身、国家行为、国家的各项活动及其成果所给予的总的评价和认定。[①] 对一个国家而言，争取国内民众的支持、认同和争取国际社会的承认同等重要。国家形象战略的目标既是"对外宣传"，也是为了满足"内需"。良好的国家形象能对国人产生感召力，使国民提起国家就能感到自豪和神圣，能够信奉这个国家的梦想、目标，并愿意为之共同奋斗，社会的凝聚力也就因此得到增强。

一个国家自我认知的形象和国际公众认知的形象往往存在差异，这是因为国外受众和国内民众看待国家形象的视角有所不同。在西方语境中，公众把一国是否民主、自由放在评价国家形象的首要位置，因为民主、自由在西方既是具有普世价值的政治信念，也是一种具体的政治制度，所以，政治过程的透明度、公民的政治参与的途径、媒体传播的自由空间等政治制度因素成为西方评价一国形象是否正面的重要指标。俄罗斯的国际形象被贴上"专制""集权"的标签后，想要改善在国际舆论中的国家形象就很困难。

与西方公众不同，俄罗斯人评价本国的国家形象时，首要因素是历史文化传统。俄罗斯人眼中的俄罗斯"国家形象"（National Image）首先是一种"民族形象"[②]，由于深厚的民族情感和爱国主义的影响，即使民众承

[①] 管文虎：《国家形象论》，成都科技大学出版社2000年版，第23页。
[②] 现代英文中，nation一词既可指中文的"国家"，即英文的同义词 state, country, commonwealth, 也可以指"民族"，即英文的同义词 people, tribe, nationality。

认本国的民主状况不佳，也不影响俄罗斯人对国家的整体形象以及历史文化意义上的国家形象给予高度评价。俄罗斯列瓦达公司进行的一项民意调查显示，2012年认为俄罗斯的民主状况令人自豪的受访者比例为31%，而认为国家整体形象令人自豪的比例为76%，认为国家历史令人自豪的比例为80%，三者的差距是显著的。①

对俄罗斯民众来说，本国国家形象除了历史传统因素外，人民对社会生活水平的评价、民众对国家政府机构和政治领袖的态度、政府执政能力的强弱等因素也影响着他们对国家形象的判断。下面我们就这几个方面的问题进行分析。

一 国家形象：光荣啊,伟大的俄罗斯!

> 俄罗斯，我们神圣强大的祖国，俄罗斯，我们可爱的国度。坚强的意志，无上的荣耀是你千载不变的财富！光荣啊，我们自由的祖国！世代相传的兄弟民族联盟！祖辈赋予人民的智慧！光荣啊，祖国！我们为你而骄傲！从南方的大海到北极边疆，我们的森林和田野一望无际。举世无双！唯你独尊！你是上帝保佑的唯一沃土！光荣啊，我们自由的祖国！世代相传的兄弟民族联盟！祖辈赋予人民的智慧！光荣啊，祖国！我们为你而骄傲！

在世界各大国的国歌中，俄罗斯国歌堪称体现民族精神和民族自豪感的典范，通篇跃动着光荣、神圣、强国、财富、沃土等词汇，其感情之强烈，罕有匹敌。相形之下，同样代表帝国梦想的《君之代》和《德意志高于一切》显得含蓄了许多，而《星条旗永不落》《马赛曲》《义勇军进行曲》则只像革命题材的励志歌曲。

自2000年普京执掌俄罗斯以来，俄罗斯当局极力摆脱苏联失败的"精神后遗症"，恢复"大国尊严"，在各种场合宣扬和提升俄罗斯民族自

---

① http://www.levada.ru/21-11-2012/76-naseleniya-gordyatsya-rossiiskim-grazhdan-stvom-kazhdomu-vtoromu-za-stranu-stydno.

豪感，苏联国歌的弃而复用即是一个例证。苏联解体后，新俄罗斯一度选用格林卡作曲的《爱国歌》作为国歌，但该曲不为人所熟悉，且好几年没有歌词，不利传唱。2000年12月，普京签署了一项关于国旗、国徽、国歌的法案，将米哈尔科夫作曲的苏联国歌《牢不可破的联盟》修改歌词后订为新国歌，此举受到了民众的热烈欢迎。本节开篇引用的就是亚历山德罗夫为新国歌所填的词。词句里赞颂的那个"神圣强大的祖国""森林田野一望无际"的土地，正是民众对俄罗斯形象的诠释。连续四句"光荣啊，祖国"把俄罗斯人对国家形象的赞美体现得淋漓尽致。

几百年历史的磨砺使俄罗斯成为一个拥有强烈自豪感和优越感的民族。俄罗斯人坚信自己是上帝优选的民族，天生具有独特的命运，融合了东西方的优势，对人类历史承担着不可替代的作用。恰达耶夫称："有一些民族注定要教给世界一些伟大的道理，我们就是这样一个国家。"陀思妥耶夫斯基也声称"俄罗斯人的使命是拯救欧洲和全世界"。"第三罗马""救世主"的观念深深渗透于俄罗斯人的思想之中，俄罗斯历史文化中形成了相当强烈的自我意识，认定俄罗斯将承担拯救人类的使命，是人类的救世主。当打败拿破仑和希特勒、取得两次卫国战争胜利、两次充当了欧洲解放者角色后，俄罗斯这种全人类救世主的心态更达到了登峰造极的地步。苏联解体后，超级大国地位的丧失和国际影响的削弱曾在一定程度上抑制了俄罗斯人的民族情感，但随着俄罗斯国力的恢复，这种情绪重新主导了俄罗斯人的心理。俄罗斯国歌的歌词里，每一句都是俄罗斯人民族自豪感的表达。

俄罗斯确实拥有自豪的资本。从一系列数据看，作为联合国安理会常任理事国之一，俄罗斯属于一流国家。它是核大国，未来10年仍将是航天大国。俄罗斯是资源大国，其能源出口占全球能源总出口量的17%，原料资源占世界原料资源的30%以上。俄罗斯近千年来为人类的发展做出了巨大贡献。随着近年来俄罗斯的国力不断恢复，人们相信，现代化战略将继续提升俄罗斯的社会经济水平，使之成为世界强国。①

2003年，俄罗斯"列瓦达"民调中心对俄罗斯人的"自豪感"做过一次民意调查。相隔10年之后，2012年10月，俄罗斯"列瓦达"民调中

---

① Никонов В. Современный мир: новые реальности//Стратегия России. №8, Август 2009г. 转引自庞大鹏《后苏联时期俄罗斯的国民心态》，《俄罗斯研究》2011年第5期。

心又一次对"俄罗斯民族自豪感"问题进行了民意调查。俄罗斯《商人报》刊登了此次调查结果。结果显示,近10年来,越来越多的俄罗斯人为自己的祖国感到自豪。① 在问道:你在多大程度上为自己是俄罗斯公民而感到自豪?27%的受访者选择"非常自豪",49%选择"比较自豪",16%选择"不那么自豪",5%选择"根本不自豪",4%选择"很难回答"②(见表16—1)。

表16—1 你在多大程度上为自己是俄罗斯公民而感到自豪? 单位:%

	3月	4月	5月	6月	10月
非常自豪	35	33	35	26	27
比较自豪	44	38	43	48	49
不那么自豪	14	21	15	16	16
根本不自豪	4	5	3	5	5
很难回答	4	3	4	5	4

资料来源:列瓦达中心③。

皮尤咨询公司近年来也在俄罗斯开展了一项关于民众对国家形象的喜爱程度的民调活动(见表16—2)。按照皮尤的数据,喜爱自己国家的俄罗斯人的比例在84%至89%之间波动,2012年有85%的受访者表示喜爱,其中42%非常喜爱,只有2%的受访者表示很不喜爱。

对比两组数据,我们可以看到皮尤公司的结果与列瓦达中心的数据接近,表明俄罗斯人对国家的整体形象持满意态度。俄罗斯人对自己的国家的确充满了感情,在"列瓦达"的这次调查中,65%的受访者认为,"强烈的爱国情怀有助于提高俄罗斯在国际社会中的地位";70%的人认为,"当俄罗斯公民比当其他国家公民好";34%的人认为,"如果其他国家的人更像俄罗斯人,那么世界将变得更好";48%的人同意"俄罗斯的整体状况比世界上绝大多数国家好"的说法;53%的受访者同意"即便自己的

---

① http://www.kommersant.ru/doc-y/2071918.
② http://www.levada.ru/21-11-2012/76-naseleniya-gordyatsya-rossiiskim-grazhdanstvom-kazhdomu-vtoromu-za-stranu-stydno.
③ Ibid..

祖国不对，我们也要支持它"的原则。① 这说明民族自豪感和优越感对当今俄罗斯的社会心态仍产生着极大影响。

表16—2　　　　　俄罗斯民众对本国形象的喜爱程度　　　　　　单位：%

调查时间	非常喜爱	比较喜爱	不太喜爱	很不喜爱	不予置评
2012年春季	42	43	9	2	4
2011年春季	41	43	9	2	5
2010年春季	43	44	7	1	4
2009年春季	40	47	8	2	3
2007年春季	47	42	7	1	—

资料来源：皮尤咨询公司②。

俄罗斯在什么方面让本国民众引以为豪？列瓦达中心的调查结果可以作为参考答案。在2012年的调查中，列瓦达细化了调查问题，探询俄罗斯人对国内的民主状况、国家在国际舞台上的政治影响力、经济成就、社会保障、科技成就、体育成就、文化艺术成就、军事力量、俄罗斯历史、社会公平问题的具体看法。结果显示，俄罗斯历史是俄罗斯人最引以为荣的资源，有39%的俄罗斯人对此"非常自豪"，41%"比较自豪"，仅有5%的人觉得历史"不令人自豪"。此外，体育成就（74%）、文化艺术成就（73%）、科技成就（66%）、军事力量（59%）也都是俄罗斯形象的亮点。③对于这一民调结果，俄罗斯《生意人报》点评道："老百姓在历史中看到了国家的成就。"④

俄罗斯民众自豪感的提升一方面源自10多年来俄罗斯社会稳定与经济发展，另一方面也是官方大力提倡爱国主义教育的结果。但是，恰如硬币有两面，民族自豪感和爱国主义教育虽然可以增强内部凝聚力，但也可能导致民族主义情绪过分膨胀。例如，针对"俄罗斯在世界上是否获得了足够尊

---

① http://www.levada.ru/21-11-2012/76-naseleniya-gordyatsya-rossiiskim-grazhdanstvom-kazhdomu-vtoromu-za-stranu-stydno.
② http://www.pewglobal.org/question-search/?qid=841&cntIDs=@41-&stdIDs=.
③ Ibid..
④ http://www.kommersant.ru/doc-y/2071918.

重?"问题的调查,皮尤咨询中心的结果显示,有73%的俄罗斯人认为自己的国家应该得到更多的尊重,认为俄罗斯在国际上得到了合理尊重的人只有16%。① 在列瓦达的调查中,自2003年到2012年,俄罗斯民众对国家在世界上的影响力的满意度虽然呈现上升趋势,自豪感由2003年的29%提高到46%,但不足一半,说明俄罗斯国人的民族优越感和大国心态依然浓厚,总认为自己的国家还应该带着"超级大国"的光环。在国际局势飞速变化的今天,各国力量此消彼长属于正常现象。当国内形象和国际形象出现落差时,俄罗斯人可能更应该内省不足、见贤思齐,而不是迁怒诿过。

二 社会形象:谁在俄罗斯能过好日子?

俄罗斯在评价国家形象时,有人高歌"赞美吧,我们自由的祖国",有人却称之为"形象悲惨的国度"②,对历史的肯定和对现实的否定仿佛是俄罗斯人对待国家形象的基本态度。俄罗斯是一个什么样的国家?生活在其中的俄罗斯人是否幸福?下面我们借助近年来颇受关注的"幸福"指数,结合俄当前的社会生活环境状况、移民现象、人口问题等情况对俄罗斯的国内形象做一番分析。

(一)幸福指数

一国居民的幸福感受与一国的生活环境与生活质量密切相关。幸福感是考量一国对居民的吸引力与凝聚力的重要标准。很多国家在追求了多年GDP指数之后,把"幸福"指数当成了新的更高层次的追求。南亚小国不丹是最早提出用"国民幸福总值"(GNH)代替传统GDP的国家,该国从20世纪70年代就提出并实施"幸福工程"。2009年9月,法国总统萨科齐提出将"国民幸福"指数作为经济增长的一个参量,并有意将此做法推向国际。2010年11月,英国国家统计局正式宣布,即将展开对国民"幸福程度"的调查,以便调整政策,让英国成为一个人人感到幸福的国度。

---

① http://www.pewglobal.org/question-search/? qid=1345&cntIDs=@41-&stdIDs=.
② Магаршак Ю. Страна печального образа—Есть ли в современной России что-нибудь привлекательное// Время новостей, 13 ноября 2009г., http://www.vremya.ru/2009/209/4/241501.html.

如果说 GDP、GNP 是衡量国富、民富的标准，那么，百姓幸福指数就可以成为一个衡量百姓幸福感的标准。百姓幸福指数与 GDP 一样重要，一方面，它可以监控经济社会运行态势；另一方面，它可以了解民众的生活满意度。可以说，作为最重要的非经济因素，幸福指数像是社会运行状况和民众生活状态的"晴雨表"，也是社会发展和民心向背的"风向标"。全球知名的美国民意测验和商业调查公司盖洛普经常进行"全球最幸福国家"排名，研究人员主要根据每国"生活如意者"所占百分比，打分得出排名。受访者每天的"幸福体验"非常重要，如是否休息足够、受尊重、远离病痛及是否有益智消遣等。在 2010 年的榜单中，全球幸福满意度为 21%，北欧多国占据榜端，而俄罗斯和中国都处于靠后的位置，幸福满意度分别为 24% 和 12%。①

一个国家把国民幸福指数作为衡量社会发展的重要指标，说明大多数社会成员已经开始摆脱基本生存需求的制约而产生了更高层次的需求，标志着这个国家的社会发展开始步入一个新的历史阶段。从目前的情况来看，俄罗斯人的幸福指数还处于比较低的水平，这在很大程度反映了俄罗斯社会变革和转型的效果，也反映了民众对国家形象的态度。关注居民幸福感的差异和走势，将其作为社会良性运转的测验标准，对于俄罗斯的社会发展和国家软实力建设具有十分重要的意义。

（二）移民

同样，与幸福感相关，一国向境外移民的指标也是考察和分析该国生活环境和国家形象的重要标志。苏联解体 20 年来，俄罗斯向境外移民的趋势有增无减，且知识阶层和中青年人群向境外移民的比例越来越高。

2012 年 6 月，俄罗斯全俄民意调查中心公布了一项有关俄罗斯移民倾向的最新社会调查结果。在受访者中有 21% 的俄罗斯人正打算移居国外，而在 1991 年苏联解体前夕只有 5%。如今准备离开俄罗斯的大多是国内事业有成的中产阶级，有科研成果的科技人才或 IT 行业的领军人物，他们大多准备前往西方国家。而俄罗斯社会舆论基金会的一项调查结果也显示，

---

① Маякова Л. Сплошное китайское счастье – Жители Поднебесной – самые довольные люди на Земле，Независимая Газета от 01.07.2011，http：//www.ng.ru/style/2011 - 07 - 01/8_happieness.html.

24 岁以下的俄罗斯青年有 40% 的比例准备彻底离开俄罗斯。① 这些青年人之所以离开俄罗斯向外移民，主要目的就是想获得高质量的生活以及生活保障，其中多数人感到在国内创业艰难，生活水平下降，而到国外可能会有更好的工作机会。

俄罗斯居民向外移民意愿增强主要是因为俄罗斯境内生活环境差、生活成本高、创业环境不佳。与西方国家相比，俄罗斯国内在吃穿住行等方面的劣势越来越大。道路年久失修、交通不便、医疗水平低下、官僚作风盛行、犯罪率高等因素都影响着俄罗斯居民对自己国家的态度。俄罗斯继承的苏联时期的老旧住宅过多，多数住房年久失修，存在安全隐患，公用设施事故不断。1990 年俄罗斯有 330 万平方米危房，2006 年危房面积上升到 1270 万平方米。尽管俄罗斯政府拨出巨款不断修缮，还是难以改观。2009 年俄罗斯危房面积达到 1940 万平方米。新房建设缓慢，房价急速攀升，且居高不下。世界银行公布的数据显示，比较建筑领域行政障碍程度，俄罗斯在世界 183 个国家和地区中位居 182 位。②

除天气寒冷、气候条件不利外，俄罗斯社会公共服务质量低下给居民生活造成不便也是人们离开俄罗斯的原因之一。2010 年 12 月至 2011 年 2 月间进行的一项最新的国际性调查试验结果表明，在全世界 159 个国家和地区中，俄罗斯邮政服务排名最后几位，几乎与非洲的卢旺达、喀麦隆、坦桑尼亚等国家为伍。③

（三）人口隐忧

1914 年，俄罗斯有人口 8990 万人，1992 年达到历史最高点，为 1.48 亿人，从 1994 年开始，俄罗斯人口出现递减的情况，2001 年减少到 1.44 亿人，这一趋势直到 2009 年才有所改善，但也只是刚刚探到增长率零度线，2011 年俄罗斯人口为 1.4193 亿人，比 2010 年增加 1 万人（见图 16—

---

① Гульбинский Н. Здесь птицы не поют... Деградация среды обитания – главная причина оттока граждан из России//Независимая Газета，21 июня 2011，http：//www. ng. ru/ng_ politics/2011 – 06 – 21/14_ or_ lose. html.

② Гульбинский Н. Здесь птицы не поют… Деградация среды обитания – главная причина оттока граждан из России//Независимк Газете от 21.06. 2011，http：//www. ng. ru/ng_ politics/2011 – 06 – 21/14_ or_ lose. html.

③ Почта в России работает хуже，чем в Мавритании и Конго，http：//www. newsland. ru/news/detail/id/ 982840/.

1)。这一时期，欧美国家的人口增长率虽然也很低，在0.7%和0.8%之间波动，但一直维持正值，情况比俄罗斯要好。从人口平均寿命来看，2010年，俄罗斯女性的预期平均寿命为75岁，男性为63岁，男性和女性的平均寿命为69岁。而中高等收入国家的人均预期寿命为73岁左右，比俄罗斯高（见图16—1、图16—2）。数据表明，虽然中高等收入国家也出现人口增长率下降的情况，但平均寿命在提高，可以缓解人口增长不足的问题，而俄罗斯长期受到人口"负增长"和"无增长"的影响，平均寿命未见大幅提高，因此人口规模相比其他国家出现了萎缩的态势。

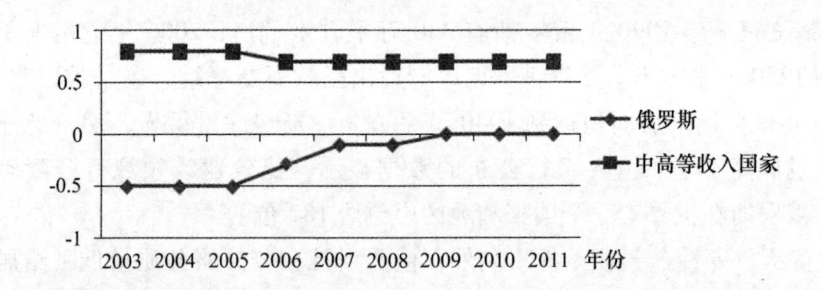

图16—1 俄罗斯与中高等收入国家人口增长比较（年度百分比）
资料来源：世界银行①。

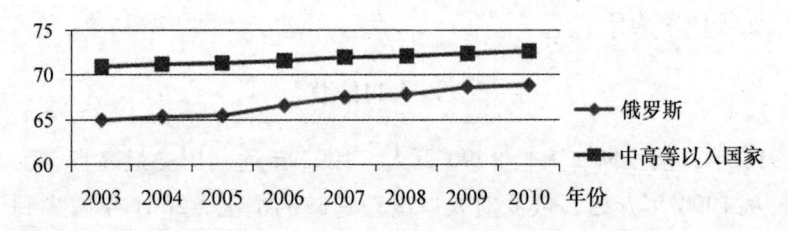

图16—2 俄罗斯与中高等收入国家人均寿命比较（岁）
资料来源：世界银行②。

---

① http：//data.worldbank.org.cn/indicator/SP.POP.GROW/countries/RU－7E－XT? display＝graph.

② 世界银行的数据来自：(1) 联合国人口司世界人口展望；(2) 联合国统计司人口和生命统计计算机制表（各年）；(3) 政府报告和其他来自国家统计局的统计出版物；(4) 欧盟统计局人口统计；(5) 秘书处，太平洋共同体：统计和人口计划；(6) 美国人口普查局国际数据库。http：//data.worldbank.org.cn/indicator/SP.DYN.LE00.IN/countries/RU－7E－XT? display＝graph.

低生育率是导致出现人口负增长的根源。在苏联解体的最初十年里，社会动荡、政局不稳、经济衰退，年轻人为生计奔波，结婚和生育的意愿都大大减弱。有关统计表明，在18—44岁的育龄妇女中，24%的人不打算要孩子，76%的人不打算要第二个孩子，96%的人不想再要第三个孩子。年轻人对生育子女缺乏积极性，主要原因是生活压力大，挣钱不易，养孩子更难。据报道，"上幼儿园"已成为俄罗斯的老大难问题。2012年11月，总理梅德韦杰夫亲自主持会议，讨论如何解决"幼儿园荒"问题。截至2012年9月1日，俄罗斯共有500万名应该上幼儿园的适龄儿童，但有90%的联邦主体依然存在着幼儿园紧缺的问题。在这种情况下，许多人认为，既然没有能力保证子女体面地生活和获得良好的教育，不如不生育。

与此同时，俄罗斯的老龄化问题加剧。2010年，俄罗斯65岁和65岁以上的人口占比为13%，预计到2015年，该数据将上升到20%。低生育率和老龄化导致了劳动力短缺，而外来移民和外来劳动力的大量涌入又引发了系列社会问题。当国际上一些国家享受着"人口红利"的时候，俄罗斯却遭遇人口困境，一方面源于人才不断外流，另一方面人口数量又在持续减少。越来越严重的老龄化和劳动力短缺问题不仅制约了经济增长，也使民众对未来失去信心，影响了国家形象。

三　政府形象：普京的俄罗斯梦想

政府形象是民众对政府的执政能力、施政业绩的整体印象和评价。塑造对内形象的关键因素之一，就是要改善政府的施政形象，提升政府的声誉和威望。一个国家的政府如果得不到国内民众的广泛认同和支持，那么这个国家就无法进行正常的经济建设和社会治理，国家形象也会陷入混乱和无序的状态。

俄罗斯政府在民众心中形象如何？我们先来看两组数据（见表16—3、16—4）。

表16—3　　　　　　　政府是在为民众的利益工作吗？　　　　　　单位:%

调查时间	完全同意	比较同意	不太同意	完全不同意	拒绝作答
2009年秋季	7	30	35	23	3
2002年夏季	8	42	37	7	6

资料来源：皮尤咨询中心①。

表16—4　　　　　　　政治人物的腐败是否严重　　　　　　　单位:%

调查时间	很严重	中度腐败	不算严重	完全没问题	拒绝作答
2009年秋季	52	33	8	3	5
2007年春季	53	29	11	1	5
2002年夏季	61	27	6	1	

资料来源：皮尤咨询中心②。

显然，对于渎职、贪腐等俄罗斯政府积重难返的现象，民众表现出了极大的不满。2009年秋季，98名受访者中有58人不认为政府是在为民众利益工作，101名受访者有93人认为政治人物有腐败行为，52人认为腐败现象很严重。皮尤的两张调查表与世界银行的"国家政策和制度评估（CPIA）公共部门透明度、问责性和腐败评级表"不谋而合，俄罗斯在这份评级表上的得分一直在3分以下，属于形象较差的国家。[3]

为了改善政府的施政形象，提升政府的声誉和威望，俄罗斯政府开始改进管理模式，强化服务职能，正在积极建设的"电子政府"即是举措之一。按规定，俄罗斯国家各级政权机关的活动都应向社会公开，各地区和市政府之间通过电子技术开展部门协作，强化电子政务工作。此举一方面可以提高政府为民服务的质量；另一方面，简化行政审批程序将有效减少官员腐败的机会，有利于上下监督。除了"电子政府"这样具体的举措外，俄政府还采取了颁布《反腐败法》、整顿警察队伍、领导人带头公布

---

① http：//www.pewglobal.org/question-search/？qid=261&cntIDs=@41-&stdIDs=.
② http：//www.pewglobal.org/question-search/？qid=612&cntIDs=@41-&stdIDs=.
③ 公共部门透明度、问责性和腐败用于评估选民、立法和司法机构促使行政部门对其资金使用和行动后果负责的程度，以及要求行政部门内的公职人员对行政决策、资源使用和行动后果负责的程度。此处评估的三个主要方面是：行政部门对监督机构负责和公职人员对其表现负责，民间团体获取公共事务信息，以及狭隘既得利益的国家捕获。此项数据来源为世界银行集团国家政策和制度评估（CPIA）数据库（http：//www.worldbank.org/ida/）。

收入等措施。尽管俄罗斯历任政府都重视反腐问题,并采取各种措施予以整治,但腐败似乎已成为一种根深蒂固的现象,不少民众对解决腐败问题仍然信心不足。

普京在首届总统任期中通国情咨文庄严宣告,俄罗斯的发展目标是强国富民,为俄罗斯人民营造良好的生活环境。2010年4月,梅德韦杰夫在回答"现在的俄罗斯应当是什么样的国家形象"这一问题时提出了四个标准:第一,友好的现代化的国家,经济快速发展,实现技术创新。第二,建设将政治现实和历史结为一体的现代化政治体系。第三,完善法律,完善司法工作,为现代化法制体系创造基础。第四,俄罗斯应当是一个富足安康的国家,能够为人们的发展创造有利的条件。①

对俄罗斯民众而言,国家形象是值得赞美的,但社会形象令人失望,政府形象亟待改善。普京的梦想、梅德韦杰夫的规划也是俄罗斯人期待的国家形象。国家形象如同一种总结过去和指向未来的精神力量,即使当前社会还存在种种弊端,这种精神也能唤起俄罗斯人内心深处的强国之梦,使之愿意继续奋斗。

---

① Интервью датской радиовещательной корпорации. 26 апреля 2010г, http://www.kremlin.ru/transcripts/7559 - .

第十七章　俄罗斯软实力的国际比较与评估

作为超级大国苏联的继承者的俄罗斯，在经历了二十年的政治、经济和社会发展之后，其软实力水平应该如何评价？应当承认，目前对俄罗斯软实力的研究还是一个崭新的课题。虽然约瑟夫·奈评估了美国软实力的多个指标，并提供了一个基本研究框架，但研究者很难将其应用到一个与美国制度和价值观不同的俄罗斯，如何在国际比较视野中描述或把握俄罗斯软实力的总体状况更是一个难题。

从技术层面来说，尽管人们公认软实力在国际政治中具有重要影响，却很难像对硬实力那样对其进行客观的量化分析、诠释和判断。软实力的本质决定其是一个相对难以量化的概念，进行跨国比较研究的标准至今未有定论。不过，近年来随着学科研究的深入，人们发现大多数国家对于国家形象和软实力特点和性质的理解具有一定的共通性，于是开始尝试通过对各国的民众或专家的意见的调查，或者采用一些具有典型意义的量化指标对影响各国的国家形象和软实力的主要和次要因素进行国际比较研究。本章拟借助英国政府研究所的软实力指数（IFG – Monocle Soft Power index）、安霍尔特－捷孚凯国家品牌指数（Anholt – Gfk Roper Nation Brands Index，简称 NBI）、未来品牌国家品牌指数（The Futurebrand Country Brand Index，简称 CBI）、旅行观光竞争力指数（TTCI）、品牌（BrandZ）、品牌财富（Brand Finance）、新兴市场软实力指数（Rapid Growth Market Soft Power Index）等排行榜，利用全俄舆论调查中心（ВЦИОМ）、列瓦达中心（Левада – центр）、皮尤咨询公司（Pew Research Centre）、世界银行及各国政府统计部门等机构的数据，在国际视野中认识和评估俄罗斯的软实力状况，并根据其排名状况，结合主客观指标，力图展现俄罗斯的软实力状况。

一 "国家品牌"(NBI 和 CBI)[①] 排行榜中的俄罗斯

国家形象如同品牌,一个国家塑造形象的过程也是品牌建设的过程。一个国家树立并传播鲜明的品牌能够吸引外国投资者和旅游者,从而加速经济发展,在全球化时代意味着强大的竞争力,负面的国家形象则会严重阻碍政府的行为能力。[②]

从 NBI 历年的数据来看,俄罗斯国家品牌的总体评价属于中游水平,大部分时候在第 21 名和第 22 名之间徘徊。在 NBI 各项数据中,俄罗斯的最大优势体现在文化方面,此外,传播和输出也是比较有优势的项目。NBI 在这方面设计的问题包括"对出口国产品的好恶倾向""服务满意度"以及"科技领域贡献"等。俄罗斯的得分主要来自科技领域。从 2008 年起,俄罗斯的得分呈上升趋势,2010 年位列第 12 名,不仅高居金砖国家的榜首,还超越了韩国、新加坡、西班牙等品牌强国。但在国民素质、人力资源、旅游条件、投资环境方面,俄罗斯的得分不高,名次介于第 21 名至第 29 名之间,与它总体评价大致相当。"政治治理"更是俄罗斯的减分项,2010 年得分 46.18 分,在 50 个国家中位居第 38 名,这说明受访者对俄罗斯政府的称职度,以及对其做出的维护世界和平与安全的决策的信任度不高。

综上所述,俄罗斯在 NBI 的数据中展现出了一个具有深厚的历史文化底蕴,拥有较高的科技水平,但政治治理、制度环境方面仍存在较大改善空间的国家形象。

在 Country Brand 2012—2013 年排行榜中,俄罗斯就只能算是国家品牌影响力较弱的国家,在 118 个国家中仅排第 83 名,基本上可以归入属于比较落后的行列。在具有 CBI 特色的光荣榜——未来新兴 15 国榜单上完全没有俄罗斯的席位,在该榜上,中国排名第 6,巴西排名第 9,印度排名第 13。2012 年排行榜上名列前茅的是瑞士、加拿大、日本、瑞典、新

---

① NBI 由英国著名学者西蒙·安霍尔特与捷孚凯公共事务和媒体咨询公司合作制定,CBI 由世界著名的"未来品牌"战略咨询公司发布。两种指数都是于 2005 年首度发表,面世后即引起强烈关注。

② Simon Anholt, Competitive Identity: The Brand Management for Nations, Cities and Regions, New York: Palgrave Macmilan, 2007, pp. 2.14, http://www.doc88.com/p-80192252725.html.

西兰、澳大利亚、德国、美国、芬兰、挪威。金砖国家中，巴西（第28名）、印度（第42名）、南非（第43名）和中国（第66名）保持着对俄罗斯的领先地位，而在中东欧国家中，俄罗斯的成绩不算很差，保持着大体相当的水平——匈牙利（第65名）、斯洛伐克（第73名）、波兰（第75名）、保加利亚（第79名）、乌克兰（第98名）、罗马尼亚（第100名）。[1]

二 俄罗斯的旅行观光竞争力

对一国文化的体验，最直接的方式就是到当地实地考察。由世界经济论坛（WEF）发布的旅行观光竞争力指数（TTCI），不仅可以反映出一个国家的旅游形象，还可以用来评判一国对国际社会吸引力的大小，在某种程度上甚至可以视为部分软实力资源的量化指标。因为一个国家被喜欢或产生吸引力往往是先通过具体的接触和感知来实现，如果没有接触和认知，那它被喜欢或产生吸引力的可能性就会大大降低，也就谈不上培养更高层次的能吸引其他国家并施加影响的软实力。

表17-1　　　　　　2013年旅行观光竞争力（TTCI）排行榜

国家	2013年排名	分数	2011年排名	分数	国家	2013年排名	分数	2011年排名	分数
瑞士	1	5.66	1	5.68	波兰	42	4.47	49	4.38
德国	2	5.39	2	5.41	中国	45	4.45	39	4.47
奥地利	3	5.39	4	5.34	巴西	51	4.37	52	4.36
西班牙	4	5.38	8	5.46	俄罗斯	63	4.16	59	4.23
英国	5	5.38	7	5.28	南非	64	4.13	66	4.11
捷克	31	4.78	31	4.77	印度	65	4.11	68	4.07
克罗地亚	35	4.59	34	4.61	格鲁吉亚	66	4.10	73	3.98
斯洛文尼亚	36	4.58	33	4.64	乌克兰	76	3.98	85	3.83
匈牙利	39	4.51	38	4.54	哈萨克斯坦	88	3.82	93	3.7

资料来源：The Travel & Tourism Competitiveness Report 2013[2]

---

[1] http://www.futurebrand.com/images/uploads/studies/cbi/CBI_2012-Final.pdf.
[2] The Travel & Tourism Competitiveness Report 2013，http://www.weforum.org/reports/travel-tourism-competitiveness-report-2013.

TTCI 数据显示，俄罗斯虽然在自然生态环境方面是一个知名度很高的国家，但其旅行观光竞争力受到社会发展、基础设施、人力资源等因素的影响，整体实力明显不足，竞争力不强，在 TTCI 2013 年排行榜中仅名列第 63，在参评的 140 个国家和地区中位居中游（见表 17-1）。发达国家在旅游发展方面的竞争优势仍然十分显著，榜单的前十名是瑞士、德国、奥地利、西班牙、英国、美国、法国、加拿大、瑞典和新加坡。金砖国家中，巴西和中国排在俄罗斯之前，南非和印度稍为逊色。以捷克、克罗地亚、斯洛文尼亚、匈牙利为代表的中东欧国家旅游竞争力明显强于俄罗斯，而乌克兰、哈萨克斯坦等独联体国家的竞争力比较弱。

在 79 个具体调查项目中，俄罗斯排在百名以外的指标高达 32 项，这也正是俄罗斯国际竞争力不佳的原因。这些指标包括外国所有权的限制程度（第 130 位）、所有权保护（第 130 位）、签证审批（第 119 位）、政府透明度（第 120 位）、警察服务的可靠程度（第 129 位）、旅游行业发展的可持续性（第 126 位）、二氧化碳排放（第 125 位）、濒危物种（第 140 位）、政府对旅游产业的重视程度（第 124 位）、道路状况（第 134 位）、获得高素质劳动力的可能性（第 107 位）、旅游开放程度（第 110 位）等。其中最差指标当属"国民对外国人的态度"，排第 138 位，倒数第三，紧随其后的是委内瑞拉（第 139 位）和玻利维亚（第 140 位），这严重影响了俄罗斯的国际形象。

通过分析数据，我们可以看到，尽管俄罗斯在自然资源和历史文化资源方面具有明显的优势，但这些资源并未有效转化成国家的吸引力，原因是俄罗斯的基础设施、制度环境还存在明显不足。另外，政府一直没有认识到旅行观光这一窗口行业对国家形象建设的重要性，榜上 140 个国家中，俄罗斯政府对旅游业的重视程度排在第 124 位，甚至落后于文莱（第 123 位）、贝宁（第 122 位）、埃塞俄比亚（第 115 位）等发展中国家。

前往俄罗斯进行旅游和公务出差的人员，近年来呈下降趋势。例如，从 2005 年到 2010 年，下降了 110 万人次。[①]

[①] Туризм в цифрах. 2011. Статистический сборник. М., 2011, стр. 8.

三 俄罗斯的企业品牌

企业品牌是国家品牌的重要载体。提起一个国家，人们的潜意识中常常会联想到该国著名企业的产品和品牌，比如美国的苹果、可口可乐，德国的梅赛德斯－奔驰、BMW，日本的丰田、三菱，韩国的三星、现代，瑞士的雀巢等。"俄罗斯"会令人联想到什么品牌？是首都伏特加（Stolichnaya Vodka）、AK机枪、卡玛斯重型汽车（Kamaz）、图式飞机，还是卡巴斯基反病毒软件（Kaspersky）？答案可能会出人意料——根据BrandZ全球最具价值品牌百强排行榜，上述中国人熟悉的俄罗斯品牌踪迹全无，经常出现在排行榜上的是俄罗斯联邦储蓄银行（Sberbank）、俄罗斯移动通信（MTS）公司或者蜂信（Beeline）。从2011—2013年的数据来看，价值增幅最大的俄罗斯品牌当属俄罗斯联邦储蓄银行，自2011年登上世界最有价值品牌前一百强榜单后，从排行榜上的第99名上升至第70名，2013年该品牌价值达到126.55亿美元，同比增长25%。俄罗斯移动通信公司2013年排名第82位，品牌价值达到106.33亿美元，同比增长11%。而连续五年（2005—2009）占据霸主地位的Beeline不断被后来者超越，2011年从BrandZ百强名单中消失。

单单一份BrandZ榜单还不足以说明问题，让我们看看俄罗斯在另一份排行榜——"Brand Finance全球品牌价值500强"上的表现（见表17—2）。

表17—2　Brand Finance全球最有价值500品牌排行榜俄罗斯公司一览表

排名		公司	品牌价值（亿美元）		市值（亿美元）	
2013	2012		2013	2012	2013	2012
63	78	俄罗斯联邦储蓄银行 Sberbank	141.6	107.72	657.36	647.23
122	150	俄罗斯天然气工业公司 Gasprom	83.13	64.07	1463.24	1620.42
219	278	卢克石油公司 Lukoil	50.99	38.09	558.92	528.30
233	216	蜂信 Beeline	48.1	47.07	346.25	325.86
257	336	俄罗斯石油 Rosneft	44.36	33.24	1050.4	796.75

续表

排名		公司	品牌价值（亿美元）		市值（亿美元）	
2013	2012		2013	2012	2013	2012
348	451	马格尼特零售公司 Magnit	34.13	26.13	146.09	92.15
363	310	俄罗斯移动通信公司 MTS	33.27	34.91	240.59	187.16
433	—	Megafon 通讯	28.48	—	172.6	—

资料来源：Brand Finance ® Global 500 2013①。

从 Brand Finance 发布的数据中可以看出，近几年俄罗斯品牌价值的增长速度明显加快。2010 年进入 500 强榜单的仅有 4 个俄罗斯品牌，2011 年即升至 7 个，2012 年已达到 8 个，2013 年仍保持 8 个，计有俄罗斯联邦储蓄银行（Sberbank，第 63 名）、俄罗斯天然气工业（Gazprom，第 122 名）、卢克石油（Lukoil，第 219 名）、蜂信（Beeline，第 233 名）、俄罗斯石油（Rosneft，第 257 名）、马格尼特零售（Magnit，第 348 名）、MTC 通讯（MTS，第 363 名）、Megafon 通讯（Megafon，第 433 名）。俄罗斯联邦储蓄银行是 Brand Finance 榜单上最受人关注的品牌，2010 年，该品牌从第 149 名突飞猛进至第 58 名，跻身百强行列，大有和索尼（第 52 名）、英国石油公司（第 53 名）、中国工商银行（第 55 名）、JP 摩根（第 57 名）等著名品牌一争高下的气势，从这一年开始储蓄银行一直保持着 TOP100 的地位。

表 17—3　　　　　Brand Finance 各国上榜品牌数量

年份	美国	日本	法国	德国	中国	巴西	俄罗斯	印度	南非
2013	184	49	32	31	25	9	8	6	1
2012	171	44	29	29	24	8	8	3	—

资料来源：Brand Finance ® Global 500 2012，Brand Finance ® Global 500 2013.

从 Brand Finance 排行榜的评比情况看，近年来俄罗斯进步虽快，但其品牌价值不仅无法与欧美传统强国相比，也落后于同为金砖国家的中国

———————
① http：//brandirectory.com/league_tables/table/global-500-2013.

（见图17—3）。此外，相比于西方发达国家成熟的品牌经营和管理，俄罗斯在品牌文化和品牌管理方面尚有较大差距。对现代国家而言，跨国公司常常承担着"国家形象大使"的使命。如果说苹果（BrandZ 2013 的第 1 名）、谷歌（第 2 名）、IBM（第 3 名）可以诠释美国的科技创新精神，LV（第 29 名）、爱马仕（第 40 名）可以代表法国的时尚与浪漫，三星（第 30 名）可以彰显韩国技术立国的决心，在国际排行榜上却找不到能引起关于俄罗斯文化特性的联想的某种产品或者服务品牌，只能由银行（Sberbank）、电信公司（MTS、Megafon 和 Beeline）或石油公司（Lukoil）充当国家形象的代表。这些来自金融、资源、电信领域的垄断企业，不仅缺乏通过自由竞争打拼出来的、在国际上享有盛誉的产品，还常常和负面新闻相联系，其管理层的奢侈生活、官商勾结的腐败交易、混乱的经营策略一直是俄罗斯和国际媒体关注的焦点。这些品牌对国际上的广大消费者来讲影响力还不够，与其他国家的品牌相比也不具有吸引力。

纵观一些国际形象和品牌榜单，俄罗斯在其中的名次常常居于中游，甚至有时候还被归入较差的行列。总的来说，在各类国际排行榜中，俄罗斯国家形象的地位不尽如人意（见表17—4）。当然，这与西方话语和西方世界标准主导了国际上一些评估机构有关。但应当承认，以上所述的国际品牌和国家形象评估机构的指标还是反映出了当今俄罗斯软实力的一种普遍的投射情况。

表17—4　　　　2013 年俄罗斯在全球相关指数榜上的排名

排行榜	排名
软实力排行（30 国）IFG - Monocle Soft Power index	27
国家品牌 NBI（50 国）	22
国家品牌 CBI	83
全球最具竞争力国家（60 国）The World's Most Competitive Countries	32
全球国家声誉（50 国）The World's Most Reputable Countries	46
全球各国 GDP	9
人类发展指数 HDI	57

资料来源：The New Persuaders VI (IFG)，Anholt - Gfk Roper Nation Brands Index 2013，The Futurebrand Country Brand Index 2012 - 2013，The World's Most Competitive Countries (IMD) 2013，The World's Most Reputable Countries (Reputation Institute) 2013.

从 17—4 中可以看出，一个国家的经济实力固然可以影响一个国家在相关指数榜上的排名，但这种影响并不明显，俄罗斯就是一个例证。俄罗斯的 GDP 位居全球前十，但其软实力、国家品牌、国际声誉却只能排在相对靠后的席位。可见，相对于经济实力这样的硬实力，一国在外交、政治、文化等方面体现出来的诸如政府效能、社会稳定程度、民众对政府的信任程度、媒体影响力、世界遗产数量、旅行便利度、高雅艺术和通俗艺术影响力、教育水平等软实力因素对一国在国际上的形象和地位的影响更加重要。而俄罗斯未来的软实力发展方向，应该就在这些领域。

四 俄罗斯软实力的重点辐射地区

2011 年，在俄罗斯政府的支持下，莫斯科商学院斯科沃新兴市场研究所（SKOLKOVO Institute for Emerging Markets Studies）与安永新兴市场研究所（Ernst & Young's Emerging Markets Center）[①] 开展了一项旨在评估俄罗斯及世界有影响力的国家的软实力的调研工作（见表 17—5）。数据表明，在当今世界主要国家的软实力排名中俄罗斯处于第 10 位，在新兴国家中排名第三，居中国与印度之后。

报告认为，俄罗斯软实力的影响范围集中于独联体国家，其力量来源是境外俄罗斯裔的居民。生活在独联体国家的 3500 万俄罗斯族或使用俄语的俄罗斯裔使俄罗斯在该地区拥有巨大的软实力，但在该地区之外，俄

[①] 斯科尔科沃的莫斯科商学院是俄罗斯企业领袖与国际企业领袖联合发起而新建的新一代商学院，主要针对实用知识，立足于培养能在新兴市场实施专业知识的企业领军人物。该学院关注以下三方面：领导能力和创业精神、新兴市场、教育方式创新。斯科尔科沃新兴市场研究所是莫斯科商学院的一个研究中心，专注于研究新兴市场及其企业，为全球思想家及专家提供一个交流平台，让他们能够及时携手研究新兴市场的关键问题。该研究所以实地考察、比较研究为特色，为企业领袖、决策者及学者提供实用、易行的指导原则及框架。安永是全球领先的审计、税务、财务交易和咨询服务机构之一，安永新兴市场中心是其下属机构。该机构关注新兴市场投资的持续增长，致力于通过其领先的全球化结构支撑，为发达国家和发展中国家的企业提供深入的跨境解决方案。http://www.ey.com/UK/en/SearchResults? SRT_ F = &SRT_ O = &ACT = &Page = &CF = &LF = &FILTER = &DF = &IF = &SF = &FF = &query = E%26Y%27s + Rapid + Growth + Market + Soft + Power + Index + &search_ options = country_ name.

罗斯的软实力资源和手段都不丰富。

表17—5　　　　　　　　俄罗斯软实力构成因素　　　　　　　　单位：%

项目	2005年	2006年	2007年	2008年	2009年	2010年
移民	24.5	27.3	24.5	25.6	24.2	27.5
旅游业	12.3	10.9	12.3	12.8	14.5	13.8
选民投票率	10.0	11.2	10.0	10.5	9.9	11.3
法治	7.4	10.9	7.4	10.2	9.7	11.0
二氧化碳排量	6.7	7.4	6.7	7.0	6.6	7.5
奥运会	8.4	9.3	8.4	7.9	7.4	7.5
传媒输出	3.3	5.6	4.2	5.2	4.9	5.6
自由	5.0	5.6	5.0	5.2	4.9	5.6
《时代周刊》100位最具影响力人物	11.7	0.0	13.4	7.0	4.9	3.8
《财富》最受尊敬企业	2.5	2.7	4.9	2.6	4.8	2.8
语言	1.7	1.9	1.7	1.7	1.6	1.9
英语水平	1.7	1.9	1.7	1.7	1.6	1.9
大学排名	4.9	5.5	0.0	2.6	4.8	0.0

资料来源：莫斯科商学院斯科沃新兴市场研究所与安永新兴市场研究所[1]。

虽说"新兴市场软实力指数"的准确性和权威性尚待时间和实践检验，但还是给我们提供了一些有价值的信息，让我们在研究俄罗斯软实力的切入点问题上得到启发。"新兴市场软实力指数"采用了一项与前面提到的多种国家形象指数较少考虑到的因素——移民指标。移民指标考察一国境内居住在外国出生的移民人数总和。一国拥有的外来移民越多，该国的软实力就越强大。民众"用脚投票"，移民比例高显示世界对该国形象持正面肯定态度，也能证明国家影响力的强大。数据显示，俄罗斯软实力的主要来源是苏联时期散居各加盟共和国的俄罗斯人或说俄语的俄裔，辐射范围主要在独联体地区，这使得俄罗斯的软实力战略更像是内部发展战

---

[1] http：//www.ey.com/UK/en/SearchResults? SRT_ F = &SRT_ O = &ACT = &Page = &CF = &LF = &FILTER = &DF = &IF = &SF = &FF = &query = E%26Y%27s + Rapid + Growth + Market + Soft + Power + Index + &search_ options = country_ name.

略的一个部分，而不是对外的拓展战略。

移民指标只是一个表象，其深层原因在于俄罗斯与独联体国家由历史、政治和经济原因形成的紧密联系。独联体是俄罗斯传统的势力范围，这里居住着2500万俄罗斯公民或俄裔居民，是俄罗斯建立周边安全空间和经济协作空间的基本区域。俄罗斯是这一地区的核心国家，其在领土面积、人口、自然资源、经济和科技文化方面拥有绝对的优势。独联体国家在经济上对俄罗斯存在很强的依赖性，俄罗斯一直把独联体国家作为外交的优先方向，努力推动该地区的稳定和发展。尽管俄罗斯为推进独联体国家经济一体化做了很多工作，但是它在这一地区的影响力还是出现了下降的趋势，这明显反映在对外贸易方面。①

从1991年到2010年，俄罗斯与独联体国家的贸易额从1380.96亿美元下降到919.12亿美元，下降幅度达34%。白俄罗斯是硕果仅存的贸易额增长的国家（+49%），其他国家则出现了大小不一的下降趋势，哈萨克斯坦的幅度最小（-16%），亚美尼亚和格鲁吉亚②的降幅最大，分别达到80%和96%。贸易额的下降说明俄罗斯在这一地区的经济活动能力减弱，各国对俄罗斯的依赖程度正在降低。经济基础决定上层建筑，一国的对外经济活动能力对国家的软实力影响发挥着重要作用，因为软实力这种无形的力量不是凭空产生的，也不可能在封闭的条件下呈现，它来自国家间的政治、经济等领域的交往与互动中。一个国家的对外经济活动能力越强，其软实力的影响也将会越来越大；相反，一个国家的对外经济活动能力弱或者没有活动，则其软实力的影响就小或根本形成不了软实力。俄罗斯在独联体范围内对外经济活动能力的改变，也影响了自身在这一地区软实力的强度。在世界政治格局多级化和经济全球化的大背景下，外部大国和其他区域性国际组织在这一地区的影响与日俱增，为其他独联体国家提供了新的机会。虽然俄罗斯在这一地区的地位仍然举足轻重，但独联体各国已经不必唯俄罗斯马首是瞻了。

为了维持昔日的影响力，俄罗斯采取了各种措施，但俄传统的依靠强力、以压为主的手段往往效果欠佳。在经贸关系中，互利合作是各国的最

---

① Опубликовано в Независимой Газете от 1.11.2011，http：//www.ng.ru/ideas/2011-11-11/5_20years.html.
② 在2008年8月与俄罗斯发生了为期5天的战争后，格鲁吉亚根据议会2008年8月14日通过的决议做出了退出独联体的决定，并于2009年8月18日完成手续，正式退出。

佳选择。如果一个国家经常运用自己的经济资源对别的国家进行经济制裁、限制和封锁，不仅不能有效维护本国的利益，实际上还会使本国的软实力受到损害。

余论
软实力：俄罗斯之路

21世纪，沙皇帝国和超级大国的历史虽已谢幕，但俄罗斯复兴昔日荣光的雄心却未消蚀。在乌克兰危机和叙利亚危机对全球力量的平衡产生重要影响的背景下，思考"国家影响力应该归因于何处"这个问题，不能不关注俄罗斯对此作出的解答。2013年，俄罗斯把"软实力"确定为新形势下外交工作的重要方向，力图塑造良好的国家形象，增强国家的国际话语权、文化吸引力、模式吸引力、国际动员力。2014年，俄罗斯的软实力建设进入波诡云谲、极富转折意义的一年。在年初的索契冬季奥运会上，名为《俄罗斯之梦》的开幕式吸引了全球目光，俄罗斯文化成为其中最耀眼的元素。鲍罗廷的《伊戈尔王》和托尔斯泰的《战争与和平》中的华彩段落，五彩缤纷的教堂圆顶，以及根据字母顺序一一呈现俄罗斯艺术大师的名字等环节令世界叹为观止。

但是，俄罗斯的国际形象，尤其是在西方眼中的形象，却并未因丰沛深厚的文化资源而有所改善，2014年发生的另一件大事——乌克兰危机——严重影响了俄罗斯的国家形象，并打乱了其实施软实力战略的节奏。"俄国熊"在这一事件中的强力出击令世界震惊。按照约瑟夫·奈的观点，国家软实力表现为一国的文化、意识形态以及制度本身的吸引力。一个良好的国家形象会使其他国家产生认同和追随的愿望，从而实现国家的战略目的。如果以此标准来衡量，被乌克兰背弃和遭受西方国家严厉制裁的俄罗斯，软实力显然无从提及。但是，俄罗斯在乌克兰危机中突破了传统的以展示美好形象为目的软实力构建方式，依靠媒体传播反击西方的新一轮"颜色革命"，通过外交与军事行动的相互借力实现突围，重振国威，以此证明其在国际政治中依然是重要一极。

一 文化形象：能否承载振兴俄罗斯软实力之重？

长期以来，俄罗斯重视发展文化事业，建立了大量图书馆、博物馆、文化馆、俱乐部等群众性文化设施，图书和报刊的发行量也位居世界前列。丰富的文化资源使得俄罗斯人保持着深厚的文化底蕴，国家也得以保持良好的文化形象。在反映各国形象优劣的国家品牌指数（The Nation Brands Index）[①] 排行榜上，俄罗斯最大的亮点就是文化。2009 年和 2010 年，俄罗斯的"文化因素"得分在世界 50 个国家中排第 9 名，2008 年排第 7 名，连续三年稳居文化排行的前十名。[②] 这表明，俄罗斯的文化传统以及电影、音乐、艺术、文学和体育水平得到了世界公认，已成为国家形象吸引力的重要来源（见表 1—1）

表 1—1　俄罗斯各项指标在 Nation Brands Index 中的排名

	2010	2009	2008	2010 年的分值
总体评价	21	21	22	56.39
传播和输出	12	13	17	57.34
政治治理	38	39	43	46.18
文化	9	9	7	64.05
国民素质	29	27	31	57.82
旅游	21	21	22	64.37
投资和移民	25	24	25	48.65

资料来源：The Anholt – GfK Roper Nation Brands Index$^{SM.}$ 2010 Report. [③]。

[①] 安霍尔特 – 捷孚凯国家品牌指数（Anholt – Gfk Roper Nation Brands Index），简称 NBI，由英国著名学者西蒙·安霍尔特与捷孚凯公共事务和媒体咨询公司合作制定。NBI 指数根据各国的出口、国民素质、文化传统、旅游、政治治理、投资与移民六个方面的情况制定，建立在大量的样本数据分析基础上，体现着一国的综合形象。

[②] 为测试一国传统文化和流行文化的影响力，NBI 调查者主要了解以下问题反馈情况：第一，要求他国人民对测试国的传统文化（或文化遗产）做排名；第二，询问他国人民是否会拒绝或者购买测试国的流行或商业性的文化活动，如买唱片、听音乐会和看演出；第三，询问他国民众希望测试国举办什么文化活动。

[③] http://www.si.se/upload/Sverige% 20i% 20v% C3% A4rlden/rapporter/Sweden% 202010% 20NBI% 20Report% 2010 – 6 – 2010. pdf.

但是俄罗斯整体的国家形象并未因文化资源而改善，在国际排行榜上仅仅处于中游水平。乌克兰危机中，尽管俄乌两国的历史和文化同出一源，乌克兰民众却用示威，甚至是颠覆政府的方式表达了拒绝俄罗斯模式，拒绝被纳入俄罗斯势力范围的意愿。与此同时，被普京寄予厚望的索契冬奥会遭到了西方政要的集体抵制和西方媒体的抹黑和丑化，双方在乌克兰事件中的对抗更是不断升级。继俄罗斯被逐出G8之后，2014年9月，北约峰会把俄罗斯重新定位为"对手"，同月，奥巴马在联合国大会上把俄罗斯与"埃博拉病毒""伊斯兰国武装IS"并称为"当今世界三大威胁"。而这一时期的民意调查结果也显示，俄罗斯形象在西方受众中的受欢迎度持续下滑。

皮尤调查中心认为，43%的受访者对俄罗斯持一种负面情绪，美国和欧洲的民众尤其反感俄罗斯。① 在BBC与GlobalScan公司联合进行的调查中，认为俄罗斯对世界产生了负面影响的受访者比例为45%，比2013年上升4个百分点，达到了2005年这项调查开始以来的最低点。②

二 意识形态：能否成为俄罗斯软实力之魂？

那么，俄罗斯丰富的文化资源为何未能转化为国家的软实力优势？

从软实力的角度来说，俄罗斯的文化还停留在产生吸引力的初步阶段，而没有上升到能对人们的心理和行为产生影响的影响力层级。文化由核心和表层两部分构成，最核心的内容是思维方式、价值观念、道德规范、世界观、精神信仰、民族身份等。也就是说，体现观念、精神和心理层面文化的认知体系，是文化中最稳定、最不易改变的部分，其外在反映是生产和生活方式、语言文字、文学艺术、规章制度、工艺技术等以器物为体现的文化。③ 由于文化所具有的结构性特征，由文化形象衍生出来的

---

① Russia's Global Image Negative amid Crisis in Ukraine, PewResearch, Global Attitudes Project, July 9, 2014, http: //www.pewglobal.org/2014/07/09/russias-global-image-negative-amid-crisis-in-ukraine/.
② Negative Views of Russia on the Rise: Global Survey on Country Influence, GlobalScan, http: //www.globescan.com/news-and-analysis/press-releases/press-releases-2014/315-negative-views-of-russia-on-the-rise-global-survey.html.
③ 《文明与文化——国外百科辞书条目选择》，求实出版社1982年版，第95页。

软实力也随之呈现结构性特征,不同层次的文化发挥着不同的功能。文学艺术、音乐、绘画、工艺技术属于俄罗斯的表层文化因素,它们首先会唤起受众一种精神上的愉悦感,从而对其产生吸引力。但是这种表层文化的吸引力产生和消失的时间都比较短,只有接近核心的文化资源,如世界观、价值观、信仰等才能产生持续的和更强大的吸引力,并且把吸引力提升为影响力。约瑟夫·奈所谓的"使人随我欲"的软实力,正是来源于这种影响力。表层的吸引力如果未能有效转变为影响力,国家形象对软实力的促进作用就会大打折扣。

2007年8月,俄罗斯数家具有政府背景的媒体,如《俄罗斯报》、俄新社、RT电视台、英文杂志《俄罗斯概况》等联合在《华盛顿邮报》《每日电讯报》《印度时报》等媒体推出了宣传俄罗斯的广告。在《华盛顿邮报》12页的广告增刊上,俄罗斯黑熊拥抱着玛丽莲·梦露,以网球明星萨拉波娃为代表的俄罗斯人民展现出友好的笑容,俄罗斯希望通过轻松、幽默的方式,借助一些能代表俄罗斯的文化"符号"进行国家形象的宣传。广告片在短期内确实得到了一些关注,但这种带有明显目的性和倾向性的典型的宣传作品,与俄罗斯近年来采取的许多美化国家形象的措施一样,进行表层的文化宣传尚可,在观念文化的传播中就作用泛泛。而且在国家形象广告过后,俄罗斯并没有相应的活动巩固和加深在西方民众心中的良好印象,以及传播和扩大俄罗斯的观念文化,即意识形态、价值观念、精神信仰等因素的影响力,该项活动的影响很快就消弭殆尽。

摩根索曾说:"现代国家的崛起应当有配套的文化和意识形态作支撑,否则其崛起很可能成为一种暂时现象。"[①] 作为一种核心的文化资源,观念文化的影响力比处于表层的器物资源更稳定和更持久。只有在意识形态的凝聚和统揽下,享有较高美誉度的俄罗斯音乐、绘画、文学才能对国家软实力作出贡献。以目前的情况来看,俄罗斯尚未进入到文化形象的核心领域,尤其在俄与西方之间存在根深蒂固的"战略互疑"的情况下,价值观认同的缺乏使俄罗斯追求的"使人随我欲"的软实力也就无从谈起。

---

① 王军、吴亮、王健君:《国家崛起应有配套文化和意识形态作支撑》,《瞭望新闻周刊》2007年10月23日。

三 国家凝聚力和国际传播力：能否为俄罗斯软实力插上双翼？

但是，西方对俄罗斯形象的杯葛并不能让我们完全否定俄罗斯的软实力。软实力是国家资源多维度和多层次的呈现，也表现为一种对国家软实力资源进行有机整合的能力。衡量一个大国的软实力不能只考量国际形象这一种要素，一国内部社会的凝聚力、向心力，领袖的号召力，以及在国际舞台上运用软实力资源进行对外传播的能力等因素同为重要标准。在乌克兰危机中，俄罗斯在上述几个方面的实力都有了不同于以往的表现，其软实力建设并非一无是处。

国家的软实力首先来自于本国内部，没有对内的软实力，就无法产生对外辐射的软实力。乌克兰危机中，西方的遏制和步步紧逼激发了俄罗斯民众普遍的爱国热情；克里米亚入俄，增强了俄罗斯内部的凝聚力和向心力。这不仅使俄罗斯在西方的经济制裁和宣传战中避免了动荡，也为未来的发展提供了良好的社会心理条件。2014年10月全俄民意舆论中心的调查结果显示，认为目前俄罗斯存在着民族团结的人数比2012年增加了一倍。[1]"那些希望以制裁在俄罗斯内部制造政治矛盾的人未能如愿，西方制裁反而起到了团结的作用。"[2] 与此相对的是，乌克兰这一个缺少凝聚力和向心力，社会不能保持稳定的国家，即使拥有软实力资源，即使在西方争取到大量的认可和同情，国家依然无法开展正常的经济建设和社会治理工作，连基本的国家安全都不能维护，成为这次危机中最大的输家。

近年来，俄罗斯在与西方的宣传战中一直处于劣势：颜色革命，俄罗斯拱手败退；俄格战争，俄罗斯赢了战争，输了宣传。但乌克兰危机中的俄罗斯绝地反击，在国际传播领域取得了重大突破，顽强对抗西方的媒体战、舆论战。虽然西方可以依靠在全球传播议程中占据的传统优势，发布

---

[1] Самохвалова М. ВЦИОМ: "Народное единство выросло в два раза с 2012 года" // Известия, 31 октября, 2014 г. http://izvestia.ru/news/578809#ixzz3Hix8Yz2H.

[2] Замахина Т. Мотивы Кремля—Вячеслав Володин рассказал "валдайцам" о провале антироссийских санкций//Российская газета, 24 октября 2014 г. http://www.rg.ru/2014/10/24/valday.html.

对俄罗斯不利的报道，传播普京、俄罗斯政府和军队的负面形象，但是其效果已经不能与"颜色革命"时期相提并论。以 RT 为代表的俄罗斯媒体初步打破了西方媒体对国际话语权的垄断，展现出令媒体同行和西方政要震动的实力。克里米亚入俄，有军事威慑的因素，更有俄罗斯在该地区长期进行"亲俄"宣传的功劳。乌克兰媒体形容他们在俄罗斯的宣传攻势面前就像"一个水滴对抗俄罗斯在全球掀起的反乌宣传洪流"。①

四 俄罗斯软实力：能否突破西方之围？

不可否认的是，西方的软实力在俄罗斯面前仍然保持着绝对优势。以美国为首的西方不仅掌握着雄厚的软实力资源，还具有丰富的运用软实力的经验，而俄罗斯面对西方的软实力攻势，只是采取"突围式""应激式"的反应，缺乏一个长期有效的发展战略。俄罗斯在乌克兰危机中的宣传反击仅仅是一种战术上的暂时得手，而普京超高的支持率在爱国主义情绪消退后也必将合理回归。正是由于软实力手段的缺失，俄罗斯在应对乌克兰危机时一度无计可施、进退失据，即使通过吞并克里米亚挽回一些损失，但国家实力仍然因为西方的制裁遭受重挫。

乌克兰的离心离德，使俄罗斯认识到依靠武力和强制手段迫使他国依附和跟随的代价是高昂的，单纯依靠武力和强权不仅无法有效确保国家的安全，还可能使国家更不安全。当今的国际地缘政治错综复杂，像乌克兰危机中那种激烈的对抗并不是俄罗斯的一贯目标，只是在压力之下的被迫应对。普京对索契冬奥会的高度重视，说明俄罗斯还是渴求着国际社会的承认和接纳。克里米亚事件只是一种极端情况，乌克兰事件平息后，俄罗斯仍然需要寻找一条能够获得国内支持和国际认可的发展道路，而不是仅仅通过树立"外敌"的方式获取民众的支持和巩固政权。因此，2014 年的"瓦尔代"会议上，普京在继续"秀"强硬的同时，也表达了诸如俄罗斯没有建立联盟的计划，不奉行"过招"原则，也不打算重建帝国的意

---

① Сколько Кремль тратит на PR в западных СМИ? //Finance.ua. http：//news. finance. ua/ru/~/1/0/all/2014/03/04/320495.

愿，还强调"俄罗斯加强与亚洲合作伙伴的合作并不意味着背弃欧洲"。[1]

当然，对俄罗斯来说，使用"软实力"的目的不仅仅局限于以良好的国家形象吸引人，更不会为了"示好"而"示弱"，其核心目的始终围绕着国家利益，在涉及国家根本利益和安全的问题上还将态度强硬，毫不妥协。但乌克兰危机之后的俄罗斯应该更加清楚地认识到，如何保证国家软实力和硬实力的平衡发展，如何通过软实力争取别国的理解、信任和认同，化解分歧，避免发生战略误判，是关系到俄罗斯未来发展的重要挑战。毕竟，以软实力和硬实力相结合的方式维护国家安全，才是一种更理性的方式。

即便在乌克兰危机中遭到重挫，软实力仍是俄罗斯对自身战略发展路径的选择之一，是实现国家复兴的手段，尤其在遏制与对抗已成为西方与俄罗斯关系的主要内容，双方存在根深蒂固的"战略互疑"的情况下，俄罗斯要顺利实现持续发展，要在世界上发挥与自身地位相适应的大国作用，就不能不重视软实力的建设与运用，这也是经济全球化和社会信息化的大势所趋。与国际上其他大国一样，俄罗斯要想复兴，既离不开硬实力，也必须具备与此相适应的软实力。

俄罗斯的软实力实践也为中国提供了一种教训，即只看重议程设置和宣传技巧，力图通过重大事件来塑造国家形象的行为是短视的。如果俄罗斯不重视国内治理和制度的完善及国内环境的建设，不能制定科学合理的对外政策，而忽视本质的建设，即使塑造出良好的国家形象，这种形象也是不稳定的，难以持久，也难以形成国家的软实力。"软实力"不是一朝一夕之功，而是一项持久的、系统性的工作。

"软实力"是一个不断发展中的、探索中的理论框架，拓展了以往有关国家权力的理论思想，还将在今后的国际政治发展中得到充实，而俄罗斯在这一领域进行的理论和实践的探索，将是一种重要的补充。

---

[1] Заседание Международного дискуссионного клуба "Валдай"//Президент России, 24 октября 2014 г., http://www.kremlin.ru/news/46860.

主要参考文献

（一）中文学术著作

《普京文集》（2002—2008），中国社会科学出版社2008年版。

《普京文集》，中国社会科学出版社2002年版。

《文明与文化——国外百科辞书条目选择》，求实出版社1982年版。

〔俄〕C. 卡拉·穆尔扎：《论意识操纵》，徐昌翰等译，社会科学文献出版社2004年版。

〔俄〕阿纳托利·多勃雷宁：《信赖：多勃雷宁回忆录》，世界知识出版社1996年版。

〔俄〕安·米格拉尼扬：《俄罗斯现代化之路——为何如此曲折》，徐葵等译，新华出版社2002年版。

〔俄〕弗·利西奇金、列·谢列平：《第三次世界大战——信息心理战》，徐昌翰等译，社会科学文献出版社2003年版。

〔俄〕根纳季·久加诺夫：《全球化与人类命运》中文版，新华出版社2004年版。

〔俄〕罗·麦德维杰夫：《俄罗斯往何处去？俄罗斯能搞资本主义吗？》，徐葵等译，新华出版社2000年版。

〔俄〕尼·别尔嘉耶夫：《俄罗斯思想：十九世纪末至二十世纪初的俄罗斯思想的主要的问题》，雷永生、邱守娟译，生活·读书·新知三联书店1995年版。

〔俄〕亚·弗·卢金：《俄国熊看中国龙》，刘卓星等译，重庆出版社2007年版。

〔加拿大〕马修·弗雷泽：《软实力：美国电影、流行乐、电视和快餐的全球统治》，刘满贵等译，新华出版社 2006 年版。

〔美〕弗朗西丝·斯托纳·桑德斯：《文化冷战与中央情报局》，曹大鹏译，国际文化出版公司 2002 年版。

〔美〕大卫·科兹、弗雷德·威尔：《来自上层的革命》，曹荣湘等译，中国人民大学出版社 2008 年版。

〔美〕法里德·扎卡利亚：《后美国世界——大国崛起的经济新秩序时代》，赵广成、林民旺译，中信出版社 2009 年版。

〔美〕汉斯·摩根索：《国家间政治——为了权力与和平的斗争》，李晖、孙芳译，海南出版社 2008 年版。

〔美〕亨利·基辛格：《大外交》，顾淑馨译，海南出版社 1998 年版。

〔美〕雷默等：《中国形象：外国学者眼里的中国》，沈晓雷等译，社会科学文献出版社 2008 年版。

〔美〕理·莱亚德、约·帕克：《俄罗斯重振雄风》，白洁等译，中央编译出版社 1997 年版。

〔美〕塞缪尔·亨廷顿：《文明的冲突与世界秩序的重建》，周琪等译，新华出版社 2001 年版。

〔美〕沃尔特·李普曼：《公众舆论》中文版，阎克文、江红译，上海人民出版社 2006 年版。

〔美〕亚历山大·温特：《国际政治的社会理论》，秦亚青译，上海世纪出版集团 2000 年版。

〔美〕约翰·米尔斯海默：《大国政治的悲剧》，王义桅、唐小松译，上海人民出版社 2003 年版。

〔美〕约瑟夫·奈：《理解国际冲突：理论与历史》，张小明译，上海世纪出版集团、上海人民出版社 2005 年版。

〔美〕约瑟夫·奈：《软力量——世界政坛成功之道》，吴晓辉、钱程译，东方出版社 2005 年版。

〔美〕约瑟夫·奈：《硬权力与软权力》，门洪华译，北京大学出版社 2005 年版。

〔美〕詹姆斯·麦格雷戈·伯恩斯著：《领袖》，中国人民大学出版社 2007 年。

〔英〕卡瑟琳·丹克斯：《转轨中的俄罗斯政治与社会》，欧阳景根译，华夏出版社 2003 年版。

〔英〕汤林森：《文化帝国主义》，冯建三译，上海人民出版社 1999 年版。
白晓红：《俄国斯拉夫主义》，商务印书馆 2006 年版。
柏杨：《中国人史纲》，山西人民出版社 2008 年版。
曹长盛、张捷、樊建新主编：《苏联演变进程中的意识形态研究》，人民出版社 2004 年版。
陈剑峰：《文化与东亚、西欧国际秩序》，上海大学出版社 2004 年版。
陈之骅、吴恩远、马龙闪编：《苏联兴亡史纲》，中国社会科学出版社 2004 年版。
管文虎主编：《国家形象论》，电子科技大学出版社 1999 年版。
郭镇之主编：《全球化与文化间传播》，北京广播学院出版社 2004 年版。
海运、李静杰主编：《叶利钦时代的俄罗斯·政治卷》，人民出版社 2001 年版。
姜加林、于运全主编：《构建现代国际传播体系》，外文出版社 2011 年版。
李静杰、郑宇主编：《俄罗斯与当代世界》，世界知识出版社 1998 年版。
李慎明主编：《中国民众的国际观》（第二辑），社会科学文献出版社 2012 年版。
李慎明主编：《中国民众的国际观》（第一辑），社会科学文献出版社 2009 年版。
李希光、赵心树：《媒体的力量》，南方日报出版社 2002 年版。
李希光、周庆安：《软力量与全球传播》，清华大学出版社 2005 年版。
李希光等编：《全球新传播》，南方日报出版社 2002 年版。
李希光等：《妖魔化与媒体轰炸》，江苏人民出版社 1999 年版。
刘继南等：《国际传播与国家形象——国际关系的新视角》，北京广播学院 2002 年版。
马未都：《茶当酒集》，文化艺术出版社 2010 年版。
孟亮：《大国策——通向大国之路的软实力》，人民日报出版社 2008 年版。
潘一禾：《文化与国际关系》，浙江大学出版社 2005 年版。
秦亚青编：《文化与国际社会：建构主义国际关系理论研究》，世界知识出版社 2006 年版。
汪宁：《普京的俄罗斯思想》，上海外语教育出版社年 2005 年 6 月版。
王众一、朴光海：《日本韩国国家形象的塑造与形成》，外文出版社 2007 年版。

沃尔特·李普曼：《公众舆论》，上海世纪出版集团2006年版。
邢广程：《苏联高层决策70年》第1—5卷，世界知识出版社1998年版。
于群主编：《新冷战史，美国的心理宣传战和情报站》，上海三联书店 2009年版。
张广智、张广勇：《史学，文化中的文化—文化视野中的西方史学》，浙江人民出版社1990年版。
张骥、刘民等：《文化与当代国际政治》，人民出版社2003年版。
张昆：《国家形象传播》，复旦大学出版社2005年版。
张树华、刘显忠：《当代俄罗斯政治思潮》，新华出版社2003年版。
张维为：《中国触动全球》，新华出版社2008年版。
赵可金：《媒体外交及其运作机制》，《世界经济与政治》2004年第4期。
郑羽：《从对抗到对话》，中国社会科学院出版社1998年版。
中国现代国际关系研究所主编：《俄罗斯外交思想库》，时事出版社2005年版。
中国现代国际关系研究所主编：《美国思想库及其对华倾向》，时事出版社2003年版。
周明伟主编：《国家形象传播论丛》，外文出版社2008年版。
朱达秋、周力：《俄罗斯文化论》，重庆出版社2004年版。
朱宁等：《变乱中的文明》，中国人民大学出版社2000年版。

（二）中文学术论文和报告

郭洁敏：《论软权力的基础、条件及运用准则》，《现代国际关系》2006年第3期。
〔美〕乔舒亚·库兰齐克：《中国的魅力：中国软实力的影响》，《参考消息》2006年7月6日。
张国祚：《软实力研究中的若干重大问题》，《中国社会科学报》2010年3月12日。
阎学通：《软实力的核心是政治实力》，《环球时报》2007年5月29日。
阎学通：《从和谐世界看中国软实力》，《环球时报》，2005年12月16日。
郭树勇：《论大国成长中的国家形象》，《国际论坛》2005年第11期。
刘禾：《小心文明等级论的渗透》，《中华读书报》2012年7月20日。
李兴：《文化民族主义：论俄罗斯与欧洲的关系》，《北京大学学报》（哲社版）2000年第2期。

张昊琦：《当代俄罗斯民族主义》，《俄罗斯中亚东欧研究》2008年第3期。

林精华：《陌生的邻居——后苏联时期俄国民族主义潮流下的中俄关系》，《俄罗斯研究》2012年第4期。

张建华：《俄罗斯国家的形成与民族主义》，《北京师范大学学报》（人文社会科学版）2001年第2期。

顾小清：《矛头直指普京总统，反俄浪潮在西方蔓延》，《环球时报》2004年2月6日第7版。

罗伯特·卡根：《世界重新回归意识形态之争》，中国网"国际论坛"栏目（http：//www.china.com.cn/international/txt/2007-09/04/content_8800531.htm）。

张宏莉、张玉艳：《乌克兰俄语地位探析》，《俄罗斯中亚东欧研究》2012年第1期。

К.С.哈吉耶夫：《后苏联空间》，常玢译，《俄罗斯中亚东欧研究》2006年第2期。

王军、吴亮、王健君：《国家崛起应有配套文化和意识形态作支撑》，《瞭望新闻周刊》2007年10月23日。

方长平：《中美软实力比较及其对中国的启示》，《世界经济与政治》2007年第7期。

张小明：《约瑟夫·奈的软权力思想分析》，《美国研究》2005年第1期。

阮宗泽：《软实力与硬实力》，《人民日报》2004年2月13日第7版。

郑永年、张弛：《国际政治中的软力量以及对中国软力量的观察》，《世界经济与政治》2007年第7期。

韦宗友：《权力、软权力与国家形象》，《国际观察》2005年第5期。

门洪华：《国际机制与中国的战略选择》，《中国社会科学》2001年第2期。

（三）俄文学术著作

Белоусов К., Залянская Н. Рейтиг русофобии в западной прессе//www.pravaya.ru/lefright/473/11296（февраль 2007 г.）.

Druon M. Поможем России победить терроризм, который постепенно добирается до всех нас, *Известия*, 2004, 27 сентября.

Брутальный, грязный медведь//www. smi2. ru/wist/c13267（март 2008 г.）

Никонов В. Современный мир: новые реальности, *Стратегия России.* №8, Август 2009г.

Геворкян А. На место спутник апришла коррупция – Россия уступилас транам БРИК в стоимости своего бренда. 4 Июня 2012 г. http：//www. newizv. ru/economics/2012 – 06 – 04/164451 – na – mesto – sputnika – prish-la – korrupcija. html.

Год русского языка – это крупная мировая акция, http：//ria. ru/interview/20070427/64548026. html.

Грузинова И. Россию сравняли с Мексикой – Развивающиеся страны догоняют развитые по стоимости ведения бизнеса, *Московские новости*, 11 мая 2012 г.

Гульбинский Н. Здесь птицы не поют… Деградация среды обитания – главная причина оттока граждан из России, Независимая Газета, 21. 06. 2011, http：//www. ng. ru/ng_ politics/2011 – 06 – 21/14_ or_ lose. html.

Злобин Н., Рывок в неизвестность, *Российская газета*, 20 июля 2011, http：//www. rg. ru/2011/07/20/zlobin. html.

Злобин Н., Секрет силы, *Российская газета*, 24 июня 2009г., http：//www. rg. ru/2009/06/24/zlobin. html.

Иванов И. Какая дипломатия нужна России вXXI веке? *Россия в глобальной политике.* №. 6. Ноябрь/Декабрь. 2011.

Интервью датской радиовещательной корпорации. 26 апреля 2010г, http：//www. kremlin. ru/transcripts/7559 – .

Йен Прайд: Западные ценности давно стали универсальными даже в тех странах, власти которых критикуют Запад.

http：//www. gazeta. ru/comments/2011/03/09_ a_ 3548269. shtml.

Имидж России: Требуется новое "лицо", *Профиль*. 23. 01. 2006.

Итоги: 20 летспустя—независимаяУкраина. http：//myfin. net/analytics/itogi20 – let – spustya – %E2%80%93 – nezavisimaya – ukraina – 5161951. html.

Киселев И. Ю. Образы государств в международных отношениях: механизмы трансформации. *Полис.* 2003, № 3.

Кондрашов Д. Станет ли в Прибалтике русский язык государственным? http://baltija.eu/news/read/23448.

Коробков Д. Особое мнение: Как построить бренд «Россия». *Ведомости.* 14 ниня 2007.

Кустарев А. Глобализация с Востока. *Политический журнал* №27, 15 августа 2005 г.

Куланов А., Молодяков В. Россия и Япония: Имиджевые войны. М., 2007.

Магаршак Ю. Страна печального образа—Есть ли в современной России что – нибудьпривлекательное//Время новостей. 13 ноября 2009г., http://www.vremya.ru/2009/209/4/241501.html.

Маякова Л. Сплошное китайское счастье – жители Поднебесной – самые довольные люди на Земле, Независимая Газета от 01.07.2011, http://www.ng.ru/style/2011–07–01/8_happieness.html.

Мосейко А. Н. Трансформация образа России на Западе в контексте культуры последней трети XX века. Общественные науки и современность. 2009. №2.

Почта в России работает хуже, чем в Мавритании и Конго, http://www.newsland.ru/news/detail/id/982840/.

Прозоров Б. Л., Функции современной американской советологии//Власть, №12, 2001.

Прозоров А. Путин и Сталин—Сравнительный анализ, http://prozorov.lenizdat.su/essays/essay_10.shtml.

Пронин А. Новые пути влияния на Запад. Информационно – аналитический центр – Экспертная оценка, http://www.ia–centr.ru/expert/3624/.

Работяжев Н. Социально – политические факторы формирования инвестиционного имиджа России. Мировая экономика и международные отношения, 2011. № 3.

Рар А. Европа – Россия: на чем ставим крест—Почему все новые проблемы сотрясают отношения между Западом и Россией? 11 сентября 2012г., Российская газета, http://www.rg.ru/2012/09/11/rossia.html.

Рэчел Ван Хорн, Центральная Азия: Русский язык уходит, быстро и безвозвратно, http://russian.eurasianet.org/node/59070.

Совещание послов и постоянных представителей России, http: //kremlin. ru/transcripts/15902.

Тайна сильных брендов. Профиль, 23 октября 2006.

Тишков В. Российский народ как европейская нация и его евразийская миссия. Политический класс. 2006, №5.

Шаповалов А. Китайский поворот. Россия. 24 - 30 ноября 2005.

http: //www. levada. ru/21 - 11 - 2012/76 - naseleniya - gordyatsya - rossiiskim - grazhdanstvom - kazhdomu - vtoromu - za - stranu - stydno.

http: //www. ng. ru/ideas/2011 - 11 - 11/5_ 20years. html.

http: //newsruss. ru/doc/index. php.

http: //iresearch. worldbank. org/PovcalNet/index. htm.

http: //data. worldbank. org. cn/indicator/SP. POP. SCIE. RD. P6.

http: //eeas. europa. eu/delegations/kazakhstan/eu _ kazakhstan/trade _ relation/index_ ru. htm.

http: //www. uzdaily. uz/articles - id - 12329. htm.

http: //ria. ru/society/20111215/517756244. html .

http: //ria. ru/society/20111015/460147314. html.

http: //newsruss. ru/doc/index. php.

http: //www. russkiymir. ru/russkiymir/ru/fund/about.

http: //www. sourcewatch. org/index. php? title = Think_ tanks.

http: //rs. gov. ru/taxonomy/term/184.

http: //www. kremlin. ru/appears/2004/12/23/1414 _ type63380type82634_ 81691. shtml.

（四）英文学术著作、论文和报告

COUNTRY BRAND INDEX, http: //www. futurebrand. com/wp - content/uploads/2010/11/CBI_ BBC_ 2010_ execsummary. pdf.

Andrew Kuchins, Anders Aslund, The Russian Balance Sheet, ISBN Paper 978 - 0 - 88132 - 424 - 2, 2009. 4, http: //bookstore. piie. com/book - store/4242. html.

Andrey Makarychev, Hard Questions about Soft Power: A Normative Outlook at Russia's Foreign Policy, https: //dgap. org/en/think - tank/publications/

dgapanalyse – compact/hard – questions – about – soft – power.

Bogomolov A. and Letvynenko O., A ghost in the mirror: Russian soft power in Ukraine, Chatham house "Russia and Eurasia programme, Junuary 2012, REP RSP BP 2012/01.

Brand Finance ® Global 500 2012, http: //issuu. com/brand finance/docs/best_ global_ banking_ brands_ 2012? mode = window&page Number = 1.

Buckley N. The popular authoritarian, Financial Times, June 92007, http: //www. ft. com/cms/s/0/7ffd7dea – 1626 – 11dc – a7ce – 000b5df10621. html#axzz2EYZNZGv9.

Ferguson N., "In Decline, Putin's Russia Is On Its Way to Global Irrelevance", Newsweek, 12 December, 2011, http: //www. thedailybeast. com/newsweek/2011/12/11/in – decline – putin – s – russia – is – on – its – way – to – global – irrelevance. html.

Fiona Hill, Moscow Discovers Soft Power, "Current History" 2006. 10. 1, http: //www. brookings. edu/research/articles/2006/10/russia – hill.

Fyodor Lukyanov, Kremlin's Imperial Ambitions Ended in 2010, The Moscow Times, 23 December 2012, http: //www. themoscowtimes. com/opinion/article/kremlins – imperial – ambitions – ended – in – 2010/427658. html.

Fyodor Lukyanov, Transforming Hard Force into Soft Power, http: //www. kommersant. com/p1044449/r_ 520/The_ Russian_ policy_ in_ the_ post_ Soviet_ space_ should_ be_ more_ flexible/.

Helle C. Dale, Ariel Cohen, Janice A Smith, Challenging America: How Russia, China and Other Countries Use Public Diplomacy to Compete with the US, http: //www. heritage. org/search? query = Challenging + America: + How + Russia, + China + and + Other + Countries + Use + Public + Diplomacy + to + Compete + with + the + US.

http: //blogs. reuters. com/reuters – dealzone/2010/03/01/the – russian – bear – awakes/.

http: //data. worldbank. org. cn/indicator/SP. POP. GROW/countries/RU – 7EXT? display = graph.

http: //data. worldbank. org. cn/indicator/SP. POP. SCIE. RD. P6.

http: //iresearch. worldbank. org/PovcalNet/index. htm.

http: //www. ey. com/UK/en/SearchResults

http: //www. pewglobal. org/question - search/? qid = 261&cntIDs = @ 41 - &stdIDs = .

http: //www. pewglobal. org/question - search/? qid = 612&cntIDs = @ 41 - &stdIDs = .

http: //www. pewglobal. org/question - search/? qid = 841&cntIDs = @ 41 - &stdIDs = .

http: //www. telegraph. co. uk/finance/2950164/Russian - bear - could - punch - our - lights - out. html.

http: //www. un. org/chinese/News/fullstorynews. asp? newsID = 17258.

http: //www. weforum. org/issues/global - competitiveness.

http: //www. worldbank. org/ida.

Immanuel Wallerstein, "The Putin Charisma", *Monthly Review*, 23/07/07, http: //mrzine. monthlyreview. org/2007/wallerstein230707. html.

James Nixey, The Long Goodbye: Warning Russian influence in the South Caucasus and Central Asia, Chatham House " Russia and Eurasia Programme", June 2012, REP RSP BP 2012/03.

K. E. Bouding, National Images and International Systems, Source: *The Journal of Conflict Resolution*, Vol. 3, No. 2 (Jun. , 1959), http: //www. docin. com/p - 205299099. html.

Labour migration and the emergence of private employment agencies in Tajikistan: A review of current law and practice, http: //www. ilo. org/sapfl/Information- resources/ ILOPublications/ WCMS_ 120534/ lang - - en/index. htm.

Labour migration and the emergence of private employment agencies in Tajikistan: A review of current law and practice, http: //www. ilo. org/sapfl/Information- resources/ ILOPublications/WCMS_ 120534/ lang - - en/index. htm.

Malia Martin, "Russia under Western Eyes", *From the Bronze Horseman to Lenin Mausoleum*, Harvard University Press. 1999.

http: //books. google. com. hk/books? id = ITkjXzuVDF8C&pg = PA1&hl = zh - CN&source = gbs_ toc_ r&cad = 3#v = onepage&q&f = false.

Nemtsova A. , " Matthews O. The World According to Russia", *Newsweek*, 29 Aug. 2009, http: //www. thedailybeast. com/newsweek/2009/08/29/the -

world - according - to - russia. html.

Niall Ferguson, "In Decline, Putin's Russia Is On Its Way to Global Irrelevance", Newsweek, 12 December, 2011, http://www.thedailybeast.com/newsweek/2011/12/11/in - decline - putin - s - russia - is - on - its - way - to - global - irrelevance. html.

Nicu Popescu, Russia's Soft Power Ambitions, http://www.ceps.eu/book/russias - soft - power - ambitions.

Pierre Buhler, Putin's Brezhnev Syndrome, Dec. 3, 2011, http://www.project - syndicate. org/commentary/putin - s - brezhnev - syndrome.

Russian soft power in the 21st Century—An examination of Russian compatriot policy in Estonia, Chatham house, A report of the CSIS Europe program, August 2011.

Simon Anholt, Competitive Identity: The Brand Management for Nations, Cities and Regions, New York: Palgrave Macmilan, 2007, http://www.doc88.com/p - 80192252725. html.

Soft power? The means and ends of Russian influence, Chatham house, REP seminar summary, 31 March 2011.

The Travel & Tourism Competitiveness Report 2011. Brand Finance ® Global 500 2012.

Thomas Molloy, English Language Training as a Projection of Spft Power, The DISAM Jornal, Summer 2003, www.disam.dsca.mil/pubs/Vol%2028_3/Molloy.pdf.

后　　记

　　自俄罗斯提出国家形象战略伊始，笔者便开始同步关注该领域，研究工作至今历时近10年，是国内学界关注此问题的具有代表性的研究者之一。10年来，笔者陆续发表研究成果30余项，其中既有发表在核心期刊上的论文，也有报送中央有关部门的研究报告，相关文章曾被《中国社会科学文摘》、《中国人民大学复印资料》、《红旗文稿》等杂志转载并多次获奖。同时，笔者多次参加中宣部、外宣办等国家机关的政策咨询会，以及涉及本领域的全国性会议和国际研讨会。研究期间，笔者主持或参与多项国家社科基金课题、中国社会科学院重点课题等项目。

　　本书是笔者经过多年的跟踪研究和比较分析，在上述几项课题成果的基础上编写而成。书中的观点、资料、论证不免存在疏漏、缺点和错误，本书在这一领域只是抛砖引玉，真诚希望为学术同仁和读者对该问题进行更为深入的研究和思考提供帮助，对俄罗斯研究的学科建设和软实力理论创新尽绵薄之力。国家社科基金及时给予的后期资助使得本项研究更加深入并得以保质保量完成。感谢五位匿名专家在评审时提出的宝贵意见，他们的意见和建议促使我进一步拓宽了研究视野，更加明确了研究思路和方向。在此，也向为完成本项研究提供帮助的朋友们谨表谢意！